Kohlhammer

Thomas Eppenstein
Doron Kiesel

Soziale Arbeit interkulturell

Theorien – Spannungsfelder – reflexive Praxis

Verlag W. Kohlhammer

Gesamtherstellung:
W. Kohlhammer Druckerei GmbH + Co. KG, Stuttgart
Printed in Germany

ISBN 978-3-17-018621-7

Inhaltsverzeichnis

1 Einführung: Soziale Arbeit in interkultureller Orientierung im Spannungsfeld von Theorie und Praxis

„Wenn zwei dasselbe sagen, ist einer zuviel."
Russisches Sprichwort

Professionelle Interkulturelle Soziale Arbeit[1] will unter anderem ein Gegengewicht zur sozialen und ethnischen Segregation von Zuwanderern bilden, Migrationsrisiken abfedern, zur Bewältigung von Integrationsprozessen beitragen oder das ‚interkulturelle' Zusammenleben fördern. Um solche Ziele – im Verständnis einer „Gerechtigkeitsprofession" – (vgl. Schrödter 2007) zu erreichen, bedarf es einer Sozialen Arbeit, die auf lebenswelt-hermeneutischen sensitiven Zugängen beruht und auf der Basis von sozialräumlich orientierten Konzepten entwickelt wird. Professionalität steht dabei für die spezifische Qualität einer solchen sozialpädagogischen Handlungspraxis, die eine Erhöhung von Handlungsoptionen, Chancenvervielfältigung und die Steigerung von Partizipations- und Zugangsmöglichkeiten auf Seiten der Adressaten Sozialer Arbeit zum Ziel hat. Hierzu zählen Einflussnahmen auf die soziale Infrastruktur und Sicherung der Regelversorgung der Migranten, Unterstützung von Migranteninitiativen, psychosoziale Beratung von Migranten und ihren Familien, sozialpädagogische Arbeit mit älteren Migranten, psychosoziale Beratung für Flüchtlinge, interkulturelle Jugendarbeit, Aufbau interkultureller Mediationsangebote zur Vermittlung im Falle ethnisch-kulturell begründeter Konflikte, Antidiskriminierungsarbeit oder die interkulturelle Qualifizierung auf institutioneller wie personaler Ebene. Die Professionalität interkulturellen sozialpädagogischen Handelns bewegt sich dabei im Spannungsfeld von ‚Wissen', ‚Können' und ‚Reflexion', wodurch sie mit beruflichen Konzepten und Erfahrungen anderer Felder der Sozialen Arbeit vergleichbar ist.

Wenn in dem vorliegenden Band von Sozialer Arbeit in „interkultureller Orientierung" oder auch in „interkultureller Perspektive" gesprochen wird, und nicht einfach von einer „interkulturellen Sozialen Arbeit" die Rede ist, so hat dies zwei Gründe: Zum einen wollen wir bereits im Titel verdeutlichen, dass es bei der sogenannten „Interkulturellen Sozialen Arbeit" nicht allein um einen Teilbereich im Sinne ausgewiesener Arbeitsfelder handelt, sondern daneben und mit zunehmender Bedeutung um die Berücksichtigung „interkultureller" Aspekte in nahezu allen Arbeitsfeldern und Kon-

1 Wir gebrauchen hier die Begriffe „Soziale Arbeit" und „Sozialpädagogik" i. S. des sog. Konvergenztheorems („Sozialpädagogik/Sozialarbeit"), wonach sich Sozialpädagogik und Sozialarbeit einander annähern. Sofern beide Begriffe erscheinen, geschieht dies meist im Kontext von Zitationen bzw. Paraphrasierungen, oder um pädagogische Aspekte Sozialer Arbeit eigens zu markieren. In der Regel verwenden wir nur den Begriff „Soziale Arbeit" und verstehen ihn ebenso i. S. des dem Konvergenztheorem nahestehenden Subsumtionstheorems. Dieses geht davon aus, dass Sozialpädagogik und Sozialarbeit sich trotz berufsspezifischer Unterschiede so ähnlich sind, dass sie ein gemeinsames Handlungssystem begründen (vgl. Mühlum 1981, S. 19).

zepten Sozialer Arbeit im Sinne eines Querschnittsthemas. Zum anderen soll mit dieser perspektivisch offenen Formulierung deutlich werden, dass hier zwar bestehende theoretische Grundlagen, Konzepte und Praktiken Sozialer Arbeit im interkulturellen Feld zu beschreiben und zu rekonstruieren sind, darüber hinaus freilich der Prozess interkultureller Qualifizierung im Kontext von Migrations- und Einwanderungstatsachen in der Bundesrepublik in vollem Gange und damit auf Zukunft gerichtet offen ist. So orientieren sich die folgenden Kapitel analytisch und empirisch gestützt an realen Migrationsfolgen als Teil der sozialen Wirklichkeit. Im Sinne einer auch normativ vertretbaren Orientierung sollen dieselben auf Migrationen und ihren Folgeerscheinungen beruhenden Tatsachen jedoch auch als Teil menschlicher Praxis verstanden werden, also die Innenperspektive der an interkulturellen Auseinandersetzungen beteiligten Menschen berücksichtigen.

Soziale Arbeit in interkultureller Orientierung ist somit eingebunden in die verallgemeinerbare Bestimmung aller Sozialen Arbeit im Horizont gelingenden Lebens. Damit sind die Gegenstandsbereiche einer theoretischen Auseinandersetzung mit der interkulturellen Orientierung angesprochen: Zum einen Befunde aus sozialwissenschaftlicher Perspektive, zum anderen hermeneutische, auf Erziehungswissenschaften, Philosophie oder Ethik verweisende Zugänge. Schließlich muss der inzwischen auch alltagssprachlich verbreitete Slogan von der „Interkulturalität" als Diskursphänomen reflektiert werden (vgl. Hamburger 2008, S. 106 f.).

Wenn heute in den Medien, der bundesrepublikanischen Öffentlichkeit, der Politik oder in Fachkreisen unterschiedlichster Berufe um Fragen gestritten wird, ob z.B. in Deutschland zu viele Ausländer leben oder zu wenige – v.a. Fachkräfte – zuwandern, ob Muslime Moscheen bauen dürfen sollen, in welcher Anzahl sie zugelassen werden sollen, oder wie hoch sie geraten dürfen, ob Kinder von Einwanderern auf dem Schulhof sich in deutscher Sprache zu unterhalten haben, oder ihnen das nur im Unterricht auferlegt werden darf, ob Kinder ausländischer Eltern zuviel muttersprachliche Sendungen fernsehen oder zu streng erzogen werden, ob Einwanderer einen Einbürgerungstest machen sollen und wie die Fragen zu lauten haben, ob eheliche Gewalt ein Scheidungsgrund ist und ob der Koran es Männern erlaubt oder nicht erlaubt, ihre Frauen zu schlagen, ob das deutsche Schulsystem die Menschenrechte verletzt, weil es Bildungschancen nach sozialer Herkunft und damit auch nach migrationsbezogenem Hintergrund auswählt, ob Jugendliche mit Migrationshintergrund eher zu Gewalttaten neigen als andere usw. (vgl. Butterwegge 2006), so interessieren solche Streitpunkte hier nicht unmittelbar, sondern es sollen jene Fragen und spannungsreichen Dimensionen behandelt werden, die ihnen gewissermaßen vorausgehen.

In Anspielung auf eine Begriffsbestimmung Sozialer Arbeit „als der Summe der Reaktionen auf die Bewältigungstatsache" in modernen Risikogesellschaften (vgl. Böhnisch 1997, S. 24, der dies wiederum in Anlehnung an eine Definition Siegfried Bernfelds von „Erziehung" als Summe der Reaktionen auf die Entwicklungstatsache getan hat) können wir hier von der Summe der Reaktionen auf die Migrationstatsache sprechen, die es – begrenzt auf das Feld der Sozialen Arbeit – zu bearbeiten gilt. So sollen Schnittstellen, Kreuzungen und Berührungspunkte, die die Soziale Arbeit mit Migrationsrealitäten hat, ausgelotet und ausgeleuchtet werden.

Die vorliegende Publikation will die inzwischen komplexe und nahezu unübersichtliche Fachdebatte um eine immer wieder geforderte interkulturelle Ausrichtung Sozialer

Arbeit auf aktuellem Stand zusammenführen. Dabei werden theoretische Grundlagen der interkulturellen Pädagogik, sozialwissenschaftliche Befunde und Problemstellungen aus der Praxis Sozialer Arbeit aufeinander bezogen.

Erfordernisse aus zwei Entwicklungen werden somit aufgegriffen:
1. Die Durchdringung von Praxisfeldern Sozialer Arbeit mit Anliegen und Anforderungen, wie sie aus der Pluralisierung der Gesellschaft im Allgemeinen und einer sich verstetigenden Einwanderungs- und Migrationsrealität im Besonderen resultieren.
2. Die aktuelle Entwicklung der Reform einschlägiger Studiengänge und der Bedarf an Fort- und Weiterbildungsmaßnahmen hinsichtlich interkultureller Qualifizierungen in sozialen und anderen Berufen.

Der Band will Theorie und Praxis einer interkulturell orientierten Sozialen Arbeit einleitend beschreiben, dabei die Kontroversen um verschiedene Konzepte diskutieren und vor dem Hintergrund gegenwärtiger Paradigmenwechsel in der Gestaltung des Sozialen Perspektiven beleuchten.

Damit kommt das Projekt einem Bedarf nach einer einführenden Orientierung für all jene entgegen, die eine interkulturelle Qualifizierung ihrer beruflichen Praxis anstreben, sich jedoch nicht mit einem technisch-operativen Verständnis interkultureller Kompetenz begnügen, sondern ihr Handeln verstehensorientiert und analytisch begründen wollen.

Dem professionellen Akteur Sozialer Arbeit werden sich dabei zuerst Fragen aufdrängen, die ihm praktisch folgenreich und relevant erscheinen:

Wo und wie handelt und bezieht sich die Soziale Arbeit heute auf Migration und Einwanderung? Woran liegt es, wenn Praktiker und Praktikerinnen der Sozialen Arbeit zwischen deutschen und ausländischen Klient/innen unterscheiden und auf welche Weise treffen sie eigentlich Unterscheidungen mit welchen Wirkungen? Warum gibt es noch keine ausreichenden Strukturen und Praxen beruflich verantworteter institutionalisierter sozialer Hilfen, die dem Anspruch genügen können, niemanden auszugrenzen, und warum scheinen umgekehrt vorhandene Hilfen oft nicht in Anspruch genommen zu werden? Welche Deutungsmuster spielen in sozialen Interaktionen beruflichen Handelns immer wieder eine Rolle und wo liegen die Fallen des Fehlverstehens und der missglückten Verständigung in einer Profession, deren wichtigste Kompetenz oft auf Verstehen und Verständigungsfähigkeiten beruht?

Die Diskussion um eine „interkulturelle Pädagogik“ hat im Bemühen, solche und weitere Fragen besser beantworten zu können, die wissenschaftliche Reflexion der Sozialen Arbeit seit geraumer Zeit erreicht, und es wird deutlich, dass solche Fragen bereits theoretische Fragen sind. Wir gehen dabei davon aus, dass es nicht die Aufgabe der theoretischen Reflexion sein kann, Rezepte für eine angemessene Praxis bereitzustellen, vielmehr kann sie die oft in Routinen festgefahrenen praktischen Handlungsformen und Strukturen, die ja immer auch schon theoriegeleitet erfolgen, kritisch spiegeln und eventuell Alternativen verfügbar halten.

Alles Handeln ist demnach auch dann theoriegeleitet, wenn es sich dessen nicht bewusst ist. Die vorliegende Arbeit versteht sich als ein Angebot, das jeweilige Bezugswissen auszuweiten, so dass in den komplexen Situationen, in denen Sozialarbeiter meist situativ handeln und handeln müssen, der Anteil wählbarer Optionen zunimmt.

Die interkulturelle Attribuierung Sozialer Arbeit entwickelte sich als Resonanz auf die Irritationen, die in einigen ihrer Arbeitsfelder durch das Auftauchen ausländischer Klienten entstanden. Die zunächst „ausländerpädagogisch" ausgerichtete Theoriebildung machte es sich zur Aufgabe, einen sozialwissenschaftlichen Verstehenshorizont zu entwerfen, der eine sozialpädagogische Praxis begründen sollte. Ihrem Selbstverständnis nach wollte sie den pädagogischen Umgang mit Migranten, der vor allem durch zunächst oft diffuse sozialarbeiterische und sozialpädagogische Hilfestellungen gekennzeichnet war, reflektieren, die Ursachen für die Überforderung der Sozialpädagogen analysieren und die Kompetenz der Mitarbeiter in Einrichtungen der Sozialen Arbeit erhöhen.

Als Resultat der migrationspolitischen Debatten wurde die Interdependenz pädagogischer Fragestellungen mit soziologischen, ökonomischen, juristischen oder kulturtheoretischen Aspekten offensichtlich. Nach der Abwendung von ausländerpädagogischen Ansätzen und der ihnen zugrundeliegenden Defizit-Hypothese, die über einen längeren Zeitraum als theoretischer Bezugsrahmen einer kompensatorischen sozialpädagogischen Praxis gegenüber dem ausländischen Klientel diente, setzte sich im Zuge der Einsicht in die Irreversibilität der Zuwanderung und ihre Auswirkungen auf die Aufnahmegesellschaft die „interkulturelle Hypothese" in der Pädagogik und in der Sozialen Arbeit durch. Der Ausgangspunkt dieser Entwicklung spiegelt sich in der seinerzeit von Hohmann (1983, S. 6) aufgeworfenen Frage nach Möglichkeiten einer Veränderung gegebener theoretischer wie praktischer Ansätze im pädagogischen und sozialpädagogischen Feld, um adäquate Antworten auf die durch die Migration bestimmte gesellschaftliche Situation zu erhalten. Die Einführung des „Kulturellen" als zentrale Kategorie zur Beschreibung einer veränderten – multikulturellen – gesellschaftlichen Realität führte zu einer neuen Aufgabenstellung für die Sozialpädagogik, da sie zwischen Vertretern unterschiedlicher kultureller Traditionen und ethnischer Gruppen vermittelnd intervenieren sollte. So wurde an sie die Forderung herangetragen, „verschiedene Kulturen aufeinander zu beziehen und sich nicht ... (auf) die bloße Steuerung und Kontrolle des Nebeneinander" (Porcher 1984, S. 37) zu beschränken. Erhofft wurde, dass Interkulturelle Sozialpädagogik zunächst „als Praxisidee entweder der Einübung in wechselseitige Toleranz gegenüber der jeweils ‚fremden Kultur' [dient] oder aber dem gegenseitigen Austausch mit der Erwartung kultureller Bereicherung" (Czock 1993, S. 101).

Soziale Dienste und Institutionen stellen sich heute unter dem Einfluss fortdauernder Einwanderungs- und Migrationsprozesse in der Bundesrepublik den Fragen und Anforderungen einer interkulturellen Qualifizierung. Damit wird eine Entwicklung sichtbar, die im Rahmen von Handlungsmöglichkeiten Sozialer Arbeit Ansprüchen einer diskriminierungsfreien anerkennenden Praxis gegenüber einer in sich höchst differenzierten Adressatengruppe gerecht werden will. Angesprochen sind hier im Grunde alle Felder und Praxisformen Sozialer Arbeit: Zum einen in Hinblick auf spezifische Arbeitsfelder etwa im Bereich der Asylarbeit, in Hinblick auf advokatorische Initiativen für Menschen in irregulären Lebenssituationen oder auf dem Feld spezifischer Integrationsmaßnahmen für Migranten. Hier geht es um spezifische Wissensbestände und Qualifikationen wie in anderen Fachdiensten auch, zum Beispiel um Kenntnisse rechtlicher Rahmenbedingungen und ihrer möglichen sozialen Folgen im Bereich des Zuwanderungs- und Asylrechts, um Kenntnisse verschiedener Migrationsformen und Migrationsrisiken, um Lebenslagen, Integrations- und Wanderungsperspektiven angemessen deuten und in helfenden, fördernden oder präventiven Maßnahmen begleiten zu können. Zum anderen aber geht es vor allem um all jene sogenannten anderen Regeldienste, die sich darauf einzurichten haben, dass ihre Angebote in einem sozialen Umfeld wirksam greifen sollen, in dem mit Vorstellungen kultureller Homogenität und mit Perspektiven kultureller Homogenisierung nicht mehr hinreichend operiert werden kann. Eine Gestaltung des Sozialen kommt heute ohne interkulturelle Orientierung nicht voran und nur eine interkulturell qualifizierte Soziale Arbeit kann beanspruchen, ein Teil jener Gestalt des Sozialen zu werden, in der die Pluralität moderner Einwanderungsgesellschaften angemessen sichtbar wird.

Interkulturelle Orientierungen in der Sozialen Arbeit können auf unterschiedliche Weise vollzogen, beobachtet, beschrieben, interpretiert, kritisiert oder analysiert werden:

- Als Antwort auf empirisch und analytisch feststellbare soziale Gegebenheiten in Migrations- bzw. Einwanderungsgesellschaften,
- als Konsequenzen aus Sichtweisen und Interpretationen in Diskursen, die sich um Begriffe wie „Gleichheit“, „Pluralität“, „Integration“, „Fremdheit“, „Globalisierung“, „Vielfalt“, „Kampf der Kulturen“, „Interkulturelles Zusammenleben“ usw. ranken, oder
- als Reaktionen auf vorgängige Konzepte und Praxen sozialer Arbeit, die sich als unzureichend herausgestellt haben.

Wird in der ersten Kategorie das Bemühen erkennbar, „Interkulturalität“ auf dem Fundament sozialer Tatsachen zu begründen, also etwa auf Daten und Analysen zu Einwanderungsrealitäten in der Bundesrepublik, zu Desintegrationsrisiken von Migranten und Migrantinnen im Bereich der Bildung, Arbeit, Reproduktion oder Aufenthaltsperspektive, so betrifft die zweite Kategorie die Art und Weise, wie über Konsequenzen aus solchen Entwicklungen gedacht und geredet und nicht zuletzt wissenschaftlich geforscht und publiziert wird. Die dritte Kategorie schließlich spricht eine Abfolge von Reaktionsweisen an, wie sie sich in Konzepten und Strukturen Sozialer Arbeit niedergeschlagen hat, die sich in ihrer Praxis mit Herausforderungen einer sich durch Migrationen und Einwanderungsprozesse kulturell und sozial pluralisierenden Entwicklung befassen musste.

Da die wissenschaftliche Reflexion der unterschiedlichen Praxisformen bis heute uneinheitlich in ihren Zugängen wie in ihrer disziplinären und normativen Ausrichtung ist, haben wir es mit durchaus unterschiedlichen Blickrichtungen im Spannungsfeld von Theorie und Praxis zu tun.

Dieses Buch will vor diesem Hintergrund Grundlagen zu einem interdisziplinär angelegten Verständnis interkultureller Fragestellungen in der Sozialen Arbeit vermitteln. Es ist somit kein Handbuch und beansprucht nicht, einfache Lösungen für komplexe Probleme anzubieten, sondern Gründe und Hintergründe interkultureller Lebenswelten besser verstehen zu lernen. Gleichwohl werden normative Orientierungen zur Diskussion gestellt.

Die Lektüre soll Einblicke in zuweilen differenzierte, auch widersprüchliche und komplexe wissenschaftliche Diskurse ermöglichen, die letztlich unverzichtbar erscheinen, um Handlungsoptionen in der Praxis auszurichten. Eigene Erfahrungen in der Lehre und Praxis zeigen uns, dass eine interkulturell kompetente Soziale Arbeit ohne einen solchen Reflexionsrahmen oft hilflos oder blind bleibt. Ein ausschließlich analytischer Zugang in der Lehre indes, der die oft affektiven ‚Unterströmungen' bei der Produktion und Rezeption interkulturell relevanten Wissens übersieht, wird möglicherweise das Ziel verfehlen, gerade jene analytischen Kategorien für sozialarbeiterisches Handeln fruchtbar zu machen. Werden Studierende zum Lehrbeginn von Seminarveranstaltungen zu Migration und interkulturellen Themen zu eigenen Sichtweisen und Vorerfahrungen befragt, ergibt sich im Ergebnis häufig eine merkwürdige Polarität: Migranten werden entweder als Opfer oder als (fundamentalistische) Täter gesehen, vor allem dort, wo der tatsächliche Kontakt kaum vorhanden ist[2]. Es scheint, als fühlten sich viele Zeitgenossen bei Themen, die sich um Migration, Interkulturalität, Integration usw. drehen, immer schon als Experten oder aber hilf- und ahnungslos, was zeigt, wie sehr solche Themen Teil von Alltagsdiskursen geworden sind. Interkulturelle Qualifizierung hat auch damit zu tun, die Quelle solcher Bilder vom Täter- oder Opferdasein zu rekonstruieren, zu verstehen und ihre vermeintliche Selbstverständlichkeit auch zu dekonstruieren.

Daher haben wir[3] versucht, theoretische Spannungsfelder und Grundmuster immer wieder in einen Bezug zu professionellen Problemstellungen zu stellen und mit Beispielen zu illustrieren.

Obwohl im wissenschaftlichen Diskurs inzwischen eine wachsende Zahl bemerkenswerter Beiträge – auch als Einführungen für Studium und Beruf – erschienen sind[4], trifft man in der politischen Realität und in weiten Bereichen der Praxis nach der Novellierung des alten „Ausländergesetzes" zum neuen „Zuwanderungsgesetz" auf eine Art „Wiedervorlage" früherer Konzepte (vgl. Kap. 2.3). Es gab bereits in den 1980er Jahren Argumente und Konzepte, die damals gedacht wurden, allerdings erst heute (erneut) zu Geltung kommen. Daher erschien es sinnvoll, stellenweise auch in den Diskussionsstand der 1980er und 1990er Jahre einzuführen (vgl. z.B. Kap. 4).

Eingebettet in die gesellschaftstheoretische Analyse und in Überlegungen zur Professions- und Disziplinentwicklung werden im folgenden zweiten Kapitel interkulturelle Aspekte in den Teilbereichen und Arbeitsfeldern der Sozialen Arbeit und deren Reichweite sowohl kritisch bilanziert als auch kategorial umgrenzt. Dabei werden insbesondere institutionelle und strukturelle Veränderungen des professionellen sozialen Handelns durch die Migrationsrealität, die Multikulturalität und die Globalisierung beleuchtet und ihre Folgen für die Ausdifferenzierung der Arbeitsfelder der Sozialen Arbeit diskutiert. Die Ambivalenzen und Widersprüche, die sich ergeben können,

---

2 Die hier skizzierten Erfahrungen resultieren aus Einsichten aus der Lehre in Erfurt und Bochum, wobei durchaus unterscheidbare Rezeptionsmuster deutlich geworden sind. Der vorgelegte Band lebt, so hoffen wir, auch von solchen zuweilen kontrastierenden Erfahrungen.

3 Wenn in den folgenden Kapiteln gelegentlich von einem „Wir" und „Sie" (in Anführungszeichen) geschrieben wird, so soll mit den Anführungszeichen verdeutlicht werden, dass sich die Autoren in kritischer Absicht dieser Sprachfigur, die ja immer eine Differenzziehung zu anderen markiert (z.B. Deutsche/Ausländer), bedienen; Ein Wir ohne Anführungszeichen meint die professionelle Einordnung im Kontext der Bezugsdisziplinen Sozialer Arbeit.

4 Z.B.: Krüger-Potratz 2005: Interkulturelle Bildung; Mecheril 2004: Migrationspädagogik; Freise 2005: Interkulturelle Soziale Arbeit; Diehm u. Radtke 1999: Erziehung und Migration; Hormel u. Scherr 2004: Bildung für die Einwanderungsgesellschaft.

wenn von einer „Zielgruppe“ die Rede ist, werden dabei bereits beim Versuch angemessener Begriffsbestimmungen deutlich (2.1) und führen zu einer Bestimmung „interkultureller“ Arbeit als sowohl adressatenorientierte wie zielgruppenübergreifende Praxis.

Kapitel 3 widmet sich der Diskussion um Konzepte einer „interkulturellen Öffnung“ Sozialer Dienste, ihrer Umsetzung in „lernenden Institutionen“ (3.4) und ihrer Kritik (3.2). „Kultur“ als der zentrale Topos „interkultureller“ Konzepte ist möglicherweise selbst schon eine eingegrenzte bzw. eingrenzende Kategorie und da jeweils zugrundeliegende Kulturverständnisse im Alltag selten expliziert werden, gerät dieser Leitbegriff leicht zum Einfallstor weltanschaulicher oder ideologischer Interpretationen (man denke an „Leitkultur“; „Kulturschockhypothese“; „Kampf der Kulturen“, „Nationalkultur“ usw.).

Kapitel 4 eröffnet einen Zusammenhang zwischen diversen Kulturverständnissen, Identitätsprozessen und Anerkennungsverhältnissen. Sofern Soziale Arbeit ohnehin im Rahmen der sozialpädagogischen Beziehung auf die Herstellung kultureller Nähe zurückgreift, tut sie dies mit Blick auf Migrationsprozesse in besonderer Weise. Im sogenannten „kulturtheoretischen Problem“ wird ein Spannungsmoment zwischen Statik und Dynamik menschlicher Kulturtätigkeiten thematisiert, dessen Horizont für Sozialarbeiter/innen in ihrer Praxis unhintergehbar ist, da ihre Tätigkeiten immer damit zu tun haben, ob sie dazu beitragen, vorhandene (kulturelle) Praxen ihrer jeweiligen Klientel zu bestätigen oder auf Änderungen hinzuwirken. Insofern ist die Interkulturelle Soziale Arbeit ständig darauf angewiesen, zwischen der Einsicht in die Relevanz kultureller Erfahrungen, Traditionen und Verarbeitungsmuster und der Zu- und Festschreibung ethnisch-kulturellen Handelns als eine Form der Stigmatisierung ihres Klientels zu balancieren. Als theoretischer Referenzrahmen für solches Balancieren-Können wird auf Kontroversen zwischen „strukturalistischen“ und „kulturalistischen“ bzw. „kulturrelativistischen“ oder „universalistischen“ Konzepten eingegangen (4.1). Ferner werden Identitätsprozesse als Aufgabe in Kontexten individueller Modernisierung begründet und Zusammenhänge zur Rollentheorie des symbolischen Interaktionismus für eine interkulturell erfolgreiche Verständigung hergestellt (4.2). Prinzipien einer Moral der Anerkennung (4.3) im Medium demokratischer Verfassungen werden in Hinblick auf die interkulturelle Perspektive sensu Habermas, Honneth, Kohlberg u.a. im abschließenden Teil dieses Kapitels erläutert (4.3).

Das Interesse des hierauf aufbauenden Kapitels gilt dem Begriff und den Voraussetzungen einer „interkulturellen Kompetenz“ (Kap. 5). Dabei werden Kompetenzerwartungen in interkulturellen Spannungsfeldern als allgemeine Kompetenz von den spezifischen beruflich mandatierten Haltungen, Befugnissen und Fähigkeiten unterschieden. Interkulturelle Kompetenz in der Sozialen Arbeit – so die zentrale These – erfordert nicht zuerst ein Erlernen von Kulturtechniken, sondern die Fähigkeit, kulturelle Entwicklungen mitzuvollziehen, sich dabei in und zwischen kulturellen Gemeinschaftsbildungen einzubringen und zu bewegen, unterschiedliche Kulturverständnisse hinsichtlich ihrer möglichen Wirkungen zu unterscheiden und verschiedene kulturtheoretische Konzepte hinsichtlich ihrer interkulturellen Relevanz angemessen zu beurteilen. In Abgrenzung und Erweiterung zu merkmalsgestützten „Kompetenzkatalogen“, in denen häufig überfordernd wirkende Wissensbestände, Fähigkeiten und Haltungen für eine interkulturelle Kompetenz aufgelistet sind, soll hier in verschiedene Dimensionen interkultureller Qualifizierung als einem unabschließbaren Lernprozess eingeführt werden. Interkulturelle Kompetenz bewährt sich jeweils bei der Regulation und Bewältigung irritierender Erfahrungen (5.3), im gelingenden Dialog (5.4) oder bei der konstruktiven Bearbeitung von Konflikten (5.5). Korrelationen, Analogien und Differenzen zwischen den Kategorien ethnischer und generischer Differenz werden anhand einer Gegenüberstellung sogenannter „Genderkompetenz“ und der „interkulturellen Kompetenz“ herausgearbeitet (5.6).

In Ergänzung zum Kapitel über interkulturelle Kompetenz und im Anschluss an Konzepte reflexiver Professionalität in der Sozialen Arbeit (vgl. Dewe et al. 2001) knüpfen Überlegungen zu einer bislang eher alltagssprachlich gebrauchten und normativ geforderten Zielbestimmung an, der „interkulturellen Sensibilität“. Bisher in der Regel als eine Art „warming up“ für multikulturelles Miteinander empfohlen, wird eine interkulturell sensible Praxis in Kap. 6 systematisch als Form spezifischer Aufmerksamkeit in interkulturellen Spannungsfeldern und als differenzsensible Haltung in Kontexten organisierten Hilfehandelns begründet.

Es muss eingeräumt werden, dass wesentliche Themenbereiche zur Bestimmung einer interkulturellen Perspektive Sozialer Arbeit nur am Rande, implizit oder in unvollständiger Form berücksichtigt werden konnten: Hierzu zählt die zentrale, aber in Umfang und Bedeutung einen eigenen Band erfordernde Dimension des Zusammenhanges von Interkulturalität, Rassismusforschung und Rassismuskritik. Ferner wird die interkulturelle Perspektive vor dem Hintergrund bundesrepublikanischer Verhältnisse entfaltet, wobei zwar Einflüsse und Orientierungen etwa angelsächsischer Länder einfließen, ein internationaler Vergleich indes den Umfang des hier vorgelegten Bandes gesprengt hätte. Auch die international vergleichende Forschung und Praxisfelder wie etwa im Bereich des internationalen Jugendaustauschs können hier nur insofern berücksichtigt werden, als der notwendige Zusammenhang zwischen Innen- und Außenorientierung bescheinigt wird.[5]

Zugunsten solcher Einschränkungen haben wir versucht, auch aktuelle Kontexte für eine interkulturell orientierte Soziale Arbeit zu berücksichtigen, wie sie sich erst in den letzten Jahren abzeichnen:

So wird in Kapitel 7 die Frage nach einer Sozialen Arbeit in interkultureller Perspektive an aktuelle Fachdebatten um die Zukunft der Disziplin in Anbetracht sozialpolitischer, ökonomischer und demographischer Veränderungen angeschlossen und untersucht, welche Einflüsse Marktmechanismen, Modelle „Neuer Steuerung“, die Rede von Flexibilität und Flexibilisierung oder der Strukturwandel Sozialer Institutionen auf die interkulturelle Ausrichtung Sozialer Arbeit haben.

Kapitel 8 schließlich führt die Aspekte der vorangegangenen Kapitel in einer verallgemeinernden Bestimmung einer interkulturell orientierten Sozialen Arbeit zusammen, thematisiert ethische Orientierungen und umreißt abschließend ihren Geltungsanspruch. Dabei werden auch Grenzen der interkulturellen Verständigung in der Sozialen Arbeit angesprochen.

Hierzu gehören auch Formen des Fundamentalismus, die in jüngster Zeit Zweifel haben aufkommen lassen, ob damit das Projekt multikultureller Gesellschaften und damit interkultureller Perspektiven nicht gescheitert sei (vgl. De Winter 2004).

5 Vgl. zum Letzteren z.B.: Thimmel 2001.

Interkulturelle Konzepte Sozialer Arbeit können als Teil eines gesellschaftlichen Diskurses gesehen werden, in dem es um Fragen und Perspektiven moderner, vor allem westlicher Gesellschaften geht, in denen Migrationen, kulturelle Pluralisierung, nationalstaatliche Verfasstheit einerseits und wirtschaftliche Globalisierung andererseits ineinander greifen. Dieser Diskurs bestimmt sich auf unterschiedlichen Ebenen, einmal z.B. als Bildungsdiskurs, ein andermal als Politik. Die gleichnamige Interkulturelle Pädagogik wurde demnach auch als Pendant zu politischen Konzepten multikultureller Gesellschaften wahrgenommen.

Die Ereignisse und Entwicklungen im Zusammenhang fundamentalistischer Attentate wie der Anschläge von Madrid (2004) und London (2005) oder der Mord an dem niederländischen Filmemacher Theo van Gogh (2004) beeinflussen diesen Diskurs in zumindest zweifacher Hinsicht: Zum einen provoziert der in diesen Akten materialisierte Fundamentalismus einen antifundamentalistischen Fundamentalismus vor allem auf der Seite derjenigen, die schon zuvor die interkulturelle Perspektive aus konventionellen oder nationalistischen Standpunkten heraus mit Argwohn und Ablehnung betrachteten, zum anderen zwingt er die Protagonisten eines naiven Multikulturalismus zur Reflexion und Selbstaufklärung über Fragen und Probleme der zugrundeliegenden Normen. Müssen sich Erstere damit abfinden, dass sich der Traum vom isolierten Leben in einer kulturell homogenen Abstammungsgemeinschaft realiter kaum mit den gegebenen pluralen Strukturen heutiger Stadtgesellschaften vereinen lässt, sind Letztere gehalten, den Gestaltungsprozess interkulturellen Zusammenlebens reflexiv und produktiv gerade dort zu gestalten, wo sich ein friedliches multikulturelles Miteinander nicht wie von selbst ergibt. Dass solche Reflexions- und Lernprozesse zuweilen schmerzhafte Eingeständnisse abverlangen, z.B. vormalige Irrtümer zu korrigieren, macht die Sache nicht einfacher.

Wir verstehen den hier vorgelegten Band als Teil jenes interkulturellen Lernprozesses, der für den Geltungsbereich der Sozialen Arbeit unverzichtbar erscheint, soll die Rede vom „Zusammenprall der Kulturen" oder deren unüberbrückbarer Unvereinbarkeit nicht zur empirischen Realität werden, auch wenn sie theoretisch unhaltbar ist.

Wenn Leser oder Leserinnen, mit oder ohne eigene Migrationserfahrung, Haupt- oder Ehrenamtliche der Sozialen Arbeit, Lehrende oder Studierende oder ganz und gar „Fremde" mit der Lektüre Anregungen oder Orientierungen für diesen Lernprozess gewinnen, hat sich die Praxis des Schreibens gelohnt.

Die Praxis (tätiger) Sozialer Arbeit wird freilich ohne weitere verdichtende und aktualisierende Informationen, Netzwerke und Wissensbestände nicht auskommen. Der Serviceteil (Kap 9) will mit Hinweisen auf hilfreiche Adressen, Links und fachbezogene Periodika zum Gelingen weitergehender Recherchen im Studium und in der praktischen Arbeit beitragen.

2 Entwicklung und Ausdifferenzierung interkultureller Aspekte in der Sozialen Arbeit. Praxisfelder zwischen Zielgruppenorientierung und Zielgruppenüberwindung

Worauf oder woran orientieren wir uns, wenn wir von „interkultureller" Orientierung Sozialer Arbeit sprechen?

Wenn wir in diesem Kapitel auf Entwicklungen und Ausdifferenzierungen interkultureller Orientierungen in der Sozialen Arbeit eingehen, stellt sich zunächst die Frage, auf welchen Ebenen dies geschehen kann, welche Rolle einer Begriffsklärung dabei zukommt und in welchen gesellschaftlichen, historischen oder politischen Bezügen eine interkulturelle Praxis sich entwickelt und begründet hat.

Begrifflichkeit, Ursprünge und Begründungen *Interkultureller Sozialer Arbeit* sind kaum in einer einheitlichen und geschlossenen Form zu rekonstruieren bzw. zu definieren. Ethymologisch kann von einer Sozialen Arbeit gesprochen werden, die *zwischen* unterscheidbaren Kulturen wie *innerhalb* kultureller Milieus in Gesellschaften, die durch *Migrationen* gekennzeichnet sind, operiert. Allerdings wird der hier ins Zentrum gestellte Kulturbegriff inzwischen problematisiert, sofern unterschiedliche Verständnisse von „Kultur" unterscheidbare Praxen nach sich ziehen (vgl. Kap. 4). Ist so gesehen Soziale Arbeit nicht je schon interkulturell ausgerichtet, wenn sie sich mit Erscheinungen unterschiedlicher Jugendkulturen, mit diversen sozialen Milieus, subkulturellen Lebensformen oder auch kulturellen Differenzen verschiedener Lebensalter befasst? Waren nicht Migrationen von je her auschlaggebender Anlass für die Entstehung moderner Sozialer Arbeit im Kontext von Industrialisierung und der damit verbundenen Sprengung und Auflösung traditionaler Strukturen, die die Existenzweise vor allem der neu entstandenen Arbeiterschaft nachhaltig beeinflusste?[1] Wenn aber alle Differenzen und alle Bezüge, in denen Soziale Arbeit operiert, als „interkulturell" gelten sollen, wird der Begriff in seiner Weite unbrauchbar. Schließlich ist zu bedenken, dass mit der heutigen Verwendung eine Begriffsgeschichte einhergeht, die mit der Entwicklung und Ausdifferenzierung Sozialer Arbeit, soweit sie sich auf jüngere Einwanderungs-, Migrations- und kulturelle Pluralisierungsprozesse bezogen hat, selbst eng verwoben ist. Reduzieren wir hingegen die interkulturelle Perspektive auf bestimmbare migrantische Zielgruppen, wird ein maßgebliches Charakteristikum vernachlässigt, denn mit „interkulturell" ist eher eine Programmatik oder Orientierung Sozialer Arbeit denn ein eigens umrissenes Arbeitsfeld oder Teilgebiet angesprochen. Gleichwohl gibt es spezialisierte spezifische interkulturelle Handlungs- und Arbeitsfelder mit eigens ausgewiesenem Klientel, Aufgaben und Problemhorizont.

Historisch hat sich der Begriff in durchaus unterschiedlichen Bedeutungen manifestiert. In Deutschland folgte er den Konzepten einer interkulturellen Erziehung bzw.

1 Vgl. zusammenfassend: Sachße 2001, S. 670 und Müller, B. 1995, S, 138 und Ders. 2006, S. 256.

interkulturellen Pädagogik, die nun auf die Handlungsformen Sozialer Arbeit bezogen wurden. Dabei ist intendiert, Bildungsanlässe und Bildungsprozesse, die sich durch migrationsbedingte Pluralisierungsprozesse ergeben, so zu gestalten, dass alle Beteiligten – unabhängig ob mit oder ohne Migrationshintergrund – daran partizipieren. Gleichzeitig war dieses Paradigma mit einer Kritik an einer rein kompensatorischen und häufig an defizitären Zuschreibungen der Migranten orientierten Praxis, der sogenannten „Ausländerpädagogik", verbunden. Soziale Arbeit ist freilich nicht immer gleichzusetzten mit Bildungsprozessen und ist damit kein Gebiet, das allein über die Rezeption einer erziehungswissenschaftlichen Subdisziplin zu erschließen wäre.

Aufgaben und Problemstellungen im Feld von Erziehung und Bildung überschneiden sich jedoch immer wieder mit Funktionsbestimmungen Sozialer Arbeit, vor allem in den Gebieten der Sozialpädagogik, sie gehen aber nicht vollständig darin auf, vor allem, wenn wir an Prozesse organisierten Hilfehandelns oder institutionalisierter und verrechtlicher Formen des Bedarfsausgleichs in Notlagen denken. Der disziplinäre Diskursort (Vgl. Thole 2002, S. 34) interkultureller Fragestellungen gehört damit nicht einer einzelnen Disziplin an, sondern umfasst z.B. auch philosophische, sozialwissenschaftliche, politikwissenschaftliche, erziehungswissenschaftliche, sozialpsychologische und rechtliche Aspekte.

Wenn von Interkultureller Sozialarbeit oder von Sozialer Arbeit in interkultureller Perspektive die Rede ist, sind die von Winkler (vgl. Winkler 1988) vorgeschlagenen Dimensionen für eine Theorie Sozialer Arbeit zu bedenken, die untereinander anschlussfähig, jedoch historisch kontingent sind: eine Dimension der Begrifflichkeiten (2.1), eine sozialgeschichtlich-gesellschaftliche Dimension und die Dimension phänomenologischer lebensweltlicher Bedingungen (2.2) sowie die Dimension realgeschichtlicher Ausdifferenzierung interkultureller Aspekte in der Sozialen Arbeit, ihren Konzepte, Strukturen und Methoden (2.3). (Eine weitere von Winkler vorgeschlagene Dimension der ethischen Grundprobleme werden wir an anderer Stelle in diesem Band thematisieren).

2.1 Begriffe und Begreifen. „Interkulturell? – Sind das nicht die mit den Ausländern?"

Mit der präzisen Explikation von Begriffen genügen wir einer unverzichtbaren Prämisse wissenschaftlicher Gegenstandsbestimmungen, und auch Studierende sind meist an klaren und erlernbaren Begriffsdefinitionen interessiert. Gleichwohl sind wir damit oft noch weit davon entfernt, eine Sache oder einen Prozess auf den Begriff gebracht, das heißt angemessen artikulierbar und verstehbar zur Verfügung zu haben. Andererseits scheint es eine Praxis des „Durchwurstelns" zu geben, die auch ohne Begriff von dem, was sie eigentlich tut, auszukommen scheint oder sich an Modewörter haftet, von denen man vermutet, mit ihnen immer auf der „richtigen" Seite zu sein. Für Hannah Arendt war es die menschliche „Fähigkeit zum Sprechen und Handeln, die das Politische hervorbringt und erhält" (Benhabib 1998, S. 17). Ähnliches gilt generell für die Soziale Arbeit, denn auch hier kommt dem „Sprechen" über soziale Probleme und ihrer Bewältigung, der Art und Weise von Problemsichten und Ihrer Artikulation, Skandalisierung oder auch Dekonstruktion eine Qualität der Handlung zu, wie umgekehrt sozialarbeiterisches „Handeln" etwa in der Dimension von Fragen methodischen Vorgehens und ethischer Grundprobleme ohne deren sprachliche Artikulation, Begründung oder Legitimation sinnlos erscheint. Damit hat Soziale Arbeit in der Art und Weise, wie sie (bzw. ihre Akteure) soziale Fragen handelnd und argumentierend zur Sprache bringt, nicht nur Anteil an der Gestaltung des Sozialen, sondern sie bleibt und wird selbst Teil dieser Gestalt. Hier ist und wird Soziale Arbeit immer auch politisch, was noch nichts darüber aussagt, ob Soziale Arbeit auch ein politisches Mandat beanspruchen kann bzw. wo ihre Grenzen zum Feld der Politik liegen.[2] In wissenschaftlicher Perspektive geht es bei der Präzisierung und Explikation von Begriffen einmal um den weitgehenden Ausschluss von Mehrdeutigkeiten und die Herstellung von Übereinkunft, was genau bei der Verwendung eines Begriffs gemeint ist. Je eindeutiger ein Begriff geklärt und damit von anderen Dingen abgegrenzt werden kann, desto stärker wird oder erscheint er brauchbar, von einem „schwachen" Begriff sprechen wir, wenn der Grad an Präzision abnimmt. Die vermutete Steigerung des Nutzwertes präziser Begriffsbestimmungen korreliert allerdings negativ mit deren Voraussetzung, Eingrenzungen vorzunehmen und Komplexität zu verringern: Je kleiner und überschaubarer der begrifflich zu fassende Sachverhalt, desto größer die Chance für Präzision, allerdings auch auf Kosten von Komplexität. Schließlich macht es einen Unterschied, wie die Verwendung eines Begriffs „gemeint ist": Wenn z.B. von einer multikulturellen Gesellschaft die Rede ist, denken die einen an ein politisches Programm, ein Konzept oder einen Plan, der *präskriptiv* erst durchgesetzt oder normativ legitimiert werden soll, andere wollen damit *deskriptiv* eine Tatsachenbeschreibung oder Analyse vornehmen. Wissenschaftliche Begriffsbestimmungen und vor allem sozialwissenschaftliche Fachbegriffe bleiben insofern immer noch variabel, als auch sie „Konjunkturen und Sprachregelungsinitiativen unterliegen" können, die zu Bedeutungserweiterungen oder Bedeutungsverschiebungen führen (vgl. Krüger-Portratz 2005, S. 179).

Mancher Streit um die „richtige" Begriffsbestimmung oder ein „korrektes" Begriffsverständnis zeigt nun zweierlei: einmal ein den Begrifflichkeiten eigentümliches Machtpotential: Wer die Begriffe prägt, erhält Einfluss auf die Gestaltung von Wirklichkeit; zum anderen wird aber auch deutlich, dass die oben getroffene Unterscheidung in präscriptive und descriptive Lesarten nie vollständig durchzuhalten ist, Norm und Beschreibung gewissermaßen dialektisch aufeinander beziehbar bleiben.

Wenn sich bestimmte Probleme oder Vorgänge einer begrifflichen Bestimmung konsequent zu entziehen scheinen, haben wir es entweder mit Phänomenen zu tun, die noch nicht hinreichend begriffen worden sind, oder die in bestimmter Hinsicht vielleicht auch unbegreifbar bzw. überkomplex in dem Sinne bleiben, dass sich ihre Kenn-

2 Diese innerhalb der Fachdebatte umstrittene Frage wollen wir hier weder vertiefen noch klären; wir gehen davon aus, dass die Felder der Politik und der Sozialen Arbeit grundsätzlich nicht identisch sind; Sozialpolitisches Engagement und sozialarbeiterisches Handeln gehen zwar in der empirischen Realität gerade der interkulturellen Arbeit oft Hand in Hand: vor allem in dienstleistungsorientierten Ansätzen Sozialer Arbeit oder in öffentlicher Trägerschaft jedoch wäre es illusionär, die Möglichkeiten für sozialreformerische Impulse zu überschätzen.

zeichnung gar nicht in einem einzelnen Terminus vollziehen lässt. „Je verwickelter und konturloser ein Sachverhalt", schreibt Hartmut von Hentig etwa zum Problem der Bestimmung des Bildungsbegriffs, „um so größer die Lust am Definieren!" (von Hentig 2004, S. 15).

Diese Vorüberlegungen sind für die Klärung der begrifflichen Dimension interkultureller Arbeit von Belang, weil wir es hier gleichermaßen mit einem fachwissenschaftlichen, handlungspraktischen und inzwischen alltagssprachlichen öffentlichen Terminus zu tun haben, der nicht nur in nüchterner Sachlichkeit, sondern zuweilen höchst affektiv durchdrungen in Gebrauch ist: „Interkulturell? – Sind das nicht die mit den Ausländern?" „Hat das nicht etwas mit multi-kulti zu tun und ist dieses Projekt nicht gescheitert?"

Gar nicht verkehrt, möchte man meinen, und dennoch greift diese Assoziation zu kurz, wenn nicht daneben: Die Frage, wer und was mit „interkulturell" angesprochen ist, ob es sich um zielgenaue Bezeichnungen, einen eher mehrere Dinge umschreibenden Sammelnamen oder um politisch korrekte Sprachhygiene handelt, kann leichter beantwortet werden, wenn man sich das Scheitern und die Grenzen bisheriger Versuche vergegenwärtigt, in dem hier angesprochenen Feld Begriffsbestimmungen vorzunehmen (vgl. Eppenstein 1995, S. 8). Nehmen wir hierzu vorweg (vgl. 2.2.), dass Migrationen einer der zentralen Bezugspunkte für das interkulturelle Paradigma darstellen, und beobachten wir, wie schwer sich Wortschöpfer im Umfeld Sozialer Arbeit bislang getan haben, angemessene Begriffe für diejenigen zu finden, die als Subjekte solcher Migrationsbwegungen in Erscheinung treten. Dabei beschränken wir uns auf eine Auswahl jener Bezeichnungen, die im Spektrum Sozialer Arbeit eine Rolle gespielt haben, z.B. in deren Selbstbeschreibungen, Zielgruppenbestimmungen, Berichten oder Konzeptionen. Milieuspezifische, rassistische oder mit eindeutig diskriminierender Absicht benutzte Titulierungen bleiben hier unberücksichtigt:

1. *„Ausländer/-innen"*

Terminus aus dem früheren Ausländergesetz. Festlegung nach Staatsangehörigkeit. Alltagssprachlich im Gegensatz zu Inländern oft gleichbedeutend mit Zugehörig/Nicht-zugehörig. Als Rechtsbegriff klar, alltagssprachlich wegen häufig ablehnender Konnotation problematisch. Der Begriff des „Gastarbeiters" in der gleichnamigen Ära (1955–1973) wurde vielfach als Euphemismus offen gelegt und ist heute lediglich von historischem Interesse.

Problematisierung: Mit dem Aufwachsen einer vierten Generation als Nachkommen ehemaliger Zuwanderer noch von „Ausländern" zu sprechen, ist anachronistisch und wirkt diskriminierend.

2. *„Ausländische Mitbürger"*

Früher verwendeter Begriff der gleichnamigen „Woche der ausländischen Mitbürger" einer ökumenisch getragenen Initiative, die aus dem „Tag des ausländischen Mitbürgers" hervorgegangen war. Eine Bemühung, auch publizistische Aufmerksamkeit für die damals noch weitgehend unbeachteten Fragen um Integration und Migration zu erzielen.

Problematisierung: „Mit-Bürger" bei Vorenthaltung voller Bürgerrechte? In einer früheren Rekonstruktion der sogenannten Ausländersozialarbeit titeln Puskeppeleit und Thränhard programmatisch „Vom betreuten Ausländer zum gleichberechtigten Bürger" (Puskeppeleit, Thränhard 1990) und wenden sich damit gleichzeitig gegen einen im Begriff der Betreuung eingeengten Handlungsmodus Sozialer Arbeit wie für eine auf Gleichberechtigung zielende Politik. Eine Exklusion von Migranten ohne volle Bürgerrechte aus dem Leistungsspektrum Sozialer Arbeit war damit allerdings nicht intendiert.

3. „Nicht-Deutsche“
Als Alternative zum Begriff „Ausländer“ gelegentlich verwendete Bezeichnung seit Mitte der 1980er Jahre. Versuch, mittels einer sprachlichen Neutralisierung im Modus der „political correctness“ affektive „ausländerfeindliche“ Konnotationen zu umgehen.

Problematisierung: Verstärkung der Nicht-Zugehörigkeit. Diskriminierend für deutsche Staatsbürger „nicht-deutscher“ Herkunft. Ausgrenzend, solange gleiche Rechte und Pflichten an eine staatsbürgerschaftliche Zugehörigkeit im Sinne von „Deutsch-Sein“ nach Abstammungsprinzipien gebunden bleiben.

4. Einwanderer/-innen
Verweist positiv auf Realitäten von De-facto-Einwanderungen im Sinne einer Korrektur von Vorstellungen nur vorübergehender Aufenthalte.

Problematisierung: Erfasst nur einen Teil von Migrationsrealitäten; Personengruppen, die weiterwandern wollen, nur vorübergehenden Schutz genießen oder als Migranten pendeln, werden nicht erfasst.

5. Zuwanderer/-innen
Leitvokabel aus dem seit Januar 2005 in Deutschland gültigen „Zuwanderungsgesetz“. Politische Kompromissformel nach längeren Auseinandersetzungen um die primäre Intention der Novellierung des vormaligen Ausländergesetzes, ob es vorrangig um die Regelung von Einwanderung oder eine Zuwanderungsbegrenzungsregelung gehen solle.

Problematisierung: Der Begriff spiegelt ein Ressentiment, die Bundesrepublik als modernes Einwanderungsland anzuerkennen. Zu-Wanderung klingt nach Appendix, nach einem hinzugekommenen Anhängsel.

6. Ausländische Minderheiten
Der in dieser Bezeichnung angelegte Hinweis auf Minderheitenpositionen und –rollen rückt Größenordnungen zurecht und erhält als Korrektiv gegenüber Überfremdungsideologien und Bedrohungsszenarien eine gewisse Berechtigung. Umdeutungen zwischen Mehr- und Minderheitsverhältnissen hat es nahezu zyklisch in den letzten drei Jahrzehnten immer im Vorfeld restriktiver Verschärfungen im Ausländergesetz gegeben: Zu Beginn der 1980er Jahre vor der sogenannten „Rückkehrförderung“ für vor allem türkische Arbeitnehmer und ihre Familien und zu Beginn des letzten Jahrzehnts des vergangenen Jahrhunderts im Modus einer „Asylschwemme“ vor den Asylrechtsänderungen (vgl. Abb. 4.).

Problematisierung: Die Rede von ausländischen Minderheiten kann Minderheitenrollen und -zuschreibungen mit den entsprechenden Diskriminierungen verfestigen. Im Alltagserleben in Wohnvierteln, Jugendtreffpunkten, Stadtteilen oder Regionen, in denen historisch bedingt Konzentrationen ethnisch-codierter Migranten auftreten, wird der Hinweis auf Minderheiten-Mehrheiten-Verhältnisse im Gesamtgefüge der Bundesrepublik zwar nicht obsolet, er trifft jedoch nicht die lebensweltliche Erfahrung der Menschen, die in ganz unterschiedlichen sozialräumlichen Zusammenhängen leben.

7. „Fremde"/„Fremdlinge"
In Handreichungen, „Freundschaftskampagnen" oder auch in populistischer Abgrenzung („Fremdländer", „Fremdarbeiter") verwendete Apostrophierung von Andersartigkeit. Erstere „gut gemeint" vor allem in kirchlichen Verlautbarungen, etwa verbunden mit der Aufforderung, den „Umgang mit dem Fremden" als Auftrag aus dem Evangelium zu begreifen oder als Thema in antirassistischen Seminaren oder Workshops. Der Caritas Verband Frankfurt z.B. strukturierte Ende der 1980er Jahre seine Beratungsdienste für ausländische Arbeitnehmer um und unternahm den Versuch, diese unter der Bezeichnung „Fremdheitsagentur" in praktische Soziale Arbeit münden zu lassen, was sonst eher einer zum Teil fachlichen, zum Teil öffentlichen Debatte entsprang.

Problematisierung: Fremdheits- oder Befremdungserfahrungen und ein „Umgang mit" als „Fremden" festgelegten anderen werden nicht auseinandergehalten, vielmehr werden die anderen als „Fremde" konstruiert. Die „Fremden" freilich wollen gelegentlich einfach dazugehören und „fremd" ist jedem gelegentlich auch das „Eigene". (Zur Ambivalenz im Spannungsfeld zwischen Fremdheit und Vertrautheit vgl. Kap. 5).

8. „Asylanten"
Negativ besetzter Begriff für Asylsuchende, Asylbewerber (sowohl im Asylverfahren befindliche wie anerkannte) und Flüchtlinge. Was im Wort „Flüchtling" noch anklingt, der Umstand fliehen zu müssen, mit all den damit verbundenen Konnotationen von Vertreibung, Verfolgung, Not und Trauma usw., wird im Begriff „Asylant" mit seiner im deutschen Sprachgebrauch negativ konnotierten Endung „-ant" (z.B. Simulant, Querulant usw.) gegen diejenigen gewendet, denen eigentlich Schutz und besondere Aufmerksamkeit zukommen sollten (vgl. Jäger/Link 1993, S. 55).

9. „Migrant/-innen"
Sozialwissenschaftlich fundierter Begriff (engl.: migration). Migrationsforschung als eigener Forschungsschwerpunkt. Inzwischen auch in der Bundesrepublik geläufiger und verwendeter Begriff, der auch bei internationalen Organisationen wie dem UNHCR oder der IOM (International Organisation of Migration) üblich ist.

Problematisierung: Fachbegriff, der als ein Wort aus der Fremde nicht von allen verstanden wird.

10. Vertragsarbeiter
Diese in der ehemaligen DDR übliche Bezeichnung für deren aus Angola, Mosambique oder Vietnam stammenden Immigranten macht deutlich, dass Begriffsbestimmungen immer auch Begriffsgeschichte sind und bis heute Nachwirkungen und Differenzen zwischen den inzwischen sogenannten „neuen" und „alten" Bundesländern hinsichtlich der Wahrnehmung von Migrationstatsachen zu beobachten sind (eine Binnendifferenzierung zwischen einzelnen Regionen der heutigen Bundesrepublik kann an dieser Stelle allerdings nicht weiter verfolgt werden).

11. Menschen mit Migrationshintergrund, migrantische Jugendliche, Frauen, Alte usw.
Vor dem Hintergrund der Erkenntnis, dass z.B. aufgrund zunehmender Einbürgerungen die bislang verwendeten Begriffe immer nur Teilaspekte oder Teilgruppen umfassen konnten und dass reine Herkunftszuordnungen, Subsumtionen unter die

jeweils gültigen Rechtstitel oder oben zitierte Vorschläge unbrauchbar erschienen, hat sich inzwischen die Rede vom Migrationshintergrund etabliert. Damit sind all jene angesprochen, die im Handlungs- und Aufenthaltsraum Deutschland aufgrund aktueller oder zurückliegender Migrationserfahrungen unterschieden werden können von jenen, für die solche Hintergründe nicht vorliegen oder nicht mehr relevant sind. In der Regel also Migranten oder deren Nachkommen, die einen mit dem Überschreiten von Sprach- oder Landesgrenzen verbundenen Migrationsprozess hinter sich haben.

Problematisierung: Sofern in hermeneutischer Absicht eine mögliche Bedeutung zurückliegender oder aktueller Migration nicht unterschlagen werden soll, der sogenannte „Migrationshintergrund" also in jenen Fällen im Handlungsprozess Sozialer Arbeit eine Rolle spielt, als er von den ihm Unterworfenen selbst in irgendeiner Hinsicht als zu berücksichtigende Größe eingebracht wird oder sich situativ bzw. wiederholt in Kontexten sozialpädagogischer und sozialarbeiterischer Arrangements bemerkbar macht, macht er für praktische Zwecke Sinn; in kategorialer Hinsicht erscheint er hingegen uferlos: So gesehen wären in klassischen Einwanderungsländern wie den USA oder auch Israel nahezu alle Bürger solche mit einem „Migrationshintergrund" (vgl. Eppenstein 2003, S. 296). Auch in Deutschland hätte nahezu jeder vierte Bundesbürger einen solchen „Hintergrund", denn er entstammt einer nach 1945 als „Vertriebener", „Flüchtling" oder „Aussiedler" aus Osteuropa zugewanderten Familie (vgl. Motte et al. 1999). Vereinzelt wird auch gegenüber dieser Bezeichnung Kritik vorgebracht, weil sie wiederum eine Unterscheidung gebraucht, die zu Benachteiligungen der so Unterschiedenen beitragen kann, doch hier haben wir es mit einem Grundproblem aller Versuche zu tun, Differenzierungen und Begriffsbildungen im Feld von Migrationen und ihren sozialen Folgen vorzunehmen. Freilich greift die Kritik an einem Bedeutsam-Machen des Migrationshintergrundes durch Professionelle, wenn diagnostisch noch die letzten Verästelungen bis in zurückliegende Generationen hinein rekonstruiert werden, ohne dass die „migrantische" Bezugsperson darauf Wert legt bzw. ein sinnvoller Zusammenhang zur Lösung des anstehenden sozialen Problems damit plausibel gemacht werden kann. Ebenso entstehen Ambivalenzen, wenn öffentliche Verwaltungen einen „Migrationshintergrund" erheben und daraus Problemanzeigen ableiten. In jüngerer Zeit wird häufig auch von *„Menschen mit Migrationserfahrung"* gesprochen, eine Form, die Migrationen als biographisch relevante Erfahrung berücksichtigt und dennoch Zuschreibungen vermeiden möchte.

Trotz seiner kategorialen Vagheit übernehmen wir hier – heuristisch – diese Begrifflichkeit und gebrauchen auch gelegentlich seine Umformung in das Adjektiv *„migrantisch"*, das wir der Sprachschöpfung von Studierenden der Sozialen Arbeit verdanken, die – selbst Kinder oder Enkel ehemals zugewanderter Arbeitnehmer – hier eine nicht unsympathische Möglichkeit entdeckt haben, dem Essentialisierungsproblem auszuweichen, weil in der spielerischen Attribuierung Bedeutungsverschiebungen im Sinne eines „mal mehr, mal weniger" möglich werden.

Komplex und vielschichtig scheint sich also die potentielle Klientel einer „migrationsgezeichneten" (Vgl. Mecheril 1994) Zielgruppe Sozialer Arbeit einer eindimensionalen begrifflichen Festlegung zu verweigern. Mit diesem Potpourri haben wir ein offenkundiges Dilemma Sozialer Arbeit identifiziert, jeweils angemessene Formen der eigenen Artikulation finden, zuweilen erfinden zu müssen:

- zwischen rechtlich eindeutigen Begriffen wie z.B. „Ausländer" und ihrer uneindeutigen Verwendung in der Alltagssprache,
- zwischen Fachbegriff und öffentlichkeitskompatibler Sprache (Sozialarbeiter wollen und sollen sich „verständlich" ausdrücken),
- zwischen Konstruktion von Wirklichkeit durch die eigene Sprachgestaltung und differenzierender Bezeichnung vorgefundener Differenzen,
- zwischen „political correctness" (vgl. Krüger-Portratz. 2005, S. 179) und lebensweltnaher Alltagssprache
- und im Bemühen, Zielgruppen zu kennzeichnen, die bei näherem Hinsehen gar keine Gruppen sind.

Daneben wird ein Phänomen gekennzeichnet, das über Funktionen und Handlungsspektren Sozialer Arbeit hinausweist: Dieser scheinbare Begriffswirrwarr gibt auch Zeugnis von einer kontinuierlichen Begriffspolitik im Modus jahrzehntelanger Uneindeutigkeit gegenüber Migrationen und Einwanderungsrealitäten, die politisch bestritten und im öffentlichen Bewusstsein über Jahre als lediglich vorübergehende Erscheinung gewertet wurden. Viele gut gemeinte Bemühungen aus der Sozialen Arbeit und ihrem Umfeld, diese Politik durch eigene Sprachschöpfungen zu beeinflussen, blieben hier unerwähnt, z.B. das aus den Niederlanden übernommene „Allochtone" oder „Menschen ausländischer Herkunft", „Schwarze Deutsche", „Ausländische Inländer", „Binationale" usw.

Begriffe und Begriffsbildungen im Kontext von Reaktionen Sozialer Arbeit auf Migrationstatsachen gehen auch immer mit entsprechenden Praxen, deren Konzeptionalisierungen und ihrer jeweiligen Kritik, Re-, Um- oder Neuformulierung einher. Das Konzept der „Interkulturalität" orientierte sich seit den 1980er Jahren an der Notwendigkeit von Lern- und Veränderungsprozessen bei und zwischen Mitgliedern der sogenannten Aufnahmegesellschaft wie der Migranten. Franz Hamburger attestiert dem „Programm" trotz zwischenzeitlich „hinreichender Kritik" „nicht nur eine gewisse pragmatische Plausibilität, sondern auch analytische Schärfe" (Hamburger 2006, S. 184): „Die Durchsetzungsdynamik verdankt die Interkulturalität der Kritik am alten Nationalstaat und seiner Fiktion von einer homogenen Bevölkerung auf der einen Seite, den Verheißungen einer offenen multikulturellen Zukunft, in der die menschlichen Beziehungen auf Verständigung und Verstehen beruhen, auf der anderen Seite." Gleichwohl bringe das Konzept der Interkulturalität „begrifflich" nicht den „komplexen Bezugspunkt" für die damit angesprochenen Veränderungszumutungen zum Ausdruck, nämlich die Voraussetzung einer demokratischen Rechtsordnung und eines „sozialen Rechtsstaates, der eine pluralistische Zivilgesellschaft umfasst", und verenge „die Aufmerksamkeit auf eine dichotome Polarität (...)" (ebd., S. 182).

Zum Problem der Begriffsbestimmung:
Interkulturelle Orientierungen und Konzepte Sozialer Arbeit können als Sammelbegriff für Reaktionen auf die Migrations- und Pluralisierungstatsachen verstanden werden.
Begriffsbestimmungen Interkultureller Sozialer Arbeit, soweit sie sich auf Migrationsprozesse, daran beteiligte und davon betroffene Menschen bezieht, stand und steht im Zusammenhang eines Diskurses, der mit den jeweiligen Bezeichnungen

- einmal Kennzeichnungen und Etikettierungen vornimmt, und
- zweitens Ausdruck des Begreifens im Medium der jeweils gewählten Begrifflichkeit ist.
- Drittens betreffen die gewählten Begriffe dabei immer nur Teilaspekte, können also sowohl angemessen wie unangemessen wirken.
- Viertens kann sich offenbar alle Begriffsbildung einem „Dilemma der Differenzbildung" nicht entziehen, will sie ihren Gegenstand nicht verlieren.

Auch der Begriff vom „Migrationshintergrund" schließt bei seiner Anwendung in der Praxis Etikettierungen und Identifizierungen nicht aus, die die Adressaten Sozialer Arbeit auf eben diese Kategorie festlegen und darüber ihre jeweilige Einmaligkeit als individuelle Subjekte hintergehen. Die Berücksichtigung eines solchen Hintergrundes muss also situativ begründet oder besonderen Belastungen oder Benachteiligungen der migrantischen Klientel Sozialer Arbeit geschuldet sein, solange diese bestehen (vgl. Hamburger 2006, S. 185 f.); darüber hinaus kann sie als Ausgangspunkt für Lernprozesse im Migrationskontext bedeutsam sein. Begriffe und Begriffsbildungen sind historisch, performativ und rezeptiv und bedürfen im hier verhandelten Feld der weiteren künftigen Präzisierung.

Über weitere Schwierigkeiten begriffstheoretischer Bewältigung des „Interkulturellen" wurde dabei noch nicht gesprochen: Eine Differenzierung des Migrationsbegriffs und das Unterscheidungskriterium nach Migrationsformen, -verläufen, -motiven, -folgeerscheinungen bzw. -risiken, seine Kompatibilität mit „Kultur" und „interkulturell", das Unterscheidungskriterium nach ausländerrechtlichen Statuszugehörigkeiten und schließlich seine Verbindungen mit Funktionen und Handlungskategorien Sozialer Arbeit.

2.2 Migrations- und Einwanderungsprozesse als irreversible historische und gesellschaftliche Bezugsgrößen

Die Dimension von Begriffen bleibt ohne eine sozialgeschichtlich-gesellschaftliche Dimension und die Dimension phänomenologischer lebensweltlicher Bedingungen, in denen Soziale Fragen und Problemstellungen als „interkulturelle" Spannungsfelder erst entstehen und sichtbar werden, unvollständig. Wer die Situation migrantischer Adressaten Sozialer Arbeit verstehen will, ist zum einen auf sozialwissenschaftliche Kategorien und Analysen verwiesen, die Aussagen zur Position und Funktion von Migranten in der gesellschaftlichen Struktur zulassen, auf realgeschichtliche Prozesse der Ausgrenzung, Assimilation, Integration oder Desintegration, der rechtlichen, institutionellen und medialen Anerkennung bzw. Diskriminierung. Zum anderen gilt die Analyse den je spezifischen Entwicklungen des Individuums im Migrationsprozess, den Herausforderungen, Veränderungen und Bewältigungsmustern, also der Wahrnehmung lebensweltlicher Formationen und ihrer Veränderungen bei Einzelnen, Familien, Peers oder anderen Bezugsgruppen. Schließlich gilt es für alle auf Migrations- und Integrationsprozesse reflektierende und reagierende Soziale Arbeit, soweit sie als lebensweltergänzendes Sozialisationsfeld bedeutsam wird, kulturelle Kontexte wahr- und aufzunehmen.

Bezüge für eine interkulturelle Soziale Arbeit ergeben sich indes nicht ausschließlich aus Erfordernissen durch Migrationen, sondern betreffen generell Erfordernisse in Einwanderungsgesellschaften, Erfordernisse im System sozialer Hilfen und in Institutionen, Erfordernisse gegenüber interkulturellen Konflikten, Diskriminierungen, Fremdenfeindlichkeit, Antisemitismus und Rassismus, Erfordernisse in einer pluralen Gesellschaft oder Erfordernisse gegenüber Globalisierung und Fremdheitserfahrungen (siehe Abb. 1 und 2). Zusammenhänge zwischen diesen Erfordernissen bedeuten gleichfalls nicht, dass dies alles mehr oder weniger identisch sei:

...realgesellschaftliche Bezüge:	**...vorgängige Konzepte:**	**Bedarf und Aufgaben für Soziale Arbeit:**
• Migrationen • faktische Einwanderung • kulturelle Pluralisierung • Internationalisierung • Globalisierung, Glokalisierung • Fremdheitserfahrungen • strukturelle Benachteiligungen • rechtlicher Status • Fremdenfeindlichkeit • Rassismus, Antisemitismus • Desintegrationsrisiken, Exklusionsprozesse, segregierende Ethnisierungsprozesse. • Konflikte im gesellschaftlichen Diskurs und in den Lebenswelten	• Defizitorientierte, allein auf „Ausländer" fokussierte Maßnahmen • Monokulturelle Ausrichtung Sozialer Dienste • Mangelnde Wahrnehmung interkultureller Dimensionen und Spannungsfelder in der Gestaltung des Sozialen	• Minderung von Migrationsrisiken (von Prävention bis zur Krisenintervention) • Integrationshilfen; soziale Gestaltung von Integrationsprozessen • Integrationsgebundene soziale Fragen und Risiken, kulturelle Bedürfnisse oder Konfliktanlässe, eingeschränkt auch Bildungs- und Entwicklungserfordernisse • Interkulturelle Qualifizierung Sozialer Dienste • Spezifische Beratungsanliegen, z.B. bei Einreise, Rückkehr, Weiterwanderung, Studium, Asylverfahren etc.

Abbildung 1: Interkulturelle Orientierung Sozialer Arbeit als Reaktion auf...

So zeigt die neuere Migrationsforschung, dass im Zuge von Wanderungsbewegungen heute neue transnationale Räume entstanden sind und die klassische Einwanderung nur eine Migrationsform neben anderen darstellt.

Die Problemfelder um Diskriminierung, Fremdenfeindlichkeit und Rassismus bilden einen eigenen Komplex, der auch jenseits von Fragen kultureller Pluralisierung durch Migrationen und Einwanderung eine Rolle spielt. Die Entstehung rassistischer Gewalt lässt sich nicht mit den Phänomenen von Migrationsrealitäten erklären und richtet sich bekanntermaßen gegen jedwede Opfer, die als anders, nicht-zugehörig, behindert oder sozial ausgegrenzt gelten. Gleichwohl sind damit Diskriminierungspraktiken und rassistische Gefährdungen als Bezugsgröße für interkulturelle Soziale Arbeit nicht gegenstandslos geworden (vgl. hierzu näher: Eppenstein 2003, S. 177ff.).

Auch für die komplexen Erfahrungen, die mit den Begriffen Pluralität, Globalisierung oder Fremdheit angesprochen sind, stehen mit Migratisonsprozessen einhergehende Phänomene zwar beispielhaft zur Verfügung, sie bilden diese aber keinesfalls vollständig ab und bleiben als analytische Begründung oberflächlich, denn Pluralisierung und Fremdheitserfahrungen können generell als ein konstitutives Moment in der Moderne gelten.

A Migration	B Integration	C Soziale Arbeit
A1: Migrationsform A2: Migrationsverlauf A3: Migrationsmotive	B1: Integrationskonzept B2: Integrationsverlauf B3: Integrationskonflikt	C1: Problemsichten C2: Funktionen C3: Konzepte

Abbildung 2: Kontingenz kausaler Zusammenhänge zwischen Migrationsprozess, Integrationsprozess und Interkultureller Sozialer Arbeit

Der Geltungsanspruch für eine interkulturell orientierte Soziale Arbeit ergab sich aus den unumkehrbaren Migrationsrealitäten, die die kulturelle Pluralisierung vor allem in den Ballungsräumen hat sichtbar werden lassen.

Eine Differenzierung von Migrantengruppen, Migrationsformen, Migrationsmotiven, Migrationsrisiken und Migrationsfolgeerscheinungen, nach ausländerrechtlichen Statusgruppen, hinsichtlich sozialer, generischer oder kultureller Differenzen oder auch anhand diskursiver öffentlicher Problemzuschreibungen vollzog sich seit Beginn der sogenannten „Ausländerarbeit“ oder auch „Gastarbeiterbetreuung“ nur Schrittweise (siehe 2.3). Heute müssen diese Differenzmuster in fachlicher Hinsicht gekannt und zur Vermeidung von Typologisierungen beachtet werden. Sofern Migranten und Migrantinnen als Adressaten Sozialer Arbeit in Erscheinung treten, wird ihnen diese nur dann in angemessener Weise gerecht werden können, wenn nicht allein kulturelle Belange, sondern gleichsam relevante Aspekte des Migrationsverlaufs, der Migrationsform, der zugrundeliegenden Motive und schließlich der ausländerrechtliche Status fallkasuistisch berücksichtigt werden.[3]

3 Zur Diskussion um eine Rahmung interkultureller Arbeit im Begriff einer „Migrationsgesellschaft vgl. Eppenstein 2003, S. 117ff. und Mecheril 2004, S. 8 f.

Kategorie	Erläuterung	Beispiele
Migrantengruppen	*Umfasst die rechtliche, politische oder diskursiv gesellschaftliche, historisch kontingente Konstruktion von Gruppierungen entlang unterschiedlichster Kriterien zur Unterscheidung*	Herkunft; Geschlecht; Zweck des Aufenthaltes; Rechtliche Grundlage; Lauterkeit von Motiven; Sozialer Status; Bildung, Erwünscht/unerwünscht. Z.B.: „Italiener, Spanier, Griechen etc.“; „Europäische Wanderarbeiter“ oder „(Nicht-) EU-Ausländer“; (Spät-)Aussiedler; Asylbewerber; „Wirtschaftsflüchtlinge“; „Ausländische Frauen, Jugendliche, Männer“; Bildungsausländer
Migrationsformen	*Systematisiert und typologisiert unterscheidbare Formen der Migration, die in den jeweils realen Lebensvollzügen von Migranten aber auch ineinander greifen können*	Immigration, Emigration Kettenmigration Pilotmigration Pendelmigration Rückkehrmigration Transitmigration Transnationale Migration Diasporamigration Grenznahe Migration EU-Binnenmigration Daneben: Legal oder irregulär, geplant oder ungeplant, selbstverantwortet oder unter Druck usw.
Migrationsmotive	*Fragt nach äußeren Anlässen und Gründen wie nach subjektiven Gesichtspunkten für die Migrationsentscheidung*	Flucht Exilierung Repatriierung Armut, Arbeit Neugier Heirat Familiennachzug Studium, Bildung Freiwillig/unfreiwillig „guten“ Gewissens oder mit Schuldgefühl Im „Auftrag“ von anderen, Verwandten, Communities oder entgegen Erwartungen aus dem sozialen Kontext

Kategorie	Erläuterung	Beispiele
Migrationsverläufe	*Thematisiert die Bedeutung von Ereignissen, Erfahrungen, evtl. Traumata während der Migration oder die Belastungen im Kontext dauerhafter Migrationen*	Stressoren, z. B. Traumata (Flucht, Trennung, Vergewaltigung, Verluste) Erfahrungen des Ausgeliefert-Seins trotz hoher eigener Aktivität
Migrationsrisiken	*Umfasst allgemeine Wissensbestände von migrationsbezogenen Bewältigungsaufgaben, die mit entsprechenden Risiken einhergehen. Daneben maßgebliche Kategorie zur Fallkasuistik in Hinblick auf vorgreifende stellvertretende Deutungen zur weiteren Lebensplanung*	Verlust von kulturellen Kapitalien bei einer Emigration, ökonomische und gesundheitliche Risiken. Z.B. betreffs der Ausbildung von Kindern, Vorsicht gegenüber Verlockungen des Marktes, Überschuldung, transnationale Verpflichtungen usw.
Migrationsfolgen	*Auch: Migrationsfolgeerscheinungen. Fasst Erfahrungen zusammen, die Krisen oder Orientierungen in Folge von Migrationen erst zu einem – oft zuvor unerwarteten – späteren Zeitpunkt deutlich machen. Oft ist dabei kaum entscheidbar, wieweit gelungene oder misslungene Integrationsprozesse mitverantwortlich sind.*	Psychosoziale Spätfolgen oder Erkrankungen. Reethnisierungen innerhalb der Biographien noch in folgenden Generationen. Sozialer Aufstieg oder Abstieg. Bildungskarriere oder Bildungsdefizite usw.

Abbildung 3: Kategorien als Differenzierungsschema für Migrationsrealitäten

Die Migrationsforschung unterscheidet unter unterschiedlichen Migrationsformen, die hier nur kurz skizziert werden können:

„Immigration" bzw. „Emigration", also Ein- und Auswanderung als die klassischen Formen; Pilotmigration als Bezeichnung für die Einwanderung jener, die erstmals als Angehörige einer Herkunftsgruppe in ein Land oder eine Region migrieren, in der noch keine Netzwerke, Ansprechpartner oder Vorläufer anzutreffen sind. Daher sind die Anforderungen und Risiken hier vergleichsweise höher als bei der ihr folgenden „Kettenmigration", die sich auf inzwischen aufgebaute „communities" stützen, und so den Verlust kulturellen Kapitals verringern kann. Von Bedeutung vor allem in Europa mit seinen vergleichsweise noch kurzen Distanzen und Reisestrecken zwischen den nationalen Grenzen sind die „EU-Binnenmigration“ und „Pendelmigrationen“ sowie eine Reihe von Regionen, in denen grenznahe Migrationen stattfinden, zu nennen. Neben den unten beschriebenen Formen der „Diasporamigration“ und Transmigrationen hat vor allem während des Krieges im ehemaligen Jugoslawien und in dessen Folge die Transitmigration von bosnischen Kriegsflüchtlingen eine Rolle gespielt. Diese genossen in der Bundesrepublik meist nur einen vorübergehenden Schutz und hofften auf Möglichkeiten zur Weiterwanderung in die USA oder nach Australien. Schließlich kommen die neben regulären Formen bedeutsam gewordenen Formen „illegaler“[4] bzw. irregulärer Einwanderung hinzu. Gelegentlich werden Migrationsmotive und Migrationsform in einem Begriff zusammengeführt, z.B. „Arbeitsmigration“ oder „Heiratsmigration“.

Im Kontext jeweiliger Migrationsformen können ganz unterschiedliche Migrationsmotive eine Rolle für die jeweilige Lebenssituation und Lebensplanung von Migranten spielen. Oft bestehen dabei „Aufträge“, die bewusst oder unbewusst, ausgesprochen oder unausgesprochen von im Ausgangsland zurückgebliebenen Angehörigen „mitgegeben“ wurden. Es macht einen Unterschied, ob die Migration als Privileg oder Notfall, als ein „Davonlaufen“ oder als Auftrag, als Rettung oder Zwang, eher freiwillig oder eher unfreiwillig vonstatten ging. Zu unterscheiden sind z.B.: Flucht oder Asylbegehren, Exilierung, Repatriierung, Armut oder die Hoffnung auf Arbeit, Heirat oder Familiennachzug in den oft engen Grenzen der gesetzlichen Möglichkeiten, Studium, Bildungsaspirationen oder auch schlicht Neugier oder andere individuelle Motive. Migrationen in prekären, ausbeuterischen oder auch illegalen Abhängigkeitsverhältnissen – vom Au-pair bzw. „Dienstmädchentransfer“ bis zu modernen Formen des Menschenhandels – lassen oft kaum Spielräume für eigenverantwortliche und selbstbestimmte Entscheidungen der von ihnen Betroffenen. Die Auflistung soll deutlich machen, dass in der Verschränkung von „Migrationsform“, „Migrationsmotiven“, „Migrationsverläufen“ und den Bedingungen und Entwicklungen im Aufnahmeland ganz unterschiedliche Voraussetzungen dafür angelegt sind, ob Migranten über mehr oder weniger rationale Entscheidungsdispositionen verfügen, oder diese eingeschränkt oder gar weitgehend ausgeschlossen sind.

Sofern Migrationen als riskante Phasen im Lebenslauf auftreten können, spielen Bindungen und Orientierungen unter Landsleuten häufig eine stabilisierende Rolle. Obwohl eine oft wichtige Ressource, dürfen diese Bindungen in der Sozialen Arbeit freilich nicht idealisiert werden, denn sie stehen nicht immer nur für positive Werte wie Zusammenhalt, Solidarität oder soziales Engagement, sondern transportieren oft Muster einseitiger Abhängigkeiten, überkommener Hierarchien oder illegitimer Machtbeziehungen, in denen gegenseitige Angewiesenheiten auch ausgenutzt werden.

4 Vgl. Krieger u.a. 2006. Die im Auftrag des Evangelischen Regionalverbandes Frankfurt am Main und dem Diakonischen Werk in Hessen und Nassau e.V. durchgeführte empirische Studie des Institutes für Weiterbildung, Beratung und Forschung an der Evangelischen Fachhochschule Ludwigshafen IWBF thematisiert ausdrücklich Notlagen und Hilfebedarfe von Menschen in der Illegalität und formuliert neben politischen Handlungsbedarfen Empfehlungen zur Stärkung des Hilfe- und Beratungsbereiches.

Die neuere raum- und sozialwissenschaftliche Forschung liefert Befunde und Theorien von Migrationsnetzwerken, Migrationskreisläufen und Migrationssystemen (Pries 2003, S. 37). Diese zeigen, dass eine einfache Sicht von „Migrationen" als „dauerhafter bzw. längerfristiger Wechsel des Wohnsitzes von einem Land in ein anderes", die in der Regel als Ausnahmefall einer Normalität von Sesshaftigkeit gegenübersteht, heute einer Ergänzung bedarf (ebd., S. 25). Wir haben es nicht allein mit Migrationstypologien zu tun, die durch einen einmaligen Wechsel von einem Ort, von einem Nationalstaat zu einem oder in einen anderen charakterisiert sind, sondern mit mindestens drei weiteren Formen, die jeweils ein anderes Verhältnis zu Herkunfts- und Ankunftsregionen mit sich bringen, und deren differierende Zeithorizonte maßgeblich für jeweilige Integrationskonzepte und Integrationsprozesse sind.

Pries unterscheidet **vier Idealtypen der Migration:**

a) Der klassische Migrations-Typus ist der der ***Emigration*** (Auswanderung) oder *Immigration* (Einwanderung). Auch wenn Migranten hier noch über längere Zeiträume hinweg Kontakte zu ihrem Herkunftsland unterhalten mögen, haben sie doch in der Regel von diesem Abschied genommen, um dauerhaft in einer Ankunftsregion zu leben, an deren hegemoniale Kultur sie sich – als Eingewanderte – schrittweise assimilieren. Der Integrationsmodus dieses Typus findet sich in Assimilationskonzepten bzw. der Vorstellung vom sogenannten „Melting pot", also der Idee eines Schmelztiegels, in dem die plurale Realität eines Einwanderungslandes mit den Ansprüchen nationalstaatlicher Homogenität verschmelzen soll. Nach einem idealtypischen 7-Phasen-Modell folgen auf die Phasen kulturellen Lernens und der Entwicklung einer positiven Einstellung zur Aufnahmegesellschaft die „Entwicklung einer negativen Einstellung zur Herkunftsgesellschaft, wirtschaftliche Akkomodation, soziale Akzeptanz durch die Aufnahmegesellschaft", und schließlich eine „Identifikation mit der Aufnahmegesellschaft und Einverständnis mit (ihren) Werten und Normen" (ebd., S. 33 nach Taft 1953). Bezogen auf die Bundesrepublik wird Letztere in jüngerer Zeit als Voraussetzung für Einbürgerungen immer wieder gefordert, wobei die Schwierigkeiten, dies per „Einbürgerungstests" in Form einer Gesinnungsüberprüfung amtlich feststellen zu wollen, offenkundig werden. Schon immer wurde eine „Verfestigung" von Aufenthaltsrechten (sog. Aufenthaltsberechtigung im alten Ausländergesetz) an Erwartungen gebunden, im Sinne dieses Modells eine Abkehr von Bindungen und Orientierungen an der Herkunftskultur zu vollziehen. Zu bedenken ist hier die jüngere Geschichte der Einwanderung nach Deutschland in ein „unerklärtes Einwanderungsland", in der wirtschaftliche Akkomodation und soziale Akzeptanz durch die Aufnahmegesellschaft nur partiell erfolgten.

b) Sind Emigration bzw. Immigration in ihrem Zeithorizont langfristig bzw. unbefristet angelegt, so bildet der zweite Typus, die sogenannte ***„Rückkehr-Migration"*** das befristete, bzw. kurzfristige Gegenstück: Hier bleibt ein dauerhafter Bezug zur Herkunftsregion und eine Differenz zum Aufnahmeland mit Verweis auf einen nur vorübergehenden Aufenthalt erhalten. In der sogenannten „Gastarbeiterära" (zur Problematik des Begriffs s.o.) in der Bundesrepublik verfolgte man im Modus eines Rotationsprinzips eine Strategie der „Integration auf Zeit" und vernachlässigte über eine lange Periode Probleme der Bildungsintegration mit dem Kalkül einer baldigen Rückkehr. Hier lässt sich rückblickend lernen, dass Migrationstypologien historisch und biografisch auch wechseln können: Aus sogenannten „Rückkehr-

Migranten“ sind de facto Einwanderer geworden, wenngleich ein Teil von ihnen z T. nicht ohne Zwang wieder zurückgekehrt ist (vgl. z.B. die sog. Rückkehrförderung 1982–1984).

c) Ein Dauerbezug zur Herkunftsregion bleibt auch im Fall des dritten Typus, der sog. ***„Diaspora-Migration“*** erhalten: Damit werden Wanderungen charakterisiert, die durch religiöse oder andere starke „Loyalitäts- und organisationale Abhängigkeitsbeziehungen“ bestimmt sind (Pries 2006, S. 21). „Ein Diaspora-Migrant richtet sich physisch-räumlich und vielleicht auch wirtschaftlich, aber nur bis zu einem gewissen Grade sozial und politisch in der Ankunftsgesellschaft ein. Er behält gleichzeitig und auf Dauer starke sozial-kulturelle Bindungen zu seinem Herkunftsland bzw. zu seiner internationalen Mutterorganisation.(...) Seiner Natur nach ist dieser Migrations-Typus nicht ausschließlich, meistens auch nicht vorrangig als Arbeitswanderung anzusehen, weil die ihm typischen Ortsveränderungen häufig durch Flucht, Vertreibung, Gesinnungsentscheidungen oder Entsendung verursacht sind“`(ebd., S. 21). Das Leben in der Ankunftsregion kann für Diasporamigranten ambivalent als „rettendes Ufer“, aber auch als „Erleidensraum“ erfahren werden; der Zeithorizont dieses Migrationstypus bleibt indifferent von kurz- bis mittelfristig. Wird in der Diaspora-Migration die „Nicht-Differenz zum realen, überlieferten oder imaginären Herkunftsland bzw. Zentrum des Diasporanetzes“ notwendigerweise aufrechterhalten, geht damit häufig eine Differenz zum „Vergesellschaftungsgefüge der Ankunftsregion“ einher (Pries 2003, S. 31).

d) Sind Diasporamigranten flächenräumlich zersplittert und räumlich verteilt durch einen gemeinsamen einheitsstiftenden Bezug zusammengehalten, so unterscheidet sich der neuere vierte Typus ***„transnationaler Migration“*** davon durch mehrere Charakterisierungen, die eine relationale Beziehung zum Raum und eine damit einhergehende Neuformierung Sozialer Räume auszeichnet: In den ersten drei Typologisierungen wurde eine Kongruenz zwischen Sozialraum und geografischem Raum unterstellt, hingegen zeichnet sich der vierte Idealtypus einer Transmigration dadurch aus, „dass der Wechsel zwischen verschiedenen Lebensorten in unterschiedlichen Ländern kein singulärer Vorgang ist, sondern zu einem Normalzustand wird, indem sich der alltagsweltliche Sozialraum der Transmigranten plurilokal über Ländergrenzen hinweg zwischen verschiedenen Orten aufspannt“ (Pries 2006, S. 21). Transmigrationen vollziehen sich in einem unbestimmten, sequentiellen und auch langfristigen Zeithorizont und sind durch Ambivalenzen in einer Gemengelage sowohl im Verhältnis zur Herkunftsregion wie zur Ankunftsregion gekennzeichnet. Transnationale Sozialräume entstehen somit kreuzweise zu Herkunfts- und Ankunftsregionen als neuartige Grenzziehung entlang neuer sozial-kultureller Muster, die Elemente beider beinhalten, mischen und auf der Grundlage widersprüchlicher und spannungsreicher Identifikationen und Konstruktionen eine eigene „multiple“ Qualität herausbilden, der ein eindeutiger geschlossener Referenzrahmen fehlt (Entweder Herkunfts- oder Ankunftsregion bzw. Diasporagemeinschaft). Diese Migrationsform verweigert sich mit ihren Mehrfachzugehörigkeiten und Mehrfachbindungen einer einseitigen Assimilationsstrategie und erklärt mit jeweils stärkeren oder schwächeren Anteilen an ökonomischen, sozialen, kulturellen oder politischen Partizipationen in jeweils lokalen, regionalen oder nationalen Kontexten eine Alltagswirklichkeit von Migranten, in der ganz selbstverständlich durch Nutzung von Telefon oder Internet kontinuierliche Kontakte zwischen räumlich getrennt lebenden Angehörigen gepflegt, transnationale Geldüberweisungen vorgenommen, Filme, Fernsehen oder Musik konsumiert oder regelmäßig Transportmittel über Distanzen frequentiert werden, die nie zuvor einer so großen Zahl von Menschen zugänglich waren. In Form des international operierenden Managers, bei Journalisten oder renommierten Künstlern ist uns dieser Migrationstypus in einer priviligierten Ausprägung vertraut, für die Soziale Arbeit gilt es wahrzunehmen, dass neben den klassischen Migrationstypologien derartige Formen auch unter eher prekären Lebens- und Migrationsverhältnissen entstanden sind und somit entsprechende Integrationskonzepte oder Hilfeformen diesem differenzierten Bild Rechnung tragen müssen. Mehrfachbindungen und Mehrfachzugehörigkeiten müssen dabei einer Identifikation mit einer klassischen Ankunftsregion nicht im Wege stehen, wenn sich diese liberal und pluralistisch aufgeklärt im Sinne einer verfassungspatriotisch verstandenen Staatlichkeit versteht, und Inklusionsprozesse von Migranten nicht an Voraussetzungen innerer Identifikation mit einer Abstammungsgemeinschaft knüpft.

Mit Migrationsformen und -motiven können als weiterer Differenzierungsmaßstab unterscheidbare Migrationsverläufe einhergehen, die je nach ihrem besonderen Charakter eigene einschneidende Bedeutung im Lebenslauf und damit ganz unterschiedliche Reichweiten in Hinblick auf das künftige Leben eines Einzelnen haben können. Immer sind Migrationen hochaktive Prozesse, die Willensstärke, Kraft und viele weitere Eigenschaften (er)fordern, die sonst in der Sozialen Arbeit erst hervorgebracht werden sollen, um der jeweiligen Klientel weiter zu helfen. Doch wer auf der Flucht Angehörige verliert oder Vergewaltigungen ausgesetzt war, muss einen anderen Migrationsverlauf bewältigen, als jemand, der durch Auflagen und Beschränkungen beim Familiennachzug gestresst wird, oder wieder andere, denen der Migrationsverlauf selbst kein Problem hinterlässt.

Lebenslagen und Armutsrisiken

Die hier skizzierten Differenzierungen zeigen, dass die durch Migrationen und Einwanderung entstandenen gesellschaftlichen Realitäten inzwischen hochkomplex und in sich vielfach gebrochen sind. Typologisierungen wie noch zu Beginn der sogenannten „Gastarbeiterära" sind als mehr oder weniger grobe Ordnungsversuche zwar hilfreich und in analytischer Hinsicht unvermeidbar, sie verbieten sich im Grunde genommen jedoch zur Einordnung spezifischer migrierender Subjekte in Form einer erneuten Essentialisierung. Darüber hinaus haben in der Folge unterscheidbarer Migrationsformen ebenso vielfältige Integrationsprozesse im Rahmen ganz unterschiedlicher Integrationskonzepte stattgefunden und vollziehen sich weiter. Migranten und ihre Familien bilden inzwischen in allen Bereichen Sozialer Arbeit eine wichtige, aber immer noch oft unzureichend wahrgenommene Adressatengruppe. Die Anteile von Einwohnern mit einem Migrationshintergrund steigen stärker, als dies die sogenannte Ausländerstatistik ausweisen kann, denn hier werden z.B. Doppelstaatler, Irreguläre (Illegale), (Spät-)Aussiedler oder Eingebürgerte nicht erfasst. In den Ballungsräumen, und hier wiederum lokal unterscheidbar in einzelnen Stadtregionen, zeichnet sich eine Entwicklung ab, dass ein Großteil oder auch die Mehrheit künftiger Stadtbevölkerungen migrantischen Ursprungs ist. Die Zahl der registrierten Personen mit Migrationshintergrund in der Bundesrepublik umfasste im Jahr 2007 insgesamt 15 651 000, wobei ein Anteil von 6 751 000 (43% und ca. 8,2 % der Gesamtbevölkerung) auf Ausländer mit einem legalen Status fällt. Darüber hinaus benennt die Statistik des Bundesministeriums des Innern inzwischen auch Eingebürgerte (3 700 000 = 24%), Aussiedler (3 200 000 = 20%) und eine Schätzzahl mit irregulärem Aufenthalt (2 000 000 = 13%).[5] Dabei sind häufig nicht mehr erfassbare Größenordnungen einer EU-Binnenmobilität ausgenommen (vgl. Krummacher 2004).

Entwicklungen auf den Ebenen der Bevölkerungs- und Sozialraumentwicklung, der Armutsentwicklung und Rahmendaten zu sozialen Lebenslagen können die Prognose erhärten, dass der migrantische Teil der Wohnbevölkerung tendenziell verschärften Risiken der sozialen Unterschichtung ausgesetzt ist: Befunde zur Bevölkerungs- und Sozialraumentwicklung in der Bundesrepublik zeigen neben einer stetigen Bevölkerungsabnahme und Alterung Tendenzen zur sozialräumlichen Segregation in den Städten entlang einer größer werdenden Schere zwischen Armut und Reichtum (vgl. Krummacher 2007, S. 58), wobei Gruppen mit erhöhten Armutsrisiken in benachteiligten Stadtteilen leben mit baulichen und infrastrukturellen Defiziten, oft verbunden mit schlechten Verkehrsanbindungen oder hohen Lärm- bzw. Umweltbelastungen. Derartige Wohnviertel sind häufig durch selektive Abwanderungen mittelständischer Schichten, darunter auch Migranten, gekennzeichnet. In ihnen drohen sich Effekte von strukturellen Defiziten des Wohnumfeldes mit Desintegrationsrisiken aus Erwerbsarbeit, Bildungsinstitutionen und gesundheitlicher Verfasstheit zu vermengen und gegenseitig aufzuladen und zu verstärken.

Die einst angeworbenen ausländischen Arbeitnehmer, so fasst es Georg Auernheimer zusammen, „sollten in der Krise des Fordismus den technologischen Rückstand in manchen Branchen kompensieren und im Übergang zur hoch automatisierten, digital gesteuerten Produktion Gewinneinbußen und Entwertung fixen Kapitals möglichst gering halten. Im High-Tech-Kapitalismus sind sie als un- und angelernte Arbeitskräfte großenteils überflüssig geworden, ein Teil der ‚überzähligen' Bevölkerung". Aufgrund des „überdurchschnittlich selektiven deutschen Bildungssystems" gelte dies zum großen Teil auch für die Nachkommen der sogenannten ersten Generation. Zwar gebe es inzwischen zweifelsfrei auch ‚Migrationsgewinner' (Selbstständige, Akademiker, Künstler, Kulturschaffende, Sportler etc.), neben „dieser kleinen Mittelschicht aber ist die Mehrheit heute überproportional stark von Arbeitslosigkeit und damit auch von der sogenannten ‚Reform' der sozialen Sicherungssysteme betroffen" (Auernheimer 2006, S. 193f.).

Der zweite Armuts- und Reichtumsbericht der Bundesregierung aus dem Jahr 2005 weist einen Prozentsatz von 13,5% mit „relativer Armut aus, das entspricht weniger als 60% des durchschnittlichen Einkommens, wobei Kinder, Jugendliche und junge Erwachsene, Ein-Personen-Haushalte oder Alleinerziehende, Frauen, Arbeitslose und Migrantenhaushalte überdurchschnittlich betroffen sind. Auch wenn in den vergangenen vierzig Jahren hinsichtlich der sozialen Lage, der Bildungsintegration und der Pluralisierung von Lebenslagen und Lebensformen eine enorme Ausdifferenzierung der migrantischen Bevölkerung stattgefunden hat, haben sich Formen anhaltender

5 Stand 2007. Bundesamt für Migration und Flüchtlinge. Referat 224.90343 Nürnberg (www.bamf.de vom 03.04.2008).

Unterschichtung erhalten bzw. reproduziert. Nach Krummacher bestehen in allen zentralen Lebensbereichen wie Arbeit, Einkommen, Ausbildung, Wohnen oder Partizipation deutliche Benachteiligungen und mehr oder weniger prekäre Lebenslagen und Lebensperspektiven (ebd.). Vereinfachend zeige die soziale Differenzierung in Deutschland lebender Migranten und Migrantinnen ein Auseinanderfallen in eine Mehrheit von Einwanderern mit langer Verweildauer und eine Minderheit mit begrenztem Aufenthalt, in „eine Mehrheit mit sozialen und ökonomischen Unterschichtsmerkmalen (Migrationsverlierer) und eine relative Minderheit" von Migrationsgewinnern, denen ein sozialer Aufstieg gelungen ist, sowie „eine Mehrheit mit geringen oder fehlenden politischen Partizipationsmöglichkeiten (Nicht-Unionsbürger) und eine wachsende Minderheit mit gleichen Bürgerrechten (Eingebürgerte)" (ebd., S. 4).

Befunde zur sozialen Differenzierung bedürfen der Ergänzung hinsichtlich differenter Integrationsstrategien. Während wohl die Mehrheit der seit Jahrzehnten in die Bundesrepublik Immigrierten Integrationserfolge in Bezug auf soziale Kontakte, wirtschaftliche Stabilisierung, Kompetenzen in deutscher Sprache, Bildungsfortschritte und kulturelle Handlungsmuster erzielen konnte, vollzieht eine Minderheit den nahezu ausschließlichen Rückzug in die eigene ethnische Gruppe. Bei allen Versuchen, Integrationserfolge bzw. Misserfolge zu diagnostizieren, sind freilich Wechselwirkungen zwischen politischen Strategien nationalstaatlicher „Ausländer- bzw. Integrationspolitiken" und den Lebensführungskonzepten migrantischer Gruppen zu berücksichtigen. Europäische Politiken verfolgen gleichzeitig Regelungen des Ausschlusses, der Begrenzung und der Integration und in der Bundesrepublik wird erst mit der Reform des Ausländergesetzes zu einem Zuwanderungsgesetz (Inkrafttreten Januar 2005) ein Integrationsanspruch festgeschrieben. Seit den 1980er Jahren haben Rückkehrprogramme, populistische Wahlkampagnen, Kettenduldungen, Inländerprimate bei der Vergabe von Arbeitsplätzen, Exklusionsstrategien von Bildungs- und anderen Institutionen über Jahre hinweg ein Klima der Uneindeutigkeit entstehen lassen, dessen Wirkung auf die Bildung sogenannter „Parallelgesellschaften" zwar nicht unmittelbar kausal belegt ist, dennoch als nicht unwesentlicher Stimulus für Reethnisierungsprozesse angesehen werden darf.[6] Die Frage, an wem oder was „es denn liegt", wenn eine Bildungsintegration scheitert, wenn der Übergang zur post-fordistischen Dienstleistungsgesellschaft misslingt, wenn problematisch erscheinende – weil selbstschädigende – Praxen alltäglicher Lebensführung, Gesundheits- und Armutsrisiken damit einherzugehen scheinen, kann nicht reduktionistisch beantwortet werden: Weder kann hier mit einer Kritik von Unterschichtsmerkmalen der Lebenspraxis, mit kulturellen Defiziten oder traditionalistischer Uneinsichtigkeit noch mit einer Enthüllung struktureller, systemkritischer Lebensbedingungen eine monokausale Quelle der Probleme fixiert werden, denn offenkundig verschränken sich in den für die für Soziale Arbeit zugänglichen lebensweltlichen Alltagspraxen die Dimensionen miteinander. Mit Emmanuel Todd wäre das in einer Gesellschaft dominierende Verständnis von Gleichheit maßgeblich, und zwar unabhängig von objektiven Inhalten der Einwanderungskultur oder von der Qualität innerethnischer Kontakte, denn mit seiner These von der „Allmacht des Einwanderungslandes" wird gewissermaßen dem herrschenden Integrationskonzept von Aufnahmegesellschaften ein Primat zuerkannt (vgl. Todd, S. 42).

6 Vgl. hierzu die Studien von Heitmeyer et al. 2000.

Gleichwohl ist Soziale Arbeit je darauf verwiesen, die von ihr zu bearbeitenden Probleme weder als alleinige „Schuld", „Mängelrüge", erzieherisch abwendbare Verhaltensauffälligkeit usw. ihrer Klientel zu werten und zu behandeln, noch sie im Modus einer übergreifenden Systemkritik einfach „wegzuinterpretieren". Strukturdaten wie die hier aufgeführten sind daher als Problemindikatoren aussagekräftig und legen nahe, gesellschaftliche Bestimmungsfaktoren für Gleichheit und Ungleichheit, für Assimilation oder Segregation, Integration oder Desintegration bzw. Inklusionen und Exklusionen zu untersuchen. Nicht aussagekräftig sind sie hinsichtlich des Anteils, den die unterschiedlichen Strategien von Exkludierten selbst ausmachen; Es wäre zynisch, die von sozialen Problemen in erster Linie Betroffenen allein für ihr Schicksal des Ausgeschlossen-Seins selbst verantwortlich machen zu wollen. Solche Anteile indes von vorneherein auszuschließen, käme der Konstruktion von Opferrollen gleich, die sich zumal einer Sozialen Arbeit verbietet, die sich ein aufmerksames Auge für Ressourcen und Potentiale ihrer Klientel zuschreibt.

Im Vergleich ausgewählter Indikatoren zur sozialen Lage von deutschen und ausländischen Einwohnern in der Bundesrepublik wird erkennbar, dass Letztere in Relation zum Anteil an der gesamten Wohnbevölkerung strukturell schlechter abschneiden: Bei einem Ausländeranteil von 8,2% beträgt deren Arbeitslosenquote 24,8% gegenüber 11,8% bei den Deutschen (Stand: 9/2005). Während bei der Bevölkerung ohne Migrationshintergrund durchschnittlich 15% ohne beruflichen Abschluss bleiben, sind es bei Migranten alarmierende 44% (Beauftragte der Bundesregierung 2007, S. 50). Auch wenn sich bezogen auf die Stellung im Arbeitsmarkt bei der Rate von Selbstständigen, Angestellten und Beamten sowie Facharbeitern Angleichungen abzeichnen, liegt der Anteil un- bzw. angelernter Arbeiter bei nichtdeutschen Migranten immer noch überproportional bei 53%, wobei die verfügbare Zahl entsprechender Arbeitsplätze mit niedrigem Qualifikationsniveau stetig sinkt (ebd., S. 50).

Die Befunde setzen sich im Reproduktionsbereich fort: Laut Mikrozensus 2005 (ebd., S. 107) liegt das Armutsrisiko in Deutschland für die Bevölkerung ohne Migrationshintergrund bei 11,6%, für die Bevölkerung mit Migrationshintergrund bei 28,2%. 36% aller von Armut Gefährdeten haben einen Migrationshintergrund und in den Städten wächst dieser Anteil gar auf 48% (ebd., S. 107). Die pro Person zur Verfügung stehende Wohnfläche (BRD-Gesamt) lag durchschnittlich bei 43 qm bei Deutschen und 27 qm bei Ausländern, wobei Letztere im Schnitt einen um 38 Cent höheren Mietpreis pro Quadratmeter für vergleichsweise schlechter ausgestattete Wohnungen zu zahlen hatten (vgl. Krummacher 2007, S. 61). Im Bildungssektor bleibt der hohe Anteil von Schulabgängern ohne Hauptschulabschluss alarmierend. Auch wenn sich die Zahlen beim Besuch eines Kindergartens bzw. einer Kindertagesstätte angeglichen haben und insgesamt differenzierte Schulabschlüsse eingetreten sind, zeigen die ungleichen Proportionen bei deutschen und ausländischen Schulentlassenen erhebliche Diskrepanzen: Laut Angaben der Beauftragten der Bundesregierung für Migration, Flüchtlinge und Integration lag der Prozentsatz von Schulentlassenen ohne Abschluss bei den Deutschen bei 7,2%, bei Ausländern bei 17,5%; hingegen erhielten 25,7% der Deutschen die Hochschulreife gegenüber lediglich 8,2% Ausländern. Beim Hauptschulabschluss liegen letztere mit 41,7% gegenüber 23,2% vorn und beim Realschulabschluss sind es 42,6% Deutsche gegenüber 31,2% Ausländern (Ausländerbeauftragte 2007, S. 43).

Strukturdaten dieser Art sagen noch nichts über Gründe und Ursachen aus, noch dürfen sie deterministisch verengt interpretiert werden, wenn es um Fragen der Lebens-

und Alltagsbewältigung betroffener Menschen geht. Hier führen empirisch gestützte qualitative Forschungsmethoden und -befunde weiter, wie sie z.B. in der 13. Shell-Jugendstudie vorgelegt wurden. Darin wird erkennbar, dass migrantische Jugendliche in der Regel ein von Emphatie getragenes Verhältnis zu den Eltern unterhalten, auch wenn restriktivere Erziehungspraktiken vorkommen, und wie Jugendliche insgesamt (männliche wie weibliche) „einigermaßen zuversichtlich versuchen (...), ihre Lebensperspektive vorzubereiten, ihre Möglichkeiten im Beruf auszuschöpfen und ein befriedigendes Privatleben zu erreichen" (Fuchs-Heinritz 2000. S. 92). Auch wenn einer Minderheit von Jugendlichen die Zukunft voller schwerer Herausforderungen erscheine, „weil sie vom Elternhaus her, durch ihre eigene Bildungsentwicklung und durch entsprechende Haltungen zu wenig vorbereitet sind auf das Leben im neuen Jahrhundert", spreche in der Sache „wenig für die Annahme, die Jugendlichen wüssten angesichts von fortdauernder Arbeitslosigkeit, von Flexibilisierung, Globalisierung und rasantem Wandel in allen Bereichen des Lebens nicht aus noch ein, eher im Gegenteil"(ebd.).

Neben migrationsspezifischen Kategorien und sozialen Dimensionen und Strukturen werden also auch phänomenologische lebensweltliche Bedingungen und Bewäligungsmuster für die kategoriale Bestimmung Sozialer Arbeit relevant, die nur im Rahmen kultureller Einbettungen und biographischer Kontexte verstehbar werden. Daher reden wir von Sozialer Arbeit in interkultureller Orientierung, denn ein Rekurs allein auf die soziale Dimension könnte Bewältigungsstrategien und Handlungsoptionen nicht hinreichend erschließen, noch wäre eine ansonsten naheliegende Orientierung an zugrundeliegenden Migrationstatsachen hinreichend, weil damit eine Verengung auf spezifische Felder einer Migrationssozialarbeit vorgenommen würde, die zwar als unverzichtbarer Teil interkultureller Arbeit ausgewiesen bleibt, deren Querschnittsfunktion bezüglich anderer allgemeiner oder spezialisierter Formen Sozialer Arbeit aber ausgeblendet würde.

Die realgeschichtliche Entwicklung einer auf die wechselnden Formen von Migration, Integrationsverständnissen und damit einhergehenden Problemanzeigen reagierende Soziale Arbeit hat schließlich den zugestandenermaßen unscharfen Begriff des „Interkulturellen" übernommen bzw. war an seiner Hervorbringung beteiligt. Als normativer Begriff für die Durchsetzung eines naiv geglaubten alternativen multikulturalistischen Gesellschaftsmodells taugt er freilich nicht, als Sammelname zur Beschreibung angemessener Reaktionen auf die u.a. durch Migrationsrealitäten sichtbar gewordene Pluralisierung – deskriptiv auch im Sinne einer multikulturellen Realität – ist er zur Zeit noch alternativlos in Theorie und Praxis etabliert.

2.3 Realgeschichtliche Entwicklung interkultureller Sozialer Arbeit

Alle oben genannten Bezugsgrößen müssen noch keine spezifischen Anlässe für Interventionen durch Soziale Arbeit sein, sie bilden vielmehr einen generellen Kontext von Problemstellungen, innerhalb derer Soziale Arbeit selten ausschließlich, aber eben auch bestimmte Funktionen zugewiesen bekommt, die zum Beispiel Fragen des Zugangs von Migranten zu Sozialen Diensten und die Qualität der Verständigung über Hilfestrategien betreffen. Dazu gehören Erkenntnisse über Migrationsrisiken und ihre sozialen Folgen; Probleme und Konflikte im Zusammenleben zwischen Einheimischen und Zugewanderten bzw. zwischen Migranten untereinander; Ethnisierungen und Diskriminierungen im sozialen Nahraum oder im Kontakt mit Behörden und Institutionen. Hinzu kommen Herausforderungen durch die psychosoziale Dimension gescheiterter Migrationsverläufe und Anfragen an eine kultursensible Pflege und Altenhilfe.

Sofern Soziale Arbeit als professionelle Beziehungsarbeit zu verstehen ist, die Kommunikationen ermöglicht und aufrecht erhält, die in einem verstehenden Horizont Nähe und Fürsorglichkeit mit Ansprüchen der Konsensbeschaffung moderner Gesellschaften verbinden muss und im sogenannten doppelten Mandat immer auch Ordnungsfunktionen wahrnimmt, bewegt sie sich *interkulturell* stets in einem Spannungsfeld zwischen der Anerkennung partikularer kultureller Bedürfnisse ihrer migrantischen Klientel und den nicht minder partikularen Ansprüchen der sogenannten Aufnahmegesellschaft, ihren staatlichen Organen, Institutionen und zivilgesellschaftlichen Organisationen, die als Träger, finanzielle Zuschussgeber oder Ziele und Konzepte der Arbeit beeinflussende Strukturgeber auftreten. Damit kommt der interkulturellen Perspektive Sozialer Arbeit in Gesellschaften, die durch Migrationen und Einwanderungsprozesse gekennzeichnet sind, stets auch eine vermittelnde Aufgabe zu, ihre Adressaten sind nicht allein migrantische „Zielgruppen“, sondern eben immer auch relevante Akteure im Umfeld, im sozialen Nahraum oder auf den Ebenen von Interessenvertretungen, Selbstorganisation oder Politik.

Interkulturelle Soziale Arbeit tritt weiterhin einmal als *Querschnittaufgabe* in allen Teilbereichen Sozialer Arbeit als Anspruch auf „kulturelle Sensibilität“, „interkulturelle Kompetenz“, oder „interkulturelle Öffnung“ von Diensten und Sozialen Einrichtungen in Erscheinung, ein andermal als eigenständige Fachrichtung in Hinblick auf spezifische Migrantengruppen oder Flüchtlinge (Eppenstein 2005, S. 159). In solchen Fällen macht in kategorialer Hinsicht eine Unterscheidung zwischen einer auf Migrationsrisiken und spezifische Integrationshilfen zielenden „Migrationssozialarbeit“, „Flüchtlings- bzw. Asylarbeit“ einerseits und interkulturellen Orientierungen Sozialer Arbeit andererseits Sinn, wobei sich beides im Modus interkultureller Kompetenz bzw. interkultureller Sensibilität überlappen kann.

Zu berücksichtigen bleibt, dass für die Mehrheit der Migranten der jeweilige ausländerrechtliche Status für ihre Lebenslagen und Lebensentwürfe relevant bleibt, denn hier manifestieren sich politische, ideologische oder nach „Nützlichkeitserwägungen“ getroffene Unterscheidungspraktiken in unterschiedliche Grade von Zugehörigkeit, von Partizipationsrechten, von Aufenthaltssicherheit, von Zugangsrechten zu Arbeitsmärkten und von Wahlrechten. Soziale Arbeit mit und für Migranten kann von den durch jeweiligen Status bedingten Rahmungen nicht einfach abstrahieren, auch wenn sie mit ihrer Beachtung riskiert, entlang dieser Differenzsetzungen Unterschiede zu reproduzieren oder gar zu verfestigen. Gleichwohl ist Hamburger zuzustimmen, wenn er die sogenannte „Ausländersozialarbeit“ der 1980er Jahre als „durchaus angemessene Reaktion auf Migration“ bezeichnet, denn „(...) solange der Status der neuen Adressaten der Sozialen Dienste vor allem durch die Position des ‚Gastarbeiters‘ oder ‚Flüchtlings‘ und seine ausländerrechtliche Fixierung bestimmt war, mussten die Handlungskonzepte auch genau auf diesen Umstand Bezug nehmen. Es war später leicht, die Defizitorientierung der Ausländerpädagogik zu kritisieren; aber es ist bis heute leichtfertig, den Status des Ausländers zu vernachlässigen, solange die Existenz eines Menschen zur Disposition der Verwaltung steht und/oder die ideologiepolitische Differenzierung von In- und Ausländern hoch relevant ist“ (Hamburger 2006, S. 182). Gegenwärtig muss grundsätzlich zwischen sogenannten „verfestigten“, „vorübergehenden“, „prekären“ und „irregulären“ Status unterschieden werden. Das Bundesministerium des Innern unterscheidet bei der Regelung von Integrationsmaßnahmen inzwischen „Neuzuwanderer“ und sogenannte „Bestandsausländer“. „Eu-Ausländer“ genießen die Grundsätze der sogenannten „Freizügigkeitsregelungen“, können also bei Vorliegen entsprechender Voraussetzungen Arbeit und Wohnsitz relativ frei innerhalb der EU wählen, „Nicht-EU-Ausländer“ hingegen unterliegen weit restriktiveren Rechtsnormen. Aussiedler bzw. Spätaussiedler, anerkannte Asylbewerber, inzwischen auch Bildungsausländer bzw. ausländische Studierende und Eingebürgerte, genießen hinsichtlich ihrer Aufenthaltssicherheit einen in der Regel unproblematischen Status, anders als Asylbewerber, Geduldete, Kriegsflüchtlinge, Weiterwanderer oder Arbeitsmigranten in prekären Anstellungsverhältnissen.

Soziale Arbeit bewegt sich grundsätzlich in Koordinaten der Solidarität und der Rechte. Auf Letztere hat sie strukturell kaum Einfluss, weil Rechtsvoraussetzungen auf dem Feld der Politik geschaffen werden. In Hinblick auf soziale Arbeit in Migrationskontexten ergibt sich das Problem unterschiedlicher Rechtsvoraussetzungen entlang der skizzierten unterschiedlichen ausländerrechtlichen Statuszuweisungen.[7]

Übernimmt man dieses Argument in Hinblick auf die Handlungsfelder Sozialer Arbeit, stellt sich die Frage, wie eine interkulturell kompetente Praxis nicht nur mit Differenz und Differenzbildungen umzugehen hat, sondern auf welche Weise solche statusbedingten und statusbezogenen Differenzen im Modus Sozialer Arbeit in der Einwanderungsgesellschaft anerkannt oder berücksichtigt werden sollen. Auch wenn sie Politik nicht ersetzen können und sollen, intervenieren Sozialpädagogen und Sozialarbeiter/innen mit und gegenüber Subjekten, die aufgrund politischer, sozialer und gesellschaftlicher Gegebenheiten ‚different‘ sind, ‚different‘ erscheinen, als differente andere konstruiert worden sind oder sich selbst so sehen. Eine kritische interkulturelle Orientierung Sozialer Arbeit wird sich nicht einfach den modischen oder hegemonialen Unterscheidungspraxen ihrer Zeit oder Gesellschaft überlassen, sondern bestrebt sein, ein eigenständiges Profil der für sie relevanten Unterscheidungs- und entsprechenden Handlungsmuster zu begründen. „Die Differenz zwischen einem bestehenden Sachverhalt und seiner sozialen Akzeptanz/Ablehnung bildet“ nach Hamburger „die Grundlage eines sozialen Problems“ (Hamburger 2003, S. 13). Damit ist die doppelte Existenzbedingung der Disziplin Sozialer Arbeit angesprochen, es nämlich gleichzeitig mit sozialen Tatsachen und deren Bewertungen zu tun zu haben. Sofern also bei Migranten eine Kausalität zwischen ausländerrechtlichem Status und einer für Soziale Arbeit relevanten sozialen Problemlage rekonstruierbar ist, bleibt eine kritische Unterscheidungspraxis entlang des jeweils zugewiesenen Status legitimierbar.

Soweit sich die realgeschichtliche Ausdifferenzierung einer auf Migrationen (Ein-, Aus- und Weiterwanderungen, Rückkehrmigrationen, Repatriierungen und Flucht)

7 Vgl. Diehm 2000, S. 267: Die Erweiterung des Geltungsbereichs interkultureller Pädagogik auf das in der Gesellschaftspolitik angesiedelte Anerkennungsverhältnis des Rechts und damit der Politik hält Diehm aus erziehungswissenschaftlicher Perspektive für nicht gerechtfertigt, „eine an sich subjektorientierte Pädagogik (...) unter den Voraussetzungen eines Anerkennungsverhältnisses der Solidarität“ könne hingegen generell entfaltet werden.

und kulturelle Pluralisierungen reagierende jüngere Geschichte der Sozialen Arbeit zurückverfolgen lässt, wird hier (in groben Zügen) deutlich, dass diese Differenzierung zunächst zeitversetzt und gewissermaßen stets „mit Verspätung" einsetzte, in der Folge einen Grad an Segmentierungen, Richtungen und Ausformungen erfuhr, der kaum mehr einheitlich zu fassen ist und Segregationen zwischen unterschiedlichen Statusgruppen nur mehr zu vervielfältigen schien, und schließlich in einer verallgemeinernden und jegliche begründbare und notwendige Spezialisierung auflösende „Interkulturalität" mündete, die zwischen Sparzwängen, Marktorientierungen und begründeten Reformanliegen vorgängiger Konzepte manövrierte (vgl. Kap. 7). Mit Inkrafttreten des Zuwanderungsgesetzes zum 1. Januar 2005 vollzieht sich gleichsam eine Pädagogisierung von Integrationsanliegen; neben der Neuordnung von ministeriellen Zuständigkeiten und der Neujustierung von Finanzzuschüssen fällt hierbei die „Wiedervorlage" assimilativer und kompensatorischer Konzepte aus den Anfängen der „Ausländerarbeit" ins Auge, freilich heute gekoppelt an einen Erfolgszwang, der unter den Vorzeichen des früheren Rotationsgedankens vormals unbedeutend erschien, ging man doch von einer früher oder später anstehenden Rückkehr in das Herkunftsland aus und gestand sozialarbeiterischen Maßnahmen lediglich Effekte einer „Integration auf Zeit" zu.

Das sogenannte Sozialpädagogische letzte Jahrhundert (vgl. zusammenfassend: Galuske 2002, S. 11) war gekennzeichnet durch Prozesse der Expansion und inneren Differenzierung Sozialer Arbeit, die gleichsam Schritt hielt mit Differenzierungsprozessen, die mit der gesellschaftlichen Modernisierung auftraten. Die erst in der zweiten Hälfte bzw. im letzten Drittel dieses Jahrhundert erkennbaren Erfordernisse hinsichtlich der mit der Arbeitsmigration und weiteren Migrationsbewegungen verbundenen sozialen Fragen wurden reaktiv wahrgenommen und als einzelne, zunächst „exotische" weitere Zweige im vielfältigen Geäst Sozialer Dienste, Konzepte und Methoden angesehen. Als provisorische „Sonderdienste", die sich bald zu einer Art „ewigem Provisorium" auswachsen sollten, entstanden Beratungsdienste für ausländische Arbeitnehmer, die sogenannte Ausländersozialberatung und als Resultat aus einer Intitiative zum „Internationalen Jahr des Kindes" (1997) eine Vielzahl von Initiativen im außerschulischen und sozialpädagogischen Bereich (Hausaufgabenhilfen, VIA: Verband der Initiativgruppen Ausländerarbeit etc.). Aussiedler und Spätaussiedler wurden lange nicht als Migranten wahrgenommen, gleichwohl waren Sprachqualifizierungsangebote und Integrationshilfen insgesamt breiter und rechtlich wie finanziell durch staatliche Zusagen abgesichert angelegt. Hilfen für Flüchtlinge blieben weitgehend kirchlichen oder staatlich unabhängigen Initiativen oder Trägern überlassen, denn (mit wenigen Ausnahmen) galten und gelten Integrationshilfen für Asylsuchende oder Kriegsflüchtlinge der Politik bis heute weitgehend als unerwünschter Anreiz.

Mit der langjährigen Entstehungsgeschichte einer immer nur auf Zeit oder vorübergehend angelegten „Ausländersozialarbeit" als einem eher schwach-repräsentativen Teil einer inzwischen gewachsenen und in vielfache Aufgabenfelder, Methoden und Funktionen ausdifferenzierten Sozialen Arbeit vollzog sich einerseits die notwendige Herausbildung eines auf besonderen Wissensbeständen, zielgruppenspezifischen Bedarfslagen und bikulturellen Methoden basierten Arbeitsbereiches mit weiteren inneren Differenzierungen etwa hinsichtlich besonderer Belange von Kindern und Jugendlichen, Frauen, unterscheidbaren Statusgruppen usw., andererseits sahen sich die meisten anderen spezialisierten Bereiche Sozialer Arbeit von Problemen interkultureller Art oder migrantischer Klientel entlastet. Die Irreführende Unterscheidung in allgemeine Dienste und einen Sonderdienst für Migranten verstellte über Jahre den Blick für die Notwendigkeit, eine interkulturelle Qualifizierung für Erstere nicht auf Kosten von Letzteren zu erreichen. Wie ihre migrantische Klientel blieben die auf sie gerichteten Formen Sozialer Arbeit über Jahre ein disponibler Sonderfall, nur teilweise, auf Zeit oder überhaupt nicht integriert oder integrierbar. Initiativen zur interkulturellen Öffnung Sozialer Dienste sollten dies seit Mitte der 1980er Jahre aufzuholen versuchen.

Die nötige – allerdings „zeitversetzte" – Differenzierung Interkultureller Sozialer Arbeit setzte in einem Zeitraum des „sozialpädagogischen Jahrhunderts" ein, als dessen Expansions- und Differenzierungsgrenzen bereits erreicht, aus Sicht von Geldgebern gar überschritten waren. Wo Verstetigung, Konsolidierung und Restrukturierung bisheriger Provisorien vor dem Hintergrund der Einsicht, es nicht mit vorübergehenden Phänomenen zu tun zu haben, angezeigt gewesen wäre, geriet der Prozess der Neustrukturierung in den allgemeinen Bannkreis modischer Synergie-, Projekt- und „Bündelungs"-Ideen einerseits, die mehr einer Auflösung denn einer Lösung ökonomischer, konzeptioneller und struktureller Probleme der Organisation, methodischen und normativen Ausrichtung Sozialer Arbeit entsprach. Die Prekarisierung von Existenzbedingungen betrifft seitdem nicht allein die Lebensverhältnisse der Klientel Sozialer Arbeit, sondern offensichtlich auch ihre eigenen Arbeitsvoraussetzungen (vgl. Auernheimer 2006, S. 194). Wenn heute einseitig von einer nötigen Assimilation von Migranten an das in Deutschland entstandene System Sozialer Dienste und Hilfen die Rede ist, die es lediglich anzunehmen gälte, verkennt diese Sicht nicht nur eine mögliche kulturelle Schwelle (vgl. Gaitanides 2006, S. 225) auf Seiten der Migranten bzw. mangelnde „interkulturelle Öffnung" der Dienste (s.u.), sondern konterkariert den Umstand, dass Soziale Arbeit über Jahrzehnte migrationsbezogene Konzepte lediglich als provisorisches Appendix verstand, während sich realiter allgemeine Problemlagen und Anlässe für sozialarbeiterische Interventionen nicht mehr von Kontexten der Migration und Einwanderung trennen ließen.

Abbildung 4 skizziert fünf Phasen entlang einzelner realgeschichtlicher Entwicklungen in der Bundesrepublik seit der sogenannten „Anwerbephase" und stellt entsprechende Reaktionen, Konzepte und Arbeitsfelder Sozialer Arbeit dazu in Beziehung, die als „Ausländer-„ bzw. „Migrationssozialarbeit" bzw. später als „Interkulturelle Soziale Arbeit" firmierte. Den einzelnen historischen Phasen können Integrations- und Desintegrationspolitiken, -prozesse und -konzepte gegenübergestellt werden, wobei die hier stark vereinfachende Übersicht die innere Dynamik und Differenzierung unterschiedlichster Integrationsstrategien von Migranten und deren jeweilige Wechselwirkungen mit der jeweils herrschenden Integrationsphilosophie der Bundesrepublik weitgehend unberücksichtigt lassen muss (vgl. hierzu: Eppenstein 2003, S. 130ff.).

In der hier vorgeschlagenen Rekonstruktion erscheint die erste Phase (1) als kontrollierte Periode überschaubar und historisch abgeschlossen. Sie umfasst die Zeit der Anwerbevereinbarungen, die im Jahr 1955 mit Italien begann und der ca. 12 Millionen sogenannte „Gastarbeiter" aus weiteren Anwerbestaaten wie Spanien, Portugal, Griechenland und später der Türkei und Marokko folgen sollten. Die angeworbenen Arbeitnehmer besetzten die nach dem Mauerbau und in Folge des sogenannten „Wirtschaftswunders" frei gewordenen unattraktiven Arbeitsplätze. Im migrationspolitischen Kalkül eines Rotationsprinzips existierte noch keine integrationspolitische Perspektive, eine partielle Akkulturation bzw. „Eingliederung" auf Zeit schien opportun, indes war „Fremdheit" durchaus funktional mit Blick auf die erwartete baldige Rückkehr. Aus anfänglich durch Initiativen und ehrenamtliche Aktivitäten ausgelösten Bemühungen um Kontakte zu den ansonsten weitgehend isoliert lebenden Männern der „ersten Generation" entstand eine Sozialberatung für ausländische Arbeitnehmer, die – später anteilig refinanziert von Bund und Ländern – in Trägerschaft der Wohlfahrtsverbände einen Grundstein der folgenden Ausländer- bzw. Migrationssozialarbeit darstellen sollte. Vor allem die kirchlichen Trägerverbände (Caritas und Diakonie) knüpften an Erfahrungen erster Auswandererberatungen für deutsche Überseemigranten an, die nach der Jahrhundertwende ohne kirchlichen Beistand oft dubiosen Geschäftemachern ausgeliefert waren, gleichzeitig konnten Netzwerke der Entwicklungszusammenarbeit (Entwicklungshilfe) genutzt werden, die seinerzeit noch die Schwellenländer Südeuropas umfasste. Die Aufteilung nach Klientengruppen entlang religiöser, sprachlicher und kultureller Zuordnungen entsprechend der Herkunftsländer ist immer wieder problematisiert und kritisiert worden (vgl. Puskeppeleit, Thränhard 1993 und Stüwe 1985), gleichwohl garantierte sie damals das, was man heute einen niedrigschwelligen Zugang nennt. Mit dem Ende der Anwerbung ausländischer Arbeitnehmer 1973, dem sich abzeichnenden langfristigen Verbleib und sukzessiven Familiennachzug begann in den 1980er Jahren der Transformationsprozess zur Integration als Teil der Wohnbevölkerung. Mussten Migranten in den Anfängen mit Problemen oft harter Arbeit, der Trennung von Heimat und Familie oder Isolation zurecht kommen (vgl. den Film von Rainer Werner Fassbinder „Angst essen Seele auf"), waren in dieser zweiten Phase Probleme des Reproduktionsbereichs zu bewältigen: Vor allem die Integration in den Wohnungsmarkt und in das Bildungssystem.

Mit der zeitgleichen Ausdifferenzierung der ausländischen Wohnbevölkerung entstand ein facettenreiches Spektrum von Elternvereinigungen, exilpolitischen Gruppen, kulturellen, sozialen oder durch die damaligen sozialen Bewegungen inspirierten Gruppierungen oder Vereinen, die als „ausländische Selbstorganisationen" einen Gegenpol aber – etwa im Modus des Empowermentansatzes – auch Bezugspunkt der etablierten, von den Wohlfahrtsverbänden getragenen „Ausländersozialarbeit" bildeten. Gleichzeitig institutionalisierten sich anfängliche Initiativen zu Vereinen oder Trägern einer eigenen Sozialen Arbeit (z.B. die IAF, Stadtteilgruppen, sozialpädagogische Projekte etc.). Der erst in den 1990er Jahren favorisierte Vernetzungsgedanke in der Sozialen Arbeit fand hier empirisch seine Vorläufer, denn die Ressourcen waren von Anbeginn eher spärlich und Finanzierungen bleiben fragil; So entstand bereits hier eine Gemengelage aus Kooperation und latenter Konkurrenz zwischen den unterschiedlichsten Akteuren einer sich ausdifferenzierenden freien Trägerlandschaft.

Unter den Vorzeichen des Kalten Krieges und einer restriktiven Grenzpolitik der Staaten des Ostblocks hatte sich die Asyl- und Flüchtlingsarbeit zunächst weitgehend auf Hilfen für „die Feinde des Feindes" beschränkt (1) und bildete bis zum Eintreten von Fluchtbewegungen aus Afghanistan in Folge des russischen Einmarsches, zu dem Eintreffen von Exilanten aus Lateinamerika nach dem Militärputsch in Chile und der Politik des Verschwinden-Lassens von Oppositionellen unter dem Militärregime General Videlas in Argentinien sowie der Aufnahme von Kontingentflüchtlingen – z.B. die sogenannten „Boat-people" aus Vietnam oder verfolgte Juden aus der Sowjetunion (2) – noch keinen nennenswerten Schwerpunkt für die Soziale Arbeit.

Die Anfänge tatsächlich auf Integration und Partizipation zielender Maßnahmen galten migrierenden Deutschen, von denen der überwiegende Teil (ca. 12 Mill.) als „Vertriebene“ aus den ehemaligen deutschen Ostgebieten bis Anfang der 1950er Jahre nach Westdeutschland gekommen waren, und die als „Aussiedler“ bezeichneten Nachkommen deutscher Siedler, die in Folge der faschistischen und stalinistischen Politik nach 1941 zahlreichen Repressionen und Zwangsumsiedlungen ausgesetzt waren. Trotz geringerer sprachlicher Barrieren waren bei dieser Zuwanderung Integrationsprobleme von „Deutschen unter Deutschen“ zu bewältigen, sowohl in Hinblick auf Akzeptanzprobleme, aber auch biographische und kulturelle Differenzen. Gleichwohl hatten Aussiedler gegenüber anderen Einwanderergruppen einen privilegierten Status und ihre Zuwanderung wurde stetig durch Einwanderungshilfen und Integrationsmaßnahmen flankiert.

In diesen ersten Phasen standen sozialarbeiterische Reaktionen gegenüber den Wanderungstypen „Flucht und Asyl“, „Arbeitsmigration“ und „Repatriierung“ noch unverbunden nebeneinander. „Aussiedlerarbeit“, „Flüchtlingsarbeit“ oder „Ausländerarbeit“ folgten damit einerseits der noch ungebrochenen Tendenz zur Differenzierung Sozialer Arbeit in zielgruppenspezifische Angebote und methoden- bzw. problemorientierte Spezialisierungen, zum anderen verlängerten sie damit ungewollt auch eine Segregation von Zuwanderergruppen entlang nationaler, sprachlicher, kultureller, sozialer oder statusbezogener Einordnungen.

Diese Differenzierung setzte sich in der dritten Phase fort (3). Die inzwischen leicht expandierte Szene der Ausländer- und Asylarbeit hatte rückblickend mit drei Herausforderungen fertig zu werden: Einmal entstand aufgrund der länger werdenden Verweildauer ihrer Klientel ein Begründungsregress hinsichtlich der Notwendigkeit, die zunächst provisorisch angelegte, initiativ entstandene oder zeitlich befristet an Pilotprojekte gebundene Praxis fortzusetzen. Zweitens zeigte sich, dass eine Verengung Sozialer Arbeit auf strukturelle Probleme im Zusammenhang der Ausländerbeschäftigung oder politische Probleme gelingender oder misslingender Integration spezifische Dimensionen von Leidenserfahrungen und Krankheitsrisiken, die psychosozialen Dimensionen, übersehen hatten. Schließlich verschärften sich drittens die finanziellen und sozialpolitischen Rahmenbedingungen zulasten einer auf Kontinuität und Verlässlichkeit bauenden Angebotsstruktur, gekoppelt mit einem politisch implementierten öffentlichen Diskurs um „zu viele“ vor allem Türken zu Beginn und „zu viele“ Asylbewerber gegen Ende des Jahrzehnts. Der Beginn der 1980er Jahre kann als Eintritt in eine über 20-jährige Stagnationsphase in der politischen Anerkennung von Migrations- und Einwanderungsrealitäten gewertet werden. Während sich durch die EU-Integration weiterer Anwerbeländer die sozialen Probleme der Ausländerbeschäftigung für Griechen, Italiener, Spanier oder Portugiesen nach und nach wie von selbst zu erledigen schienen, fokussierten sich Problemsichten auf Nicht-EU-Angehörige, vor allem auf türkische Migranten, die in beispielloser Weise aggressiv beworben wurden, sogenannte Rückkehrförderprogramme in Anspruch zu nehmen und die Bundesrepublik mit ihren Familien zu verlassen. Mit dieser ersten Exklusionswelle wurde gleichsam eine Spirale von Fremd- und Selbstethnisierung in Gang gesetzt, deren Hypotheken heute als Herausforderungen nicht allein die Soziale Arbeit betreffen. Eine Neufassung des Ausländergesetzes bewirkte eine nach den Interessen der Bundesrepublik gestaffelte Differenzierung anhand des jeweiligen „Aufenthaltszwecks“ und ging mit Einschränkungen beim Familien- oder Ehegattennachzug einher.

Die Reaktionen auf diese Herausforderungen gestalteten sich unterschiedlich und lassen sich grob beschreiben:

- als Differenzierung von Angeboten und Konzepten mit erweiterten Zielgruppen und Problemsichten. Multikulturelle Ansätze sollten die Fixierung auf Sprach- und Nationalitätengruppen überwinden oder zumindest ergänzen; es entstehen geschlechtsspezifische (Frauen- und Mädchenarbeit im Migrationsbereich), altersspezifische (Jugendarbeit, Migration und Alter) oder problemspezifische (Volkszählung, Kindergeld, Analphabetismus, Erziehung etc.) Ansätze.
- als psychosoziale Wende, die eher eine Wahrnehmungsverschiebung zugunsten der Aufmerksamkeit gegenüber auch „inneren“ Veränderungen und Krankheitsrisiken im Verlauf der Migration umfasst, denn eine tatsächliche Neustrukturierung entsprechender Sozialer Dienste.
- als Verstärkung stellvertretender „Advocacy“-Funktionen Sozialer Arbeit gegenüber den die Lebensbedingungen und -perspektiven von Migranten einschränkenden neuen rechtlichen und politischen Rahmungen.

Mit der deutschen Einheit und dem Ende der die Jahrzehnte zuvor bestimmenden weltweiten Blockbildung, den damit einhergehenden realen neuen Migrationsbewegungen auch über die Grenzen der ehemaligen „Ostblockstaaten“, dem Auftreten offen rassistischer Gewaltverbrechen und Diskursen um „Globalisierung“ und kulturelle Pluralisierung setzt sich die „interkulturelle“ Programmierung Sozialer Arbeit endgültig in einer vierten Phase im letzten Jahrzehnt des 20. Jahrhunderts durch (4). Der „Luxus“ statusgruppenbezogener, sprachlich oder kulturell auf spezifische Migrantengruppen zugeschnittener Angebote lässt sich fachlich wie strukturell nicht länger legitimieren. Die Vervielfältigung von Migrationsformen, Herkunftsgruppierungen, Sprachgruppen und Statuszuordnungen dürfte eher zum Durchbruch interkultureller Konzepte bzw. Programmatiken geführt haben als die Einsicht in die Beschränkung und Problematik vorgängiger Konzepte. Der offene Rassismus der Straße schärfte überdies den Blick für die Notwendigkeit von Integrationskonzepten, die sich nicht nur einseitig an Migranten richteten. Obwohl die einwanderungspolitischen Voraussetzungen noch ein Jahrzehnt auf sich warten lassen sollten, wurden mit dem interkulturellen Paradigma Fragen gelingender Interaktion zwischen Menschen mit und ohne Migrationhintergrund zum Leitmotiv auch in der Sozialen Arbeit.

Gleichzeitig rückten die klassischen Integrations- und Einwanderungshillfen weiter in den Hintergrund, denn einmal hatte der Rechtsradikalismus Aufmerksamkeit und auch Ressourcen auf sich gezogen, zum anderen war es das Jahrzehnt, in dem Flucht und Asyl die öffentlichen Debatten wie die Erwartungen an Soziale Dienste und Hilfsorganisationen bestimmte.

Der Anstieg von Asylbegehren hatte eine zeitweilige Konzentration von Maßnahmen Sozialer Arbeit an den Kulminationspunkten des Aufnahmeverfahrens und auch bei Abschiebungen zur Folge: Staatliche wie nicht-staatliche „Flüchtlingssozialarbeit“ oder „Asylarbeit“ flankierte die Stationen bei der Ersterfassung an Flughäfen (Flughafensozialdienst), in den Gemeinschaftsunterkünften der Länder oder nach „Verteilung“ auf einzelne Kommunen in deren Sammelunterkünften. Mit der Änderung des Asylrechts verkürzten sich auch die Verfahrenswege und Fristsetzungen für angemessenen Rechtsbeistand. Seither nahm die Zahl von Asylsuchenden in der Bundesrepublik zunächst rapide und dann stetig ab. Die Wohlfahrtsverbände und Flüchtlingsorganisationen wie „Pro Asyl“ bemühten sich um die Einrichtung von „Verfahrensberatungsstellen“,

Rechtshilfefonds und weitere Hilfen, die trotz der eingetretenen Einschränkungen Chancen zur Wahrnehmung der Rechtswegegarantie wahren sollten. Humanitär fragwürdige Ausweisungspraxen führten in den folgenden Jahren zu einer Zunahme von „Kirchenasylfällen" und zogen Kampagnen nach sich, die neben den Petitionsverfahren wirksamere Instrumente zur Lösung solcher Fälle forderten.

Mit den Kriegen und Vertreibungen im ehemaligen Jugoslawien gelangten trotz restriktiver Einreisebestimmungen und erheblichen Risiken für Bundesbürger, die private Einladungen für Verwandte oder Freunde ausgesprochen hatten, „Kriegsflüchtlinge" und „Weiterwanderer" nach Deutschland. Während Erstere im Status einer „contemporary protection" (eines vorübergehenden Schutzes) unter latentem Rückkehrdruck standen, sobald die Lage in den zerstörten Heimatregionen als einigermaßen beruhigt erklärt wurde, harrten Letztere auf die Chance, in die USA oder auch nach Australien weiterwandern zu können; ein begrenztes Kontingent, das an Auflagen wie zum Beispiel vorhandene Bürgschaften bereits in den Ankunftsländern etablierter Verwandte geknüpft war. Mit den aufwendigen und formal wie menschlich anspruchsvollen Verfahren erlebten die Aus- und Weiterwanderungsberatungsstellen der Diakonie und der Caritas (Raphaelswerke) hundert Jahre nach ihrer Gründung erneut eine Phase höchster Beanspruchung. Die „psychosozialen Zentren" mussten sich auf eine neue Klientel traumatisierter Kriegsflüchtlinge vor allem aus Bosnien und später aus dem Kosovo einstellen, und die Migrationsberatung registrierte neue Bewältungsaufgaben ehemals in Deutschland verbliebener „Gastarbeiterhaushalte", in denen Landsleute, Verwandte oder Nachbarn aufgenommen worden waren, und deren Mitglieder nun unter beengten und belasteten Verhältnissen zurechtkommen mussten.

Gleichzeitig wurde dic Lage irregulärer Existenz vor allem in den Ballungsräumen zum Thema; Probleme von Meldepflichten und Strafwürdigkeit bzw. Straffreiheit, wenn Sozialarbeiter hier Kontakte im Rahmen ihrer Arbeit unterhielten.

Inzwischen schienen Migranten und Migrantinnen in den Sektoren Sozialer Arbeit auch außerhalb spezifischer Migrationsdienste „ankgekommen" zu sein, allerdings vorrangig in Feldern von Krisenintervention wie zum Beispiel in Frauenhäusern, indes noch kaum bei Maßnahmen im sogenannten präventiven Bereich. Die Diskussion um eine „interkulturelle Öffnung" (vgl. das folgende Kapitel) hält dem entsprechend bis heute an.

Am Ende des Jahrzehnts zeichnet sich unter dem damaligen Bundeskanzler Gerhard Schröder nach Interventionen der in Deutschland ansässigen Computerindustrie unter dem Slogan „Green-Card-Kampagne" eine Wende ab, die zu einer Reform des Ausländergesetzes und – endlich – einer partialen Anerkennung von Migrations- und Einwanderungsrealitäten und deren produktiven Bedeutung für die Bundesrepublik führen sollte.

Mit dem Jahrtausendwechsel beginnt gleichsam eine fünfte Phase in der jüngeren Entwicklungsgeschichte interkultureller Sozialer Arbeit, in der die Neujustierung des Sozialen mit einer Veränderung von Integrationsinstrumenten ineinander greift. Befunde zur dauerhaft mangelnden Bildungsintegration (OECD bzw. sog. Pisa-Studien) und eine neue Aufmerksamkeit gegenüber fundamentalistischen Gefahren sind nur zwei der aktuellen Anknüpfungspunkte, denen sich auch die Akteure Sozialer Arbeit zu stellen haben (vgl. Kap. 7). Im Übrigen ist diese Phase von einer Wiederkehr kompensatorischer und pädagogischer Maßnahmen vor allem zum Erwerb deutscher Sprachkenntnisse gekennzeichnet. Ehemals selektiv für Spätaussiedler ausgerichtete Maßnahmen werden für weitere Zielgruppen von Einwanderern geöffnet und die ehemaligen „Ausländersozialdienste" werden in Migrationserstberatungsdienste transformiert oder abgeschafft. Darüber wächst ihnen in einzelnen Bundesländern (NRW) die Aufgabe zu, als qualifizierende Multiplikatoren eine interkulturelle Öffnung anderer Sozialer Dienste zu befördern und migrantische Netzwerke mit ehrenamtlichen Strukturen aufzubauen.

Ordnungsversuche entlang historischer Phasen wie diese bergen ein Problem der Interpretation als „Fortschrittsgeschichte" oder lassen vergessen, dass mit jeder neuen Phase vorgängige Praktiken oder Sichtweisen nicht notwendig in der empirischen Realität verschwunden sein müssen (vgl. Krüger-Potratz 2005, S. 43). Schließlich ersetzt eine solche Skizze keine gründliche historische Rekonstruktion der jüngeren Geschichte Sozialer Arbeit noch kann sie qualitativ darüber Auskunft geben, ob die jeweiligen sozialarbeiterischen Praxen und Konzepte angemessen waren. Freilich wird eine Interdependenz Sozialer Arbeit zwischen jeweiligen gesellschaftlichen Diskursphänomenen, politischen und realgesellschaftlichen Ereignissen und Entwicklungen, der jeweiligen Funktionsbestimmung Sozialer Arbeit und ihrer internen Ausrichtung und methodischen Entwicklungen deutlich, die den Handlungsbedarf Sozialer Arbeit offenkundig nicht allein in einer Kausalität zu ihrem primären Zweck, der Organisation und Ausübung beruflich verfassten Hilfehandelns festschreibt. Vielmehr muss in kritischer Perspektive gefragt werden, warum nach einem nunmehr fast halben Jahrhundert trotz empirisch belegter Integrationserfolge, trotz einer wachsenden Anzahl von Zuwanderern mit einer auf langfristige Verweildauer angelegten Perspektive und zunehmender lebensweltlicher Vertrautheit und trotz einem stetig wachsenden Prozentsatz von in Deutschland sozialisierten Kindern und Jugendlichen migrantischer Eltern die Rede von der kulturellen Differenz im Sinne kultureller Unvereinbarkeiten und ontologisierter Fremdheit nicht allein öffentliche, sondern auch fachinterne Diskurse bestimmt.

Phase 1:	*1950er – 1960er Jahre:*
Skizze realgeschichtlicher Entwicklungen	1955. Anwerbung von ca. 12 Millionen „Gastarbeitern" beginnt. Erste Entlassungs- und Rückkehrwelle während der sog. „Ölkrise".
(Des)Integrationsprozesse und -konzepte	„Eingliederung" „Integration auf Zeit" „Rotation" „partielle Akkulturation". Zuständigkeiten beim Innenministerium.
Konzepte und Differenzierungen Sozialer Arbeit	„Betreuung" durch Wohlfahrtsverbände. Integrationsmaßnahmen für Aussiedler getrennt und unverbunden. Flüchtlingsarbeit vornehmlich für Flüchtlinge aus dem Ostblock.

Phase 2:	*1970er Jahre:*
Skizze realgeschichtlicher Entwicklungen	1973. Anwerbestopp. Familiennachzug. Umwandlung in „normale" Wohnbevölkerung (1979 Kühn-Memorandum, SPD).
(Des)Integrationsprozesse und -konzepte	Integration in den Wohnungsmarkt und in das Bildungssystem. Zuständigkeiten wechseln auf Sozial-, Arbeits- und Familienministerium.

Phase 2:	*1970er Jahre:*
Konzepte und Differenzierungen Sozialer Arbeit	Außerschulische Hilfen, Hausaufgabenhilfen, Sozialberatung für ausländische Arbeitnehmer und ihre Familien. Selbstorganisationen; Freie Trägerszene.

Phase 3:	*1980er Jahre:*
Skizze realgeschichtlicher Entwicklungen	1983/84. Regierungswechsel. (CDU/FDP) Rückkehrförderung. Vorbereitung der Verschärfung der Asylgesetze zum Ende des Jahrzehnts.
(Des)Integrationsprozesse und -konzepte	Erste Exklusionswelle: EU/Nicht-EU („Türken"). Gleichzeitig Restriktionen beim Familiennachzug.
Konzepte und Differenzierungen Sozialer Arbeit	Differenzierung, neue Zielgruppen, erweiterte Problemsichten: Teilweise Überwindung nationalspezifischer Ansätze. Frauen, Arbeitslose, (psychosozial) Kranke, Älterwerden, (Deviante) Jugendliche etc. Psychosoziale Zentren für traumatisierte Flüchtlinge.

Phase 4:	*Letztes Jahrzehnt im 20. Jh.:*
Skizze realgeschichtlicher Entwicklungen	Deutsche Einheit und neue Ost-West-Migration. Zunahme der Asylbewerberzahlen. Offene rassistische Gewalt. Restriktive Neufassung der Asylgesetzgebung. Beginn des Krieges im ehemaligen Jugoslawien. Ehemalige Gastarbeiter und Kriegsflüchtlinge, Weiterwanderungswillige in die USA usw. vermengen sich. Ende des Jahrzehnts durch Computerindustrie angestoßene Green-Card-Kampagne führt zu einer Diskussion um die Reform des Ausländergesetzes.
(Des)Integrationsprozesse und -konzepte	Zweite Exklusionswelle: Asylbewerber. Rechtsradikalismus wird zuweilen mit der Immigration und „kultureller Überfremdung" gedeutet oder gar gerechtfertigt. EU-interne Migration wird zur Privatsache. Polarisierung in erwünschte und „unerwünschte" Zuwanderung nach den Interessen der BRD wird deutlicher. Integrationsprobleme bei Spätaussiedlern werden zunehmend thematisiert.
Konzepte und Differenzierungen Sozialer Arbeit	„interkulturelle" Programmierung als Reaktion auf Verschiebung und Vervielfältigung sprachlicher und herkunftsbezogener Größenordnungen. Gleichzeitig wirtschaftliche neoliberale neue Steuerungsmodelle in der Migrationssozialarbeit. Provisorische Expansion von Hilfen für Flüchtlinge und erkennbare Bedeutung der (ältesten) Aus- und Weiterwanderungsberatung. „Interkulturelle Öffnung" sozialer Dienste noch kaum im präventiven Bereich.

Phase 5:	*Seit 2000:*
Skizze realgeschichtlicher Entwicklungen	An der Schwelle zur Selbst-Anerkennung als faktisches Einwanderungsland; Neues Zuwanderungsgesetz. Diskurs um Fundamentalismus und religiöse Differenz wird bestimmend. Neoliberale Reformen führen zum Umbau der Sozialsysteme
(Des)Integrationsprozesse und -konzepte	Erstmals Integrationsansprüche, aber auch verpflichtende Erwartungen an neue und bisherige Migranten. („Bestandsausländer"). Einbürgerungstests. Keinerlei „Integration auf Zeit" für Flüchtlinge. Bündelung von Zuständigkeiten beim Innenministerium. Integrationsbeauftragte der BRD wird zunächst dem BMFSJ beigeordnet und später Staatsministerin im Bundeskanzleramt.
Konzepte und Differenzierungen Sozialer Arbeit	„Wiedervorlage" kompensatorischer Konzepte aus Phase 2. Integrationskurse für Neuzuwanderer. Teilweise Zusammenführung von Sprachkursen für Spätaussiedler und andere Migranten. Jugendmigrationsdienste für alle neu Zugewanderten jugendlichen Migranten ersetzen vormalige „Jugendgemeinschaftswerke", die ausschließlich Aussiedlerjugendliche als Zielgruppe kannten. Ausländersozialdienste schrumpfen oder transformieren zu Erstberatung (MEB) für Neuzuwanderer und „Weitervermittlung" in Regeldienste. Ganztagsschulkonzepte od. „Offene Grundschule" beziehen Initiativen und freie Trägerszene ein.

Abbildung 4: Phase realgeschichtlicher Entwicklung in Bezug zu Reaktionen, Konzepten und Arbeitsfeldern Sozialer Arbeit

Anhand der Migrationstatsachen des letzten halben Jahrhunderts beweist sich eine von Klaus Mollenhauer einst formulierte Funktionsbestimmung der Sozialpädagogik als aktuell, wonach die Moderne im Sozialpädagogen ein notwendig stabilisierendes Instrument zur Regulierung entstandener Risiken und zugleich ihren schärfsten Kritiker hervorgebracht habe: Alle Konzepte Sozialer Arbeit – von der anfänglichen Betreuung der in Baracken untergebrachten Männer, die als Hilfsarbeiter angeworben worden waren, dem Einsatz für politische Flüchtlinge, der Wahrnehmung von Schulproblemen ausländischer Kinder, auf psychosoziale und gesundheitliche Probleme rekurrierende Ansätze, spezifische Angebote für Mädchen und Frauen oder Konzepte im Rahmen der Jugendhilfe bis zur Programmatik einer „interkulturellen Öffnung" Sozialer Dienste – reagierten einerseits auf spezifische Risiken und warben gleichermaßen um Akzeptanz oder Toleranz in der Mehrheitsbevölkerung, und dennoch blieben sie stets befangen und verstrickt in deren jeweiligen hegemonialen Diskursen.

3 Zwischen Klientelisierung und Ausgrenzung – zur Diskussion um Konzepte der „interkulturellen Öffnung"

Vor dem Hintergrund der in Kapitel 2 entfalteten Entwicklungen interkultureller Sozialer Arbeit wird nun das spezifische Problemfeld einer an Hilfe orientierten beruflichen Praxis zwischen Klientelisierung und Ausgrenzung in seiner besonderen Brisanz in interkulturellen Situationen deutlich: Mache ich den Hilfeempfänger erst zum Hilfebedürftigen durch meine Praxis, indem ich ihn „kulturell codiere"? Oder enthalte ich ihm nötige Hilfe vor, indem ich seine vermeintliche oder tatsächliche Differenz ignoriere? Jenseits von damit angesprochenen Grundfragen sozialpädagogischer Diagnostik ist in der Bundesrepublik unter dem Slogan der „interkulturellen Öffnung" ein Konzept populär geworden, das in diesem Kapitel ausführlicher dargestellt und kritisch beleuchtet wird. Zunächst werden Motive, Anliegen und Merkmale des Konzeptes „interkultureller Öffnung" dargestellt (1) und einer kritischen Betrachtung unterzogen (2). Betrachtungen zum Verhältnis von „Regeldiensten" und spezialisierten „Migrationsdiensten" (3) führen zu einer Begründung interkultureller Öffnungsprozesse als einer zu gestaltenden Entwicklung institutioneller Qualifizierung im Sinne lernender Institutionen (4).

3.1 Interkulturelle Öffnung Sozialer Dienste

Zentraler Bezugspunkt für eine „interkulturelle Öffnung" Sozialer Dienste ist die Diskrepanz zwischen der durch Einwanderung veränderten Bevölkerungsstruktur und einer analogen Repräsentanz von Einwanderern bei der Inanspruchnahme bzw. Personalstruktur entsprechender Einrichtungen und Angebote. Vorschläge für ein „interkulturelles Anforderungsprofil" beziehen sich also auf „soziale Dienstleistungsbereiche" einschließlich der Gesundheits- und Pflegebereiche sowie Mitarbeiter in Behörden und Ämtern. Kriterien sind die Repräsentanz im Verhältnis zur Wohnbevölkerung und die Darstellung besonderer Hilfebedarfe und Bedürfnisse bei den Migrant/-innen. Motive für die Aneignung der vorgeschlagenen interkulturellen Anforderungsprofile bei den Institutionen, ihren Leitungen und Angestellten ergeben sich in funktionaler Hinsicht durch die Option von Marktvorteilen, unter Gerechtigkeitsmaßstäben durch den Anspruch, nicht nur für den deutschen Teil der Bevölkerung, sondern Hilfen unbeschadet von Herkunft oder Gruppenzugehörigkeiten, von Fremdheit oder Vertrautheit der Klientel, von „Hilfswürdigkeit oder Hilfsfähigkeit" (Baum 2000, S. 55f) zu gewähren.

Konzepte „interkultureller Öffnung Sozialer Dienste" haben seit der Veröffentlichung von Klaus Barwig und Wolfgang Hinz-Rommel und dem 1995 herausgegebenen gleichnamigen Band als programmatische Forderung Verbreitung gefunden. Im Dezember 1994 veröffentlichte die Beauftragte der Bundesregierung für die Belange der Ausländer „Empfehlungen zur interkulturellen Öffnung sozialer Dienste" (Schmalz-Jacobsen 1994) und im selben Jahr kursiert ein von Hinz-Rommel entwickelter „Interkultureller Selbsttest", der die in der Veröffentlichung zur „Interkulturelle(n) Kompetenz" (Hinz-Rommel 1994 und Diakonisches Werk Württemberg 2002) dargelegte Programmatik aufgreifend eine „Checkliste für die berufliche und ehrenamtliche Praxis sozialer Arbeit" enthält. Die Diskussion um interkulturelle Öffnung, interkulturelle Qualifizierung oder interkulturelle Kompetenz Sozialer Dienste ist zweifelsfrei durch amerikanische Konzepte und Programme inspiriert, bezieht sich indes zum Teil auf andere Umstände und Notwendigkeiten, als dies in der von Hinz-Rommel aufgegriffenen amerikanischen Literatur geschieht: Geht es hier um Fragen der Organisation von „Sonder- und Regeldiensten", um Fragen der Reform von Sozialen Diensten, Behörden und Institutionen in multikulturellen Strukturen, um eine Integration der Einwanderer mittels Partizipation an den Leistungen der intermediären Dienste und letztlich auch um wertegebundene Maßstäbe wie diskriminierungsfreie Zugänge, so lagen die Motive dort eher in pragmatisch funktionalen Interessen, etwa in der Erforschung misslungener Auslandseinsätze des Personals aus Wirtschaft, Entwicklungshilfe, Militär- und Friedensmissionen. Die Kosten fehlgeschlagener Projekte im Ausland gelten neben dem Einfluss ethnischer Minderheiten innerhalb der USA, die seit den 1960er Jahren die Dominanz der „White Anglo Saxon Protestants" infrage stellten, als Hauptmotiv und Bezugspunkt der amerikanischen Bemühungen um „cross-cultural competence", „cross-cultural communication competence", „cultural awareness" oder „intercultural effectiveness".

Welches sind nun die Merkmale für interkulturell kompetente soziale Institutionen und welche Kompetenzen werden von ihren Mitarbeitenden erwartet?

Hinz-Rommel überträgt ein auf die Schule bezogenes von Banks beschriebenes Modell eines „multicultural curriculum" auf soziale Dienstleistungseinrichtungen. Banks, dessen Vorschläge dem Spektrum von Maßnahmen angloamerikanischer multikultureller Konzepte mit affirmativen Maßnahmen zur Berücksichtigung von ethnischen Gruppeninteressen zuzurechnen sind, berücksichtigt neben der Behandlung interkultureller Themen im Unterricht Maßnahmen in der Personalpolitik, der Schulorganisation und eine Absicherung gleicher Rechte für alle Beteiligten. Danach ergeben sich neben Anforderungen an das Verhalten, die Einstellungen und Überzeugungen der Mitarbeiter (persönliche, kognitive und Handlungskompetenzen s.u.) Anforderungen an die Einrichtungen der Aus- und Fortbildung und an Träger Sozialer Dienste.

Soziale Dienstleistungseinrichtungen sollen nach diesem Modell

- Grundsätze und Konzeption der Einrichtung interkulturell orientieren,
- versteckte Ausgrenzungsmechanismen beseitigen,
- Methodenvielfalt und angemessene Umgangsformen garantieren,
- Sprachenvielfalt und Sprachkompetenz vorweisen,
- gemeinwesenorientiert arbeiten,
- Mitarbeiter fortbilden,
- die interkulturelle Orientierung öffentlich sichtbar machen und
- die Angebote an den Bedürfnissen aller potentiellen Klienten orientieren.

Der vorgeschlagene Prozess zur interkulturellen Öffnung umfasst nur zu einem Teil der Summe der geforderten Schritte den Kompetenzbereich von Mitarbeitern und

Mitarbeiterinnen, ein weiterer Schwerpunkt liegt auf der organisatorischen Ebene, vor allem hinsichtlich der Bildung ethnisch gemischter Teams durch die Einstellung (Ausbildung und Beschäftigung in sozialen Berufen) ausländischer Mitarbeiter, die Qualifikation des Personals und den internationalen Austausch.

Die normativen Ansprüche des Konzeptes erschließen sich über die Analyse des „Interkulturellen Selbsttests“: gefragt wird nach Zielgruppen, interkulturellen Aussagen in der Satzung, sonstige Regelungen in Bezug auf Multikulturalität und ob und wie Migrant/-innen und kulturelle Minderheiten gezielt angesprochen werden. Weiterhin enthält sie Fragen zum Anteil von Minderheitenangehörigen in der Einrichtung: Gefragt wird nach Frauen in der Leitungsebene, dem Anteil fest angestellter MitarbeiterInnen, die kulturellen Minderheiten angehören, dem Anteil unterschiedlicher Statusangehöriger (Asylbewerber, Aussiedler...), Europäer, Nicht-Europäer in unterschiedlichen Beschäftigungsebenen von der Putzfrau bis zur Leitungsebene.

Im Konzept interkultureller Öffnung nach Hinz-Rommel ist eine Einrichtung gemäß der folgenden Paraphrasierung auf dem besten Wege zu interkultureller Kompetenz, wenn:

- ... es mehr nicht-deutsche Mitarbeiter/-innen in der Einrichtung als vor drei Jahren gibt und die Mitarbeiter/-innenstruktur der kulturellen Herkunft der KlientInnen bzw. Besucher/-innen entspricht;
- die Zusammensetzung des Mitarbeiter/-innenteams in Bezug auf kulturelle Herkunft die Struktur des Einzugsbereiches widerspiegelt, die Migrant/-innen die Einrichtung entsprechend ihrem Anteil an der Zielgruppe in Anspruch nehmen und der Versorgungsauftrag bzw. die Ziele der Einrichtung durch die kulturelle Zusammensetzung des Teams unterstützt werden;
- Nicht-Deutsche ausreichend auch in der Leitungsebene repräsentiert werden und die Hälfte der Beschäftigten Frauen sind;
- die sprachliche Vielfalt in der Einrichtung der des Klientels/der Besucherschaft entspricht und die Mitarbeiter/-innen offen für Kolleg/-innen anderer kultureller Prägung sind, sich für Fortbildungen zu interkulturellen Themen bewerben und regelmäßig versuchen, interkulturelle Fragestellungen zu thematisieren und andere zur Teilnahme zu motivieren;
- die Mitarbeiter/-innen keine bestimmten Personengruppen bewusst ausgrenzen, selbstkritisch mit ihren Vorurteilen umgehen und versuchen, diese zu überwinden und die kulturellen Unterschiede ihrer Klient/-innen/Besucher/-innen akzeptieren;
- die Mitarbeiter/-innen im Privatleben Kontakte zu Angehörigen von kulturellen Minderheiten pflegen, regelmäßig zur Teilnahme an Fortbildungen zu interkulturellen Themen aufgefordert werden, und auch leitende Mitarbeiter/-innen an Workshops oder Seminaren zu interkulturellen Themen teilgenommen haben;
- die Leitung weiterhin aktiv Mitarbeiter/-innen aus anderen Kulturen aussucht und aktiv fördert, regelmäßig über dabei auftretende Probleme und Fortschritte sowie ergriffene Maßnahmen berichtet, und kontinuierlich Maßnahmen (Fortbildungsangebote, Supervision) zur Verbesserung der interkulturellen Kommunikation ergreift;
- Diskriminierung und Antidiskriminierungsmaßnahmen in der Einrichtung diskutiert wurden, die Einrichtung formelle und informelle Treffen nicht-deutscher MitarbeiterInnen unter sich akzeptiert und ermöglicht und z.B. Pausenräume, Kantine etc. solche Treffen ermöglichen;

- das Essensangebot in der Kantine auf kulturell bedingte unterschiedliche Bedürfnisse Rücksicht nimmt;
- die Kommunikation zwischen den Mitarbeiter/-innen und Besucher/-innen gefördert wird;
- interkulturelle Fragestellungen im Fortbildungsprogramm berücksichtigt werden und es regelmäßige Schulungen zu Themen wie Landeskunde, Informationen zu den Herkunftsländern der Klient/-innnen, interkulturelle Kommunikation, Umgang mit Fremdheit oder Vorurteile gibt und der Besuch solcher Veranstaltungen ausdrücklich gefördert wird;
- dazu regelmäßig in den einzelnen Mitarbeitergesprächen Besprechungen stattfinden, Probleme aus der Praxis in Fortbildungen und Besprechungen eingebracht werden können und der Besuch von Sprachkursen berücksichtigt wird;
- der kulturelle Hintergrund des Klientels/der Besucher/-innen ausreichend berücksichtigt wird;
- es eine ausreichende Handbibliothek für Mitarbeiter/-innen zu interkulturellen Themen mit einer angemessenen Zahl von Literatur auch nicht-deutscher Autorinnen gibt;
- die Einrichtung sich in ihrer Öffentlichkeitsarbeit gezielt auch an Migrant/-innen richtet, dazu mehrsprachiges Informationsmaterial herausgegeben wird und die Einrichtung sich in der Öffentlichkeit bewusst und betont als multikulturell darstellt;
- in Stellenausschreibungen der Wunsch nach Erhöhung des Anteils ausländischer Mitarbeiter/-innen durch eine entsprechende Formulierung berücksichtigt wird;
- aus den Hinweisschildern/Wegweisern in der Einrichtung ihr multikulturelles Profil hervorgeht;
- die Aufenthalts-/Warteräume für alle Angehörige aller betroffenen ethnischen Gruppen attraktiv sind, z.B. entsprechende Periodika abonniert und ausgelegt werden.

Das Konzept wurde von der Ausländerbeauftragten, der Administration des Bundesministeriums für Arbeit und Sozialordnung, Ministerien der Länder und einzelnen Kommunen recht bald aufgegriffen: In „Empfehlungen der Ausländerbeauftragten" wurden organisatorische Rahmenbedingungen, Anforderungen an die Mitarbeiterinnen und Mitarbeiter und Anforderungen an die Aus- und Fortbildung formuliert. Die bestehende Angebotsstruktur sozialer Dienste (sei) konsequent für Zuwanderer zu öffnen, den spezifischen Bedürfnissen der verschiedenen Zuwanderergruppen (müsse) Rechnung getragen werden. Dies stelle Anforderungen an alle Ebenen, an Mitarbeitende, Träger, Einrichtungen der Aus- und Fortbildung und die Verantwortlichen auf den einzelnen Ebenen behördlicher und verbandlicher Verwaltung. Die interkulturelle Öffnung ergebe sich nicht von alleine, sondern bedarf des Anstoßes von außen und einer kontinuierlichen Begleitung. Sie setzt Überprüfung der bestehenden organisatorischen Strukturen und Rahmenbedingungen voraus. Qualität hänge ab von: „spezifischen Kenntnissen und Fähigkeiten der in ihnen beschäftigten Mitarbeiterinnen und Mitarbeiter, der Öffnung (...) auch für Nicht-Deutsche Mitarbeiter – auch in Leitungsfunktionen und nicht nur im Bereich der ‚Ausländerarbeit' anderer ethnischer Herkunft, sowie einer strukturellen Verankerung des ‚Interkulturellen' in der Dienststelle, in den Trägerstrukturen sowie in der Ausbildung, Fortbildung und Weiterbildung." Interkulturelle Öffnung müsse „von oben gewollt sein als auch unten akzeptiert werden, wenn sie zur Wirkung kommen soll". Eine interkulturelle Qualifizierung deutscher Mitarbeiter sei neben der Einstellung ausländischer Beschäftigter erforderlich (Schmalz-Jacobsen 1994. Vgl. Eppenstein 2003, S. 156). Im Spektrum sich verändernder Dienste und Instrumente nach Inkrafttreten des Zuwanderungsgesetzes zum Januar 2005 hat sich die Forderung erhalten: So fördert das Bundesinnenministerium der Bundesrepublik die sog. „Migrationserstberatung" (MEB) unter anderem unter der Zielsetzung, dass von hier aus eine Unterstützung bei der interkulturellen Öffnung der Sozialen Regeldienste ausgeht (BMI Ref. M9. 2004).

3.2 Kritische Betrachtung zur Kontingenz ethnischer Repräsentationen

Auch wenn in jüngeren Reformulierungen des Konzeptes der „Abbau ethnischer Arbeitsteilung durch interkulturellen Kompetenzerwerb aller MitarbeiterInnen" (Gaitanides 2006, S. 230) als Ziel und Strategie einer interkulturellen Öffnung Sozialer Dienste gefordert wird, bleibt erkennbar, dass ein Normativismus ethnischer Repräsentanz prägender Bestandteil der in diesem Verständnis interkultureller Kompetenz ersichtlichen Maßstäbe ist. „Alle Ethnien" (zum Begriff der Ethnie vgl. Kap. 4.2) sollen angemessen vertreten sein: In der Mitarbeiterschaft auf allen Hierarchieebenen, innerhalb des Klientels bzw. der Besucherschaft, im Rahmen von Fortbildungen, bei der Übersetzung von Informationsmaterial bis zur Auslage von Zeitschriften in Warteräumen. Auffällig wird der offensichtliche Bedarf an Fortbildungen und Schulungen in besonderer Intensität für die „deutschen" Mitarbeiter und Mitarbeiterinnen gefordert, um Kenntnisse über „Herkunftskulturen und interkulturelle Themen" zu erwerben. Dabei wird unterstellt, dass der Zugang für die Klientel bzw. Besucherschaft von derart interkulturell strukturierten Einrichtungen dadurch attraktiv, niedrigschwellig und gerecht geregelt wird, indem Herkunft und ethnische Zugehörigkeiten und damit verbunden je kulturell unterschiedliche Bedürfnisse und Praxen besondere Beachtung erfahren. Die Differenzkriterien „Ethnie" und „Herkunftskultur" können jedoch in die Falle kultureller Essentialisierungen führen. Ethnisch-kulturelle Zugehörigkeiten, zuvor als Anlass für Ausgrenzungen konstruiert, sollen nunmehr zum Qualitätsmerkmal umgedeutet werden. Dabei werden freilich Unterscheidungspraxen entlang ethnisch-kultureller Differenzen – jetzt zwar positiv konnotiert – gleichwohl verfestigt und eine andere Dimension möglicher Diskriminierungen wird evoziert, nämlich den Zugang zu Arbeitsstellen oder Bildungsinstitutionen nicht allein aufgrund vorliegender Qualifikationen erhalten zu haben. Ethnische Zugehörigkeit, Herkunft oder kulturelle Orientierungen bleiben hinsichtlich vorhandener Kompetenzen etwa als gute(r) Erzieher(in), Sozialarbeiter(in) oder Leitungskraft kontingent.

Mit dieser Kritik brauchen nicht alle Vorschläge des Konzeptes, die dazu beitragen können, die Anliegen von Migrant/-innen in angemessener Weise aufzunehmen, verworfen werden. Mehrsprachigkeit oder Möglichkeiten zur Übersetzung können wichtige Voraussetzungen für gelingende Verständigung sein, Hinweise und geeignete Ansprache in verschiedenen Herkunftssprachen, Berücksichtigung von Essgewohnheiten oder besonderen kulturellen Bedürfnissen in Kantinen o.Ä. und Gesten wie die Auslage entsprechender Zeitschriften, die einladend wirken, können nach innen und außen die gewünschte Offenheit signalisieren.

Hervorhebungen ethnischer Repräsentanz verfestigen hingegen problematische Differenzkonstruktionen entlang der Herkunft von Beschäftigten und Besuchern der angesprochenen Institutionen, ohne dass sicher ist, ob die derart quotierten und berücksichtigten Angehörigen ethnischer Zugehörigkeiten dies überhaupt wünschen. Das prekäre Element liegt hier in der Tatsache einander widersprechender Normen:

Anstellungen und Aufstiegschancen sollen in Einrichtungen und Institutionen prinzipiell für alle geeigneten Bewerber und Bewerberinnen unabhängig von ihrer Herkunft, ihrem Geschlecht oder ihrer Hautfarbe in multikulturell strukturierten liberalen Einwanderungsgesellschaften erfolgen, realiter jedoch zeichnet sich in vielen Bereichen eine Dominanz durch Mitglieder der Aufnahmegesellschaft ab, die auf versteckte oder offene Diskriminierungen oder auch andere Gründe zurückgeführt werden kann.

Jeder Angestellte besagter Einrichtungen, unabhängig auf welcher Ebene, hat jedoch gerade unter diskriminierungsfreien Umständen den Anspruch darauf, aufgrund seiner Qualifikation für den jeweiligen ‚Job' und nicht hinsichtlich einer ethnischen Zuordnung eingestellt oder beurteilt zu werden.

Das oben beschriebene Konzept vermischt nun Vorschläge zur interkulturellen Öffnung im Verständnis einer verbesserten Wahrnehmung und Qualifizierung von Hilfen und Diensten für Nutznießer anderer kultureller Bedürfnisse mit Quotierungsvorschlägen, wie sie in Folge der feministischen Diskussion plausibel sein mögen, in Hinblick auf „Ethnien" hingegen sich einer Zuschreibung auf Kulturträgerschaften (vgl. Kap. 5) bedienen, die dem Verständnis eines “prozesshaften Kulturbegriffs" widersprechen.

Der Verdienst von Überlegungen, das System sozialer Dienste in der Bundesrepublik durch eine „Öffnung" für die unterschiedlichsten Bedürfnisse innerhalb einer pluralisierten Klientel zugänglicher zu machen, liegt vor allem in einer Sensibilisierung für Ausgrenzungsmechanismen dieser Dienste gegenüber demjenigen Teil von Zuwander/-innen, die entsprechende Hilfen zwar benötigen, de facto jedoch nicht in Anspruch nehmen können. Entsprechende Reformvorschläge können auch die Aufmerksamkeit und Wahrnehmung von Einrichtungen und Personal erweitern, insofern nicht selbstverständlich nur oder vornehmlich eine deutsche Klientel bevorzugt wird. Das Modell von Hinz-Rommel schreibt die Kompetenzerfordernisse des Personals in einen erweiterten Zusammenhang von Organisationsentwicklung, struktureller Reformen der Institutionen und die Verknüpfung mit Qualifizierungsmaßnahmen und Ausbildungsträgern ein.

Sofern bereits Migrant/-innen oder ihre Nachkommen – z.T. überdurchschnittlich – im System sozialer Hilfen auftreten, z.B. in den Schwangerschaftskonfliktberatungsstellen der Wohlfahrtsverbände, innerhalb von Maßnahmen der Jugendhilfe, im System der Krankenversorgung, bei Schuldnerberatungsstellen, in der Freizeitpädagogik usw., ist dagegen die Frage nach interkultureller Kompetenz außerhalb eines Kriteriums ethnischer Repräsentanz zu stellen: Warum suchen Migrant/-innen diese Dienste auf, auch wenn dort die Voraussetzungen interkultureller Kompetenz (nach obigem Modell) nicht gegeben scheinen? Wie sind sie mit den dortigen Leistungen zufrieden und welche Verbesserungen wünschen sie sich? Für wie kompetent halten sie die deutschen und ausländischen Mitarbeiter/-innen und treffen sie überhaupt diesbezügliche Unterscheidungen? Welche Rolle spielen Herkunft, Herkunftsorientierung bei Helfern und/oder Klienten, Migrationserfahrung oder Ausländerstatus im Beratungsprozess? Werden kulturelle Bedürfnisse berücksichtigt oder vernachlässigt, gibt es Diskriminierungserfahrungen, Verständigungs- oder andere Konflikte, und werden diese als interkulturelle Konflikte interpretiert? Hier wären jeweils entsprechende Erfahrungen und Erwartungen aus der Perspektive der vermeintlichen oder tatsächlichen Nutznießer zu erkunden (vgl. Diakonisches Werk und Caritas: Familienstudie 2000).

Problematisch an den beschriebenen Konzepten ist die Grundannahme, mit einer ethnischen Repräsentanz bei Klientel und Personal seien Fragen des gerechten Zugangs, qualitative Fragen und Verständigungs- bzw. Verständnisprobleme bereits auf dem Wege ihrer Beantwortung; Zugehörigkeit oder Selbstbetroffenheit für sich genommen sind noch kein Qualifikationskriterium, darüber herrscht allgemeiner Konsens.

Auch wenn die Zugangsschwellen zu den sogenannten Regeldiensten mittels interkultureller Kompetenz des Personals und institutioneller Veränderungen abgebaut wären, bliebe eine reale Asymmetrie zwischen Professionellen und ihren Adressaten erhalten. Auch die in Mode gekommene Rede vom „Kunden“ setzt dies strukturell nicht außer Kraft. Die Grenzen der Übertragbarkeit von Marktmodellen auf Bereiche, in denen es um Bildung und Hilfe geht, sind nicht nur in der Interkulturellen Sozialen Arbeit erkennbar: Fehlende Transparenz, keine Kundensouveränität, der Umstand, dass die Leistung(en) vom „Kunden“ selbst zu erbringen sind, und schließlich die bildungstheoretische Einsicht, dass es ohne Elemente an Zuwendung keine Bildung und auch keine Hilfe geben kann, sprechen für eine Zwitterstellung zwischen Markt und sozialer Bestimmtheit.

Warum sollten sich die angesprochenen Regeldienste der Anstrengung erhöhter Komplexität interkultureller Auseinandersetzungen aussetzen? Sofern mit Marktvorteilen argumentiert wird, kann der Gerechtigkeitsanspruch gerade dadurch verfehlt werden, etwa wenn sich soziale Betriebe bewusst für eine zahlungskräftige ethnisch oder kulturell homogene Klientelstruktur entscheidet. Die Ökonomisierung des Sozialen, den Prinzipien von Effektivität und Effizienz folgend, ersetzt die klassischen Versorgungsideologien mit einer Leistungsideologie, in der das Kriterium „interkultureller Kompetenz“ durchaus von Vorteil im Wettbewerb erscheinen mag und der bevormundende Beigeschmack traditionellen Hilfehandelns überwunden scheint: „Der Kunde ist König“, heißt es, doch was, wenn die Kundschaft – hier die Migranten, die endlich Zugang zu den Diensten finden sollen – Könige ohne Königreiche sind, womöglich nur in Maßen oder handverlesen von Interesse für die Anbieter auf dem Markt sozialer Möglichkeiten?

Wieweit die Verzögerung angemahnter Reformprozesse hinsichtlich einer Entwicklung interkultureller Kompetenzen in Sozialen Diensten, öffentlichen und privaten Trägern und Institutionen von Interessen geleitet ist, desintegrierende Strukturen gegenüber Migranten und Migrantinnen und damit bestehende Machtvorteile und ethnisch „den Deutschen“ vorbehaltene Privilegien beim Zugang zu Sozialen Diensten durchaus aufrechtzuerhalten, oder ob die Umsetzung eher dem noch nicht ausreichend kompetenten Verhaltens- und Wissensrepertoire der Sozialen Dienste einerseits, der Migranten andererseits geschuldet ist, bleibt offen. Im ersten Fall sind es Vorteile, die aus der Exklusion von Zuwanderern gezogen und deshalb aufrechterhalten werden, im zweiten wären es pädagogischer Bearbeitung harrender Probleme interkultureller Verständigung. Möglicherweise haben wir es mit beidem zu tun: Einmal diskriminierende Strukturen als Alibi für mangelnde interkulturelle Verständigungsfähigkeit oder ein andermal interkulturelles Verständnis als pädagogisierende Ablenkung von diskriminierenden Strukturen (vgl. Eppenstein 2003, S. 158f.).

Was immer genaueres Hinsehen ergibt, Konstruktionen von Hilfsbedürftigkeit zur Legitimation sozialarbeiterischer Interventionen oder tatsächliche legitime Bedürfnisse von Hilfe- oder Beratungssuchenden, zwischen professionellen Helfern und Hilfeempfängern bleibt jene Asymmetrie, wie sie generell zwischen Hilfeempfängern und Akteuren Sozialer Arbeit existiert. Dies ist mit Blick auf eine „Zielgruppe" Migranten unhintergehbar auch dann prekär, wenn die einzelnen sozialarbeiterischen Angebote und Interventionsformen im Einzelnen legitimierbar sind, weil sich hierbei immer auch gleichsam Asymmetrien in der generellen Beziehungsstruktur zwischen „Migranten" und „Nicht-Migranten" reproduzieren und verstärken.

Angesichts der irreversiblen plurikulturellen Bevölkerungsstruktur mit ihren vielfältigen wechselnden und sich verändernden Milieus bleibt die Option einer interkulturellen Öffnung unbeschadet dieser kritischen Einwände von Interesse. Die Programmatik einer „interkulturellen Öffnung der Sozialen Dienste" hat zurecht die mangelnde Partizipation von Migranten in den Regeldiensten zum Anlass ihrer Überlegungen genommen und die Diskussion um das Verhältnis von eigens für Migranten geschaffenen zu den allgemein zur Verfügung stehenden Beratungs- und Hilfsstrukturen belebt.

3.3 Zum Verhältnis von „Regeldiensten" und spezialisierten „Migrationsdiensten"

Die Diskussion um eine „Öffnung Sozialer Dienste" stand in der Bundesrepublik von Anfang an in einem Kontext vielfältiger Infragestellungen:

Haben wir es mit diskriminierenden Tatbeständen zu tun,

- wenn Migranten überhaupt als Adressaten Sozialer Arbeit thematisiert werden?
- wenn Migranten als Adressaten Sozialer Arbeit außen vor bleiben?
- wenn Form und Struktur Sozialer Arbeit eigene Migrationsdienste vorhält oder
- wenn derartige Dienste vorenthalten werden?
- wenn allgemeine Soziale Dienste (sogenannte „Regeldienste") ihre Aufgaben an Migrationsdienste delegieren oder
- wenn allgemeine Dienste ohne spezifische Wissensbestände glauben, Migranten dennoch angemessen bedienen zu können?

Als Regeldienste werden Einrichtungen in öffentlicher oder freier Trägerschaft bezeichnet, die im Rahmen von Pflicht- oder freiwilligen Aufgaben vom Anspruch her allen Bürgerinnen und Bürgern Beratungs- und Hilfsangebote machen, und dabei in der Regel nach Problemlagen, Zielgruppen und professionellen Spezialisierungen differenzieren. Grundlage der Forderung nach „interkultureller Öffnung" ist die unterdurchschnittliche Inanspruchnahme und die daraus abgeleitete Annahme von Versorgungsdefiziten von Migrant/-innen und Flüchtlingen innerhalb dieser Dienste.

Migrationsfachdienste können in zweifacher Hinsicht eingestuft werden: Einmal als spezialisierter Teil der Landschaft von Regeldiensten, als Regeldienst mit spezifischen Wissensbeständen und Kompetenzen; Ein andermal als unzureichende Kompensation, als qualitativ minderwertiger Ersatz für mangelnde Bereitschaften, Kompetenzen oder Ausstattungen von Regeldiensten, die – qua mangelnder interkultureller Öffnung – ihre potentielle migrantische Klientel in der irrigen Annahme an entsprechende Beratungsstellen weitervermitteln, diese erhielten dort ein ausreichendes Angebot in unterschiedlichsten Problem- und Lebenslagen. Irrig wird diese Annahme, weil Spezialisierungen, die in der Landschaft von Regeldiensten üblich geworden sind, einer migrantischen Adressatengruppe verschlossen bleiben und bestehenden Migrationsdiensten damit eine Allzuständigkeit auferlegt wird, der diese in qualitativer Hinsicht nicht gerecht werden können.

Die Diskussion im Bereich der sozialen Beratungsdienste um deren Orientierung auf einzelne Zielgruppen einerseits, zielgruppenübergreifende Perspektiven andererseits, um ‚Sonderdienste' für Migranten oder eine zu entwickelnde „interkulturelle Kompetenz der Regeldienste" andererseits ist vergleichbar mit der Beurteilung der sogenannten „Ausländerpädagogik" in schulischen Kontexten: Als potentiell diskriminierend können Migrationsdienste als „Sonderdienste" dann eingestuft werden, wenn sie strukturell einer Auslagerung von Zuständigkeiten anderer Regeldienste hinsichtlich einer migrantischen Klientel in die Hände spielen.

Die Kontroverse ist inzwischen der Erkenntnis gewichen, dass ein kausaler Zusammenhang zwischen Hilfsangeboten spezialisierter Art für unterschiedliche Anliegen von Migranten und der Neigung allgemeiner Dienste, sich ‚interkulturell' zu qualifizieren, nicht in der Weise besteht, dass eine Abschaffung von Ersteren Letzteres nach sich zöge[1]. Auch hat sich mit der Anerkennung von Einwanderungsrealitäten die Erkenntnis durchgesetzt, dass zumindest in einer ersten Phase von Zuwanderungen spezifische Einwanderungshilfen sinnvoll sind.

Bereits 1986 hatte Demetrio Duccio in einer heuristischen „Theorie der sozialpädagogischen Bedürfnisse für Einwanderer" (Duccio 1986, S. 38) für eine Reihe von Maßnahmen – darunter z.B. Möglichkeiten zum Erwerb der deutschen Verkehrssprache – votiert, wie sie heute aktuell auf der Tagesordnung stehen.

Die ehemalige Sozialberatung für ausländische Arbeitnehmer und ihre Familienangehörigen sollte bereits vor Inkrafttreten des Zuwanderungsgesetzes als Teil der Regeldienste stärker „Gelenkfunktionen" zur Öffnung anderer Regeldienste wahrnehmen.[2] In Abgrenzung zu diesen erfüllt sie originäre Beratungsaufgaben, die spezielle Kenntnisse des Ausländerrechtes und der sozialen Sicherungssysteme voraussetzt, um in ihrer Beratung Orientierungshilfen bei der Ein- und Auswanderung und Hilfen bei der perspektivischen Lebensplanung zu leisten, Diskriminierungserfahrungen zu bearbeiten und Selbsthilfepotentiale zu unterstützen (vgl. Kothen 2000, S. 28f.). Eine völlige Infragestellung dieses Segmentes interkultureller Sozialer Arbeit, wie sie von einigen

1 Vgl. zum Ausgangspunkt dieser Debatte: Tiedt 1985.
2 Vgl. hierzu die damaligen Konzepte und Rahmenpläne der Wohlfahrtsverbände, z.B.: Caritas 1999; Diakonisches Werk der EKD 9/1997.

Bundesländern in den letzten Jahren aus fiskalischen oder inhaltlichen Gründen erfolgte, dürfte auch für eine interkulturelle Öffnung anderer Dienste negative Folgen haben: In den 1990er Jahren sollten unter der programmatischen Formel einer „Dekategorialisierung" die allgemeinen Sozialen Dienste in den Niederlanden auch für Belange von Migranten und Minderheiten (Allochtone) in die Pflicht genommen werden, die Umsteuerung beruhte auf der Annahme, dies durch Umwidmungen im Bereich der „Sonderdienste" für Migranten erreichen zu können. Der Versuch endete freilich erfolglos, denn weder waren die allgemeinen Dienste hinreichend vorbereitet oder geschult, noch schienen die administrativen Leitungen den Prozess dieser Umsteuerung nachhaltig zu unterstützen (vgl. Kulbach 2003).

Inzwischen werden in der Bundesrepublik gleichberechtigt sowohl Herangehensweisen einer interkulturellen Öffnung gewürdigt, die von den klassischen Trägerverbänden ausgehen, wie solche, die etwa als Migrantenjugendorganisationen als „Selbstrepräsentationsinstanzen" Anerkennung beanspruchen (vgl. Mecklenburg, Jagusch 2006, S. 3 u. 6).

In kategorialer Hinsicht lässt sich eine interkulturell orientierte Soziale Arbeit ganz unabhängig von ihrer jeweiligen Struktur und Form als interkulturell geöffnete „Regeleinrichtung" oder als eigener noch außerhalb der Regeldienste angesiedelter „Fachdienst" entlang von Problemstellungen umreißen:

- Probleme einer interkulturell orientierten Sozialen Arbeit zwischen Ansprüchen nach Versorgungsgerechtigkeit und der Klientelisierung von Migrant/-innen werfen die Frage danach auf, ob die jeweilige Soziale Arbeit erst die Differenzen hervorbringt, die sie dann homogenisieren will, oder ob sie diese Differenzen bereits vorfindet. Diese Frage stellt sich gleichermaßen, wenn Migranten oder Migrantinnen eigens als Adressatinnen von Migrationsdiensten angesprochen werden oder dies mittels „interkulturell offener" Ansprache eines „Regeldienstes", etwa einer Sucht- oder Schuldnerberatung, geschieht.
- Probleme der Legitimation von Unterscheidungspraxen entlang kultureller Unterschiede werfen die Frage auf, wie einerseits die kulturellen Bedürfnisse und Einbettungen sozialarbeiterischer Klientel angemessen wahrgenommen und in Hilfeprozessen berücksichtigt werden können, zum anderen vermieden werden kann, damit kulturelle Differenzen zu zementieren, die Exklusionen und strukturelle Diskriminierungen rechtfertigen bzw. Prozesse der Fremd- und Selbstethnisierung verfestigen statt diese aufzulösen. Praxen der „Kulturalisierung" können in allen Formen interkultureller Sozialer Arbeit auftauchen, in der Struktur niedrigschwelliger muttersprachlich gestützter Migrationsdienste als Bestätigung von Ethnisierungsprozessen und in Formen anderer spezialisierter Regeldienste als Zu- oder Festschreibung von kultureller Andersartigkeit (vgl. Kap. 4).
- Probleme von unterschiedlichen Graden der Freiwilligkeit bei der Inanspruchnahme sozialpädagogischer Leistungen schließlich werfen die Frage auf, inwieweit auch eine interkulturell orientierte Soziale Arbeit volle Professionalität im Sinne einer Reziprozität zwischen Professionellen und Klienten beanspruchen kann bzw. mit wachsender Unfreiwilligkeit bei Formen verordneter Maßnahmen eher eine semiprofessionelle Grundlage gegeben ist. Die im doppelten Mandat Sozialer Arbeit angelegte Spannung zwischen Hilfs- und Ordnungsfunktionen erhält im Modus interkultureller Arbeit eine dritte kulturell codierte Mandatierung hinzu: In einem „dreifachen Mandat" geht es immer auch um Legitimationen sozialarbeiterischer

Eingriffe bzw. Angebote, die auf kulturellem Verstehen und Verständigung, interkultureller Vermittlung und letztlich einer Klärung von Bedeutungen kultureller Differenzen für sowohl Hilfe- als auch Ordnungsprozesse angewiesen sind (vgl. Eppenstein, Kiesel, Mecheril 2005).

Soziale Arbeit mit ihren zentralen Interventionsmedien der Beratung und Hilfe steht darüber hinaus unter dem Einfluss von Hilfetraditionen und Strukturen. Die organisatorische Umsetzung Sozialer Hilfen geschieht in der Bundesrepublik im Vergleich zu anderen europäischen Ländern in einer besonderen Form, der Anbindung an „die Freie Wohlfahrtspflege", ein Sammelbegriff für die sechs großen Wohlfahrtsverbände einschließlich der ihnen angeschlossenen Mitgliedsvereine, Initiativen und Selbsthilfegruppen, sozialwissenschaftlich als intermediäre Dienste bezeichnet. Intermediär operieren diese Dienste in einem zweifachen Spannungsverhältnis, einmal zwischen Individuum und Staat und zum Zweiten zwischen Staat und Markt. Sofern interkulturelle Qualifizierungen im System Sozialer Hilfen als institutionelle Voraussetzung, also die Strukturen, Leitbilder, Fortbildungskonzepte, Personalentwicklungsplanung, Settings usw. betreffende Herausbildung niedrigschwelliger Zugänge für Klienten in der Einwanderungsgesellschaft betreffende Eigenschaft gesehen wird, stellen die intermediären Dienste strukturell einen ebenso maßgeblichen Faktor dar wie die bei ihnen Beschäftigten.[3]

Die hier interessierende deutsche Hilfekultur wurde etwa bei Bauer als „paternalistische (Individual)Exklusion", die im „Begriff der ‚Klientelisierung' ihren methodischen Ausdruck findet", charakterisiert. Eine Grundhaltung „paternalistischer Wahrnehmung der ausländischen Bevölkerung", die Charakterisierung „der Ausländer als ‚hilflose Wesen' (gehöre) zum Prozeß der ‚Produktion von Fürsorglichkeit' (...)", die den Migranten und Migrantinnen den Status eines Objekts der betreuenden Hilfe zuschreibt (Bauer 1997, S. 11). Gewiss trifft diese Kritik zu Recht jene Praxen Sozialer Arbeit, denen eine Art Infantilisierung migrantischer Klientel nicht abgesprochen werden kann, eine differenziertere Bewertung der Praxis intermediärer Organisationen findet sich indes bei Hamburger, der den kompensatorisch auf das „Versagen der Schule" reagierenden Initiativen, Vereinen und Projekten, aus denen die „heterogene Szene der Ausländerarbeit auch heute noch besteht" (1994), bescheinigt, ein „Symbol für positive Reaktionen auf den Einwanderungsprozeß" geworden zu sein (Hamburger 1994, S. 95).

Eine bereits vor über einem Jahrzehnt durchgeführte qualitative Untersuchung ausgewählter Praxisprojekte in den Feldern Jugend und Gewalt und der interkulturellen Erziehung unter dem Aspekt professioneller Kompetenz der Praktiker von Montau (DIGESA Dokumentations- und Informationsstelle zur Geschichte der Erziehung und sozialen Arbeit) kam zu folgenden Ergebnissen: Migranten „in einer transitorischen Lebenslage" bewirken auch Veränderungen bei Mitarbeitern pädagogischer Projekte; Diese wollen als „kulturelle Agenten" zu Akzeptanz, Anerkennung und Chancengleichheit beitragen und ein „würdevolles Leben aller mit allen herbei(...)führen". Die empirische Realität entsprechender Projekte sei freilich gebrochen: Zwar werden

3 Vgl. Bendit 1999, S. 16: „So ist der ‚deutsche Modus' von Integration durch die Stärkung allgemeiner Institutionen gekennzeichnet."

Migranten als gleichberechtigte Partner in einer multikulturellen Gesellschaft apostrophiert, andererseits als defizitäre Bevölkerungsgruppe behandelt (Montau, 1997, S. 67).

„Migrationssozialarbeit" gewährleistet entscheidende Aspekte der Unterstützung von Menschen in schwierigen Lebenslagen als Hilfe. Es kann wichtig sein, dabei die Dimensionen nicht mit Strategien zu verwischen, die einen kulturellen Austausch und Akzeptanz im Modus interkultureller Bildung und Erziehung fördern wollen.

Auch Vahsen betont, dass „Migrantinnen (...) nicht nur sozialpädagogisch zu behandelnde Probleme, Vorstellungen und Ansprüche (haben)", und leitet daraus ab, dass Hilfe- und Bildungsprozesse strikt zu trennen seien (Vahsen 2000, S. 64f.). Indes bleibt eine Soziale Arbeit ohne jeglichen Bildungsanspruch ihrer migrantischen Klientel möglicherweise Perspektiven gelingenden Lebens schuldig, wenn sie Zumutungen interkulturellen Lernens vielleicht ersparen will, damit auch Entwicklungschancen vorenthält; eine Art ‚akzeptierender Interkulturalität', die nur Nähe zwischen Helfern und Klientel anstrebt, läuft Gefahr, dieses Bedürfnis gerade dadurch zu hintergehen, als sie notwendige Auseinandersetzungen als Ferment von Lernprozessen verweigert. Gerade weil es im System Sozialer Hilfen weniger um Instruktion oder Therapie oder den Erwerb von Wissensbeständen geht, sondern um Bildungsprozesse, in denen die Entwicklung von erweiterten Einstellungen, Haltungen und Handlungsfähigkeiten intendiert ist, scheint es geboten, dass sich entsprechende Einrichtungen und Institutionen nicht nur durch eine bunte multikulturelle Vielfalt ihrer Klientel auszeichnen, sondern die in ihnen tätigen Professionellen selbst Farbe bekennen, greifbar – und damit freilich auch angreifbar – für ihre Klienten ausländischer Herkunft werden" (Eppenstein 2003. S. 149).

Die Ausdifferenzierung der Trägerlandschaft und Handlungsfelder sowie eine weitgehend durch entsprechende Ausbildungsgänge konzeptionell und methodisch gesicherte Berufspraxis Sozialer Arbeit lassen heute den Schluss zu, dass eine tendentiell entmündigende, paternalistisch geprägte und ihre Adressaten zu Objekten ihrer Hilfe degradierende Praxis nicht intendiert ist. Gleichwohl bleibt es Aufgabe einer interkulturell offenen Sozialen Arbeit, jeweilige Machtverhältnisse nicht allein in den Interaktionen zwischen Professionellen und ihren Adressaten kritisch zu reflektieren, sondern diese immer auch innerhalb gegebener Strukturen in denjenigen institutionellen Zusammenhängen zu verorten, in denen Zielsetzungen, Ressourcen und Handlungen Sozialer Arbeit verantwortet und gesteuert werden.

3.4 Interkulturelle Öffnung als Prozess „lernender Institutionen"

Die im Konzept der „interkulturellen Öffnung" angesprochenen Einrichtungen, Behörden und Ämter sollen im Sinne „lernender Institutionen" in eine Entwicklung eingebunden werden, deren Ziel es ist, das Zusammenleben und den Integrationsprozess in pluralen Gesellschaften zu gestalten. Dabei ist die vorhandene durch Zu- und Abwanderungen geprägte Struktur von Stadtbevölkerungen zu berücksichtigen und der

Freiheit der Bürger und Bürgerinnen auf ein Leben in jeweils unterschiedlichen kulturellen Orientierungen Rechnung zu tragen.

Interkulturelle Konzepte Sozialer Arbeit betreffen mehrere Ebenen und entsprechende unterschiedliche Interventionsformen: Die Ebene der unmittelbaren Kontakte und Kommunikationen mit der Klientel, den Adressat/-innen, die Ebene von Leitungen und Verantwortlichen in Institutionen und Einrichtungen und die Ebene der Struktur dieser Einrichtungen.

Vor diesem Hintergrund spielen folgende Anforderungen eine grundsätzliche Rolle:

Mitarbeiter/-innen pädagogischer und sozialer Institutionen sollten Diskriminierungserfahrungen von Immigranten in Rechnung stellen und die Schwierigkeit einer unbefangenen Begegnung akzeptieren lernen, sollten Stereotypen und Vorurteile selbstkritisch wahrnehmen und ihre Relevanz für die jeweils aktuelle Begegnungssituation prüfen können und fähig sein, mit Stereotypisierungen von Seiten der anderen umzugehen. Mögliche kulturelle Differenzen auf der Ebene von Verhaltensmustern, Rollen, Normen und/oder Werten sollen erkannt und die Bedeutung differenter Kulturmuster kooperativ erschlossen werden. Im Dialog über differente Normen und Werte können situationsadäquate Regeln der Kooperation ausgehandelt werden.

Damit wird interkulturelle Soziale Arbeit in einen Bildungszusammenhang gestellt, der den Erwerb von Qualifikationen und Kompetenzen auf verschiedenen Ebenen anstrebt:

1. Die *Ebene der Haltungen und Verhaltensfähigkeiten* (z.B. Ambiguitätstoleranz, Perspektivenübernahmefähigkeiten, Empathiefähigkeiten etc.) (vgl. Kap. 4.2).
2. Die *Ebene der Wissensbestände* (z.B. Grundlagenwissen über unterscheidbare Migrationsverläufe, rechtliche, politische und soziale Bedingungen, historische und kulturelle Relevanzen etc.)
3. Die *Ebene der Fähigkeiten und Fertigkeiten* (z.B. der Umgang mit unterschiedlichen Verkehrsformen und Höflichkeitsmaßstäben, Gewandtheit im Umgang mit unterschiedlichen Personen mit verschiedenen Kommunikationsstilen oder unterschiedlichen Zeitverständnissen etc.).

Interkulturelles Lernen erweist sich damit als eine Dimension sozialen Lernens, bei dem Empathie als eine Aufgabe verstanden wird, „die Aufgeschlossenheit der Individuen zu fördern, sich mit den anderen, den Problemen der anderen und ihrer Andersartigkeit zu beschäftigen“ (Essinger 1984, S. 26). Der Rivalität wird die Solidarität entgegengehalten, die als „gemeinsames Handeln im Wissen um die Verschiedenheit gefasst“ (Auernheimer 1990, S. 175) wird. Ein weiterer Aspekt sozialen Lernens in interkulturellen Begegnungen ist die Konfliktfähigkeit der Interaktionspartner im Streit um Auffassungen oder Interessen. Dabei gilt es, durch Verhandlungsfähigkeit der am interkulturellen Prozess Beteiligten eine soziale Kompromisslösung oder eine sachliche Konfliktlösung herbeizuführen. „In diesem Sinne definiert sich Interkulturelles Lernen als spezifische Form sozialen Lernens, über die – unter Einbeziehung vorhandener Wahrnehmungs- und Verhaltensmuster – die Grundqualifikationen interkultureller Interaktion und Kommunikation erst erworben werden. Die Komplexität interkultureller Situationen, in denen noch stärker als im mononationalen Kontext wirklich symbolische Interaktion gefordert ist, dient damit als exemplarisches Lernfeld für die Aneignung von Ich-Identität und sozialer Handlungskompetenz (...)“ (Sternecker 1992, S. 172).

Es gilt demnach im Kontext Interkultureller Sozialer Arbeit sowohl die Bedürfnisse und Erfahrungen der Interaktionspartner aufzunehmen, als auch deren konkrete gesellschaftliche Situation zu reflektieren. Dabei müssen die jeweiligen kulturellen Lebensformen der Interaktionspartner beachtet und den Individuen zugleich praktische Handlungsfelder aufgezeigt werden, wie sie ihre bisherige Alltagspraxis verändern und erweitern können. „Alltagswissen und Alltagspraxis sowie Situationsbezogenheit von Interaktionen sind die Grundpfeiler des Alltagslebens der Menschen (...)“ (Otten 1985, S. 27). Sie sind auch für die interkulturelle Verständigung die entscheidenden Bezugspunkte, da sie die gemeinsamen Interessen der Kommunikationspartner berücksichtigen und eine Metakommunikation über die jeweiligen Bedürfnisse und Lebensbedingungen ermöglichen. Handlungsfelder interkultureller Sozialer Arbeit verstehen sich in der multikulturellen Einwanderungsgesellschaft als Ort einer reflexiven Wendung der „gegebenen Fremdheitserfahrungen bei den Mitgliedern der Mehrheitsgesellschaft und als methodisch angeleitetes Hervorbringen von Gemeinsamkeiten“ (Hamburger 1990, S. 323).

Diese auf Lernprozesse von Individuen abhebenden Grundsätze können nicht einfach auf Prozesse „lernender Institutionen“ übertragen werden, wenngleich festzuhalten ist, dass die in Institutionen tätigen Individuen nur dann solche Lernprozesse entwickeln können, wenn die strukturellen institutionellen Gegebenheiten dies fördern und zulassen.

Prozesse interkultureller Öffnung als institutionelle Lernprozesse interkulturell kompetenter Sozialer Dienste und Institutionen sind an Voraussetzungen gebunden, als sie

a) eine fachliche interkulturelle Qualifizierung einschlägigen Personals, also auch und vor allem von Sozialarbeiter/-innen bedürfen,
b) im Paradigma lernender Organisationen interkulturell kompetentere Strukturen bei entsprechenden Institutionen einfordern und
c) beides mit Aspekten eines interkulturellen Lernprozesses verbinden.

Hilfehandeln und Lernen – in diesem Falle interkulturelles Lernen – findet also auf drei Ebenen, beim Personal, der Institution, in der dieses tätig ist, und bei den Hilfeempfängern statt. In den Modi von Bildung und Selbstbildung sind damit auch Aspekte reflexiven Lernens, der Mündigkeit und Erkenntnis angesprochen, zum anderen werden Begegnungsfähigkeit, Begegnungsbereitschaft und Mitmenschlichkeit als Bildungsauftrag impliziert.

Im Gegensatz zu Konzepten interkultureller Bildung als Allgemeinbildung, die unter Prinzipien der Anerkennung und Gerechtigkeit interkulturell kompetentes Handeln in Einwanderungsgesellschaften als ein Bildungsziel für alle anstreben, sind sozialpädagogische und sozialarbeiterische Handlungen aber dadurch ausgezeichnet, dass sie sich immer nur auf einen Teil von Personen beziehen, die als Hilfe- oder Beratungsbedürftige innerhalb abgrenzbarer, zumeist zeitlich begrenzter Problemkonstellationen definiert sind (vgl. Eppenstein 2003, S. 147).

Wollte man Gruppen von Migranten und Migrantinnen unisono sozialarbeiterischer Interventionen für bedürftig erklären, käme dies einer Klientelisierung einer Adressatengruppe gleich, deren allgemeiner Hilfebedarf zunächst nicht höher oder geringer angesetzt werden darf, als derjenige anderer potentieller Bezugsgruppen Sozialer Arbeit. Davon ausgenommen wären allerdings verdichtete Lernerfordernisse und migrationsspezifische Bewältigungsaufgaben, erhöhte migrationsbedingte soziale Risiken und psychosoziale Stressoren, Belastungen im Zusammenhang mit Diskriminierungserfahrungen oder Migrationsfolgeprobleme.

Soweit also ein Teil von ihnen Beratung und Hilfe in belastenden Lebenssituationen bedarf, psychosoziale Beratung, Hilfen während einer Schwangerschaft, Leistungen der Jugendhilfe oder eine bedürfnisgerechte Versorgung im Alter beansprucht, sind Anfragen an die interkulturelle Qualität der entsprechenden Dienste begründbar.

Hier changieren die Aussagen der Selbstbeschreibungen und -begründungen einschlägiger Institutionen wie entsprechende fachwissenschaftliche Analysen zwischen der Annahme weitgehender Selbstregulierung ihrer Probleme bei den Migrant/-innen einerseits und der Behauptung verschärfter Belastungen mit einem entsprechenden Hilfebedarf andererseits: So gingen vor bereits 15 bzw. 20 Jahren eine Pilotstudie zur psychosozialen Versorgung von Flüchtlingen und Migranten in Frankfurt am Main (Gaitanides 1992) und eine Untersuchung im Bereich der psychiatrischen und psychosozialen Regelversorgung für die Stadt Mainz (Erfurth, Scheib 1986) im Ergebnis davon aus, dass Migranten/-innen und vor allem Flüchtlinge im Vergleich zur deutschen Bevölkerung erhöhten Beratungsbedarf haben; bedingt durch belastende Stressfaktoren infolge ihrer Migration oder im Exil wie „unverarbeitete Trennungsereignisse“, „Norm- oder Rollenkonflikte innerhalb der Familie“, „Isolation durch Arbeitslosigkeit“, „enttäuschte Hoffnungen und Erwartungen“, „Orientierungskonflikte“, „Ausgrenzungserfahrungen“ und durch Spätfolgen besonders belastender Arbeits- und Wohnverhältnisse. Aus den beschriebenen Belastungen wird, um „Versorgungsgerechtigkeit“ zu erzielen, ein im Grunde erforderliches überdurchschnittliches Beratungs- und Versorgungsangebot abgeleitet, um im Umkehrschluss die These einer Unterversorgung der Migrant/-innen und Flüchtlinge zu erhärten. Die Defizite der Dienste im Verständnis mangelnder interkultureller Kompetenz werden dort gesehen, wo sie sich auf Hemmungen und Bedürfnisse der Migranten nicht adäquat einstellen. Als Zugangshemmungen werden auf Seiten der Migranten z.B. aufgeführt: Unkenntnis, Informationsdefizite und Verunsicherung im differenzierten Versorgungssystem, seiner Struktur und seines jeweiligen Nutzens; Sprachbarrieren und Verständigungsschwierigkeiten; Misstrauen gegenüber der als dominant empfundenen Mehrheitsgesellschaft; schlechte Erfahrungen mit Behörden; Zuschreibung eines Mangels an Parteilichkeit; eine „Schamkultur“, die es nicht zulässt, sich mit Problemen an öffentliche Instanzen zu wenden; Ressentiments gegenüber selbstreflexiven Beratungsstrategien und isolierten psychologischen Therapieansätzen; Distanz gegenüber mittelschichtsorientierten Beratungsansätzen, in denen eine selbstreflexive Selbstbeteiligung bei der Erarbeitung von Lösungen erwartet wird; Ängste vor Stigmatisierung oder evtl. ausländerrechtlichen bzw. aufenthaltsrechtlichen Folgen; soziokulturell vermittelte hohe Leidensbereitschft oder Stolz; Vorbehalte und auch Vorurteile hinsichtlich möglicher Fremdbestimmungen (Professionelle „hetzen Kinder gegen Eltern und Frauen gegen Männer auf“); traditionale Symptomdeutungen (Schicksal, Magie); im deutschen Hilfesystem übliche Delegation und Verweisung an andere Beratungseinrichtungen werden als Zurückweisung erlebt. Bei Sozialen Diensten und ihren Beschäftigten wiederum können derartige Zugangshindernisse auf Ausgrenzungstendenzen wie kulturalistisch bzw. ethnozentrisch gefärbte Ressentiments treffen, auf Formen „abweisender Hilfe“ aufgrund von Unsicherheiten oder Ängsten gegenüber Fremdheitserfahrungen oder gar nationalistisch motivierter Bevorzugung „deutscher“ Klientel. Gaitanides identifiziert darüber hinaus Möglichkeiten der Abwehr von Ängsten vor Kompetenzverlust, weil in gescheiterten interkulturellen Kontakten ins Bewusstsein treten könne, dass die erworbenen berufsspezifischen Fähigkeiten, methodischen Ansätze und Kompetenzen nicht hinreichen; darüber hinaus kann eine eher pragmatisch begründete Furcht vor Mehrbelastungen durch eine als schwierig geltende Klientel eine Rolle spielen oder auch – im Kontrast hierzu – die Überbetonung und klischeegebundene Reduktion auf kulturelle Unterschiede. Eine wiederum als „colour-blindness" bezeichnete Ignoranz gegenüber kulturellen Einbettungen und Orientierungsmustern der Adressaten Sozialer Arbeit, die zwar prinzipielle Gleichbehandlung und Offenheit gegenüber „allen" beansprucht, in der jeweiligen empirischen Realität allerdings bereits schon die gelungene Kontaktaufnahme mit einer versteckt dennoch als „kulturell fremd" codierten Klientel verfehlt, bildet eine weitere, wenn nicht gar die häufigste institutionelle Hürde (vgl. Gaitanides 2003).

Die hier skizzierte Gegenüberstellung von Ausgrenzungsmechanismen auf Seiten der Sozialen Dienste einerseits und Hemmschwellen bei Teilen migrantischer Klientel – die im Übrigen strukturell denen einzelner „deutscher" Adressatengruppen ähnlich sind – andererseits macht plausibel, Konzepte institutioneller interkultureller Öffnung letztlich daran zu bewerten, als es durch sie gelingt, den Kreislauf reziproker Abwehr zu durchbrechen. Zugespitzt formuliert ergibt sich eine zuweilen paradoxe Situation, in der potentielle migrantische Klienten die ohnehin teils verwehrte, teils als unangemessen eingestufte Hilfe nicht in Anspruch nehmen wollen, dies aber insofern auch schwer können, als jene die Hilfe organisierenden Institutionen sich ihrerseits hierzu nicht hinreichend Willens oder in der Lage sehen.

Soziale Institutionen, die sich „interkulturell öffnen" wollen, hätten sich demnach in einem doppelten Sinn auch als Bildungsinstitutionen zu begreifen: Einmal selbstreflexiv als „Lernende Institution", ein andermal in Hinblick auf implizite Bildungsprozesse ihrer Adressaten.

Forschungen zur Entwicklung sozialer Organisationen oder öffentlicher Institutionen wie Kommunale Verwaltungen, Gesundheitseinrichtungen oder Polizei im Sinne eines „Diversity management" (Kulbach 2003b), also der bewussten Entwicklung von Institutionen zur Ausschöpfung von Ressourcen, die in der Vielfältigkeit und kulturellen Diversität ihrer Mitarbeiterschaft vermutet werden, zeigen, dass es sich hierbei um stets längere Prozesse handelt. Ein Ansatz von Besamusca-Jansen (Besamusca–Janssen 1999, S. 72f.) strukturiert diesen Prozess von der „monokulturellen" zur „interkulturellen Organisation" in sieben idealtypischen Stufen: In Stufe 1 gelten die Normen der dominanten kulturellen Mehrheit und kulturell codierte Vorbehalte werden bei der Auswahl und Förderung des Personals beibehalten. Es gibt noch wenige „Leistungsabnehmer und Mitarbeiter aus anderen Kulturen". Gleichwohl erfolgen Leistungen in wachsendem Umfang gegenüber Leistungsabnehmern aus Minoritätengruppen (Stufe 2). „Interkulturelles Management" setzt mit der Wahrnehmung solcher Entwicklungen ein und versucht zunächst, vorhandene Mitarbeiter „für den Umgang" mit den neuen „Kunden" zu sensibilisieren (Stufe 3). Stufe 4 sieht die „Eingliederung von Mitarbeitern aus Minoritätengruppen" vor. Als Motiv gilt die „bessere Bedienung von Kundenwünschen", als Mittel „positive Diskriminierung" und spezielle Rekrutierungsprojekte. Erst in Stufe 5 erfolgt ein angepasstes „interkulturelles Personalmanagement", das eine Toleranzkultur im Unternehmen anstrebt, Diskriminierungen oder Mobbing als Organisationsaufgabe wahrnimmt und so zu einer Situation beitragen kann, in der Mehrheitsangehörige in der Mitarbeiterschaft Bedrohungsgefühle und Konkurrenzen entwickeln. Erst ein „integrales kulturelles Management" (diversity management) (Stufe 6) soll entstandene Konflikte durch eine „Anerkennung von Unterschieden" zwischen Mitarbeitern neutralisieren und diese Unterschiede nutzen. Auf Stufe 7 wird „kulturelle Vielfalt" zum „Mehrwert", der dadurch ausgewiesen wird, als Normen und Werte als gleichberechtigt gelten und Anpassungsleistungen von Minderheiten an Mehrheiten nicht notwendig erscheinen. In diesem Idealbild sind „Minderheitengruppen auf allen Hierarchieebenen vertreten" und „die Organisation beginnt, aus vielen Minderheiten zu bestehen, die einander brauchen" (ebd.).

Wieweit der hier postulierte Geltungsanspruch einer Gleichwertigkeit kultureller „Normen und Werte" in sozialen Organisationen oder Institutionen tatsächlich im Sinne des hier erkennbaren ressourcenorientierten Ansatzes zielführend ist, dürfte sich empirisch weniger prinzipientheoretisch denn pragmatisch entscheiden, nämlich anhand der Funktionen der jeweiligen Organisation und ihren spezifischen Arbeitsaufgaben. Studentenwerke oder Wohlfahrtsverbände verfolgen andere Ziele und Aufgaben als die Polizei oder ein kommunales Krankenhaus.

Diesem Umstand kommt ein Ansatz von Alexander Thomas näher, der die Bedeutung eines „interkulturellen Managements" primär als Leitungsaufgabe in einem Horizont gesellschaftlicher, organisationsspezifischer und kultureller Determinanten lokalisiert, wobei Wechselwirkungen in einem „Kräftedreieck" zwischen jeweiligen Arbeitsaufgaben, Mitarbeitern und Leitung auftreten. Kulturelle Präferenzen auf Seiten der Mitarbeiter einer Organisation sind nach diesem Modell nur dann sinnvoll in die gesamte Organisationskultur zu integrieren bzw. geeignet, diese nachhaltig zu beeinflussen, wenn Arbeitsaufgaben und Ziele der Organisation dies sinnvoll erscheinen lassen und die Funktionszusammenhänge zwischen Leitung, Mitarbeiterschaft und Aufgaben in Balance bleiben. Für Thomas ist Kultur „ein universelles, für eine Gesellschaft, Nation, Organisation und Gruppe aber typisches Orientierungssystem. Dieses Orientierungssystem wird aus spezifischen Symbolen gebildet und in der jeweiligen Gesellschaft, Gruppe usw. tradiert. Es beeinflusst das Wahrnehmen, Denken, Werten und Handeln aller Mitglieder und definiert somit deren Zugehörigkeit zur Gesellschaft. Das Orientierungssystem ermöglicht den Mitgliedern der Gesellschaft ihre ganz eigene Umweltbewältigung"(Thomas 1988, S. 149) Hier geht es demnach um den Prozess der Synchronisation partikularer kultureller Orientierungen und Handlungspraxen mit einer sich entwickelnden Organisationskultur. Der Leitung wird dabei die Aufgabe zugewiesen, Verhaltensspielräume von Mitarbeitern der Organisation jeweils zu bestimmen, gegebenenfalls zu modifizieren und planvoll zu gestalten. Leitungen von Organisationen – Thomas spricht von Führung – müssen letztlich Sinnvermittlung leisten, um die Organisation lebendig zu halten. Sie tun dies u.a. nicht allein durch Kontrolle, sondern durch gezielte Information, Interpretation und Modifikation von Handlungsabläufen. Jedwede Informationen und Interpretationen gründen auf kulturellen Systemen, die Symbole als Basis zum Sinnverständnis zur Verfügung stellen und die daher in einem interkulturell ausgewiesenen Management erschlossen werden sollen. Hier geht es darum, blockierende kulturelle Fehlinterpretationen und Reibungsverluste im Prozess der Sinnvermittlung in interkulturellen Kommunikationen für Handlungsvollzüge in Organisationen zu minimieren und kulturelle Pluralität im Interesse der Organisationsziele und ihrer Arbeitsvollzüge nutzbar zu machen.

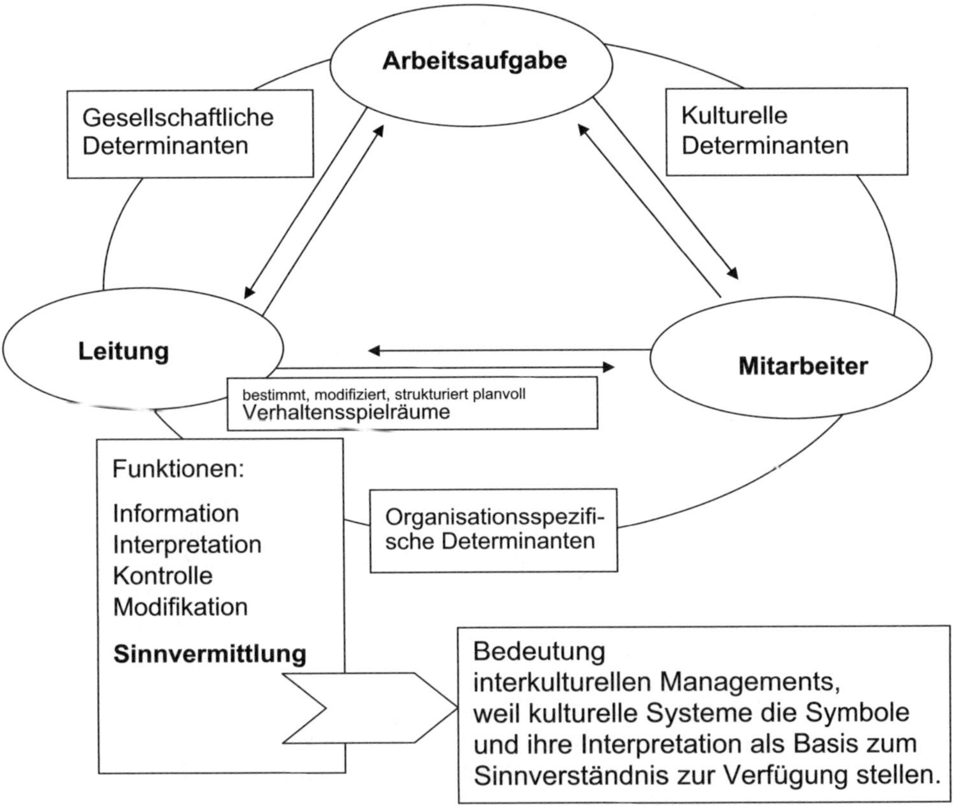

Abbildung 5: „Kulturen" und Funktionszusammenhänge im Kräftedreieck[4] von Organisationen

Wovon hängt nun ab, ob Soziale Organisationen den Weg einer „interkulturellen Öffnung" überhaupt beschreiten? Gudrun Jakubeit *(Organisationsberaterin)* fragt in einem Beitrag zur interkulturellen Öffnung von Organisationen, ob die viel beklagte Resistenz oder „Halbherzigkeit" gegenüber einer interkulturellen Öffnung auf mangelnden Zwang zu deren Durchsetzung zurückzuführen sei, gleich einem gut imprägnierten Regenmantel, an dem die meist normativen Forderungen abperlen „wie Regentropfen" (Jakubeit 2005, S. 237).

Gleichsam auf der Grundlage einer quasi-anthropologischen Annahme wird hier argumentiert, wenn es um Lernprozesse von Organisationen geht: „Organisationen sind ebenso wie Menschen träge und bequem, sie verändern sich nur ungern" (ebd., S. 239). Auf der Grundlage einer sog. „Energieformel" (ebd. sensu Trebesch S. 240), wonach Unsicherheit und Angst als Motoren für Veränderungen zu nutzen sind, müssten Lernprozesse von Organisationen als unter Veränderungsdruck zustande kom-

4 In Anlehnung an: Thomas 1992, S. 37.

mende Prozesse verstanden werden, gewissermaßen eine strafpädagogisch inspirierte Theorie, die Organisationsentwicklung ähnlich den Gesetzen operanden Konditionierens versteht; das bedeutet im Umkehrschluss, dass Organisationen nur dann interkulturell lernfähig werden, wenn entweder der Veränderungsdruck und damit die Veränderungsenergie hoch genug sind oder der in Aussicht stehende „Gewinn“ für die Organisation motivierend wirkt (ebd., S. 242).

Gewiss trifft zu, dass die Existenz und Daseinsberechtigung von Institutionen in der Regel „auch ohne interkulturelle Öffnung nicht in Frage gestellt“ (ebd., S. 237) ist – im Bild: Solange der Regenmantel dicht hält, gibt es auch bei Dauerregen keinen Anlass zur Veränderung. Jakubeits Blickweise folgt weniger dem normativen Blickwinkel des Etablierens einer demokratischen Entwicklung und Verankerung von „Chancengleichheit und sozialer Gerechtigkeit von kulturellen Gruppen“ (sensu Handschuck und Klawe) (ebd., S. 238), sondern der Logik von Systemen und deren Selbststeuerungsmechanismen. So werden hier denn auch normative Überforderungen für das Scheitern interkultureller Öffnungsprozesse verantwortlich gemacht und die Aufgaben öffentlicher sozialer Institutionen darauf reduziert, „hoheitliche Aufgaben wahrzunehmen oder Dienstleistungen zu erbringen“ (ebd., S. 238) Zu Recht wird auf die Bedeutung der Veränderung von Strukturen hingewiesen, diese jedoch in einen Gegensatz zur Veränderung von Qualifikationen und Einstellungen von Personen gestellt, „Veränderung von Strukturen statt von Personen“ (ebd., S. 239). Das „Nicht-Lernen-Wollen“ von in Organisationen tätigen einzelnen Menschen oder Personengruppen wird den im System liegenden Hindernissen zugeschrieben, z.B. die Art und Struktur von innerinstitutioneller Kommunikation und daraus resultierenden Entscheidungen. Auch wenn Erfahrungen zeigen, dass eine interkulturelle Organisationskultur kaum von einzelnen engagierten Mitarbeitenden erzielt werden kann, so erscheint es ebenso fragwürdig, die Bedeutung von in sozialen Organisationen tätigen Menschen und ihren Adressaten zu vernachlässigen, denn sie bilden ja erst als Kulturwesen und Kulturtäter Anlass und Gegenstand für eine interkulturelle Perspektive.

Eine pragmatisch um ihre moralischen Anteile gestutzte Auffassung von Sozialen Organisationen wird nützliche Hinweise (vgl. ebd., S. 252ff.) aus der Organisationsentwicklung und dem Change Management im bekannten Kreislauf von (1).„Orientierung“ über „Ist-Analyse“ (2), „Soll-Zustand, Zielfindung“ (3), „Planung“ (4), „Umsetzung“ (5) bis zur „Reflexion und Absicherung“ sicher aufnehmen. Derartige Muster kranken jedoch gerade an ihrer rein formalen Reduktion, die offen lässt, wie denn mit den zuvor beiseite gelassenen ethischen und normativen Fragen umzugehen sei. Diese jedoch sind gerade in interkulturellen Herausforderungen elementar und zentral. Sie machen die dritte Station im Kreislaufsystem „Soll-Zustand und Zielfindung“ potentiell unabhängig von staatlichem Auftrag, Marktgesetzen, Kundenwünschen, Zeitgeist, Moden oder den gegebenen Grenzen und Interessen innerhalb der Organisation.

In der empirischen Realität öffentlicher oder privater sozialer Organisationen spielen diese Abhängigkeiten indes immer eine Rolle und sie haben auch zu einer Vielfalt in der Trägerlandschaft sozialer Organisationen beigetragen. Soziale Organisationen und intermediäre Dienste folgen in ihren Selbstverständnissen und Zielorientierungen in der Bundesrepublik bis heute eigenen vielfältigen Traditionslinien, sind zuweilen Mitgliederorganisationen, religiös oder weltanschaulich orientiert und bilden damit selbst ein Ensemble kultureller Vielfalt jenseits homogenisierender Marktgesetze oder staatlich-bürokratischer Einebnung. Dass diese plurikulturelle Organisationslandschaft je eigene Lernerfahrungen in interkulturellen Orientierungen ihrer jeweiligen Institutionen aufweist, liegt nahe; inwieweit hier Parallelen, gegenseitige Beeinflussungen oder Differenzen maßgeblich sind, kann weniger programmatisch denn empirisch ermittelt werden. Hier besteht ein Forschungsdesiderat, das Lernprozesse sozialer Organisationen in der Auseinandersetzung mit Fragen kultureller Pluralisierung, von Migrationen, Integrations- und Desintegrationsprozessen auch aus deren Struktur, Geschichte und innerer Organisationskultur heraus zu verstehen und zu beschreiben hätte.

4 Zur Bedeutung von Kulturverständnissen, Identitätsprozessen und Anerkennungsverhältnissen für Konzepte in interkultureller Perspektive

4.1 Kulturverständnisse in der Sozialen Arbeit, Kulturalistische und strukturalistische Fallstricke

Wenn die Rede auf die Kultur der „Anderen" kommt, so ist im Alltagsverständnis immer noch häufig die Herkunftskultur der Migranten gemeint, auf die Vorstellungen von Geschlossenheit, Widerspruchsfreiheit und fragloser Geltung projiziert werden. In der dichotomisierten Aufteilung von „Deutschen" und „Ausländern" teilen Letztere im Alltagsverständnis von Kultur häufig diese Sicht. Die Folge sind in der Regel vorurteilsbelastete gegenseitige Zuschreibungen und reziproke kulturalistische Beurteilungen. Damit sind Festschreibungen kultureller Wesensbestimmungen angesprochen, in denen „Die Deutschen" oder „Die Ausländer" bzw. einzelne national, religiös oder sprachlich identifizierbare Gruppen als „So-Seiende" kulturell codiert und auf entsprechende Eigenschaften festgelegt werden. Akteure Sozialer Arbeit sind nicht frei von kulturalistischen Zuschreibungen, wenn es um die Einschätzungen ihrer migrantischen Klientel geht, noch ist es diese selbst. Wollte Soziale Arbeit freilich allein mit Blick auf strukturelle Gegebenheiten etwa sozialer Ungleichheit die kulturellen Dimensionen ignorieren, weil sie solchen kulturalistischen Fallstricken entgehen will, blieben die für jede Soziale Arbeit unverzichtbaren Elemente des Verstehens und der Anerkennung unbestimmt. Hier setzt dieses Kapitel mit einer kritischen theoretischen Klärung von unterscheidbaren Kulturverständnissen an. Der Begriff und die Dynamik von Ethnizität und Ethnisierungsprozessen werden im Zusammenhang mit Modernisierungsprozessen und Identitätskonstruktionen diskutiert und eine interkulturelle Orientierung Sozialer Arbeit auf der Grundlage der interaktionistischen Rollentheorie begründet.

Wenn wir hier auf vornehmlich theoretische Grundlagen zurückgreifen, so bedeutet dies nicht, dass damit allein dem „Alltagsverstand" oder „der Praxis" eine verkürzte Sicht unterstellt wird, vielmehr geht es um eine Rekonstruktion und teilweise Dekonstruktion bzw. Kritik von Denk- und Deutungsrichtungen, die gerade auch das wissenschaftliche Handeln hervorgebracht hat, und das nicht folgenlos für alltägliches berufliches Handeln und dessen normative Ausrichtungen bleibt.

So haben vor allem auch sozialwissenschaftliche Erklärungsmodelle häufig auf einen statischen Kulturbegriff zurückgegriffen, da dieser Begriff scheinbar wie von selbst Begründungszusammenhänge für kommunikative Handlungen ethnischer Gruppen anbietet. So beschrieb noch der „Achte Jugendbericht" (Bundesministerium für Frauen und Jugend (Hrsg.) 1990), der im Auftrag der Bundesregierung von einer wissenschaftlichen Sachverständigenkommission vorgelegt wurde, die Lebenssituation von jungen Migranten als „Leben zwischen den Kulturen" (ebd., S. 92), „Leben zwischen

Kulturen und im Widerstreit von Kulturen“ (ebd., S. 18), als „ständige(s) Hin und Her zwischen den Kulturen“ (ebd., S. 92) oder als „Zusammenprall verschiedener kultureller Orientierungen“ (ebd.). Diese Formulierungen entsprechen den Problematisierungskategorien der Kultur-Konflikt-Hypothese und verweisen konsequenterweise auf den strukturellen Gegensatz zwischen der Herkunfts- und der Aufnahmekultur. Es ist nicht die Verschiedenheit an sich, die die Art und Tiefe von Konflikten ethnisch definierter Minderheiten und Mehrheiten bestimmt, sondern die Lebenssituation im Integrationsprozess. Die Hervorhebung kulturspezifischer Besonderheiten als Grund für die Probleme der gesellschaftlichen Integration von Migranten lenkt von existentiellen Problemlagen oft vorschnell ab (vgl. Kalpaka u.a. 1989). In migrationssoziologischen Debatten wurden die angeblich unüberbrückbaren kulturellen Gegensätze zwischen den zugewanderten ethnischen Gruppen und der Mehrheitsgesellschaft immer wieder mit gravierenden Modernitätsdifferenzen begründet (vgl. Portera 1985; Tomae-Venske 1981; Mertens/Akpinar 1977). Diese wiederum liefern Erklärungsmuster für die Schwierigkeit der sozialen Integration der Migranten und deren Marginalisierung. Eine inzwischen über 26 Jahre alte Leseprobe kann das verdeutlichen:

„Auch wenn die Länder zwischen der iberischen Halbinsel und Kleinasien untereinander erhebliche Unterschiede aufweisen – wofür schon die jahrhundertelange, zum Teil gegensätzliche Tradition der verschiedenen Religionsgemeinschaften Katholizismus, Orthodoxie und Islam gesorgt hat – so haben sie gegenüber dem Industriestaat Bundesrepublik doch etwas gemeinsam: das agrarisch bäuerliche Milieu, das bis heute tief die sozialen Beziehungen der Menschen prägt. Hierin liegt eine wichtige Ursache für die ‚Fremdheit‘, die die Arbeits-Emigranten für viele umgibt (...)“ (Seifried, 1981, S. 8).

Das Beispiel illustriert, wie bereits im Vorfeld interkultureller Orientierungen Problemzuschreibungen entlang kultureller Differenzen vorgenommen wurden.

Bukow/Llaryora weisen darauf hin, dass sich aus den kulturellen Differenztheorien ein Distanztheorem ergibt. Dieses schreibt Fremdheit als Modernitätsgefälle fest. In ihrer Analyse der gesellschaftlichen Funktion des Distanztheorems kommen sie zu dem Schluss, dass „das Distanztheorem einen Abstand [rationalisiert], der gesellschaftlich gewollt wird, politisch behauptet und hergestellt, dann soziokulturell eingeschrieben wird“ (Bukow 1988, S. 17). Bukow/Llaryora verweisen dagegen in ihrer Arbeit auf Untersuchungen in den Herkunftsländern der Migranten, die sich dazu eignen, die Hypothese über das Modernitätsgefälle zwischen den Anwerbeländern und fortgeschrittenen Industriegesellschaften in Frage zu stellen (vgl. Behrmann et al. 1968; Lepsius 1965; Mühlmann et al. 1973). Die Ergebnisse dieser Feldstudien lassen erkennen, dass der modernisierungsbedingte Wandel die soziokulturellen Strukturen der Gesellschaften an der europäischen Peripherie ebenso kennzeichnet wie die Länder Mittel- und Nordeuropas.

Werden unter Bezugnahme auf modernisierungstheoretische Ansätze gesellschaftliche und persönliche Entwicklungen verglichen oder parallelisiert, dann scheint es nahe zu liegen, die soziale und ökonomische Rückständigkeit der Herkunftsgesellschaften auf die Persönlichkeitsentwicklung zu übertragen. Karsten kritisiert diese Perspektive: „Die zum Persönlichkeitsattribut geronnene Herkunftsentwicklung wird konfrontiert mit der Anforderungs- und Möglichkeitsstruktur der Einwanderungsgesellschaft, denen gegenüber sie als individuelle unterlegen erscheinen und vom Grad der Modernisierung her als rückständig erklärt werden“ (Karsten 1984, S. 121).

Danach verharren die Zuwanderer aus traditionalen Gesellschaften „in einem Zustand relativer Unmündigkeit“ (Hebenstreit 1986, S. 51) und sind zur Bildung der in der fortgeschrittenen Industriegesellschaft notwendigen Kompetenzen und Qualifikationen nicht fähig.

Den Migranten wird in der hier diskutierten sozialpädagogischen Literatur zumeist sowohl die Rolle des Opfers von Unterdrückungsverhältnissen im sozialen Gefüge ihrer eigenen ethnischen Gruppe als auch der von Kälte und Beziehungslosigkeit geprägten Lebenswelt in der Einwanderungsgesellschaft zugewiesen.

Tsiakalos reflektierte seinerzeit diese Perspektive in der ironischen Folgerung: „Würde man die von den Sozialwissenschaften erfasste Migrantenwelt mit der ganzen realen Welt gleichsetzen, dürften nur wenige Migranten noch am Leben sein. Denn anscheinend besteht ihr gesamtes Leben nur aus Konflikten, die sie nicht begreifen und daher nicht adäquat lösen können“ (Tsiakalos 1982, S. 31).

Die hier in polemischer Kritik verdeutlichte Perspektive – einem statischen Kulturverständnis geschuldet und allein defizitär ausgerichtet – ist außerstande, eine interkulturell orientierte Soziale Arbeit entlang der unzweifelhaften Bewältigungsaufgaben im Migrations- und Integrationsprozess angemessen zu artikulieren.

Ein analytischer Kulturbegriff versteht Kultur demgegenüber als Form sozialer Verständigung über erfahrene Probleme in sozialen Gruppen. Kulturelle Muster entstehen dementsprechend als Reaktionen auf gesellschaftliche Verhältnisse und spiegeln den Diskurs über die Geltungsansprüche bestehender oder tradierter normativer Orientierungen und kultureller Regelsysteme wider.

Während in zahlreichen Migrationstheorien die soziale Dynamik der Moderne in den Industriegesellschaften in Abgrenzung zur statisch gedachten Unterentwicklung der Herkunftsgesellschaften hervorgehoben wird, erlaubt demgegenüber eine analytische Sichtweise, den Einfluss von Modernisierungstendenzen auf das Identitätskonzept von Migranten sowohl im Herkunfts- als auch im Aufnahmeland neu zu bewerten.

Inzwischen liegen auch empirische Studien vor, die zeigen, dass Analysen und Interpretationen in den Schemata von „Modernitätsgefälle“ und einem unausweichlichen „Zerrieben-Werden zwischen den Kulturen“ der Migranten, vor allem der Jugendlichen, recht eindimensional sind und es Belege für einen eher aktiven und produktiven Umgang mit den Spannungssituationen im Kontext von Migrationsverläufen gibt (vgl. Badawia 2002).

4.1.1 Kulturuniversalismus und Kulturrelativismus

Ein Versuch, die vielfältigen Konzeptionen und interkulturellen Ansätze im pädagogischen, soziapädagogischen und sozialarbeiterischen Feld zu systematisieren, verdeutlicht, wie unterschiedlich das wissenschaftliche Erkenntnisinteresse, der sozialphilosophische Hintergrund sowie die Bewertung kultur- und identitätstheoretischer Aspekte sind.

Als ein wesentliches Kriterium zur Differenzierung der verschiedenen Ansätze innerhalb der Studien zur Interkulturalität erweist sich die Bedeutung, die der Kulturzugehörigkeit beigemessen wird. Während universalistische Konzepte gegen eine Fortschreibung nationalkultureller oder kollektiver ethnisch-kultureller Eigenarten im sozialpädagogischen Feld plädieren und sich für die Überwindung der „eigenen Befangenheit im jeweils Kulturellen“ (Borrelli 1988, S. 27) einsetzen, gehen kulturrelativistische Konzepte von einer Gleichwertigkeit der Kulturen aus. Die Einzelkulturen sollen demzufolge nach wie vor eine herausragende Rolle bei der sozialen und kulturellen Identitätsbildung von Angehörigen der jeweiligen ethnischen Gruppen übernehmen.

Kulturuniversalistische Ansätze

Parsons Konzept der „evolutionären Universalien“ (vgl. Parsons 1972), das von sich evolutionär durchsetzenden Strukturen sozialer Organisation und individuellen Verhaltens ausgeht, bildete den Ausgangspunkt für die theoretische Auseinandersetzung um eine Evolution gattungsspezifischer Fähigkeiten und Strukturen. „Die Lehre von ‚menschlichen Universalien‘ beansprucht nicht nur, dass das essentiell Humane in uns allen präsent ist, sondern auch, dass es in nichts anderem präsent ist. Die eine Welt scheint – nur graduell unterschiedlich – von allen Menschen angeeignet zu sein, und sie ist offensichtlich allen Menschen verfügbar“ (Gellner 1983, S. 338). Mit Parsons‘ Konzept war ein Rahmen vorgegeben, in dem kulturelle Differenzen als Ausdruck von Rückständigkeit oder als Fortschritt in der Entwicklung im Lichte der „Idee pankultureller Kulturelemente“ (Schöfthaler 1983, S. 337) gedeutet werden konnten.

Die kulturuniversalistischen Vorstellungen übernehmen diese Prämissen (vgl. Dickopp 1982; Ruhloff 1982). Sie unterstellen also, dass historisch sowohl die einzelnen sozialen Systeme als auch die individuellen Denk- und Handlungsmuster innerhalb eines universellen Gesamtsystems integriert und vereinheitlicht werden, wodurch sich allgemeingültige Strukturen ausformen.

Übertragen auf die multikulturelle Realität bedeutet diese Sichtweise, dass „Kulturen als historische Befangenheiten im Denken [gelten], die es zu überwinden gilt“ (Auernheimer 1988, S. 20), um die jeweils partikularen kognitiven und moralischen Entwicklungsstufen von Angehörigen unterschiedlicher Kulturen auf die nächst höhere Stufe zu bringen. Um dieses Ziel zu erreichen, gelte es, ein nach gleichen Regeln arbeitendes und auf universalistischen Normen beruhendes Erziehungskonzept für alle Angehörigen der Gesellschaft zu etablieren. Nach der Untersuchung identischer Aspekte unterschiedlicher Kulturen konstatieren Ebert/Hester/Thomas, „dass die einzelnen Kulturen nur historische und regionale Besonderungen der allgemeinen Möglichkeiten der Menschen sind, durch gesellschaftlich produktive Naturaneignung ihr Leben zu erhalten und zu entwickeln“ (Ebert u. a. 1987, S. 277). Eine Reform des Bildungssystems müsse ermöglichen, dass die Angehörigen der unterschiedlichen ethnischen Gruppen universelle, kulturübergreifende Gemeinsamkeiten anstreben. Da kulturell unterschiedlich konzeptualisierte Sichtweisen dazu führen, dass sich die Grenzlinien zwischen den ethnischen Gruppen verfestigen, müsse die Bereitschaft der Individuen unterstützt werden, sich aus den partikularen Befangenheiten ihrer kulturellen Traditionen zu lösen. Ansonsten bestehe die Gefahr, dass „der Mensch nicht Mitmensch und Partner aller Menschen [sei], sondern vorrangig nur derjenigen, die sich mit ihm in einer Kulturgemeinschaft befinden“ (Dickopp 1986, S. 42). Borrelli verweist auf die historischen Bedingungen und Voraussetzungen des Bewusstseins und betont deshalb die Vorläufigkeit jeden Denkens. Dies gelte ebenso für die von ethnischen Kollektiven geteilten kulturellen Werte und Deutungen, die Ausdruck einer kultur-normativen Beschränktheit sind. Interkulturelle Bildungsansätze haben die

Aufgabe, die Vorläufigkeit des jeweiligen Bewusstseins und die Befangenheit in der eigenen Kultur bewusst zu machen.

Auch Dickopp fordert die Überwindung kulturell beschränkter und irrationaler Einstellungen, indem er den Versuch der Befreiung aus vorläufigen Denkstrukturen und Kulturformationen mit dem Ziel einfordert, die Begriffe Denken und Kultur als universale Kategorien zu verstehen (vgl. ebd., S. 13). Dickopp nimmt Bezug auf den kognitionspsychologischen Ansatz Kohlbergs und leitet daraus die These ab, dass der psychologische Entwicklungsprozess eines Individuums „die moralische Entwicklung eines jeden Menschen jedweder kulturellen Herkunft bestimmt und, dass die kulturell unterschiedlichen Sitten und Gebräuche auf universalen, für alle Menschen geltenden und quasi natürlichen Grundwerten, universalen und moralischen Prinzipien beruhen“ (ebd., S. 46).

Kohlbergs Modell der moralischen Entwicklung geht von einer natürlich angelegten stufenweise Höherentwicklung des moralischen Urteils eines Heranwachsenden aus (Kohlberg u. a. 1978, S. 13f.). Die sechste und höchste Stufe ist dadurch gekennzeichnet, dass der Einzelne nach universellen Prinzipien zu urteilen vermag und im Gerechtigkeitsprinzip die entscheidende Instanz für sittliches Handeln erkennt. Kohlbergs Konzept begründet einen transkulturellen Identitätsbegriff, nach dem das autonom urteilende Individuum sich letztlich an allgemeinen ethischen Prinzipien orientiert: Konflikte, die sich auf unterschiedliche kulturbedingte Einstellungen zurückführen lassen, werden dann rational lösbar, wenn die in der jeweiligen Handlung erreichte Stufe der moralischen Entwicklung analysiert wird und die Konflikte als Moralkonflikte auf den verschiedenen Stufen thematisiert werden. In der Auseinandersetzung um abstrakte wie konkrete Problemdimensionen kann die nächst höhere Ebene der Moralentwicklung erreicht und im Horizont einer „gerechten interkulturellen Gemeinschaft“ (Oser 1981, S. 336f.) reflektiert werden.

Das Konzept einer transkulturellen Identität will sich in dem diskursfähigen, rationalen, reflexiven und mündigen bürgerlichen Subjekt realisieren. Die Zielvorstellung dieses Ansatzes ist es, das Verhältnis zwischen der Identität des Einzelnen, der ethnischen Identität der Gemeinschaft und einer übergeordneten und allgemein verbindlichen Orientierung zu bestimmen und diese Zusammenhänge in pädagogische Konzepte einfließen zu lassen. So plädiert Smolicz dafür, in einer multikulturellen Gesellschaft „überethnische oder geteilte Werte (...), die für alle Gruppen akzeptabel sind“ (Smolicz 1982, S. 45) zu vermitteln. Porcher setzt sich für die Überwindung einer multikulturell begründeten gegenseitigen Indifferenz ein und sieht dies nur gewährleistet durch einen „Übergang vom Multi-Kulturellen zum Inter-Kulturellen“ (Porcher 1984, S. 42). Dadurch würden die Gesellschaftsmitglieder in die Lage versetzt, „die konstituierenden Momente sozialgeschichtlich und soziokulturell bestimmter Identität der Individuen (...) im Schnittpunkt zwischen Kollektivem und Singulärem, zwischen Individuum und Gesellschaft, zwischen Gruppe und Person (...) zu erkennen und zu analysieren“ (ebd., S. 40). Ruhloff sieht in interkulturellen Ansätzen der Pädagogik und der Sozialpädagogik die „Chance einer kulturtranszendierenden Bildung“ (Ruhloff 1982, S. 197), da sie „die Vorstellung von in sich einheitlichen und gegeneinander abgeschotteten Kulturen“ überwinden und „über (...) die Überzeugung von der fraglosen Güte der eigenen Kultur“ (ebd., S. 199) hinauskommen möchte.

Ohne die Relevanz der Kulturzugehörigkeit als Merkmal der personalen und sozialen Identität oder als Komponente der Selbstwahrnehmung bzw. der Fremdzuschreibung zu leugnen, möchte dieser interkulturelle Ansatz darauf hinwirken, dass das Interpretationsmonopol der Einzelkulturen erschüttert und somit deren Einfluss relativiert wird.

Ruhloff votiert in diesem Sinne für die Einübung interkultureller Strategien zur Überwindung kulturbedingter Barrieren. Dies setze voraus, dass der Einzelne sich nicht länger als Vertreter eines nationalen Kollektivs, sondern als autonomes, kritisches und reflektierendes Subjekt begreife. Erstrebenswert sei eine intersubjektive Übereinstimmung darüber, dass Individuen mit unterschiedlichem kulturellen Hintergrund ihr Handeln aus Grundsätzen einer universell verstandenen Moral und nicht mit kulturellen Bezugsinstanzen begründen.

Kulturtranszendierende Bildungsprozesse schaffen die Voraussetzung dafür, „im Verständnis der anderen Kultur über die selbstverständliche, das Weiterdenken still legende Aneignung von Kulturgütern und die Überzeugung von der fraglosen Güte der eigenen Kultur hinauszukommen“ (Ruhloff 1986, S. 199).

Dickopp entwickelt seinen Ansatz aus der Kritik an kulturpädagogischen Argumentationszusammenhängen bei Nohl, Spranger, Litt und Flitner, deren Sinnhorizont und Zielvorstellungen durchweg monokulturell geprägt sind. So sollte nach Spranger der Einfluss der nationalen Kultur auf den Sozialisationsprozess gewährleistet sein, da Erziehung der „Fortpflanzung der Kultur“ (Spranger, 1966, S. 199) verpflichtet sei.

Dickopp zweifelt an, ob zwischen unterschiedlichen Kulturen noch so viele Gemeinsamkeiten existieren können, dass ein hinreichender ‚interkultureller‘ Spielraum vorhanden ist, um Angehörige unterschiedlicher Kulturen mit gemeinsamen kulturellen Perspektiven auszustatten (vgl. Dickopp 1988).

Vor diesem Hintergrund kommt auf die Soziale Arbeit in der multikulturellen Gesellschaft die Aufgabe zu, einen sozialpädagogischen Ansatz zu entwickeln, der alle seine Adressaten in ihrer je spezifischen Individualität unterstützt – sowohl in Hinblick auf ihre Kompetenzen als auch auf ihre kulturelle Orientierung und soziale Herkunft. Dabei soll sich die sozialpädagogische Zuwendung darauf konzentrieren, die Adressaten auf ihrem Weg zur Selbstverwirklichung und zu selbst bestimmtem Verhalten zu begleiten. Einen solchen Ansatz erkennt Dickopp in transkulturellen Perspektiven, deren Grundverständnis von einem „personalen“ Bildungsbegriff ausgeht.

Die Umsetzung des transkulturellen Konzepts erfolgt zwar auch über die Thematisierung und Vermittlung kultureller Differenzen, doch liegt der wesentliche Schritt in der Betonung der Gemeinsamkeiten zwischen den vorgefundenen Kulturen. Die transkulturelle Perspektive wird getragen von einer transkulturellen Begrifflichkeit, „die nicht nur die Schule und nicht nur die Migranten [betrifft], sondern die Gesellschaft als ganze und die Art und Weise aller Gesellschaften, mit Verschiedenheit umzugehen“ (Rey von Allmen 1984, S. 47). Aufgabe der Interkulturellen Sozialen Arbeit ist es demnach, eine kosmopolitisch begründete Identität als „eine gedachte, durch Reflexion empfundene Identität“ (Borrelli 1984, S. 43) zu fördern. Da „Identität (...) eine Sache des Subjekts, des einzelnen, begrifflich niemals ein Kollektiv ein ‚Nationales‘ [ist]“ (ebd., S. 42) geht es bei der Interkulturellen Sozialarbeit um die „Eröffnung kosmopolitischer Zusammenhänge“ (Ruhloff 1986, S. 193), die die Möglichkeit kulturtranszendierender Lernprozesse bieten.

Die Voraussetzung einer sich interkulturell verstehenden Sozialpädagogik ist demzufolge die transkulturelle Verankerung ihrer Begründungen und Ziele. Wenn in einer multikulturell zusammengesetzten Gesellschaft Individuen aus unterschiedlichen sozialen Zusammenhängen stammen, unterschiedliche Begabungen und kulturelle Eigenschaften aufweisen und divergierende Erwartungen und Bedürfnisse haben, kann von der Sozialen Arbeit gefordert werden, sie in ihrer Selbstbestimmung und individuellen Entfaltung zu unterstützen.

Im Kontext der Pädagogik lässt sich dies nach Dickopp am ehesten im Rahmen einer „personalen Pädagogik" realisieren, die den Einzelnen als maßgebliche Instanz darauf vorbereitet, Verantwortung für sein Handeln zu übernehmen. „Personale Pädagogik spricht dem einzelnen über sein relational-zeitlich-geschichtlich-kulturell ausgeprägtes Sein hinaus ein absolutes-autarkes-transkulturelles Sein zu" (Dickopp 1986, S. 42). Die Rechtfertigung pädagogischen Handelns ist somit in jedem Individuum selbst begründet und zielt auf dessen Befähigung, autonom zu handeln, und dessen Bereitschaft, sich mit seiner Umwelt aktiv auseinanderzusetzen. Als Zielsetzung des interkulturellen Lernprozesses sieht das Konzept personaler Pädagogik vor, dass Angehörige unterschiedlicher ethnischer Gruppen Maßstäbe und Werte für ein Zusammenleben erarbeiten.

Diese bereits in den 1980er Jahren entwickelten pädagogischen Perspektiven erhalten heute für die Soziale Arbeit vor dem Hintergrund aktuelle Bedeutung, als Integrations- und Bildungsperspektiven als Erfolgsmaßstab ihrer Praxis angelegt werden.

Die Ansätze Interkultureller Sozialpädagogik, die sich auf Begründungszusammenhänge des evolutionären Universalismus beziehen, grenzen sich von kulturalistischen Konzeptionen ab. Indem sie auf die Vorläufigkeit des Kulturellen und die Befangenheit des Subjekts im Kulturellen verweisen, fordern sie die Überwindung eines Kulturbegriffs, der die Individuen in den Kategorien von Nationalität oder Ethnie festlegt. Im Mittelpunkt ihrer Überlegungen steht der Adressat – gleich ob In- oder Ausländer – und die sozialpädagogische Aufgabe, ihm zu Autonomie zu verhelfen.

Die Ansätze, die den Positionen des kulturellen Relativismus nahe stehen, betonen die Gleichwertigkeit aller in einer multikulturellen Gesellschaft versammelten Kulturen und deren Bedeutung für die Identitätsbildung ihrer Angehörigen. Sie postulieren einen Abbau kultureller Diskriminierung und pädagogische wie politische Maßnahmen zu Förderung von Toleranz, Empathie und kulturellem Pluralismus.

Kulturrelativismus

In mehreren Ansätzen der interkulturellen Theoriebildung findet sich die Forderung, die bestehende hierarchische Bewertungsskala von Kulturen aufzulösen und eine strenge Gleichwertigkeit der Kulturen an ihre Stelle zu setzen.

Vertreter des Relativismus sehen in ihren Konzepten eine Antwort auf den europäischen Ethnozentrismus, der ihrer Ansicht nach die eigenen Denk- und Entscheidungskategorien mit Überlegenheitsansprüchen verknüpft, die auf einem unreflektierten Fortschrittsglauben beruhen. Sie halten kulturuniversalistischen Ansätzen vor, dass sie den Herkunftskulturen der Migranten mit einem Bewusstsein begegnen, „das sich in der Evolution der Gesellschaften von der Natur- zur Kulturstufe (analog dazu die Einteilung in Natur- und Kulturvölker) und in einer Linearität des Entwicklungsprozesses [manifestiert], mit den Industriegesellschaften (d.h. ‚uns') als dem krönenden Höhepunkt" (Nestvogel 1988, S. 43). Winch fordert daher die Bereitschaft zum Lernen von anderen Kulturen als Voraussetzung für jede Untersuchung einer fremden Gesellschaft; dazu gehöre die gezielte Suche nach Alternativen, die sich der Einordnung in eine Fortschrittslogik sperren (vgl. Winch 1978, S. 112).

Nestvogel sieht im Gegensatz zu Vertretern universalistischer Konzepte keinen Anlass, die jeweilige ethnozentrische Perspektive zu überwinden, da die Einbindung in die eigene spezifische Kultur der individuellen sowie kollektiven Identitätsbildung diene. Sie nimmt Bezug auf Jouhy, wenn sie behauptet, dass die Vorstellung, es existiere ein universal gültiger Maßstab zur Beurteilung menschlicher Handlungen, selbst Ausdruck ethnozentrischen Denkens sei (vgl. Jouhy 1985, S. 112). Jouhy spricht dem Individuum, das keine ethnische Identität ausbildet, die Fähigkeit ab, produktiv und zielgerichtet tätig zu werden (ebd., S. 48). Für Jouhy waren „Einstellungen und Bewusstsein der Angewiesenheit auf die anderen Ethnien bzw. die anderen Individuen die Grundvoraussetzung für eine Meisterung des Dilemmas von Ethnozentrismus und Universalismus“ (ebd.). Nestvogel fordert aus einer ihrer Ansicht nach notwendigen ethnozentrischen Beschränktheit für jedes Individuum das Recht, zu dieser kulturellen Beschränktheit stehen zu können (ebd., S. 69). Das interkulturelle Paradigma sollte sich zur Aufgabe machen, die affirmative Einsicht der am interkulturellen Prozess Beteiligten in die eigenen ethnozentrischen Überzeugungen nachvollziehen zu können. Darüber hinaus sollte sie Angehörigen unterschiedlicher ethnischer Gruppen dazu verhelfen, Empathie füreinander zu entwickeln (ebd., S. 70) (vgl. Kap. 4.2.5).

Kulturrelativistische Ansätze der Interkulturellen Sozialen Arbeit fordern die Anerkennung der Verschiedenheit und Gleichwertigkeit der Kulturen. Sie gehen davon aus, dass „Erfahrungen von jedem Menschen anhand seiner Situation, seines Bezugrahmens und seiner sozialen Normen interpretiert werden, und dass diese Faktoren sowohl Wahrnehmung als auch Deutung so sehr beeinflussen, dass man nicht eine einzige Wertskala auf alle Gesellschaften anwenden kann“ (Winch 1978, S. 338).

Daher erwarten Vertreter dieses Ansatzes, dass in den sozialpädagogischen Konzepten zur Interkulturalität jedes Individuum als Träger einer spezifischen Einzelkultur, die seine Einstellungen und Handlungsstrategien maßgeblich bestimmt, verstanden werden muss.

Vertreter des kulturrelativistischen Ansatzes sehen in der Vermittlung der Einsicht in die Notwendigkeit ethnozentrischer Sichtweisen als Voraussetzung der menschlichen Existenz ein herausragendes Bildungsziel. Ähnlich wie Greverus, die unter Kulturfähigkeit des Individuums die Kompetenz versteht, „sich als Schöpfer und Geschöpf einer spezifischen Kultur zu erkennen, erkannt und anerkannt zu werden“ (Greverus 1978, S. 279), kommt Nestvogel zu dem Schluss, dass der Einzelne sich in seiner Begrenztheit zu erkennen und anzunehmen habe. „Ich bin in eine bestimmte Gesellschaft hineingeboren, habe in dieser Gesellschaft bestimmte Normen und Werte, Selbst- und Fremdbilder erworben und diese prägen meine Einstellungs- und Verhaltensmuster“ (Nestvogel 1988, S. 48).

Eine solche Sichtweise führt zu Überlegungen, wie das wechselseitige Kennenlernen im sozialen Feld aussehen könnte: „Weniger in gemeinsamen Normen, sondern im Bewusstwerden der eigenen Kultur und im Hinhören auf die andere Kultur finden sich die Verbindungswege zwischen den Kulturen“ (Prengel 1993, S. 93). Wenn die Befürworter des Kulturrelativismus die Entwicklung gemeinsamer Ziele zwischen den Angehörigen unterschiedlicher ethnischer Gruppen auch nicht ausschließen, so betonen sie jedoch, dass es „eines Lernprozesses [bedürfe], in dem sich die Beteiligten zunächst ihres Wertsystems bewusst werden sollten. Dieses ist der Maßstab, an dem fremde

Werte und Normen, Verhaltensweisen und Handlungsstrategien gemessen werden" (Albert 1989, S. 215).

In kulturrelativistischen Ansätzen wird den Kulturuniversalisten vorgehalten, sie berücksichtigten nicht, dass jede Kultur über objektivierte und verallgemeinerte Erkenntnisse und Erfahrungen verfüge, die es ihr erlaube, ihre je spezifischen Werte und Normen zu bestimmen. Da nun universalistische Weltdeutungen bemüht sind, fremde kulturelle Ausdrucksformen auf der Grundlage rationaler, objektivierter wissenschaftlicher Kategorien zu erfassen, stoßen sie auf Grenzen, die in den kulturimmanent definierten Kategorien und Wertmaßstäben und dem von ihnen ausgehenden Erkenntnisinteresse begründet sind. Vertreter des Kulturrelativismus bezweifeln, ob es vor diesem Hintergrund möglich ist, zu gültigen Aussagen über fremde Kulturen zu kommen, da doch die Inhalte jener Aussagen mit der Selbstwahrnehmung der anderen Kulturen nicht übereinstimmen. Sie halten den Kulturuniversalisten darüber hinaus vor, die Bedeutung der im Prozess der Sozialisation internalisierten Werte einer Kultur für die Ausbildung einer kulturellen Identität zu übersehen, wo diese doch als Imperative für die Denk- und Verhaltensweisen des Individuums fungieren. In kulturrelativistischen Ansätzen wird immer wieder hervorgehoben, dass es gerade das ethnische Bewusstsein ist, das die Voraussetzung für eigenes Handeln bietet. Erst die Einbettung in eine ethnisch geprägte Kultur ermöglicht es danach dem Individuum, sich selbst als wertendes Subjekt zu begreifen und zu akzeptieren.

4.1.2 Zwischen evolutionärem Universalismus und kulturellem Relativismus. Ein „dritter Weg"?

Infolge eines offensichtlich ins Stocken geratenen Modernisierungsprozesses kommt es zur neuerlichen Bildung ethnischer Vergemeinschaftungen und somit zu askriptiv bedingten Differenzierungen. Dies führte im Rahmen der sozialwissenschaftlichen Diskussion um das Verhältnis von Modernisierung und kultureller Vielfalt zu einer kritischen Reflexion der Aufwertung ethnischer Bindungen und Stärkung des Partikularismus.

Ausgehend von Erfahrungen der Entwicklungsländer mit dem übermächtigen Einfluss fremder, imperialer Kulturen und als Gegenreaktion auf die Durchsetzung moderner rationalitätsorientierter Sozial- und Herrschaftsstrukturen bestehen die Vertreter kulturrelativistischer Positionen darauf, „dass jedem sprachlich artikulierten Weltbild und jeder kulturellen Lebensform ein unvergleichlicher Begriff von Rationalität innewohnt" (Habermas 1981, Bd.1, S. 102). Sie wenden ihre Kritik gegen eine Hierarchisierung kultureller Pluralität, die ihrer Meinung nach in den Evolutions- und Modernisierungstheorien angelegt ist, und werfen der modernen Wissenschaftsauffassung vor, „Kriterien der Kontextunabhängigkeit, der logischen Konsistenz und der Offenheit für Alternativen" (Schöfthaler 1983, S. 338) an traditionale Kulturen anzulegen.

Die Kulturuniversalisten weisen dagegen darauf hin, dass die Hervorhebung kultureller Unterschiede Argumente zur Legitimation sozialer Ungleichheit liefern, und halten den Relativisten vor, dass ihre Thesen paternalistisch seien, da sie keine Kritik an autoritären Machtstrukturen zuließen und unterschiedliche Spielarten kultureller Gewaltsamkeit legitimierten. So stellt sich die Frage nach dem Ausweg aus einer verfahrenen Kulturdiskussion, in der die eine Seite von der Vielfalt „objektiver Kulturen“ (ebd., S. 334) ausgeht, die zugleich „als Vielfalt von Rahmenbedingungen subjektiver Aneignung“ (ebd.) betrachtet werden kann, und die andere Seite ein Modell individueller und gesellschaftlicher Entwicklung entwirft, das sich letztlich überall nach den gleichen Gesetzmäßigkeiten in den gleichen Strukturen evolutionär ausbildet.

In einer kritischen Betrachtung des Kulturbegriffs in den kulturuniversalistischen sowie in den kulturrelativistischen Ansätzen geht Schöfthaler (ebd., S. 333f.) auf die Kontroverse zwischen den beiden konkurrierenden Paradigmata ein. Er erinnert daran, dass die Universalisten von einer kosmopolitischen Idee einer strukturellen weltweiten Interaktion ausgehen (vgl. Luhmann 1972, S. 51f.) die Relativisten dagegen von einer Neubelebung ethnischer Vergemeinschaftungen sprechen, ohne jedoch dem universalistischen Modell gesellschaftlicher Entwicklung ein alternatives Konzept entgegenhalten zu können. Den relativistischen Positionen hält er vor, dass es ihnen an evolutionär begründeten Außenkriterien zur Deutung kultureller Ordnungen mangele. Durch das Fehlen kritischer Maßstäbe sei die Gefahr einer Verstärkung der Legitimität sozialer Systeme von außen gegeben, während der Anschein kultureller Autonomie aufrechterhalten bliebe. „Eine Forderung wie ‚Laßt die Kulturen der Dritten Welt doch in Frieden!‘ sei unrealistisch in einer Zeit, in der dies nur noch um den Preis musealer Insulation möglich wäre“ (Schöfthaler 1983, S. 342).

An den universalistischen Positionen widerum kritisiert Schöfthaler den Mangel an ausreichenden Innenkriterien für kulturell unterschiedliche Lebensformen, der mit der Gefahr einer unkritischen Legitimationssteigerung jenes sozialen und kulturellen Systems verbunden sei, das sich an der Spitze der evolutionären Hierarchie befände. Er bemängelt an dem Evolutionsschema, dass es zwar erlaube, kulturelle Vielfalt nach Fortschrittskriterien zu ordnen, aber zugleich die Dimensionen der Verschiedenheit unterschlage. Er konstatiert, universalistische Theorien hätten die Tendenz, sich der Kritik zu verschließen, da sie so verfasst seien, dass „das Wirkliche nur als unvollständige Realisierung erkennbar wird und [sie] daher – wie Habermas mehrfach warnt – einer ideologischen Überhöhung ‚moderner‘ Lebensverhältnisse dienstbar gemacht werden [können]. Es sei daher notwendig, die Relevanz der universalistisch formulierten Ziele in verschiedenen sozialen und kulturellen Strukturen zu bestimmen“ (ebd., S. 344). Habermas kritisiert zwar die Dominanz instrumenteller Rationalität im modernen Weltverständnis und erinnert an die „Verluste“ auf dem Weg zur Modernisierung (vgl. Habermas 1981, Bd. 2, S. 108f.), hält den Universalismus zugleich aber für genügend aufgeklärt, um jede Gesellschaft „in ihren Pathologien und in ihrer Selektivität“ (Schöfthaler 1983, S. 339) kritisieren zu können. Dem Kulturrelativismus hält er dagegen vor, nicht über „Reformulierungen eines mehr oder weniger trivialen Alltagswissens“ (Habermas 1981, Bd. 2, S. 223) hinauszugelangen. Als Maßstab zur Beurteilung von intersubjektiven und interkulturellen Kommunikationsprozessen schlägt er einen Rationalitätsbegriff vor, der an Voraussetzungen geknüpft ist, die umfassenden, allgemeinen und somit universalistischen Grundsätzen entsprechen (Habermas 1981, Bd. 1, S. 108ff.). Wenn Habermas von der universellen Geltung moderner Weltdeutungen ausgeht, beschreibt er eine stufenförmige Entwicklung von Kulturen und Gesellschaften, in deren Verlauf sich Fortschritt als ein Prozess zunehmender Effektivität sozialer Organisationen und gleichzeitiger Erweiterung der lebensweltlichen Verständigung einstellt. Mit den Konzepten des evolutionären Universalismus zur Steigerung der Steuerkapazität sozialer Systeme und der damit einhergehenden Rationalisierung der Lebenswelten seien Kriterien vorhanden, die die Deformationen in allen gegebenen Kulturen und Gesellschaften als Abweichung vom Ideal kommunikativen Handelns erkennen ließen (vgl. ebd., S. 271f. und 285ff.).

Für Schöfthaler verhindert die gegenseitige negative Fixierung von Universalismus und Relativismus die notwendige Produktion von Änderungswissen in Anbetracht der weltweiten Erosion der kulturellen Vielfalt. Daher setzt er sich für eine kulturverstehende Theorie ein, die „eines zumindest in der Tendenz universalistischen Maßstabs [bedarf], der das Faktische seiner natürlichen Legitimität beraubt" (Schöfthaler 1983, S. 343), und fordert zugleich ein interpretatives, in der Tendenz relativistisches Verfahren zur Deutung kultureller Besonderheiten, das zur Kritik der Überhöhung *einer* Kultur führt (vgl. ebd.).

Damit wird die Möglichkeit eines relativierungsfähigen Universalismus avisiert, die um die jeweils nur partikularen Geltungsansprüche jeder Kultur weiß, auch derjenigen, die sich als „universalistische" eine dominante Position zu sichern glauben; gleichwohl wird einer kulturrelativistischen Normenenthaltsamkeit die Möglichkeit universeller Kritik entgegengestellt.

Lenhart diskutiert Schöfthalers Ausführungen aus erziehungswissenschaftlicher Sicht und beschreibt sie treffend, wenn er feststellt, dass dieser ein „Kritik- und Handlungsschema [entwickelt], das dem Fortschrittskriterium des evolutionären Universalismus sein relatives Recht lässt, ohne – so lautet der Anspruch – den Eigenwert nichtokzidentaler Kulturen zu schmälern" (Lenhart 1987, S. 190).[1]

Dieser „dritte Weg" des „relativierten Universalismus" (Lenhart) findet seinen Niederschlag in einer Vermittlung auf der Ebene unterschiedlicher Konzepte von ethnischer Identität in dem Stufenmodell von Banks zur Entwicklung von ethnischer Identität und sozialem Lernen in der multikulturellen Gesellschaft. Banks geht davon aus, dass es innerhalb einer ethnischen Gemeinschaft unterschiedliche Grade der Identifizierung mit der Gruppe gibt und die ethnische Bindung des Individuums keine Konstante darstellt. Auch Banks (vgl. Banks 1981) nimmt in seinem Modell Bezug auf die von Kohlberg entwickelten Stufenfolge des moralischen Urteils:

Stufenmodell ethnischer Orientierungen nach Banks:

Stufe 1: Psychologische Befangenheit in der eigenen ethnischen Gruppe
Auf dieser Stufe hat das Individuum als Angehöriger einer ethnisch diskriminierten Gruppe die negativen Zuschreibungen seitens der Mehrheit gegenüber der eigenen Gruppe verinnerlicht und reagiert darauf mit ethnischer Selbstverleugnung und dem Versuch, sich den Erwartungen der herrschenden Gruppe anzupassen.

1 Lenhart verweist in diesem Zusammenhang auf die von Weber aufgeworfene diskussionswürdige Frage nach der Bedeutung des okzidentalen Rationalismus für Angehörige außereuropäischer Kulturen. Diese „können an diesem weltweit ausgebreiteten, machtpolitisch durchgesetzten, unter anderem auch auf erweiterte Naturbeherrschung gestützten erfolgreichen Entwurf der Realitätsbewältigung nicht vorbei, sie müssen sich zu ihm verhalten, aber die Qualität des einzigartigen bedeutsamen Ausschöpfens von Rationalitätspotentialen hat er primär für uns, die Angehörigen okzidentaler Gesellschaften" (ebd., S. 190f).

Stufe 2: Ethnische Separierung
Infolge einer bewussten ethnischen Abkapselung hält sich der Einzelne vorwiegend im Rahmen der eigenen ethnischen Gruppe auf und ist von ihrer Höherwertigkeit gegenüber anderen Gruppen überzeugt. Da die Angehörigen der Gruppe von einer Bedrohung ihrer Gruppe durch andere ethnische Gruppen ausgehen, entwickeln sie diesen gegenüber negative Einstellungsmuster und vergewissern sich, dass sie auf ihr eigenes ethnisch-kulturelles Erbe stolz sein können.

Stufe 3: Klärung der Ethnizität
Auf dieser Stufe entwickelt das Individuum ein Bild von seiner Gruppe, das es befähigt, sich selbst zu akzeptieren und auf andere zuzugehen. Sobald die Mitglieder einer Gruppe ein gewisses Maß an ökonomischer und sozialer Sicherheit erreicht haben, sind sie in der Lage, positive Erfahrungen mit Mitgliedern anderer ethnischer Gruppen zu machen.

Stufe 4: Biethnizität
Auf dieser Stufe bildet der Einzelne die Fähigkeit aus, auf der Grundlage einer stabilen ethnischen Identität Kompetenzen auszubilden, die nötig sind, um sowohl an der einen als auch an der anderen ethnischen Kultur teilzuhaben.

Stufe 5: Multiethnizität und reflektierter Nationalismus
Auf dieser Stufe hat der Einzelne eine reflektierte ethnische und nationale Identifikation erreicht und positive Einstellungen zu anderen ethnischen Gruppen entwickelt. Zugleich bilden die Individuen auf dieser Stufe eine Fähigkeit aus, Solidarität mit anderen Gruppen auszuüben und als Staatsbürger die Bedeutung von Würde und Gerechtigkeit für alle Mitglieder des demokratisch-pluralistischen Gemeinwesens anzuerkennen.

Stufe 6: Aneignung universalistischer Prinzipien
Auf der letzten Stufe schließlich hat das Individuum „eine ideale, feinfühlige Balance von ethnischen, nationalen und globalen Identifikationen hergestellt, die universalen ethischen Werte und Prinzipien der Menschheit verinnerlicht und Fertigkeiten, Kompetenzen und Bindungen entwickelt, die benötigt werden, um innerhalb der Welt die eigenen Werte und Bindungen verwirklichen zu können“ (ebd., S. 133f).

Das Modell von Banks ist im Blick auf die Diskussion über das Verhältnis von Sozialer Arbeit und multikultureller Gesellschaft vor dem Hintergrund der Kontroverse zwischen universalistischen und relativistischen Ansätzen geeignet, die verschiedenen Zielsetzungen interkultureller Kompetenz vor dem Hintergrund der jeweils unterschiedlichen mono-, bi-, multi- oder transkulturellen Identitätskonzepte auf individueller bzw. kollektiver Grundlage in ein übergeordnetes Modell zu integrieren, womit Banks zur Klärung des Verhältnisses von personaler, ethnischer und globaler Identität beiträgt. „Personale Identität ist das ‚Ich‘, das sich aus der lebenslangen Verknüpfung mehrerer Fäden im Leben einer Person ergibt. Diese Fäden schließen sowohl Erfahrung, Kultur und Erbe als auch Identifizierung mit signifikanten Anderen und vielen verschiedenen Gruppen, z.B. der eigenen ethnischen Gruppe, der Nation und der globalen Gemeinschaft mit ein“ (ebd., S. 219).

4.1.3 Kulturtheorien als Bezugsgrößen interkulturell orientierter Sozialer Arbeit

Was bisher als „kulturalistische" bzw. „strukturalistische" Fallstricke auf der Basis vor allem sozialwissenschaftlicher Theorien ausgeführt wurde, mündet hinsichtlich der Handlungsoptionen sozialer Praxis häufig in unbefriedigende Konstellationen eines alternativen „Entweder-Oder": Entweder werden kulturelle Aspekte betont, als relevantes Unterscheidungsmerkmal herangezogen oder zum Maßstab auch für soziale Perspektiven gesehen und geraten damit in den Bannkreis der bereits kritisch erwähnten „Kulturalisierung", oder aber es werden vor dem Hintergrund struktureller Analysen kulturelle Orientierungen als vermeintlich irreführende Kategorie übergangen.

Die Rekonstruktion der wissenschaftlichen Kontroversen und Auseinandersetzungen zwischen Kulturrelativismus und Universalismus wie der Blick in die Praxis zeigen, dass diese Kontroversen für praktische Zusammenhänge, in denen die Soziale Arbeit zu Handlungen und Entscheidungen gezwungen ist, unbefriedigend bleibt, wenn sie nach einer Seite hin einfach aufgelöst werden – Kulturrelativismus *oder* Universalismus – oder aber der Versuch unternommen wird, das in dieser Kontroverse liegende Spannungsverhältnis aufzulösen, indem eine Haltung des „Sowohl-als-auch" entsteht.

Praktiker der Sozialen Arbeit deuten, sprechen und handeln außerdem nicht anhand glasklarer kategorialer Abgrenzungen, sondern sind stets selbst situativ befangen und eingebunden in jeweilige hegemoniale Diskurse, in denen etwa merkmalsbezogene ethnisch gefärbte Unterscheidungspraktiken angelegt sind. Allein die kritiklose Affirmation kulturalistischer oder strukturalistischer Engführungen wird zum eigentlichen Problem, denn: Was kann geschehen, wenn „Kultur" in sozialen Interaktionen unterschlagen wird?

1. Die Kritik einer „universellen Farbenblindheit" spricht Erfahrungen einer Praxis an, die von universellen Rechten und Ansprüchen spricht, de facto indes ausschließende und desintegrierende Strukturen hervorbringt oder bestätigt, in denen etwa Anschlüsse an Bildungsinstitutionen, Arbeits-, Wohnungs- oder den Sozialmarkt verbaut werden, weil die jeweiligen Zugangsvoraussetzungen und -verfahren der je dominanten Kultur Privilegien einräumen.
2. Jede Abstraktion von „Kultur" vernachlässigt und übersieht kulturelle Einbettungen im Sinne relevanter Lebenskontexte. Universelle Prinzipien manifestieren sich demnach immer in kulturellen Lebensvollzügen als „Lebensmittel", das die Welt erst als erlebbare und gestaltbare entstehen lässt.
3. Wer „Kultur" als unangemessenes Differenzierungskriterium verbannen möchte, bleibt wohl auch blind gegenüber eigenen partikularen kulturellen Gebundenheiten.
4. Wer gegenüber jeweiligen kulturellen Orientierungen unaufgeschlossen bleibt, läuft zumal in Handlungsbezügen helfender, pflegender oder heilender Berufe Gefahr, gegenüber lebensweltlich verankerten Bedürfnissen seiner Adressaten nur mangelnde Sensibilität aufbringen zu können. Expertokratische Diagnosen und Interventionen dürften gegenüber Praxen dominieren, denen es immer auch um die eigensinnige Innensicht des Gegenübers geht.

Was aber kann andererseits geschehen, wenn „Kultur" als Unterscheidung von sozialen Akteuren benutzt wird?

Elemente der „Kulturalisierung" sind zuvor angesprochen worden; als Kritik an einer naiv verstandenen interkulturellen Orientierung gelten z.B. folgende Gesichtspunkte:

1. Ein Verständnis von Kultur als homogener Herkunftskultur. Hier erfolgt eine in Alltagsdeutungen häufig auftretende Gleichsetzung mit national-ethnischer Zugehörigkeit. Interkulturell relevantes Wissen wird erfragt als „Hintergrundwissen" einer „türkischen", „russischen" usw. „Kultur", wobei als zunächst unbeabsichtigte Nebenwirkung solchen Interesses die Reduzierung sozialer Vielfältigkeit auf zwei Kulturen erfolgt. Auch impliziert die Bedeutungsaufladung einer „homogenen Herkunftskultur" eine Ablösung des Kulturverständnisses vom Einzelnen und die Verdinglichung kultureller Bindungen. (An dieser Stelle mag eine Illustration die Brisanz erhellen: Stellen Sie sich als Leser dieses Testes vor, die Autoren würden ihre Herkunft – etwa als „Stuttgarter Leser" – für relevant halten, für „Stuttgarter" schreiben und danach fragen, ob ein „Stuttgarter" wohl auch alles verstehen könne ...) Hier werden Individuen gleichsam zu „Trägern" einer nationalen Herkunftskultur, zu „Vertretern" eines als homogen unterstellten Kollektivs. Ein solches Kulturverständnis führt leicht in vorurteilsvolle Zuschreibungen oder zu naiven Fragen wie: Erkläre mir „die Türken", „die Muslime" oder „die Westfalen", damit ich weiß, wie ich mit ihnen umzugehen habe.
2. Die im ersten Punkt angelegte Essentialisierung kultureller Zugehörigkeit und Differenz. Sie führt zur Festlegung des/der anderen auf seine/ihre Andersartigkeit bzw. zu einer Kollektivierung von ‚Andersartigkeit'. Auch hier finden Prozesse der Fest- und Zuschreibung statt, deren Konstruktion allerdings auf der Ebene des „So-Seienden" undurchschaut bleiben. „Natio-ethno-kulturelle" Zugehörigkeiten, wie Mecheril es nennt, werden so zu unveränderbaren Merkmalen, um Differenz zu markieren. Auch von Seiten einer aufgeklärten Ethnologie wird gegenüber der Konstruktion quasi ontischer Einheiten ein Kulturverständnis im Sinne „seiender", mithin statisch bleibender Größen in Frage gestellt und ein hermeneutischer, das meint „verstehender" Zugang nahegelegt.
3. In der kulturalistischen Reduktion struktureller Bedingungen von Ungleichheit wird dem Diskurs um Interkulturalität der Vorhalt entgegengehalten, damit Strukturprobleme z.B. sozialer Ungleichheit auf eine kulturelle Dimension hin zu verkürzen. „Ethnisierung" sozialer Konflikte spricht in kritischer Absicht Vorgänge und Interpretationsmuster an, bei denen kulturelle Differenz als Erklärungsmuster und Legitimation für deren Aufrechterhaltung herhält.
4. Die Verlagerung von Gesellschaftskritik auf das Feld der Kultur schließt keineswegs aus, dass aus einem „Lob des kulturellen Unterschieds" das „Verdikt der kulturellen Unvereinbarkeit" hervortritt (Kaschuba 1995, S. 23). Hier treffen wir auf ein theoretisches Grundproblem interkultureller Programmatiken, die sich zwar positiv gegenüber fremdenfeindlichen oder rassistischen Haltungen absetzen wollen, hingegen gleichermaßen an einer kulturellen Differenz festhalten müssen. Kaschuba verweist hier auf die Möglichkeit des Umschlagens in Unvereinbarkeiten, wenn entlang kultureller Merkmale Inkommensurabilität unterstellt wird, die dann gleichsam zur Legitimation sozialer Differenz avanciert. Die These von der

Unvereinbarkeit der Kulturen werde – so Kaschuba – zu einer neuen ethnozentrischen Komponente.

Diese ‚Fallen' interkultureller Orientierungen setzen uns nun weder in die Lage, auf „Kultur" einfach verzichten zu können, wenn wir in der Sozialen Arbeit darauf verwiesen sind, zuweilen stellvertretend deutend die „anderen" verstehen und uns mit ihnen verständigen zu können, noch kann „Kultur" leitender Maßstab für Deutungen und Interventionen Sozialer Arbeit sein, wenn dadurch unangemessene Zuschreibungen, Ethnisierungen oder Diskriminierungen hergestellt oder fortgeschrieben werden.

In dieser Spannung zwischen Thematisierung und Dethematisierung von „Kultur" kann es nicht allein um die kulturaffirmative Aneignung kultureller Orientierungen, Skripte oder Vorschriften gehen, vielmehr bedarf es darüber hinaus der Mühe, unterschiedliche Kulturverständnisse und ihre möglichen Folgen und Nebenwirkungen für die Soziale Praxis einordnen zu können.

Wer etwa „Kultur" als den Bereich festlegt, in dem Identität und Zugehörigkeit manifestiert sind, wird daraus den gewaltförmigen „Zusammenprall" der „Kulturen" ableiten, wenn es gilt, die jeweilige „kulturelle Identität" gegenüber einer anderen zu verteidigen. Wer „Kultur" in strikten Gegensatz zu einer roh verstandenen Natur setzt, wird zu Idealisierungen im Sinne einer Höherwertigkeit von Kultur neigen. Wer „Kultur" im Kontext differenztheoretischer Überlegungen verortet, sieht in ihr lediglich die Festschreibung von Distinktionsinteressen oder beharrt auf der Festschreibung von Unvereinbarkeiten. Im systemtheoretischen Denken macht „Kultur" eine prinzipiell unbestimmbare Welt durch Begrenzungseffekte bestimmbar, wobei freilich Möglichkeitsräume eher eingeschränkt werden dürften. Indes eröffnet eine kulturtheoretische Sicht, die „Kultur" nicht als Zustand, sondern als ein ständiges „Geschehen" auffasst, als eine sinngebende symbolische menschliche Tätigkeit, Möglichkeitsräume von und in der Welt. Diese werden demnach erst im Vollzug der unbegrenzten kreativen Symboltätigkeit des Menschen erfahrbar und fühlbar und damit kultureller Wandel mitvollziehbar.

Kulturelles Wissen ermöglicht Verstehen und Verständigung, birgt jedoch Risiken der „Kulturalisierung", Dominanz oder Vereinnahmung. „Wissen ist Macht", so heißt es, ein Verzicht auf kulturelles Wissen würde diese Risiken zwar umgehen, erschwert und verlangsamt jedoch Verstehens- und Verständigungsprozesse. Schließlich bietet auch ein Nicht-Wissen um die kulturellen Einbettungen anderer keine Gewähr, die jeweils anderen nicht übervorteilen zu wollen. Ein Wissen um Kulturverständisse auf der Grundlage unterscheidbarer kulturtheoretischer Ansätze als ein Wissen zweiter Ordnung ermöglicht erst eine reflexive Kompetenz auf einer Metaebene und hält Zugänge offen, die „Kultur" als begrenzte Kategorie mit ihren jeweils auch eingrenzenden, mitunter in der Lebenspraxis einengenden Funktionen wahrnimmt.

In ihrer Einführung zur interkulturellen Bildung konstatiert Marianne Krüger-Potratz zu Recht, der sogenannte „Essentialisierungsdiskurs" kehre lediglich die vorgängige Defizithypothese in ihr Gegenteil einer „Bereicherung" um und reduziere seine Grundannahmen auf die Einschätzung, alles, „was eine Person denkt und tut, sei letztlich in ihrer ‚Kultur' begründet" (Krüger-Potratz 2005, S. 173). Auch mit einem als „dynamisch" deklarierten Kulturbegriff bleibe für den Essentialisierungsdiskurs die Rezeption von Kulturtheorien charakteristisch.

Wir halten die Auseinandersetzung und eine kritische Rezeption unterscheidbarer Kulturverständnisse indes für unverzichtbar, will man zu einer universell legitimierbaren Praxis Sozialer Arbeit finden, die kulturelle Einbettungen ihrer Akteure weder einfach negiert, noch einer kulturell codierten Essentialisierung anheim fällt.

Daher sollen im Folgenden einige unterscheidbare kulturtheoretische Ansätze skizziert werden.

Hier dürfte unter anderen der in etlichen Weiterbildungen (vgl. Zacharaki 2007) zur interkulturellen Kompetenz populär gewordene kulturvergleichende Ansatz von Geert Hofstede und vergleichbare Studien zur Identifizierung spezifischer Kulturstandards relevant sein, dessen Ambivalenz sich darin zeigt, dass zunächst plausibel erscheinende Erklärungsmuster und Verstehenszugänge zu unterschiedlichen Maßstäben etwa im Umgang mit Zeit und Pünktlichkeitsvorstellungen, im Verhältnis von Individuum und Gemeinschaft(en) oder hinsichtlich des Grades von Sicherheitsbedürfnissen usw. (s.u.) verfügbar gemacht werden. Solche Erklärungsmuster können durchaus Verstehenshorizonte und damit Toleranzbereitschaften auslösen, indem etwa konstatiert wird: Aha, Unpünktlichkeit basiert nicht auf Unhöflichkeit, sondern entspricht der – sensu Hofstede – ermittelten Zeitkultur des Gegenübers. Freilich werden derlei Einsichten mit einer recht starren Empirie erkauft, die im Wesentlichen solche Kulturmerkmale identifiziert, die sie zuvor kategorial festgelegt hatte. Ferner ist nicht immer eindeutig, ob es sich bei den vorgenommenen Klassifizierungen tatsächlich in erster Linie um kulturelle Vorschriften bzw. Handlungsdispositionen handelt, oder hier nicht eher historisch-kontingente Strukturmomente sozialer Organisation maßgeblich werden. Schließlich zeichnet die Kategorie der Kulturdimension ein Kulturverständnis aus, demzufolge es sich bei „Kultur" um ein Orientierungssystem handelt, das von „Kulturstandards" bestimmt wird, die wiederum alle Arten des Wahrnehmens, Denkens, Wertens und Handelns bestimmen und von der Mehrheit der Mitglieder „einer Kultur" als normal, selbstverständlich, typisch und verbindlich angesehen werden (vgl. Losche 2000).

Dieses Verständnis unhintergehbar prägender und z.B. Essgewohnheiten, Arbeitsverhalten, das politische System, religiöse Gebräuche, Erziehungsregeln, Sprachverhalten, sinnliche Wahrnehmung, Werben um das andere Geschlecht, Beerdigungsrituale, Bekleidung, Nahrungsmittel usw. bestimmender kultureller Standarts übersieht, dass Menschen immer auch in und an ihrer jeweiligen Kultur tätig sind, und diese damit Veränderungen unterliegen kann (vgl. hierzu die Kulturtheoretischen Prämissen Cassirers in diesem Kapitel). Der Ethnologe Andreas Wimmer berücksichtigt dies aus einer sozialwissenschaftlichen Perspektive, wenn er argumentiert, „kulturelles Wissen (sei) kühn genug, … der Welt seine Bedeutung aufzuprägen, statt zu glauben, dass alle Bedeutungen schon vorliegen" (Wimmer 1996, S. 403).

Die Kenntnis der Kulturdimensionen, so die Befürworter, könne dennoch für die Hypothesenbildung im Zuge einer schwierigen Kommunikationssituation hilfreich sein, wenngleich eine Gefahr der Stereotypenbildung bestehe (vgl. Zacharaki 2007).

Zentrale Kategorisierungen dieses Ansatzes sind die Unterscheidung in folgende „Kulturdimensionen":

1. Differente Raum- und Zeitkonzepte: Kulturelle Dimensionen des Raumes betreffen Konventionen des Umgangs mit Distanz und Nähe, etwa den Grad des Abstandes, der zwischen Gesprächspartnern als angenehm und angemessen empfunden wird, den Grad der Lautstärke in unterschiedlichen Gesprächssituationen oder die unterschiedliche Einordnung körperlicher Berührungen zum Beispiel im Vollzug von Begrüßung oder Verabschiedung einer Person. Was dem einen als angemessen und somit als Voraussetzung einer gelingenden Kommunikation gilt, mag der anderen intuitiv zuwiderlaufen, was in verschränkten Handlungsketten zu einer permanenten Korrekturbedürftigkeit führen kann, die das Gefühl der Beteiligten, hier ‚stimme die Chemie nicht' nur noch verstärkt. (In Brasilien kursiert eine selbstironische Beschreibung dieses Vorganges, dass im Gespräch zwischen Brasilianern und Nordamerikanern Letztere häufig im Meer landen, weil sie stets – auf Abstand bedacht – zurückweichen, während brasilianische Landsleute zur Wiederherstellung größerer Nähe entsprechend nachrücken).

Differierende Zeitkonzepte werden weniger gesellschaftlichen, historischen oder den jeweiligen Produktionsweisen angepassten Zwängen der Zeitgestaltung zugeordnet, sondern als wählbare Kulturen mit schnellem oder langsamem Lebensrhythmus gegenübergestellt. Eine Differenzierung nach monochroner und polychroner Zeiteinteilung beschreibt die Differenzen von linearen Zeitkonzepten, in denen Handlungsabläufe nacheinander geschaltet und in Zeitabschnitte fragmentiert werden, und eher zyklischen oder situativen sozialen Mustern der Zeitgestaltung. Werden bei Ersteren Pünktlichkeit, Termineinhaltung, strukturiertes und methodisches Arbeiten zu einem normativ hohen Wert erhoben, gestatten sich Letztere, durchaus mehrere Dinge gleichzeitig zu tun oder je nach Lage unterschiedlich zu gewichten. Ist hier das Ergebnis eines Gespräches oder einer Verhandlung von Bedeutung, ist es dort eher sein Verlauf und die erlebte Qualität eines Prozesses.

2. Differente Kommunikationsstrukturen: Hier werden Kulturen mit starkem und niedrigem Informationskontext (high context-low context) unterschieden.

In Kommunikationszusammenhängen mit einem starken Informationskontext genügen indirekte Redeweisen oder Andeutungen, gesprochene Botschaften enthalten nur wenige Informationen, da die Kommunikationspartner in ein umfassendes Informationsnetzwerk mit tradierten Beziehungen eingebunden sind. Die direkte Thematisierung etwa sozialer oder persönlicher Probleme ist in solchen Kommunikationskontexten eher verpönt, und Außenstehende können entprechende Botschaften ohne Hintergrundinformationen kaum verstehen.

Kommunikationsteilnehmer unter kulturellen Bedingungen mit niedrigem Informationskontext hingegen sind gehalten, Informationen ausführlich, direkt und präzise mitzuteilen, um verstanden zu werden. Hier baut die Kommunikation nicht auf ein komplexes, in sich geschlossenes Netzwerk, sondern auf individuell fragmentierte, nach sozialen Gesichtspunkten differenzierte persönliche Beziehungen.

3. Differente Machtdistanz: Die Dimension „großer" oder „kleiner" Machtdistanz bezeichnet den Grad der ungleichen Machtverteilung innerhalb einer Gesellschaft und deren Akzeptanz durch die Mitglieder dieser Gesellschaft. Der Machtbegriff meint hier die in Hierarchien sichtbaren Befugnisse und Ansprüche zwischen sozialen Akteuren, und auf welche Weise diese vertreten werden. Was hier als „Kultur" der jeweiligen „Machtdistanz" kategorisiert wird, beschreibt im Falle „großer Machtdistanz" letztlich Strukturen autoritärer verfasster Statusdifferenz, wenn etwa Bankangestellte, Behördenvertreter oder politische Amtsträger entweder gemieden, mit Gesten der Unterwerfung beschwichtigt oder bestochen werden müssen, um legitime Erwartungen an deren qua jeweiliger Funktion innewohnenden Aufgaben auch durchzusetzen. In demokratischen Strukturen oder reinen Dienstleistungsverhältnissen können Anforderungen formal geltend gemacht oder – in geringer „Machtdistanz" – ausgehandelt werden.

4. Differente „Kulturdimensionen" entlang „kollektivistischer" bzw. „individualistischer" und „maskuliner" bzw. „femininer" Merkmale beschreiben unterschiedliche Grade und Ausprägungen in Verhältnissen zwischen Individuen und Gemeinschaften und hinsichtlich der Dominanz von Geschlechterrollen. Die hier vorgenommene Dichotomisierung lässt leicht den Umstand vernachlässigen, dass auch unter sozialen Bedingungen „kollektivistischer" Art, in denen enge verwandtschaftliche oder sonstige Gruppenbindungen mit hohen Erwartungshaltungen und wechselseitigen Verpflichtungen dominieren, jeweils unterschiedliche Individuen zusammenwirken, und – vice versa – in sogenannten individualistischen Verhältnissen die soziale Dimension keineswegs suspendiert ist, sondern durch andere Formen der Disziplinierung – etwa Selbstsorge und Versicherungspflichten – ersetzt wurde.

5. Differierende Grade zur „Unsicherheitsvermeidung". Diese Dimension differenziert die Haltungen und Verhaltensdispositionen gegenüber unbekannten oder widersprüchlichen Situationen. Danach neigen „Kulturen" mit starker Unsicherheitsvermeidung – hierzu werden z.B. „Deutsche" gezählt – dazu, Unsicherheiten zu vermeiden, indem sie Bedürfnisse nach klaren Regeln und strukturierten Prozessen ausbilden. Hingegen impliziert „schwache Unsicherheitsvermeidung" z.B. eine höhere Risikobereitschaft, Offenheit oder Neugier gegenüber Andersartigkeit oder noch unabsehbaren Entwicklungen. Auch in dieser „Dimension" zeigt sich die Fragwürdigkeit der kulturellen Stereotypisierung, denn jeweilige Sicherheitsbedürfnisse dürften immer auch jeweiligen psychischen Dispositionen, lebensgeschichtlich-biographischen Umständen oder einer spezifischen historischen gesellschaftlichen Situation geschuldet sein (vgl. Hofstede 1993 und Hofstede 2001).

Funktional ausgerichtete interkulturelle Konzepte präferieren Kulturdefinitionen, die standardisierte Überschneidungen in einem vorhandenen Interaktionsnetz beschreiben. Da sie nicht nur im Anwendungsbereich interkulturellen Managements, sondern auch in der internationalen Austauschpädagogik und inzwischen für Standards interkultureller Kompetenz und für immigrationsbezogene Konzepte in Anspruch genommen werden, sei hier auf das Modell der „kulturellen Überschneidung" der experimentell empirisch orientierten Psychologie Alexander Thomas' verwiesen. Aus einer gestaltpsychologischen Perspektive orientiert sich dieser Ansatz an sogenannten „kulturellen Überschneidungssituationen", womit in interkulturellen Interaktionen die Schnittmenge der „kompatiblen Elemente" zwischen „Eigenem" und „Fremdem" gemeint ist. Anforderungen interkulturellen Lernens, Verstehens und Handelns sind demnach, zunächst eigenkulturelle Bedingungen des Wahrnehmens, Denkens und Verhaltens thematisieren, reflektieren, erkennen und verstehen zu lernen; ferner dasselbe gegenüber fremdkulturellen Bedingungen zu erreichen, um schließlich im interkulturellen Prozess jene Elemente unterscheiden zu können, die in oder außerhalb der Schnittmenge transkultureller Verständigungsmöglichkeiten liegen. In kulturellen Überschneidungssituationen z.B. einer „Heimatkultur" und einer „Gastkultur" geht es um die kulturell unterschiedliche Bedeutsamkeit bestimmter „Werte", z.B. „Gastfreundschaft", „Individualität" oder „Pünktlichkeit." Erforscht werden in solchen Überschneidungssituationen die psychischen Bedingungen, Verlaufsprozesse und Wirkungen (Thomas 1996). Kultur wird hier „als vom Menschen geschaffener Teil seiner Umwelt" definiert, als universelles Phänomen, sofern sie „alle Menschen zu allen Zeiten und in allen Gegenden (...) entwickeln"; sie manifestiert sich als „spezifisches Bedeutungs- und Orientierungssystem" für eine „Organisation, Gesellschaft oder Nation", das aus spezifischen Symbolen gebildet und jeweils tradiert werde (...). „Das kulturspezifische Bedeutungs-/Orientierungssystem (schaffe) einerseits Handlungsmöglichkeiten und Handlungsanreize und (...) andererseits Handlungsbedingungen und (setze) Handlungsgrenzen fest." Eigenes und fremdes Verhalten werde aufgrund zentraler Kulturstandards beurteilt und reguliert. Deutsche Kulturstandards aus der Sicht ausländischer Partner seien z.B.: Sachorientierung, Regelorientierung, Direktheit, Wahrhaftigkeit, Interpersonale Distanzdifferenzierung, Hierarchie und Autoritätsorientierung und Zeitplanung (vgl. Thomas 2000).

Auf transkulturelle Modelle greift für die Entwicklung interkultureller Didaktiken der Erziehungswissenschaftler Karl-Heinz Flechsig zurück.

Ein neues Verständnis von ‚Kultur' (Flechsig 1999, S. 209f.) wird mit der Beachtung transkultureller Muster für Flechsig erreicht, indem ‚Kultur' nicht mehr im Sinne einer stereotypisierten „Nationalkultur" verstanden wird, sondern diese abgelöst wird von kulturellen Unterschieden, die ‚quer' zu regionalen Bindungen identifizierbar werden (ebd.). Die Unterscheidung verläuft hier anhand kultureller Schemata und kultureller Skripte, die länderspezifisch oder länderunspezifisch zugeordnet werden können. Eine von Schank und Childers 1984 im Rahmen der Erforschung künstlicher Intelligenz entwickelte „Theorie kultureller Skripte" (vgl. Schank u. a. 1999) besagt, dass bei bestimmten Personengruppen bestimmte spezifische Handlungsmuster wie z.B. Begrüßungsformen mit hoher Wahrscheinlichkeit beobachtet werden können und die Wissensstrukturen darstellen, „die aus kulturtypischen Assoziationen zu einer Situation bzw. Tätigkeit gebildet werden und ‚Fertigpackungen' von Erwartungen (...), Schlussfolgerungen (...) und (...) ‚Handlungsanweisungen ohne ausgefüllte Details' in mentalen Repräsentationen der Speicherung, Verständnis und Wiedererinnerung bereitstellen. Skripte sind Bausteine von Alltagsroutinen, eine stereotypisierte Ereignisfolge, die einer Person vertraut ist" (vgl. Eppenstein 2003, S. 69). Am Beispiel des „Skriptes Eisenbahnreise" kann diese illustriert werden: 1. Typus (z.B. IC), 2. Anhaltspunkte (z.B. Fahrplan, Sitzplätze, Bordrestaurant, Bahnhöfe, Geld etc.), 3. Rollen (z.B. Schaffner, Kunde, Lokführer), 4. Eingangssituation (z.B. Kunde will von Stadt A nach B und hat keinen Fahrschein, aber Geld), 5. Ergebnis (z.B. Kunde hat Fahrschein, weniger Geld, Bahn hat mehr Geld), 6. Handlungsabläufe (z.B. Einsteigen, Sitzplatz suchen, Fahrschein vorzeigen, Zug verlassen).

Flechsig schließt an ein Modell von Kluckhohn und Strodtbeck (Kluckhohn u. a. 1961) an. Hier werden als „transkulturelle Kategorien" unterschiedliche Haltungen zur „Natur des Menschen", zu der „Beziehung von Mensch zur Natur", „Zeitkulturen", „Aktivitätsabsichten" und die Bedeutung und Beschaffenheit „sozialer Beziehungen“ verstanden, die als hilfreich angesehen werden, um darauf aufbauend kulturelle Skripte zu entwickeln (vgl. Flechsig, 2000).

Ein weiteres Kulturverständnis stützt sich auf ein kulturtheoretisches Konzept von Thompson, Ellis und Wildavsky (Thompson u. a. 1990), das weltweit fünf existenzfähige „Lebensstile“ identifiziert, die in allen Gesellschaften mit unterschiedlichen Gewichtungen und Kombinationen vorkommen können. Anhand solcher typologisierbaren Lebensstile, eines „hierarchischen“, eines „egalitären“, eines „individualistischen“, eines „fatalistischen“ und eines „einsiedlerischen“ hat Flechsig in Göttingen ein Simulationsspiel entwickelt, in dem die Teilnehmer herausfinden sollen, „welche Eigenschaften (Werte, Normen, Kommunikationsstile etc.) die jeweils anderen Kulturen (Gruppen) haben“, ferner lernen sollen, auf die anderen so zu reagieren, „wie es ihrem kulturellen Selbstverständnis entspricht“, also erfolgreich kommunizieren zu können und „aufgrund der dabei gemachten Erfahrungen ihre eigene Kultur weiterentwickeln und ggf. modifizieren“ (Flechsig 1999b). In diesen Modellen, die die Einbindung jedes Menschen in zwei Systeme sozialer Orientierung, nämlich einmal zu Gruppen und zweitens innerhalb von Hierarchien voraussetzt, werden strategische und für kulturelle Alltagsroutinen sensibilisierende Wirkungen erwartet.

Auch hier wird ein affirmativer Zugang zu den kulturellen Vorschriften in Alltagshandlungen gewählt, und so beschränken sich die kulturtheoretischen Prämissen auf variable Möglichkeiten, Kulturtechniken zu entziffern, um mit den dabei gewonnenen Wissensbeständen meist funktionale Ziele in interkulturellen Kontexten zu erreichen (vgl. Eppenstein 2003, S. 70).

Für die Interkulturelle Soziale Arbeit werden kulturtheoretische Überlegungen und Anschlüsse oft weniger analytisch, denn programmatisch oder normativ aufgegriffen. So formuliert etwa Josef Freise Ansprüche an ein Kulturverständnis vor dem Hintergrund eines Eisbergmodells, in dem an dessen Spitze „Kunst“ (Theater, Musik oder Malerei), darunter die „Alltagskultur“ (Festefeiern, Essen, Kleiden, Wohnen), an der Basis eine „institutionalisierte Kultur“ (Sprache, Gesetze, Heirat, Produktion usw.) und „gänzlich unterhalb der Wasseroberfläche“ eine in das Unterbewusste gedrungene „internalisierte Kultur“, in der kulturelle Vorstellungen von Sauberkeitsvorstellungen, Ordnungsmuster, Zeit- und Raumgefühle usw. abgelagert liegen (Freise 2005, S. 17). Auf Basis dieser Einteilung sollte ein weit gefasster, dynamischer Kulturbegriff Alltäglichkeit einbeziehen und Prozesse des „Sich-Öffnens“ und „Sich-Schließens“ (ebd., S. 17f.) dialektisch aufeinander beziehen.

Auf Veränderung und Einmischung zielen die sogenannten „Cultural Studies“, die in Auseinandersetzung mit den postkolonialen Folgen v.a. angelsächsischer Politik interdisziplinäre Ansätze mit dem programmatischen Ziel der Emanzipation verfolgen. Auch hier wird „Kultur“ nicht als ein Medium für den einheitlichen homogenen Zusammenhalt von Mitgliedern einer Gesellschaft verstanden, sondern theoretische Bestände speisen sich als „politisches Theorieprojekt“, das immer auch dialogisch debattiert gehört, aus umkämpften, lokalisierten oder konjunkturellen Wissenselementen (vgl. Hall 1999).

Aus postkolonialer Perspektive können interkulturelle Konzepte in eine Sackgasse führen, indem sie die Erfahrung von Fremdheit von der bewussten Erinnerung an koloniale Ordnungen abkoppeln. Dabei wird von einem brüchigen, diskontinuierlichen und nicht-linearen Geschichtsverständnis ausgegangen, wobei die Kolonialgeschichte die Gegenwart westlicher Ordnungen gleichsam überlagert. Somit bringt postkoloniale Kritik einen „nichtkanonischen“ Kulturbegriff zur Geltung (Homi K. Bhaba 1996, S. 245), der die Erfahrung kultureller Entwurzelungen und Marginalisierungen (S. 346) betont.

Ein Begriffsverständnis, das „Kultur“ als Instrument zur Analyse heranzieht, um zu verstehen, wie Menschen ihr jeweiliges Leben führen, kann auf eine von Hamburger vorgenommene Unterscheidung zurückgreifen: Einer in Handlungen realisierten subjektiven Kultur, einer in Objekten ausgedrückten objektiven Kultur, einer operanten Kultur, die für bestimmte Interaktionen und Situationen aus einer Privatkultur auswählt, einer generalisierten Kultur, die standardisierte Überschneidungen in einem vorhandenen Interaktionsnetz beschreibt, und einer öffentlichen Kultur im Konsens über generalisierte Kulturen (Hamburger 1990). Hamburger vertritt ein universelles Kulturverständnis, wenn er auf die Möglichkeit aufmerksam macht, Kultur reflexiv und damit produktiv zu begreifen. Nicht Differenz, Abgrenzung und Objektivierung leiten dieses Kulturverständnis, sondern die Möglichkeit, allen Kulturen zugängliche, universell begründbare Prinzipien für einen gemeinsamen Diskurs einzusetzen, indem „(...) an die allgemeinen humanen Ansprüche in den verschiedenen Kulturen (angeknüpft) und die Blockierung dieser Ansprüche durch konkrete soziale und politische Verhältnisse (erkannt werden)“ (Hamburger 1988, S. 7).

Universelle Kulturverständnisse unterscheiden zwischen einer Kulturgebundenheit des Menschen, die ihn einschließt und zum Objekt seiner Umwelt, seines Volkes, seiner Sippe usw. werden lässt, und einer von kulturellen Beschränkungen befreienden auf allgemeinen, humanen ‚überkulturellen‘ Werten aufbauenden Identität, die ihn zum Produzenten seiner Welt freisetzt. Hierfür können kulturtheoretische Grundgedanken Argumente beisteuern, die bereits zu Beginn des vergangenen Jahrhunderts in der Philosophie Ernst Cassirers formuliert wurden: Kultur als ein an Individualität gebundener schöpferischer Formfindungsprozess menschlichen Geistes (Cassirer) wird in demokratischen Kulturen nicht als Autorität gesehen, sondern als frei verfügbares Instrument der Gestaltung und Beschreibung von uns selbst und unserer Mitwelt in der Auseinandersetzung um ihre jeweils beste Form.

Der erkenntnistheoretische Gehalt der Philosophie Cassirers, die Rückbindung seiner Symboltheorie der menschlichen Kultur an eine anthropologische Basis, die erkennbare auf das Ziel der Erkenntnis und Harmonie hinauslaufende philosophische ‚Haltung‘ prädestinieren seine Theorie für mögliche Erträge für eine Soziale Arbeit, die ihrerseits immer an eine Orientierung am Menschen, an sein Denken und seine Kontingenz gebunden bleibt. Sie kann weiterhin die Rede von einem „dynamischen Kulturverständnis“ in der interkulturellen Arbeit präzisieren. Daher werden hier einzelne Gesichtspunkte zusammenfassend und skizzenhaft referiert:

Alle Formen der Kultur sind für Cassirer symbolische Formen. Deshalb definiert er den Menschen nicht als *animal rationale*, sondern als *animal symbolicum*. Als spezifisch menschliche Leistung wird dessen ‚Symboltätigkeit‘ identifiziert.

Das Eigentümliche des Menschen, das, was ihn wirklich auszeichnet, ist nicht seine metaphysische oder physische Natur, sondern sein Wirken.

Dieses Wirken, das System menschlicher Tätigkeiten, definiert die Sphäre des ‚Menschseins‘, Sprache, Mythos, Religion, Kunst, Wissenschaft, Geschichte sind Bestandteile, die verschiedenen Sektoren dieser Sphäre. All diese Bestandteile werden nicht als isolierte, zufällige Schöpfungen, sondern als im Ursprung durch ein gemeinsames „funktionales Band“ verbundene Tätigkeiten des Menschen verstanden. Hier geht es nicht um die uneinheitlichen Resultate verschiedener Tätigkeiten menschlicher Kultur, nicht um ihre Wirkungen, die gewiß schwerlich auf einen Nenner zu bringen sind, sondern um die Suche nach der „Einheit des Handelns", (...) nach der „Einheit des schöpferischen Prozesses."

Diese Philosophie einer ‚Gleichursprünglichkeit' von Vielfalt dürfte maßgeblich für die Haltung sein, die bei sozialpädagogischen Interventionen eingenommen wird: Mit ihr braucht weder ‚etwas Gemeinsames' angesichts kultureller Vielfalt erst künstlich konstruiert oder erzwungen werden, noch brauchen Inkommensurabilität und radikale Verschiedenheit betont und jedwede Verrenkungen der akzeptierenden ‚Hinnahme' eingeübt werden, denn die in dieser Theorie unterstellte Universalie erweist sich als je schon vorauszusetzende anthropologische Gemeinsamkeit.

Der Mensch steht in einem Funktionskreis zwischen Passion („Merknetz") und Aktion („Wirknetz"), allerdings komme ein neues Merkmal hinzu, das nur dem Menschen eigentümlich sei und diesen Funktionskreis nicht nur ergänze, sondern auch Qualitativ verändere: "Der Mensch hat gleichsam eine neue Methode entdeckt, sich an seine Umgebung anzupassen. Zwischen dem Merknetz und dem Wirknetz (...) finden wir beim Menschen ein drittes Verbindungsglied, das wir als ‚Symbolnetz' oder Symbolsystem bezeichnen können" (Schwemmer 1997, S. 49)[2].

Sprache, Religion, Kunst usw. sind die „vielgestaltigen Fäden, aus denen das Symbolnetz (...) als Gespinst menschlicher Erfahrung gewebt" sei. Das zwischen ‚Merknetz' und ‚Wirknetz' durch Denkprozesse entstehende Symbolnetz schafft für den Menschen eine – selbsterschaffene – neue Realität, die ihn nicht allein mit „den Dingen", sondern gleichermaßen mit sich selbst konfrontiert. Er "kann der Wirklichkeit nicht mehr unmittelbar gegenübertreten. (...) Die physische Realität scheint in dem Maße zurückzutreten, wie die Symboltätigleit des Menschen an Raum gewinnt." (...) So sehr hat er sich mit sprachlichen Formen, künstlerischen Bildern, mythischen Symbolen oder religiösen Riten umgeben, daß er nichts sehen oder erkennen kann, ohne daß sich dieses artifizielle Medium zwischen ihn und die Wirklichkeit schöbe" (Eppenstein 2003, S. 50).

Erst durch die verzögernde Hereinnahme des Denkens wird ein Prozess möglich und erkennbar! Die Symboltätigkeit des Menschen generiert nicht allein Symbole, diese manifestieren gleichsam eine zeitliche Dimension ‚zwischen' Merknetz und Wirknetz; Symbole belegen keinen Platz, sondern erzeugen eine zeitliche Distanz zwischen Rememoration (Merken) und Neuproduktion (Wirken). Mittels Symbolen generiert und transformiert der Mensch (seine eigene) Zeit.

Die symbolischen Formen sind die kreative Antwort des Menschen auf Probleme basaler Instabilität, ihre Konstitution als stabile Einheiten wird als „Leistung sinnhafter Organisation verstanden". Es gehe um die Einrichtung und das Durchhalten eines sinnhaften Musters in der Zeit, da sich konstante Sinngestalten auf der Grundlage eines temporalen Geschehens ausbilden und fortschreiben müssen.

Die Verhältnisbestimmung von Statik und Dynamik menschlicher Kulturtätigkeit stellt beide in einen Verweisungszusammenhang, so dass Dynamik nicht auf Statik, sondern diese auf jene zu gründen ist. Alle Wirklichkeit besteht in Prozessen und Ver-

---

2 Schwemmer, Oswald: Ernst Cassirer. Ein Philosoph der europäischen Moderne. Berlin 1997.Ebenso alle weiteren nicht gesondert nachgewiesenen Zitate

änderungen, die Fixierung von Zuständen aber stellt erst ein nachträgliches Werk der Abstraktion und Analyse dar (Cassirer 1985, S. 126).

Kultur dient in diesem Sinne der Gestaltung von Formen und wird als Formfindungsprozess menschlichen Geistes begriffen. Kultur bedeutet Formbestimmtsein im Fühlen, Tun, Wahrnehmen, Vorstellen, Wollen und Denken des Menschen; die Entwicklung von Formen ist damit an einen historischen Prozess und die immer wieder neu zu machende Erfahrung gebunden; eine „Formschöpfung im Sinne einer creatio ex nihilo" wird damit verworfen. Schöpferisches Gestalten als ‚Tun' des Menschen wird nicht technisch verstanden, sondern „hat seine eigene Vernunft" und wird an das Denken gebunden, das damit gleichzeitig eine praktische Fundierung erfährt; der Mensch als „Ausdruckswesen" müsse bei allen geistigen Leistungen, also in seiner Symboltätigkeit, „das Chaos der sinnlichen Eindrücke in eine ‚feste Gestalt' (...) bringen, daraus ein charakteristisches und typisches ‚Weltbild'" formen. Dem „fließenden Eindruck" müsse formbildend gegenübergetreten werden, damit er für uns „Dauer gewinnt" (ebd., S. 27).

Der in diesem Formbildungsprozess an Freiheit und Individualität gebundene schöpferische Charakter setzt uns nun aber nicht gleichermaßen frei, denn notwendige Bedingung jeder geprägten Form sei ihre Begrenzung (S. 123 u. 124). Die Selbstformung des Menschen sei daher auch immer ein Kampf „auch gegen sich selbst und zugleich um sich selbst" (ebd., S. 123).

Zur Aufgabenstellung einer Philosophie der symbolischen Formen gehöre es, „die symbolischen Formen nicht nur in ihrer Verschiedenheit (und) ihrem Bezug zueinander (...) zu analysieren, sondern auch für einender – und zwar gerade durch ihre Unterschiedlichkeit – fruchtbar zu machen" (S. 66). Stufen im Verlaufsprozess von Kultivierung zeigen auch immer ein moralisches Verantwortlich-Werden durch Individualität, eine im Akt des Über-sich-Hinausgehens wirksame Anstrengung zur Schaffung eines Werkes; neben diesem schöpferischen und selbstbefreienden Aspekt bedeutet Kultivierung aber auch immer einen „Akt der gleichzeitigen Selbstbegrenzung in einer Form", einen „Akt der Präsentation gegenüber anderen" und einen „Akt des ‚Versprechens', mit dem die Verläßlichkeit dieser Präsentation gewährleistet wird" (ebd., S. 173). Mit diesem Grundgedanken sind gleichzeitig die drei Ur- bzw. Basisphänomene markiert, die nach der Philosophie der symbolischen Formen nicht weiter auflösbar oder aufeinander reduzierbar sind, deren Bezogenheit aufeinander aber erst eine umfassende Philosophie der menschlichen Erfahrung liefern: „Das Selbstbewußtsein, unser Wirken in der Welt und die Werke unseres Wirkens." Diese drei Basisphänomene stehen in keinem additiven Zusammenhang, sind keine „gleichrangige Aufteilung eines Ganzen" (S. 202), sondern „sie verlangen jeweils eine Umkehr der Blickrichtung, um sichtbar zu werden" (S. 201). Die Spannung zwischen „Ich" und „Werk" wie dem dazwischen vermittelndem „Wirken" zeigt sich stets als ein „Wechselwirken", denn "im Werk, so scheint es (...), entfremden wir uns immer auch uns selbst, statt uns zu verwirklichen" (S. 207). Der Eigensinn unserer Werke steht dem Eigenen unseres Selbst aber nicht nur entfremdet gegenüber, sondern trägt zu dessen Formgebung erst bei: „Wir wären so mit dem auf den ersten Blick paradoxen Sachverhalt konfrontiert, (...) ‚daß das Ich (...) nicht nur seine eigene, ihm von Anfang an gegebene Form den Gegenständen auf(drückt), sondern (...) diese Form erst in der Gesamtheit der Wirkungen (findet), die es auf die Gegenstände übt, und die es von ihnen zurückempfängt'. (...) Das Werk ist eben nicht nur das dem Ich Gegenüberstehende, es ist in gewissem Sinne auch sein Teil" (S. 211 u.

212). Das in seinem Wirken erst entstehende Ich manifestiert sich im und gegenüber dem Werk selbst als Werk, als ‚Selbstwerk' einmal mit und einmal gegen sich als eigenes aber auch anderes. „Selbst, Wirken und Werk zeigen sich" – so das Resumé – „tatsächlich als die drei Dimensionen unseres Lebens, deren jede ihr Eigensein und ihren Eigen-Sinn besitzt und deren jede sich erst in einer besonderen Anstrengung der Befreiung aus den Grenzen der anderen erschließt" (S. 217). Mit der Einbindung des individuellen Selbst „in die Geschichte der vielen" werde aus dem „Werk des Einzelnen ein Baustein im Gebäude der Kultur", in dem das individuelle Selbst durch sein Wirken eine „interindividuelle Kultur der Werke" mitgestalte. Das „Zwischenreich" der Werke enthält nicht nur die „vergangenen Spuren eigenen oder fremden Wirkens" (ebd.), sondern hält auch die künftigen gegenwärtig!

Mit der kulturphilosophischen Freilegung von Kultur als Kulturtätigkeit des Menschen bei Ernst Cassirer lässt sich eine theoretische Figur gewinnen, die es erlaubt, weder auf ‚Kultur' einfach zu verzichten, noch sich affirmativ auf einen ‚Kulturbegriff' beziehen zu müssen, sondern sozialpädagogische Interventionen auf eben jenen Aspekt der menschlichen ‚Tätigkeit' hin zu orientieren (vgl. Eppenstein 2003, 278).

Der unterschiedliche Umgang mit kulturellen Unterschieden zwischen universalistischen und relativistischen Kulturverständnissen wurde lange an der Zuweisung ‚dynamischer' und ‚statischer' Kulturverständnisse vorgenommen (universell = dynamisch; relativistisch = statisch); wobei mit einer reflexiv gewordenen interkulturellen Debatte Bekenntnisse für ein „dynamisches" Kulturverständnis dominant geworden sind. Die Einsicht in die grundsätzliche Dynamik aller Kultur hat indes nichts mit Bekenntnissen oder Wahlalternativen zu tun, weil sich die Rede von ‚dynamischer Kultur' wie ‚statischer Kultur' als unpräzise erweist, denn nach der Kulturtheorie Cassirers sind alle Kulturen dynamisch. Sie sind nicht zugleich statisch, sondern der dynamische Prozess bedeutet Formfindung, Formgebung, Formerhaltung und Formveränderung. Interkulturelle Prozesse sind demnach Geschehnisse, die zwischen den unterschiedlichen Dynamiken solcher Formungsprozesse entstehen, als Reibung, oder aus deren Anlass als Synchronisationsversuche.

Die bei Cassirer angesprochene Dynamik von Kulturbildung, Kultursuspension oder kulturellen Transformationen als Spannungsverhältnis von Formgebung und Formwerdung (forma formans) zur „schon geprägten Form" (forma formata) wird im Idealfall als dynamisches gleichgewichtiges Wechselspiel zwischen Prozess und Resultat als „Pendelschlag des geistigen Lebens selbst" gesehen, wobei „die ‚forma formans, die zur ‚forma formata' wird, (...) um ihrer eigenen Selbstbehauptung willen zu ihr werden muß, (...) aber nichtsdestoweniger in ihr niemals gänzlich aufgeht, sondern die Kraft behält, sich aus ihr zurückzugewinnen, sich zur ‚forma formans' wiederzugebären (...)" (ebd., S. 124). Das „Werden des Geistes" und das „Werden der Kultur" behalten somit nicht nur das letzte Wort; sie gehen aller statisch erscheinenden ‚geformten Form' voraus. Somit kann anstelle der Konfrontation „dynamischer" oder „statischer" Kulturauffassungen genauer zwischen einem ‚statischen', ‚geformten' und einem ‚dynamischen', ‚formenden', kulturellen Gleichgewicht' gesprochen werden. Nicht zu verwechseln mit stabilem oder labilem Gleichgewicht, denn stabil oder labil können beide sein. Zur nötigen Unterscheidung von Dynamik, Statik, Wandelbarem, Bleibendem, Stabilität und Labilität und zu deren Verknüpfung mit dem Kulturbegriff lässt sich schlussfolgern, dass die empirische Dauer einer Kultur, gewissermaßen ihr

'Haltbarkeitsdatum' nicht a priori in einen Kausalzusammenhang mit ihrer Beharrlichkeit oder Beweglichkeit gesetzt werden kann. Die übereilte Gleichsetzung von Statik und Stabilität einerseits, von Dynamik und Unsicherheit andererseits kann ebenso in die Irre führen wie die Überzeugung, nur ständige Dynamisierung böte die Chance, das 'Verfallsdatum' eigener Kulturtätigkeit hinauszuschieben: Die Starrheit kulturellen Zwanges zu ständiger, sich beschleunigender Veränderung in vermeintlich dynamischen Kulturen steht derjenigen, nichts verändern zu dürfen, in statisch scheinenden Kulturen strukturell in nichts nach. Es zeigt sich, dass mit Cassirer von dynamischen oder statischen Kulturen gar nicht weiter gesprochen werden kann, da alle wie auch immer erscheinenden kulturellen Vorgaben und Praxen einer universellen Tätigkeit des Menschen entspringen (ebd., S. 281). Die interkulturelle Dynamik in multikulturellen Gesellschaften kann demnach durch die Konfrontation unterschiedlicher Formen, kulturelles Gleichgewicht herzustellen oder zu erhalten, geprägt sein, wobei die grundsätzliche Dynamik aller Kulturtätigkeit auch bedeutet, dass Ungleichgewichtigkeiten neu entstehen. Grundsätzlich sind in multikulturellen gesellschaftlichen Interaktionen folgende Konstellationen vorzustellen: 'Geformte Form' interagiert mit 'geformter Form'; 'formende Form' mit 'formender Form' und 'geformte Form' mit 'formender Form', wobei 'formende Form' dynamisch erscheint, 'geformte Form' hingegen statisch.

Es muss davon ausgegangen werden, dass realiter zwischen den jeweiligen 'Kulturtäterschaften' stets auszubalancierende Asymmetrien vorherrschen. In derartigen ungleichgewichtigen Konstellationen zwischen 'starken' und 'schwachen' geformten Formen, 'starken' und 'schwachen' formenden Formen und je 'starken' und 'schwachen' geformten oder formenden Formen ist für eine Perspektive des auszubalancierenden Ausgleichs grundsätzlich nicht festlegbar, ob dies mittels einer Verstärkung formender oder geformter Form geschieht, denn beide Optionen sind theoretisch möglich. Daraus lässt sich ein Prinzip der zugelassenen Widersprüchlichkeit in interkulturellen Interventionen ableiten, die je nach vorgefundener Gewichtung zwischen formender oder geformter (kultureller) Form zu vermitteln hätte, und danach bemessen könnte, ob Elemente des „Kulturellen" relevant gemacht werden oder ihre Bedeutung eher reduziert wird.

Eine interkulturell orientierte kompetente Sozialpädagogik hätte das Moment menschlicher Widersprüchlichkeit zwischen 'Beibehaltenwollen' und 'Verändernwollen' (oder auch Verändern-Müssen bzw. 'Verändern, um Beizubehalten') möglicherweise dadurch angemessen zu berücksichtigen, dass sie sich selbst derartige Widersprüchlichkeit nicht nur zugesteht, sondern eine für den praktischen Prozess sinnvoll nachvollziehbare 'Partitur' der richtigen 'Tendenz' zum richtigen 'Zeitpunkt' zu konzeptionieren fähig wird (Ebd., S. 282).

Da Kultur in diesem Verständigungskonzept nicht als „Ensemble von Vorstellungen, Denkweisen und anderen Wissenstypen in historisch standardisierter Form" (Rehbein, 1985, S. 30) verkürzt wird, lässt sie sich von den Angehörigen der Mehrheitsgesellschaft nicht als ein reduzierender Begriff interpretieren, der das Identische in verschiedenen Ausdrucksformen widerspiegelt und die Minderheiten als historisch rückständig und begrenzt einstuft. Vielmehr wird Kultur als ein selbstreflexives System begriffen, auf das sich ethnische Gruppen mit ihren jeweiligen kulturellen Lebensformen beziehen können, denen der demokratische Rechtsstaat die gleichberechtigte Koexistenz zusichert. Der rechtsstaatliche Schutz von identitätsbildenden Lebensformen und Traditionen dient der Anerkennung der Mitglieder der ethnischen Gruppen und wird somit zur Vorbedingung jeder interkulturellen Kommunikation. Er trägt darüber hinaus zur wechselseitigen Anerkennung divergierender kultureller Lebensformen bei und schafft somit die Voraussetzungen für deren Veränderung. „Der beschleunigte Wandel moderner Gesellschaften sprengt alle stationären Lebensformen. Kulturen bleiben nur am Leben, wenn sie aus Kritik und Sezession die Kraft zur Selbsttransformation ziehen" (Habermas 1993, S. 175). Wenn Kulturen als reflexive Erfahrungen begriffen werden, die sich als Medium der verschiedenen ethnischen Mitgliedschaften identifizieren lassen, dann ergibt sich für die Interkulturelle Soziale Arbeit die Möglichkeit, „die Geltung kultureller Traditionen zu bestreiten, damit die mythologisch verhärtete Herrschaft eines ‚Kulturirrationalismus' durchbrochen werden kann" (Hamburger 1994, S. 320). Statt von vermeintlichen kulturellen Gegensätzen könnte die interkulturelle Praxis dann von einer operanten (vgl. Reimann 1986, S. 364ff)[3] Kultur ausgehen, die es dem Individuum erlaubt, in seiner kulturellen Lebensform moderne und traditionale Elemente zusammenzufügen (vgl. Kap.6.1). Mit diesem Ansatz wird zugleich die Eignung eines Konzepts kultureller Identität, das die Individuen zur „Inszenierung einer ethnisch-kulturellen Eigenart" (Greverus 1978, S. 238) bewegen möchte, nachhaltig in Frage gestellt. Denn eine solche Perspektive negiert die Pluralität von subjektiven Entfaltungsmöglichkeiten und verkennt, dass die ethnische Identität immer nur eines unter zahlreichen Identitätskonzepten eines Individuums darstellt.

Statt kulturelle Selbst- oder Fremdidentifikationen zu fördern, steht die Interkulturelle Soziale Arbeit vielmehr vor der Aufgabe, für Mitglieder von Gemeinschaften, die um jeweils andere Konzeptionen des Guten integriert sind, Voraussetzungen zur Ausbildung einer flexiblen Identität (Hamburger 1994, S. 320) zu gewährleisten, in der sich „alle Gesellschaftsmitglieder wieder erkennen und reziprok anerkennen, d.h. achten können" (Habermas 1974, S. 52).

Mit der Konfrontation universalistischer und kulturrelativistischer theoretischer Ansätze sind keine einfachen Alternativen bei Handlungserfordernissen Sozialer Arbeit aufgezeigt, vielmehr zeigt sich ein kulturtheoretisches Problem, dass weder eine Vernachlässigung kultureller Kontextualisierungen noch deren ausdrückliche Betonung legitimierbar sind. „Kultur" und „Kulturen", die in ihrem Doppelcharakter als Lebenselement und gleichermaßen Lebensentwürfe begrenzende Instanz wirksam sind, können von tätigen Sozialarbeitern und Sozialarbeiterinnen nicht frei von jeweils eigenen kulturellen Befangenheiten „erlernt", erfasst oder in irgendeiner Weise neutral ermittelt und im professionellen Handeln einkalkuliert werden.

Einer interkulturell orientierten Sozialen Arbeit, die das kulturtheoretische Problem nicht übersieht, wird es darum gehen, Kulturen nicht als Kulturtechniken zu begreifen, sondern ihren Formwechsel nach- und mitzuvollziehen. Interkulturelle Kompetenz als sozialarbeiterische Kompetenz operiert hier in einem Spannungsverhältnis, das schnell in Selbstwidersprüche führen kann: Will sie im Verständnis als Deutungskompetenz ihr Gegenüber angemessen verstehen, wird sie bestrebt sein, ‚Kultur' zu

3 Vgl. Reimann, H.: Die Vitalität autochthoner Kulturmuster. Zum Verhältnis von Traditionalität und Moderne. In: Kultur und Gesellschaft. Sonderheft 27 der Kölner Zeitschrift für Soziologie und Sozialpsychologie. Opladen 1986, S. 364ff.

entziffern; in der Dialektik von Verstehen und Verfügen, von Begreifen und Eingreifen aber muss sie gleichermaßen darauf achten, dem Gegenüber nicht in doppeltem Sinn die Freiheit zu nehmen, indem sie es auf eine Kultur festlegt und indem sie über den Prozess des Verstehens dieses Wissen zur Macht über den anderen macht. Will sie letzteres vermeiden, wird sie ‚Kultur' nicht entziffern sondern prozessieren, ‚interkultivieren' (vgl. Eppenstein 2003, S. 278). Dieser Infinitiv sei als Maßstab für interkulturell kompetentes Deutungshandeln in Anlehnung an den von Cassirer benutzten Begriff des materialen Momentes vorschlagen, also als Prozess der Deutung von erkennbaren gleichen Grundmotiven hinter der Vielfalt kultureller Äußerungen.

4.2 Identität, Kultur, Ethnizität und intersubjektives Handeln

Die Kontroverse zwischen kulturuniversalistischen und kulturrelativistischen Ansätzen fand ihren Niederschlag in der Interkulturellen Sozialpädagogik und vielen Konzepten Sozialer Arbeit, selbst wenn diese sich nicht bewusst als „interkulturell" orientiert artikuliert. Während Kulturuniversalisten die Ausbildung eines transkulturellen überethnischen Identitätsbegriffs anstreben, fordern Kulturrelativisten die Anerkennung und Wahrung der jeweiligen Herkunftskulturen auch in der Migrationssituation.

Nach den Habermasschen Rationalitätskriterien über die Entscheidung moralisch-praktischer Fragen ist die Lösung interkultureller Problemlagen in der Sozialpädagogik an Verständigungsprozesse geknüpft, deren Ziel es ist, einen Konsens auf der Grundlage der intersubjektiven Anerkennung von Geltungsansprüchen auf Wahrheit, Richtigkeit und Wahrhaftigkeit zu erzielen (ebd., S. 109). In diesem Sinne argumentiert auch Hamburger, wenn er sich für eine an Vernunftprinzipien orientierte Sozialpädagogik ausspricht. Er sieht es nicht als Aufgabe der sozialpädagogischen Praxis an, „beliebige kulturelle Selbstdefinitionen als vorgefundene zu bestätigen" (Hamburger 1990, S. 323), sondern plädiert für eine „Konfrontation der eigenen und der fremden Kultur mit universell begründbaren Prinzipien" (ebd.).

Die sozialpädagogische Aufgabe hätte demzufolge darin zu liegen, vernünftiger Identitätsentwürfe auszubilden und somit „formale(n) Anforderungen an das Zustandekommen einer flexiblen Identität" (ebd.) zu genügen. Damit wäre die Voraussetzung dafür geschaffen, dass sich „alle Gesellschaftsmitglieder wieder erkennen und reziprok anerkennen, d.h. achten können" (Habermas 1982, S. 107).

Wird die Begleitung des Veränderungsprozesses der Kulturen als eine Aufgabe der Interkulturellen Sozialpädagogik begriffen, dann sollte nach Parekh (Parekh 1986, S. 28) ein Urteil über die jeweiligen Kulturen nur auf dem Verständnis ihrer Komplexität beruhen. Das Prinzip der Anerkennung des Eigensinns und der Verschiedenheit der Kulturen bedeutet jedoch nicht gleichgültige Wertschätzung für alle Kulturen. Vielmehr ist Parteilichkeit auch in Konflikten zwischen Angehörigen unterschiedlicher Kulturen erforderlich, da diese von Machtstrukturen, Interessenkonflikten und Widersprüchen bestimmt sind.

Im Falle von interkulturellen Konfliktkonstellationen wird eine Interkulturelle Sozialpädagogik weder einseitig im Sinne der Dominanzgesellschaft Stellung beziehen, noch einem kulturalistisch verhafteten Relativismus folgen, sondern das Ihre dazu beitragen, dass alle Konfliktparteien die Prinzipien der liberalen Demokratie und der demokratischen Lebensweisen achten. Hier kann Brumlik zugestimmt werden, wenn er im Blick auf die grundsätzlichen liberalen und demokratischen Prinzipien der Gesellschaft darauf hinweist, dass es der politische Wille der überwiegenden Mehrheit der Staatsbürger ist, der sich in der demokratischen Lebensform artikuliert und durchgesetzt hat und daher prinzipiell anerkannt werden muss. „Auf der Basis der Prinzipien der gleichen Verfassung wird allen Gruppen zugebilligt, (...) sich adäquat repräsentiert zu sehen und (...) die Chance zu haben, die eigenen ethnischen und kulturellen Bezüge (...) wiederzuerkennen" (Brumlik, 1996, S. 127). Eine interkulturell ausgerichtete Sozialpädagogik hat vor diesem Hintergrund die Aufgabe, für Angehörige unterschiedlicher ethnischer Gruppen die politischen Spielregeln einer modernen Staatsbürgerschaft zur Geltung zu bringen und ihre sozialen Voraussetzungen zu reflektieren, und „das heißt sie zu lehren, dass Ethnizität zwar bereicherndes Element einer Lebensform, aber nicht konstitutives Merkmal persönlicher und vor allem politischer Existenz ist" (Brumlik 1993, S. 128). Dies gilt sowohl für Ethnizität unter migrantischen wie nicht-migrantischen Bürgern. Damit sind substantielle und auch normativ folgenreiche Perspektiven einer „interkulturellen" Programmatik markiert.

Im Folgenden werden theoretische Grundkenntnisse zum Zusammenhang von Identitäts- und Ethnisierungsprozessen zusammengefasst, die auch für die Ausbildung interkultureller Kompetenz (Kap. 5) vorauszusetzen sind.

Lothar Krappmann hat bereits Anfang der 70er Jahre unter Rückgriff auf den von G.H. Mead begründeten symbolischen Interaktionismus (vgl. Mead 1968) ein Modell intersubjektiven Handelns konzipiert, in dem die Identität des „grundsätzlich gefährdeten Individuums zwischen der Skylla absoluter Vereinzelung und der Charybdis totaler Vergesellschaftung" (Brumlik 1989, S. 769) balanciert.

Das Individuum erwirbt seine Handlungsfähigkeit in gelingenden Interaktionsprozessen, die wiederum gestaltenden Einfluss auf die Identitätsbildung nehmen, und ist vor die Aufgabe gestellt, in Anbetracht der „Inkonsistenz der Normensysteme und den Widersprüchlichkeiten zwischen den Handlungskontexten in sozialen Systemen" (Krappmann 1971, S. 10) seine Ich-Identität herauszubilden und die eigenen Bedürfnisse sowie Umwelterwartungen, die in einem Spannungsverhältnis zueinander stehen, auszubalancieren.

Gemäß den rollentheoretischen Überlegungen Krappmanns richtet sich das Individuum in seinem Handeln nach gesellschaftlich vermittelten Normen und Werten. Im Regelfall kommen die sozial definierten und institutionell abgesegneten Rollen im Rollenhandeln des Individuums zum Ausdruck. Die Ich-Identität ist jedoch nicht auf die Beherrschung eines festen Rollensets fixiert, sondern entwickelt in unterschiedlichen Situationen eine den Bedingungen entsprechende Selbstrepräsentation gemäß einer Einschätzung der eigenen Position in jeweils vielfältigen Rollenbeziehungen.

Jede Interaktion ist durch ein „Handeln um Identität" der an ihr Beteiligten gekennzeichnet. Hierzu müssen sie in der Lage sein, ihre Interaktionspartner zu identifizieren und die jeweiligen Erwartungshaltungen an die Interaktionssituation zu definieren. Die Konstitution von Identität geht „aus einer Analyse von Interaktionen hervor, die als ein Prozess gemeinsamer Bemühungen um die Explikation des Sinns, den die Interaktionspartner ihrem Auftreten und Handeln geben, verstanden [werden muss]" (ebd., S. 44). Identität konstituiert sich in sozialen Interaktionen mit unterschiedlichen Interaktionspartnern und ist somit kein starres soziales Organisationsmuster.

Bezüglich der Kommunikationssituation zwischen Angehörigen unterschiedlicher kultureller Zugehörigkeit ist die Offenheit der Interaktionssituation strukturell notwendig, um den Interaktionspartnern genügend Raum zur Identitätsdarstellung und zur subjektiven Interpretation zu gewähren. „Wenn sich zwei Menschen treffen, die aus verschiedenen Kulturen stammen und keine gemeinsame Sprache sprechen, können sie sich nicht an Normen außerhalb der aktuellen Interaktionssituation anlehnen, sondern sind allein auf in jeder Hinsicht neu zu entwerfende, versuchsweise Interpretationen des Interaktionsprozesses angewiesen" (ebd., S. 97).

Es stellt sich nunmehr die Frage, ob Krappmanns Ansatz auch dazu geeignet ist, Identitätsprozesse von Angehörigen ethnischer Gruppen, die aus traditionalen Gesellschaften stammen und nach Deutschland eingewandert sind, zu beschreiben bzw. die Reaktionen „traditionaler ethnischer Deutscher" auf postkonventionelle Zuwanderer zu analysieren.

Krappmann verweist darauf, sein Konzept der „balancierenden Identität" bedeute, „divergierende und widersprüchliche Erwartungen, unzureichende Bedürfnisbefriedigung und nicht voll gelingende Versuche subjektiver Interpretationen und Intentionen auszuhalten und nicht zu verdrängen" (ebd., S. 30). Daher beansprucht sein Ansatz Geltung für sich modernisierende Übergangsgesellschaften bis hin zu fortgeschrittenen Industriegesellschaften, da in diesen genannten gesellschaftlichen Formationen verschiedene Normensysteme miteinander konkurrieren und notwendige subjektive Interpretationen dazu beitragen, balancierende Identitäten und damit die Chance individueller Autonomie zu entwickeln. Nach Keupp (vgl. Keupp 2006, S. 70f.) ist die Identitätsbildung Ausdruck eines Entwicklungsprozesses, der in hohem Maße damit zusammenhängt, wie in einer bestimmten gesellschaftlichen Zeitspanne die personale Entwicklung verläuft und gedacht wird. In der Vormodere hatte ‚Identität' „eine Funktion von festgelegten Rollen und eines traditionalen Systems von Mythen, die Orientierung und religiöse Sanktionen boten ... Identität war unproblematisch und nicht Gegenstand von Reflexion oder Diskussion. Individuen durchlebten keine Identitätskrisen, noch änderten sie radikal ihre Identität" (Kellner 1992, S. 141). Der statische Identitätsbegriff wird von einem modernen Identitätsverständnis abgelöst. Dabei werden Identitätsprozesse „mobiler, multipler, selbstreflexiver und Gegenstand von Veränderung und Innovation" (ebd.). Keupp entwickelt auf diesen Erkenntnissen aufbauend ein heuristisches Modell alltäglicher Identitätsarbeit, indem der Herstellungsmodus von Identität als ein offener Prozess konzeptualisiert wird, der einer alltäglichen und zugleich lebenslangen Bearbeitung zugänglich ist (vgl. Keupp 2006, S. 189f.). Legt man diese Theorien zugrunde, so wird erkennbar, dass die Sozialisationsprozesse von Migrantinnen bereits in ihren Herkunftsländern durch Erfahrungen balancierender Ich-Identitäten geprägt sein müssen, sie also nach Art der Normen unterschiedlich große Verhaltensspielräume hatten und entsprechende Ich-Leistungen erbringen mussten.

Nach Schütz verarbeiten Zuwanderinnen die Erfahrung einer anfänglichen kulturellen Desorientierung dadurch, dass sie sich mit den angetroffenen kulturell-sozialen Beziehungsmustern in der Aufnahmegesellschaft auseinandersetzen und sich Handlungswissen aneignen, das sie zu Interaktionen mit Angehörigen anderer ethnischer

Gruppen befähigt (vgl. Schütz 1972). Die Aneignung kulturellen Wissens setzt die Migranten in die Lage, die in ihrem bisherigen Umfeld sinnhaften sozialen Handlungen auf ihre Angemessenheit in der Einwanderungsgesellschaft hin zu überprüfen und diese im Rahmen sich verändernder Situationsdefinitionen und auf der Grundlage neu erworbener Relevanzkriterien gegebenenfalls zu transformieren. Für die Übernahme veränderter Verhaltensstandards und die situative Anwendung divergierender Normen in der Aufnahmegesellschaft kann ein Migrant „nicht bei einer ungefähren Bekanntheit mit den neuen Mustern Halt machen, und dabei seinem vagen Wissen über dessen allgemeinen Stil und Struktur vertrauen, sondern er braucht ein explizites Wissen von dessen Elementen, in dem er nicht nur ihr *dass*, sondern auch ihr *warum* untersucht" (ebd., S. 66). Schütz Überlegungen sehen durchaus sozialisatorische Anpassungsleistungen durch kognitive und emotionale Umstrukturierungen seitens der Migranten vor. Diese begründet er jedoch nicht mit einer Rückständigkeit ihrer Herkunftsgesellschaft und ihrer entsprechend wenig differenzierten Identitätsstruktur, sondern mit der Realisierung veränderter lebensweltlicher Rahmenbedingungen und den daraus resultierenden jeweiligen individuellen Handlungsstrategien. Migranten können demzufolge ihren Fremdheitsstatus dadurch überwinden, dass sie sich in einem kontinuierlichen Prozess die kulturellen Muster der Aufnahmegesellschaft und deren Sinnbedeutungen aneignen, wodurch sie ihr allgemeines Auslegungsschema von der Welt modifizieren und ihren „Erfahrungsvorrat" (Schütz) erweitern können.

4.2.1 Kritik an der kulturalistischen Konstruktion von Identität

Soll eine soziale Gruppe von einer anderen unterschieden werden, so gilt es, die Besonderheiten herauszustellen, die diese von anderen Kollektiven unterscheidet. Über die Affinität zu anderen Personen entsteht eine Identifikation mit ihnen. Der Prozess der Gruppenbildung wird durch eine besondere Auffassung der Geschichte, ein gemeinsames Verständnis von sozialen Beziehungen, Werten und Kriterien der Urteilsbildung gefördert. Young macht darauf aufmerksam, dass zwar „viele Gruppendefinitionen von außen herangetragen [werden], von anderen Gruppen, die bestimmte Menschen stereotypisieren und mit einem Etikett versehen" (Young 1993, S. 280), sich eine soziale Gruppe aber weniger durch eine Reihe geteilter Attribute als durch ihr Identitätsempfinden definiert. „Obwohl objektive Attribute manchmal eine notwendige Bedingung dafür sind, sich selbst oder andere als Mitglied einer bestimmten sozialen Gruppe zu klassifizieren, ist es die Klassifikation bestimmter Personen mit einem sozialen Status, mit einer gemeinsamen Geschichte, die jener soziale Status produziert, und eine Eigen-Identifikation, die die Gruppe als eine Gruppe definiert" (ebd.). Hieraus folgt, dass soziale Gruppen nicht auf der Grundlage substantieller, quasinatürlicher Gegebenheiten entstehen, und Gruppenidentitäten in Relationsbegriffen verstanden werden sollten. Young kann beigepflichtet werden, wenn sie konstatiert, dass „obwohl die sozialen Prozesse der Affinität und Trennung die Gruppen definieren, sie den Gruppen keine substantielle Identität verleihen. Ein gemeinsames Wesen, das die Mitglieder einer Gruppe besitzen, gibt es nicht. Als Produkte sozialer Verhältnisse sind Gruppen fließende Gebilde, sie entstehen und können auch wieder zerfallen" (ebd., S. 281).

Bereits Weber verweist auf den Konstruktions- und Dekonstruktionscharakter sozialer Gemeinschaften, die sich durch geglaubte ethnische Gemeinsamkeiten definieren.

Ethnische Gruppe als „geglaubte Gemeinsamkeit“ bei Max Weber (1922):
„Wir wollen solche Menschengruppen, welche auf Grund von Ähnlichkeiten des äußeren Habitus oder der Sitten oder beider oder von Erinnerungen an Kolonisation und Wanderung einen subjektiven Glauben an eine Abstammungsgemeinschaft hegen, derart, dass dieser für die Propagierung von Gemeinschaftungen wichtig wird, dann, wenn sie nicht ‚Sippen‘ darstellen, ‚ethnische‘ Gruppen nennen, ganz einerlei ob eine Blutgemeinsamkeit objektiv vorliegt oder nicht. Von der ‚Sippengemeinschaft‘ scheidet sich die ‚ethnische‘ Gemeinsamkeit dadurch, dass sie eben an sich nur (geglaubte) Gemeinsamkeit, nicht aber Gemeinschaft ist, wie die Sippe, zu deren reales Wesen ein reales Gemeinschaftshandeln gehört“ (Weber 1972, S. 307).

Für Weber begründet hiernach Ethnizität keine abstammungsbezogenen Bande mit der Herkunftsgesellschaft, sondern dient vielmehr in der Aufnahmegesellschaft als Medium zur Konstituierung von gemeinschaftlichem Handeln oder auch der Diskriminierung von Gruppen. Da der Ethnizitätsbegriff Ausdruck unterschiedlicher inhaltlicher Bestimmungen sein kann, wird er von Weber nicht als Begründung einer „kulturellen Identität“ interpretiert.

Die Erweiterung des Ethnizitätsbegriffs um einen traditionsverhafteten Identitätsbegriff, der die kulturellen Eigenheiten von Migranten typisierend hervorhebt, ist in der deutschen Migrationsdebatte erst in den letzten Jahren erfolgt.

Apitzsch (1993, S. 5f.) weist darauf hin, dass die Umdeutung der Weberschen Definition einer Resubstanzialisierung seines Ethnizitätskonzepts gleichkommt, und kritisiert sowohl diese Tendenzen als auch die ihrer Ansicht nach modernitätstheoretisch unausgewiesene These von dem radikalen Modernitätsgefälle zwischen Herkunfts- und Aufnahmegesellschaften.

In ihrer Kritik wendet sich Apitzsch zunächst gegen Argumente jener sozialisationstheoretischen Debatte, die den Prozess der Identitätsbildung in einen notwendigen Zusammenhang mit der Aneignung einer nationalkulturellen Rolle stellten (vgl. Schrader u. a. 1976) Im Rahmen eines so verstandenen Enkulturationsprozesses übernimmt das Individuum eine ethnisch definierte kulturelle Rolle, die nicht mehr hinterfragt werden kann (Apitzsch 1993, S. 7). Diesem Ansatz zufolge lässt sich Kultur mit einer Art zweiter Natur vergleichen, „die den Menschen wie ein ehernes Gehäuse umschließt und ihn nur um den Preis des Zerbrechens persönlicher Identität entlässt“ (Ebd.). Die danach in der Migrationssituation unvermeidlich auftretenden Kulturkonflikte führen in der Aufnahmegesellschaft zu einer Abwertung der kulturellen Kompetenzen der Migranten, zur Bestimmung ihrer kulturellen Defizite und zu einer „sozialen Bereitschaft zur Ethnisierung“ (Bukow u. a. 1988, S. 74). Hieraus folgt die Konstruktion von Typenbildungen auf der Grundlage von extrapolierten Kulturcharakteren und vermuteten ethnischen bzw. nationalen Charakteren (vgl. Apitzsch 1993, S. 7).

Dem enkulturationstheoretischen Ansatz liegt kein analytischer Begriff von Ethnizität zugrunde, bei dem Ethnizität als Resultat der Auseinandersetzungen mit der Aufnahmegesellschaft und als soziale Form verstanden wird, in der erfahrene interethnische Konflikte in sozialen Zusammenhängen gelöst werden, sei es im Rahmen eines kollektiven Lernprozesses oder durch die Entwicklung von regressiven kulturellen Mustern als Folge des verweigerten Erfolgs in der Immigrationssituation.

Ethnischen Vergemeinschaftungsprozessen von zugewanderten Minoritäten gehen in der Regel Integrationsbestrebungen seitens der Migranten voraus, mit der Intention, sozial aufzusteigen sowie längerfristig die soziale oder politische Gleichstellung zu erzielen. Erst das Scheitern dieser Anliegen kann sowohl die Organisierung als politische Bewegung nach sich ziehen, zu einer ethnischen Selbstdefinition führen oder die Bildung eines ethnischen Bewusstseins aus einer kontinuierlichen Ausgrenzungs- und Resignationserfahrung bewirken.

So kann die Ausbildung eines verfestigten ethnischen Bewusstseins Ausdruck einer kulturellen Verarbeitung der Einwanderungssituation und Folge einer Migrationspolitik sein, die es den Vertretern der Mehrheitsgesellschaft ermöglicht, den Migranten den Zugang zu Positionen mit höherem Sozialstatus und größeren Privilegien zu erschweren oder zu verweigern, ihnen Rechtspositionen abzusprechen oder ihre politischen Partizipationsmöglichkeiten zu beschneiden. Diese Formen der Grenzziehung zwischen Mehrheit und Minderheiten finden ihre Legitimation in ethnisch-kulturellen Zuschreibungen durch Angehörige der Aufnahmegesellschaft. So gelten die Herkunft, die mit dieser in Zusammenhang stehenden kulturellen Verhaltensmuster und schließlich ethnische Zugehörigkeit als charakteristische und irreversible Merkmale der Migranten. Aus dieser Perspektive dienen Modernitätsdefizite und Modernitätsbrüche zwischen Herkunfts- und Aufnahmegesellschaft der Klassifizierung von Angehörigen zugewanderter ethnischer Gruppen, in Absehung von ihrem individuell nachweisbaren Kompetenzprofil, dem Grad ihrer subjektiven Eingliederungsmotivation und ihrer objektiven Einbindung in bestehende soziale Strukturen.

In den kulturellen Mustern der Herkunftsgesellschaften werden rigide und dogmatische Regelsysteme gesehen; sie gelten als weder modifizierbar noch modernisierbar und binden schon deshalb die Migranten an traditionale Lebensformen. „Ein interkultureller Transformationsprozess im Erwachsenenalter (...) erscheint danach grundsätzlich nicht möglich" (ebd., S. 12).

Die Fähigkeit der Migranten, sich an zweckrationalen Maximen zu orientieren und zweckrationales Handeln einzuüben, wird in dieser Zuschreibungslogik systematisch in Frage gestellt, obwohl sich alle Gesellschaftsmitglieder gleichermaßen in ihrem Alltag mit den Anforderungen der Moderne auseinandersetzen müssen. „Zweckrationalität bedarf offensichtlich keiner speziellen Vorkenntnisse zumal ethnischer Provenienz, sondern stellt sich allen Gesellschaftsmitgliedern gemeinsam als Einstellungsgebot bzw. Einstellungsnötigung dar" (Bukow 1993, S. 49).

Die Bewertung der Herkunftskulturen als hermetische und statische Gebilde berücksichtigt nicht, dass der Aus- und Einwanderungsprozess selbst schon eine „Auseinandersetzung von Individuen mit Modernisierungsprozessen [ist], die sie bereits in ihrer Herkunftsgesellschaft erlebten" (Apitzsch 1993, S. 12). Da Modernisierungsprozesse eine globale Reichweite annehmen und in der Regel die sozialen, ökonomischen und kulturellen Strukturen derjenigen Gesellschaften transformieren, aus denen die Migranten in die Bundesrepublik übersiedeln, kann vorausgesetzt werden, dass sie in ihren Herkunftsländern bereits mit dem Aufbau veränderter sozialer und bürokratischer Strukturen, der Auflösung tradierter Lebenszusammenhänge und dem Einsetzen von Entsolidarisierungprozessen konfrontiert waren und entsprechende Fertigkeiten zu deren Bewältigung entwickelt haben. Der Zwang zur Emigration setzt bei den Migranten bereits eine Auseinandersetzung mit ihrer bisherigen lebensweltlichen Einbettung und tradierten kulturellen Mustern in Gang; oft setzt der „Bruch mit den Lebensmöglichkeiten und kulturellen Voraussetzungen der Herkunftsgesellschaft" (ebd., S. 14) geraume Zeit vor dem Entschluss zur Auswanderung ein. Die hierdurch ausgelöste reflexive Verständigung und Vergewisserung begünstigen die Orientierung an universalistischen Prinzipien und fördern die systemische Anschlussfähigkeit und soziale Vernetzung der zugewanderten Individuen.

Erst wenn Gesellschaft und Kultur nicht gleichgesetzt werden und subjektive Konstruktionen von Lebensgeschichten in den Mittelpunkt des Interesses der Migrationsforschung rücken (vgl. Apitzsch 1993, S. 12), dann stellen sich individuelle Bildungsprozesse für Migranten „als Prozesse der Auseinandersetzung mit einer widersprüchlichen Konstellation von Lebensbedingungen und Verhaltenserwartungen dar, die das Material der Lebenskonstruktion bilden, in denen Individuen versuchen, je eigene Bedürfnisdispositionen und gesellschaftliche Verhaltenserwartungen interpretatorisch in Übereinstimmung zu bringen" (Scherr 1992, S. 158).

Die Konstruktion von Identitätsmustern von Zuwanderern würde aus der Perspektive des auf der Grundlage interaktionistischer und rollentheoretischer Überlegungen konzipierten Ansatzes Krappmanns weit reichende Identitätskrisen auslösen, wenn das Individuum über keine Ambiguitätstoleranz verfügt und zwischen divergierenden Anforderungen nicht zu balancieren vermag. Der Entwurf eines Identitätskonzepts, das sich vorrangig an traditionalen Lebenszusammenhängen orientiert und mit ihnen verschränkt ist, impliziert weiterhin, dass den Migranten die Kompetenz zur Reflexion und Interpretation ihrer veränderten Situation im Aufnahmeland abgesprochen wird.

Auch Amartya Sen kritisiert die Reduktion eines Menschen zum Beispiel auf seine Zugehörigkeit zu einer religiösen Gemeinschaft, obwohl es eine Reihe weiterer identitätsstiftender Zugehörigkeiten gibt (vgl. Sen 2007). Vielmehr sei jederzeit erkenn- und erfahrbar, dass Identität in modernen Gesellschaften nicht entlang einer einzelnen Grenzlinie verlaufe, da Menschen in vielfältigen und unterschiedlichen Zusammenhängen eingebunden sind und sich keineswegs trennscharf auseinanderdividieren lassen. Die Folgen des von ihm bemängelten reduktionistischen Ansatzes und dessen Betonung der religiösen Dimension menschlichen Denkens, Handelns und Fühlens liegen in der Eskalation von Spannungen und Distanzierungen innerhalb und zwischen verschiedenen Individuen, Gruppen und Gemeinschaften. Dieses Verständnis von Identität und Identitätsbildung kann an den sogenannten Intersektionalitätsansatz (vgl. Kap. 5.6) angeschlossen werden, wonach sich Identitätskonstruktionen immer auch situativ als Schnittmenge unterschiedlicher Differenzlinien ergeben.

4.2.2 Individuelle Modernisierung

Nach der kritischen Auseinandersetzung mit dem gesellschaftlichen Konstrukt der ethnischen Identität und der Überprüfung des Krappmannschen Identitätskonzepts bezüglich seiner Anwendbarkeit auf Migranten aus traditional strukturierten Gesellschaften stellt sich die Frage nach den psychosozialen Anpassungsprozessen von zugewanderten Individuen in fortgeschrittenen Industriegesellschaften. Das besondere Interesse gilt hierbei den individuellen Veränderungen, im Prozess zunehmender institutioneller Vernetzung sowie sozialer und ökonomischer Integration. Inkeles führt zur Konzeptualisierung des Wandels von Lebenspraxis und Einstellungen von Individuen in modernen Gesellschaften den Begriff der „individuellen Modernität" ein (Inkeles 1984, S. 35ff). Während zahlreiche modernisierungstheoretische Arbeiten sich mit den Folgen der Modernisierung auf der institutionellen Ebene befassen, fragt Inkeles nach der Rolle des Individuums im Modernisierungsprozess. Er geht davon aus, dass die individuelle Modernität sich als Folge grenzübergreifender sozioökonomischer Entwicklungen und der mit ihnen einhergehenden Einführung industrieller Produktions- und Lebensweisen universell durchsetzt. Die Verbreitung von Institutionen wie Schulen, Krankenhäusern, Medien oder auch moderner Industriebetriebe in Übergangsgesellschaften trägt demnach dazu bei, dass die Individuen neue Rollennormen erlernen und sich mit modernen Persönlichkeitsmerkmalen ausstatten müssen. Diesen Vorgang bezeichnet Inkeles als „psychologische Verwestlichung". Er geht davon aus, dass der innerliche Anpassungsvorgang an moderne Institutionen individuelle Aufstiegs- und Bildungswünsche nach sich zieht. Als Folge anhaltender Kontakte mit modernen Institutionen macht sich deren sozialisatorische Bedeutung zunehmend bemerkbar: „Insoweit Menschen sich unter dem Einfluss modernisierender Institutionen ändern, tun sie das, indem sie die Normen, die in diesen Institutionen implizit wirksam sind, in ihre eigene Person inkorporieren und indem sie jene Normen durch ihre eigenen Einstellungen, Werthaltungen und ihr Verhalten ausdrücken" (vgl. Inkeles u.a. 1974). Der Inhalt individueller Modernität wird sozial definiert und knüpft an ein bestehendes Gesellschaftsbewusstsein an. Er hängt von dem jeweilig unterschiedlichen Grad gesellschaftlicher Modernität und ihren historischen, ökonomischen und kulturellen Voraussetzungen ab. Gleichwohl kann davon ausgegangen werden, „dass sich weltweit trotz unterschiedlicher Entwicklungspfade tendenziell ein Subjekt durchsetzt, dass die Merkmale ‚individueller Modernität' nach dem Muster der Industriegesellschaften aufweist" (Bosse 1984, S. 379). Als moderne Persönlichkeitseigenschaften, die universell Geltung erlangen, werden von Inkeles/Smith[4] u.a. angeführt: das Wissen um erworbene Kompetenzen und ihre Anwendung, Offenheit für neue Erfahrungen, Einsicht in die Notwendigkeit einer rigiden Zeiteinteilung, Leistungsorientierung, Flexibilität, Planung und Koordination von Handlungen sowie die Bereitschaft, sich wissenschaftliche Denkmuster zu eigen zu machen.

Folgt man dem hier vorgestellten Ansatz, so ist Modernität das Resultat eines Sozialisations- und Lernprozesses, in dessen Verlauf die Individuen moderne Prinzipien internalisieren, die konstitutiv für die Handlungen und Verfahren derjenigen Institutionen sind, die die Vergesellschaftungs- und Partizipationsmodalitäten des einzelnen Gesellschaftsmitglieds bestimmen. Dieser Lernprozess gewährleistet die soziale Integration des Individuums in ein bürokratisch-industrielles Produktions- und Verwaltungssystem, während es seinen ethnienspezifischen Traditionen „als Privatsache" weiterhin nachgehen kann.

In den lebenspraktischen Vollzügen multikultureller moderner Gesellschaften ist diese Trennung in eine moderne öffentliche Universalkultur und eine private Kultur

4 Vgl. „Harvard Project on the Social and Cultural Aspects of Development", dessen Ergebnisse in Inkeles/Smith, Becoming Modern veröffentlicht wurden; vgl dazu: Inkeles, Individuelle Modernität, S. 357.

indes kaum durchzuhalten. So bilden sich z.B. auch plurale Organisationskulturen heraus, die als „Diversity-management" Organisationsentwicklungen vollziehen, in denen die jeweils spezifischen „Färbungen" von beteiligten Akteuren Einfluss nehmen (vgl. Kap.3.4).

Die sozialen Folgen der individuellen Modernität sind dennoch immer daran erkennbar, „dass moderner gewordene Individuen innerhalb ihrer Gesellschaften und ihrer engen sozialen Umwelt neue transformative soziale Rollen übernehmen" (Inkeles 1984, S. 386).

Inkeles kommt in seinem Konzept der individuellen Modernität zu ähnlichen Schlussfolgerungen wie Krappmann. Beide heben die notwendigen Leistungen hervor, die das Individuum als Bedingung der Möglichkeit seiner Partizipation an Kommunikations- und Interaktionsprozessen zu erbringen hat. Sie weisen dabei auf die Grundqualifikationen kommunikativen Handelns hin, die von Mitgliedern in sich modernisierenden Gesellschaften oder in fortgeschrittenen Industriegesellschaften ausgebildet werden müssen. Diese erweisen sich daher als strukturelle Bedingung für den Fortgang des Prozesses der funktionalen Differenzierung der Gesellschaft, in der sich traditional-kollektive Lebensformen auflösen und die Bindungskraft herkömmlicher Weltbilder abnimmt.

Auch Weber war von der Annahme ausgegangen, dass ethnische Bindungen und ethnisches Bewusstsein im Verlaufe des Integrationsprozesses und mit der Durchsetzung zweckrationaler Einstellungen und Handlungsweisen, die er als konstitutive Prinzipien moderner Gesellschaften bezeichnet, an Einfluss verlieren. Zugleich weist er darauf hin, dass die politische Organisierung ethnischer Gemeinschaften zum Zwecke der Abgrenzung und der Abschottung vor gesellschaftlichen Modernisierungsprozessen Ausdruck der Schwierigkeit von Zuwanderern ist, sich mit der Modernisierung auseinanderzusetzen. Dies führe zur künstlichen Bildung eines Glaubens an ethnische Gemeinsamkeiten, die „ganz dem uns bekannten Schema der Umdeutung von rationalen Vergesellschaftungen in persönliche Gemeinschaftsbeziehungen [entspricht]" (Weber 1972, S. 237).

4.2.3 Zur Bedeutung der Identität im interkulturellen Verständigungsprozess

In mehreren sozialwissenschaftlichen Veröffentlichungen wird die Zugehörigkeit von Individuen zu einer sich ethnisch-kulturell verstehenden Gemeinschaft gerade unter Bedingungen einer zunehmenden Entstrukturierung traditionaler Lebenszusammenhänge als notwendige Vorbedingung ihrer Identitätsbildung bezeichnet (vgl. Bosse 1989; Hoffmann 1983; Diamond 1976). Ethnische Vergemeinschaftungen werden in den hier erwähnten Veröffentlichungen als Ausdrucksformen kollektiven Widerstands gegen die Merkmale einer bürokratisch-industriellen Gesellschaft interpretiert, die „ein beziehungs- und kriterienloses Nebeneinander fordert und die Individuen somit der Unfreiheit der Kulturindustrie unterwirft" (Brumlik 1991, S. 180). Weiterhin soll Ethnizität einen Gegenentwurf zu Vereinsamungs- und Vereinzelungsprozessen der Individuen in modernen Gesellschaften und den Problemlagen, die sich aus der Erfahrung sozialer Ungleichheit herleiten lassen, darstellen. Ethnizität wird als Kritikfigur gedeutet, die

„Ausdruck verzweifelter Suche nach Identität von politisch, ökonomisch und kulturell diskriminierten Gruppen“ (Schöfthaler 1980, S. 328) ist.

Für andere theoretische Ansätze stellt ethnische Identität nichts anderes als eine soziale Konstruktion dar, die die Funktion hat, ethnische Gruppen auszugrenzen und zu diskriminieren (vgl. Bukuw u. a. 1990). Soziale Ungleichheit wird hierbei auf der Grundlage der Zuschreibung naturalistischer Merkmale legitimiert, wodurch universalistische Prinzipien ausgehöhlt werden. Die angeführten Ansätze rekonstruieren die Bildungsprozesse individueller Subjektivität von Zuwanderern vor dem Hintergrund, dass die zunehmende Individualisierung der Lebensformen Angehörige aller ethnischen Gruppen in modernen Gesellschaften betrifft. Da sich Migranten in der Aufnahmegesellschaft genötigt sehen, sich mit den kulturellen Traditionen der Herkunftsgesellschaft auseinanderzusetzen, nehmen sie in der Regel ein kritisch-reflexives Verhältnis zu ihnen ein und werden so in die Lage versetzt, ihre individuellen Kompetenzen zu entwickeln und zu realisieren, wodurch sie schließlich zu einer selbstbestimmten Lebenspraxis befähigt werden. Der Rückgriff auf kulturelle Traditionen erfolgt bei Migranten danach nur noch dann, wenn ihnen die Konzipierung eigener Handlungsmöglichkeiten als Form ihrer individualisierten Vergesellschaftung vorenthalten wird.

Die Kultur-Konflikt-Hypothese, die von einem engen, statischen Zusammenhang von Kultur und Persönlichkeit ausgeht, sieht in der kulturellen Andersartigkeit der Migranten den Grund für deren vermeintliche Identitätsdiffusion, in deren Folge die Migranten mit kaum lösbaren Problemen im Prozess der Identitätsbildung konfrontiert werden. Diese Betrachtungsweise antizipiert eine notwendige Konfrontation von Repräsentanten unterschiedlicher, unhinterfragbarer Kulturen, die u.a. nur mittels besonderer – auf In- und Ausländer zugeschnittener – sozialpädagogische Angebote abgefedert werden kann. Die Grundannahme interkulturell-sozialpädagogischer Ansätze basiert dann auf der These, dass sich Individuen, die in unterschiedlichen kulturellen Herkunftskontexten eingebettet sind, miteinander nur begrenzt verständigen können.

Vor dem Hintergrund dieser gegenläufigen Ansätze stellt sich die Frage, in welchem argumentativen und situativen Zusammenhang der ethnischen Zugehörigkeit bzw. der individuellen Identität jeweils Bedeutung zugesprochen wird.

So kann Ethnisierung als ethnische Zuschreibung dazu beitragen, ethnische Gruppen strukturell auszugrenzen, indem ihren Angehörigen die Fähigkeit zur individuellen Modernisierung abgesprochen wird. Zugleich kann die Selbstethnisierung eine Form der subjektiven und sinnhaften Bewältigung von Problemen sein, die durch die gesellschaftliche Modernisierung aufgetreten sind; gemeint ist hier eine ethnische Selbstbehauptung, die nicht mit Traditionalismus gleichgesetzt werden kann.

Erforderlich scheint hier eine Analyse derjenigen sozialen Verhältnisse, die entweder die Individualisierung oder die Bildung ethnischer Gemeinschaften nach sich ziehen. Dabei gilt das Augenmerk insbesondere den von Individuen oder Kollektiven bevorzugten Mustern bestimmter Problemanalysen und Problemlösungsstrategien, die den Ethnizitätsdiskurs zur Legitimierung und Durchsetzung ihrer jeweiligen Interessen bemühen.

Die gesellschaftliche Modernisierung schafft Voraussetzungen zur strukturellen Individualisierung dadurch, dass sie die Individuen aus traditionalen Zusammenhängen freisetzt. Modernisierungsschübe ermöglichen dabei sowohl Individuierungsprozesse als auch die Möglichkeit der Orientierung an sich neu konstituierenden Gemeinschaften. Beide Formen individuellen Verhaltens stehen in einem dialektischen Verhältnis zueinander, schließen einander also nicht notwendig aus.

Orientieren sich Individuen in einer Gesellschaft, in der sich ethnische Identitätsmuster auflösen, an kulturellen Traditionen, so versuchen sie, die Folgen der strukturellen Individualisierung zu bewältigen und zu bearbeiten. Die strukturelle Individualisierung, die sich als abstrakte Vergesellschaftung von Individuen durchsetzt, führt zu der Auflösung verbindlicher sozialer Beziehungen. Der Zwang zur Konstruktion individueller Lebensvollzüge und der Verlust des strukturierenden Einflusses traditioneller Lebensformen werden in der Regel als Gefährdung einer bewährten sozialen Ordnung erfahren. Da die Vermittlung kultureller Traditionen ihre Bedeutung als selbstverständliche Voraussetzung der Vergesellschaftung von Individuen verloren hat, versuchen diese dem Identitätsverlust dadurch zu begegnen, dass sie ethnisch-kulturelle Identifikationen wiederherstellen. „Es geht hier darum, wirksame Fiktionen zu etablieren, die es erlauben, das Problem der Identitätsbildung zu bearbeiten" (Bommes u.a. 1991, S. 305). Scherr sieht in diesem Verhalten eine notwendige Paradoxie, die darin liegt, dass der Versuch unternommen wird, „das nicht [mehr] Selbstverständliche zum Selbstverständlichen zu erklären" (ebd.).

Der Ethnizitätsdiskurs eröffnet einen vermeintlichen Ausweg aus riskanten und krisenhaft erlebten Modernisierungskonzepten und bietet unterschiedlichen sozialen Gruppen, die sich überwiegend aus Modernisierungsverlierern zusammensetzen und daher die Reetablierung sozialer Einbindungen anstreben, die Möglichkeit, auf historische Entwürfe vormoderner Gemeinschaften zurückzugreifen. Im Verhältnis der Mehrheitsgesellschaft zu den zugewanderten ethnischen Gruppen dienen ethnische Zuschreibungsprozesse dann dazu, den Migranten die Verantwortung für die Folgen des sozialen und ökonomischen Wandels, der nicht zuletzt ein Ergebnis der kontinuierlichen Einwanderung darstellt, anzulasten. Sobald Migranten als potentielle Konkurrenten auftreten und bestehende hierarchische Strukturen oder Abhängigkeitsverhältnisse in Frage stellen, werden ihre kulturelle Herkunft und ethnischen Eigenheiten zur Legitimierung ihrer sozialen Benachteiligung angeführt.

Zuwanderer sehen sich in der Folge mit ethnischen Zuschreibungen konfrontiert, die sie auf eine vormoderne Lebenspraxis festlegen möchten. Die Ethnisierung von Migranten erfolgt unabhängig vom tatsächlichen Anteil derjenigen, der konventionelle Einstellungen vertritt. Doch auch die Etablierung von Formen einer ethnisch-kulturellen Praxis in der Aufnahmegesellschaft verweist nicht ohne weiteres auf die Aufrechterhaltung eines traditionalen Kulturverständnisses. Vielmehr reagieren Migranten oftmals durch Selbstethnisierung auf kulturalistische Perspektiven ihrer Umwelt, in der ihre Probleme als kulturell bedingt beschrieben werden. Wenn Migranten diese Perspektive adaptieren, so interpretieren sie Ausgrenzungserfahrungen in Institutionen oder Diskriminierungen in Interaktionsprozessen mittels kultureller Erklärungsmuster. „Wie man das ‚Leben zwischen zwei Kulturen', ‚bikulturelle Identität' hineingesprochen hat, so schallt heute die Forderung nach dem Recht auf eine ‚eigene kulturelle Identität' heraus" (ebd., S. 307).

Da die Migrationssituation in der Öffentlichkeit immer wieder als ein Prozess beschrieben wird, der sich im Wesentlichen durch das Ausmaß der Kulturkonflikte zwischen den unterschiedlichen ethnischen Gruppen bestimmen lässt, und weil das ethnisierende Deutungsmuster als lernbares Sprachspiel virulent bleibt, übernehmen Migranten ihrerseits die eingeführte Zuschreibungspraxis. Sie eröffnet ihnen einen Prozess der Selbstverständigung über die Thematisierung der ethnisch-religiösen oder nationalen Zugehörigkeit. Selbstethnisierung lässt sich als soziale Reaktion auf die Verweigerung sozialer und politischer Partizipationsmöglichkeiten in einer Gesellschaft verstehen, in der die durch die Migration aufgetretenen Folgeprobleme mit der kulturellen Differenz zwischen der Mehrheitsgesellschaft und den Zuwanderern begründet werden.

Die fehlende Perspektive für eine weitergehende soziale Integration der Migranten in die Einwanderungsgesellschaft führt Brumlik zu folgender resignativer Betrachtung: „Die Situation von Immigranten ist aufgrund ihrer sozialen Lage als abhängig Beschäftigte des Arbeitsmarktes, aufgrund des strukturellen Rassismus der Mehrheitsgesellschaft und des Eurozentrismus des Bildungssystems derart chancenlos, dass nur eine Bewahrung ihres traditionellen Selbstverständnisses eine weitere Verschlechterung aufhalten kann" (Brumlik 1991, S. 188).

Zugleich aber sanktioniert Selbstethnisierung den ethnisierenden Diskurs, indem sie ethnische Abgrenzungen als eine Voraussetzung wechselseitiger Wahrnehmung fördert. Sie revitalisiert einerseits kollektive mythische Vorstellungen über partikulare kulturelle Bezüge und Traditionen und trägt andererseits zur Fiktion ethnischer Homogenität bei. Die Strategie der Selbstethnisierung erweist sich als Ausdruck einer identitätsstiftenden Bearbeitung kulturalistischer Zuschreibungen, da sie die innerethnische Selbstverständigung strukturiert und die ethnische Abschottung begünstigt.

4.2.4 Intersubjektive Verständigungsprozesse

Für Habermas vollzieht sich die Selbstkonstitution der Subjekte sowohl über die technische Vernunft und das Produktionswissen als auch über den durch soziale Interaktionen vermittelten Kommunikationszusammenhang. In den verschiedenen Formen kommunikativen Handelns konstituiert sich das Reflexionswissen der Individuen, über das die normativen Strukturen der Gesellschaft sowie deren institutionelle und kulturelle Bedingungen offenbar werden. Kommunikatives Handeln als Ausdruck gelungener sozialer Interaktionen wird zur zentralen Kategorie eines theoretischen Konzepts zur Rekonstruktion des autonom handelnden Individuums. Prozesse intersubjektiver Verständigung stellen hohe Anforderungen an die am Interaktionsprozess Beteiligten, da die „Ansichten und Interessen und Bedürfnisse von Teilnehmern an sozialer Interaktion weder vor Eintritt in die Interaktion kongruent sind, noch sich in der Interaktion voll zur Deckung bringen lassen" (Treuheit 1981, S. 64). Im Rahmen des Verständigungsprozesses sind die Gesprächspartner darauf angewiesen, Einigung über gemeinsam geteilte Symbole und Deutungen zu erzielen. In alltagssprachlichen Verständigungsprozessen ergänzen sich kommunikative und metakommunikative Äußerungen, so dass allen Teilnehmern der Interaktion deutlich wird, wie die Verständigung zu interpretieren ist. Sprache als Interaktionsform wird also durch ihren reflexiven Gebrauch zum Medium, über das die sozialen Beziehungen unter den Teilnehmern der Interaktion organisiert werden (vgl. Habermas 1971, S. 105f.). Zugleich ermöglicht die kommunikative Kompetenz dem Individuum, zwischen divergierenden Erwartungshaltungen und seiner persönlichen Identität zu balancieren. Der reflexive Umgang mit der Sprache befähigt zu „eine[r] indirekte[n] Selbstdarstellung der unvertretbaren Individualität in den unvermeidlich allgemeinen und mit anderen Individuen geteilten Kategorien des Sprechens und Handelns" (Habermas 1968, S. 25). Im Verlauf ihrer diskursiven

Kommunikation werden die Interaktionspartner ihre wechselseitigen Erwartungen und Interpretationsmuster thematisieren und Einvernehmen über eine gemeinsame Verständigungsbasis erzielen, von der aus sie weiterkommunizieren können (Vgl. Habermas 1971, S. 144ff.).

Habermas nimmt in seinem Ansatz Bezug auf handlungstheoretische Grundannahmen, nach denen der Einzelne sich nicht allein an gelernten und sozial definierten und institutionell abgesicherten Verhaltensweisen orientiert, sondern eigene Identitätsleistungen jenseits aller Rollenerwartungen vollbringt, da er sich ständig vor die Aufgabe gestellt sieht, auf das ihn umgebende Interaktionssystem interpretierend und gestaltend Bezug zu nehmen.

Soziale Interaktion ist demnach ein Prozess wechselseitiger Einflussnahme von an einer Interaktion beteiligten Individuen. Dabei verständigen sich die Individuen über ihre jeweilige Identität, indem sie nicht nur das gemeinsame Symbolsystem beschreiben, sondern bemüht sind, in Anbetracht sich verändernder Definitionen und Interpretationen neue Bedeutungen zu definieren. Erst wenn die Interaktionsteilnehmer in Erfahrung gebracht haben, wer der andere ist und welche Erwartungen er dieser Interaktionssituation entgegenbringt, können sie miteinander kommunizieren. „Die gemeinsame Situationsdefinition bzw. das Ergebnis von Interaktion ist nicht das Ergebnis der gemeinsamen Zustimmung zu einer gesetzten Norm, sondern hergestellte Übereinstimmung in der Interpretation der bereits je subjektiv eingebrachten Norm. Der gemeinsam erarbeitete Begriff ist nun für beide Partner verbindlich, ein signifikantes Symbol“ (Treutheit u.a. 1985, S. 49). Dieser Prozess kann noch dadurch abgestützt werden, dass die Interaktionspartner sich gegenseitig vermitteln, wie ihre Argumente gemeint sind oder welche Handlungen in der spezifischen Interaktionssituation erwartet werden, um schließlich durch die gegenseitige Rollenübernahme (taking the role of the other; Mead) die Handlungen anderer am Interaktionszusammenhang Beteiligter vorwegzunehmen und ihnen Rechnung tragen zu können. Durch diesen Verständigungsprozess eignen sich die Interaktionspartner ihre soziale Umwelt an. „Um zu einem übereinstimmenden Sinnzusammenhang und einer gemeinsamen Situationsdefinition gelangen zu können, muss es [das Subjekt] sein eigenes Rollenverständnis und Verhalten ebenso zum Gegenstand seiner Betrachtungen machen wie das seines Gegenübers. Damit die angetragenen Verhaltenserwartungen möglichst so aufgenommen und ausgefüllt werden können, dass gemeinsames Handeln möglich wird, muss das Subjekt sich selbst aus der Perspektive des anderen betrachten und sein eigenes Handeln distanziert reflektieren“ (Sternecker, 1992, S. 124). Die genannten Interaktionsbedingungen sind konstitutiv für den Aufbau spezifischer Identitätsstrukturen des Individuums, die es ihm ermöglichen, zwischen individuellem Handeln und Verhaltenserwartungen zu balancieren. Danach kann wiederum mit Krappmann angenommen werden, „dass dem Individuum desto mehr Möglichkeiten zu sozialer Interaktion offen stehen, je besser es ihm gelingt, die Besonderheit seiner Identität an der interpretativen Integration gerade divergenter Erwartungen und widersprüchlicher Handlungsbeteiligungen in den Systemen sozialer Interaktion zu erläutern“ (Krappmann 1971, S. 10).

Das Individuum sieht sich in jeweils unterschiedlichen Interaktionssituationen vor die Aufgabe gestellt, seine Identität zu transformieren, indem es frühere und neue Identitätsbezüge verknüpft und die eigene Lebensgeschichte dadurch für die aktuelle Situation aufarbeitet (vgl. ebd., S. 11). Habermas sieht in der Ich-Identität zugleich „die spezifische Fähigkeit, Krisen der Ich-Struktur durch Umstrukturierung“ (Habermas 1968, S. 12) lösen zu können. Die Identitätsstruktur des Individuums verändert sich durch die von ihm erfahrenen Kommunikations- und Handlungsformen.

Da das Individuum in seiner Lebensgeschichte von verschiedenen Sozialisationsinstanzen und ihren Kommunikations- und Handlungsformen geprägt wird, verändert sich die Identitätsstruktur des Subjekts immer wieder. Zugleich vermag das Individuum die eigene soziale Umwelt im Rückgriff auf seine Ich-Identität gestalterisch zu beeinflussen.

4.2.5 Interkulturelle Verständigung auf der Grundlage des interaktionistischen Ansatzes

Auf der Grundlage des interaktionistischen Ansatzes lassen sich nun Grundqualifikationen einer interkulturellen Handlungsorientierung entwickeln, die sich auf Interaktionspartner beziehen, die in unterschiedlichen gesellschaftlichen Systemen sozialisiert worden sind.

Wird auch in der vorliegenden Überlegung davon ausgegangen, dass das Individuum im eigenen kulturellen Interaktionszusammenhang über die gleichen identitätsbildenden Fähigkeiten verfügen muss wie in einem multikulturellen Kontext, so gilt es dennoch, einige Handlungsorientierungen zu umreißen, die es den Angehörigen unterschiedlicher ethnischer Gruppen und kultureller Lebensformen ermöglichen, im Blick auf einen gemeinsamen Orientierungsrahmen eine reflexive Distanz gegenüber ihren eigenen ethnisch-kulturell vermittelten Wahrnehmungs- und Interpretationsmustern einzunehmen.

In kulturellen Handlungsprozessen strukturieren sich die Deutungsmuster und die Wissensformen der Individuen und kommen in denjenigen Werten und Normen zum Ausdruck, die deren alltägliche soziale Interaktionen bestimmen (vgl. Kap. 4.1.3). „Kultur“ reflektiert somit traditionale Vorstellungen und greift in die lebensweltlichen Zusammenhänge ein. Während Kultur als ein Ensemble sozialer Bedingungen des Verhaltens beschrieben werden kann, dient sie dem Einzelnen als Orientierung und ermöglicht ihm, im Rahmen seines sozialen Umfeldes kommunikations- und handlungsfähig zu werden. Zugleich lässt sich Kultur als ein bewegliches und adaptionsfähiges System verstehen, das „die besondere und distinkte Lebensweise (...), die Bedeutungen, Werte und Ideen, wie sie in den Institutionen, in den gesellschaftlichen Beziehungen, in Glaubenssystemen, in Sitten und Bräuchen, im Gebrauch der Objekte und im materiellen Leben“ (Clarke u.a. 1981, S. 41) zum Ausdruck kommen, verkörpert. Kultur stellt die symbolische Ordnung des sozialen Lebens dar und dient zugleich als gesellschaftliches Orientierungssystem. Kultur manifestiert sich für die Mitglieder der Gesellschaft als eine „Landkarte der Bedeutungen“ (Clarke), wodurch sie für die Einzelnen verstehbar wird. „Kultur (...) bleibt im Sinne einer Bewältigungsleistung auf praktische gesellschaftliche Probleme bezogen (...) und ist in einem wechselseitigen Transformationsprozess an die sozialen Strukturen gebunden. Der Fundus kultureller Formen wird im Zuge der materiellen Umorganisation der Gesellschaft mit neuen Problemen konfrontiert, neue Formen kommen hinzu, andere, obsolet gewordene treten in den Hintergrund" (Czock 1993, S. 41). Kultur dient demnach der Sinnkonstitution und Identitätsbildung der Mitglieder der Gesellschaft. Da das gemeinsam geteilte System symbolischer Bedeutungen einer ständigen Revision unterworfen wird, gilt Kultur als vorläufig und unabgeschlossen. Die kulturelle Wirklichkeit wird über den Handlungsprozess zwischen dem Menschen und seiner sozialen Umwelt konstituiert. „Das Handeln verteilt die Valenzen des Umfeldes, macht es zu einem System von Bedeutungen, und diese bilden den Anstoß zur kognitiven Auseinandersetzung, zu differenzierter Klassifizierung, die ihrerseits wiederum Bedeutungen präzisiert" (Boesch 1980, S. 27). Der sozio-ökonomische Kontext, die Umweltgegebenheiten und die objektiven gesellschaftlichen Anforderungen sind für den kulturellen Zusammenhang demzufolge ebenso bestimmend wie die subjektiven Handlungen der Individuen und ihre sozialen Erfahrungen. Sternecker beschreibt das Verhältnis von Mensch und Umwelt als eines, das wenig konstant ist. „Durch die Erfahrung gelungener Subjektivierung objektiver Handlungsbedingungen können diese neu bewertet und deren subjektive Wahrnehmung und Interpretation neu strukturiert werden. Kultur beschreibt daher nicht nur einen Interaktionsprozess zwischen Mensch und Umwelt, sondern impliziert auch Interaktionseffekte" (Sternecker 1992, S. 152).

Die Fortschreibung des Konzepts einer Interkulturellen Sozialen Arbeit auf der Grundlage des interaktionistischen, rollentheoretischen Ansatzes basiert auf Überlegungen, die einen engen Zusammenhang zwischen einem gelingenden interkulturellen Verständigungsprozess und der Fähigkeit des Subjekts herstellen, eine reflexive Distanz gegenüber seinen eigenen kulturellen Wirklichkeitskonzepten einzunehmen. Erst der reflexive Umgang der Subjekte mit ihrem eigenen kulturellen Wissen und die Einsicht in dessen Begrenztheit ermöglichen es, Bedingungen zu formulieren, die zu einem interkulturellen Interaktionsprozess führen, da sie die Akzeptanz anderer kulturbedingter und begrenzter Handlungsmuster fördern. „Sind wir bereit, die Bedingtheit allen Denkens in ihrer ganzen Widersprüchlichkeit, als Hindernis und zugleich als Voraussetzung interkulturellen Verstehens zu akzeptieren, so versetzen wir uns damit in die Lage, die uns fremden Wahrnehmungs-, Darstellungs- und Handlungsmuster zu begreifen, auch wenn sie niemals Teil unseres Begreifens von Wirklichkeit werden können" (Willert 1992, S. 155).

Die Förderung des reflexiven Potentials der Subjekte mit dem Ziel, die eigenen kulturellen Muster zu überschreiten und einen Einblick in andere Formen gesellschaftlicher Praxis zu gewinnen, dient der Vermeidung interkultureller Missverständnisse und kommunikativ unauflöslicher Konflikte zwischen divergierenden Deutungs- und Orientierungsmustern. Diese können sich – bedingt durch den Mangel angemessener Wahrnehmungs- und Interpretationsmuster – im wechselseitigen Umgang mit Handlungen und Einstellungen von Vertretern unterschiedlicher kultureller Lebensformen einstellen.

Das Ziel interkultureller sozialpädagogischer Konzepte kann unter den Bedingungen von in Konflikt geratenen Situationsdefinitionen „die reflexive Auflösung der zunächst als ungeordnet und orientierungslos empfundenen interkulturellen Begegnungssituationen [sein], um damit eine Basis für gemeinsame, gegebenenfalls auch neue Orientierungsmuster individuellen Handelns zu schaffen" (Sternecker 1992, S. 159).. Dabei kann von der von Dadder (1987, S. 45) vertretenen These ausgegangen werden, dass das Individuum in einem ihm kulturell unvertrauten Umfeld auf die gleichen Orientierungshandlungen zurückgreift, auf die es zur Orientierung in der eigenen Kultur angewiesen ist.[5]

Der kulturelle Diskurs durchdringt das Alltagswissen der Individuen, wird durch Symbolisierungen bestimmt und schlägt sich in den subjektiven Wahrnehmungsmustern und den Bedeutungsträgern für subjektiv-funktionale Ziele der Einzelnen nieder. Zugleich entwickeln die Individuen im interkulturellen Handlungsfeld Fähigkeiten, den an sie gerichteten, diskrepanten und konfligierenden Verhaltenserwartungen durch die Artikulation eigener Bedürfnisse und die Ausbildung eigener Verhaltensspielräume zu begegnen. Daraus kann gefolgert werden, dass es nicht die gemeinsam geteilten Verhaltensweisen und Interpretationsmuster sind, die zu den notwendigen Bedingungen einer interkulturellen Verständigung zu zählen sind. Diese wird in erster Linie durch eine Persönlichkeitsstruktur ermöglicht, die nicht an starren Identifikationen, stabilen Selbstbildern oder an konkretisierten Rollen festgelegter Verhaltensweisen, sondern an eine situativ angemessene Selbstrepräsentation geknüpft ist, die Widersprüche und Konflikte nicht leugnet (Krappmann 1971, S. 160). Werden im interkulturellen Feld übereinstimmende soziale Handlungsperspektiven angestrebt, so sind die Interaktionspartner vor die Aufgabe gestellt, „kulturspezifische, gesellschaftliche und subjektive Bedeutungsmuster, Strukturmodelle und Verhaltenserwartungen aufeinander abzustimmen, um zu einer gemeinsamen Situationsdefinition zu gelangen" (Sternecker 1992, S. 160).

Der interaktionistische Ansatz beschreibt den Aufbau von Identität als einen Prozess, der soziale Interaktionen voraussetzt. Indem sich Identität als Ergebnis von Auseinandersetzungen des Einzelnen mit anderen Personen und der Umwelt konstituiert, ist sie kein einmaliges soziales Organisationsmuster, sondern hat sich in wechselnden Interaktionen mit anderen Interaktionspartnern und widersprüchlichen Handlungsanforderungen immer neu zu bewähren.

Diese Voraussetzungen müssen vom Individuum sowohl in der eigenkulturellen Kommunikation als auch in Prozessen interkultureller Verständigung erfüllt werden. Interkulturelle Interaktionsprozesse erfordern jedoch darüber hinausgehende Fähigkeiten zur Teilnahme an sozialen Handlungen und Diskursen, wenn die Interaktionspartner in unterschiedlichen gesellschaftlichen Zusammenhängen sozialisiert worden sind und sich daher wechselseitig mit Anforderungen gegenübertreten, „welche den zur Zeit erhobenen und gleichermaßen legitimen Erwartungen oder auch den in der Vergangenheit eingelebten Erwartungsstrukturen widersprechen" (Habermas 1972, S. 93). In einer interkulturellen Kommunikation mit deutlich anderskulturellen Partnern muss intersubjektiv gebilligt sein, dass jeder der Interagierenden möglicherweise alternierenden sozialen Zugehörigkeiten und Lebensbereichen verbunden ist. Da die

5 In Anbetracht der fortschreitenden Ausdifferenzierung und zweckrationalen Ausarbeitung der Gesellschaft lässt sich Kultur nicht als ein abgeschlossenes und selbstreferentielles System, sondern als eine komplexe und differenzierte Kommunikationsform darstellen, die widersprüchliche Handlungsorientierungen und Rollenerwartungen abbildet und für die Organisation des Alltags des Einzelnen in der Gesellschaft „in räumlicher wie in zeitlicher Hinsicht beträchtliche Bedeutung" (Bukow 1993, S. 10) hat. Als Kommunikationsform, die eine abgrenzbare und überschaubare Gemeinschaft erfordert, lässt sie sich nicht mehr begründen, da sie in einer solchen Gestalt unvereinbar mit den Konstitutionsbedingungen moderner Gesellschaften ist.

Zugehörigkeit zu einer sozialen Gruppe ihrerseits zur Ausbildung einer Gruppenidentität führen kann, auf die sich die Einzelbiographien beziehen, muss „das Sich-Unterscheiden von anderen (...) von diesen anderen anerkannt sein" (Ebd.). Die Entfaltung eines gemeinsamen Orientierungsrahmens im interkulturellen Prozess erfordert weiterhin eine Abstimmung der unterschiedlichen Alltagstheorien aufeinander mit dem Ziel, sich über neue Bedeutungen zu verständigen, um über ein gemeinsames interkulturelles Alltagswissen verfügen zu können. Treuheit/Otten folgern daraus, dass die interkulturelle Interaktion ein Prozess dauernden Nachfragens, Klärens und Deutens sei (Treuheit u. a. 1985, S, 58).

Wenn nun die Entwicklung und Entfaltung persönlicher Kompetenzen und eine trotz widersprechender Verhaltenserwartungen stabile und handlungsfähige Ich-Identität mit der Kompetenz korreliert, eine reflexive Distanz gegenüber den eigenen kulturellen Wissensvorräten und sozialen Handlungsmustern einzunehmen, dann steigt die Bereitschaft, anderskulturelle Lebensformen anzuerkennen und sie ebenso wie die eigenen auf ihre universalistischen Orientierungen hin zu befragen. Dann kann im Sinne Krappmanns erwartet werden, dass das Individuum in dem Prozess der Auseinandersetzung zwischen eigenen Bedürfnisstrukturen und Autonomieverständnis auf dem Hintergrund seiner biographischen Erfahrungen und den Anforderungen anderer Individuen, die ihm als Träger unvertrauter kultureller Handlungsmuster entgegentreten, in der Lage sein wird, auf inkonsistente Erwartungen einzugehen, die widersprüchlichen Normensysteme zu interpretieren und zu integrieren. Die von Habermas entwickelte Bandbreite sozialer Handlungskompetenzen zur Teilnahme an Interaktionsprozessen bietet zugleich die Bedingung dafür, dass die Ich-Identität des Individuums genügend Handlungsautonomie und -sicherheit ausbildet, um auch an interkulturellen Verständigungsprozessen zu partizipieren. Er beschreibt dabei diejenigen identitätsbildenden Fertigkeiten, die für das Gelingen interkultureller Kommunikationsabläufe unverzichtbar sind. Neben der „Frustrationstoleranz", die dem Individuum das Ertragen von Rollenambivalenzen ermöglicht, lässt sich als Ich-Leistung die „kontrollierte Selbstdarstellung" benennen, die das Individuum dazu befähigt, „die Rollenambiguität durch ein angemessenes Verhältnis von Rollenübernahme und Rollenentwurf zu balancieren", und schließlich die „flexible Über-Ich-Formation", die das Individuum in die Lage versetzt, „verinnerlichte Normen auf neue Lagen flexibel anzuwenden" (Habermas 1973, S. 128ff.).

Die von Habermas angeführten sozialen Qualifikationen erfüllen die Bedingungen dafür, dass der Einzelne die Balance zwischen zugeschriebener sozialer und persönlicher Identität ausbildet und Krisen der Ich-Struktur durch Umstrukturierung zu lösen lernt. Darüber hinaus verfügt das Individuum über eine kommunikative Kompetenz, die es als Interaktionspartner befähigt, Verständigungssituationen hervorzubringen und an ihnen über gemeinsame Symbole so zu partizipieren, dass über symmetrische Kommunikationsstrukturen soziale Handlungsanforderungen mit persönlichen Bedürfnissen und Interessen in Einklang gebracht werden.

Das von Habermas entwickelte Spektrum von sozialen Handlungskompetenzen bildet zusammen mit dem Krappmannschen Identitätskonzept die Voraussetzung zur Ausbildung einer universalistischen interaktiven Kompetenz, die für den interkulturellen Verständigungsprozess bestimmend ist.

Als Grundqualifikationen sinnhaften sozialen Handelns und Konstituenten von Ich-Identität lassen sich demzufolge auch für den interkulturellen Prozess „Empathie",

„Rollendistanz", „Ambiguitätstoleranz" und „kommunikative Kompetenz"[6] benennen (vgl. Kap. 5).

Unter ***Empathie*** wird das kognitive Hineindenken und das affektiv-motivationale Einfühlen in die Position des Interaktionspartners verstanden. Es geht hierbei um die Fähigkeit des Individuums, die Perspektive des Partners zu übernehmen, wobei die eigenen Handlungen an den Erwartungen des anderen mit dem Ziel ausgerichtet werden, eine gemeinsame Interpretationsgrundlage und Handlungskompetenz im Interaktionsprozess zu erlangen.

Der Empathie kommt im interkulturellen Verständigungsprozess eine hervorragende Bedeutung zu, da sie von den Interaktionspartnern die Bereitschaft und die Fähigkeit verlangt, sich auf voneinander abweichende kulturelle Bedeutungssysteme so zu beziehen, dass sie untereinander zu einer basalen Verständigung kommen. Es gilt hierbei, den fremdkulturellen Interaktionspartner in seinem „spezifischen soziokulturellen Kontext wahrzunehmen [und] seine Einstellungs-, Wahrnehmungs- und Verhaltensweisen als Ergebnis individueller, gesellschaftlicher und kulturspezifischer Sozialisationsprozesse zu begreifen" (Sternecker 1992, S. 163). Empathie als subjektbezogenes Lernziel bedeutet die Bereitschaft und die Fähigkeit, die kulturell-gesellschaftlichen Voraussetzungen der am interkulturellen Prozess Beteiligten reflexiv zu berücksichtigen und damit den durch ungewohnte Verhaltensweisen auftretenden Irritationen ihre Bedrohlichkeit zu nehmen. Empathie erleichtert es den Interaktionspartnern schließlich, die Prioritäten und Geltungsansprüche des jeweils anderen einzuordnen oder gar zu antizipieren. Sie erfordert von den Beteiligten neben kognitiven Differenzierungsleistungen ein hohes Maß an affektiven interaktiven Kompetenzen, die in interkulturellen Situationen erprobt und erlernt werden und in Form gegenseitigen offenen, einfühlsamen und toleranten Verhaltens zum Ausdruck kommen. Empathie hilft den Interaktionspartnern, „Gefühle als konstituierendes Element sozialer Einstellungen zu begreifen (...), zu akzeptieren und sich entsprechend zu verhalten" (Otten 1985, S. 54). Empathisches Verhalten setzt die Anerkennung der Bedeutung von Emotionen und Affekten in intersubjektiven Verständigungsprozessen voraus. So sind sie, wie Brumlik hervorhebt, „keineswegs das Gegenteil von Erkenntnissen, sondern funktional gesehen eine andere Form menschlicher Stellungnahmen zur Welt" (vgl. Brumlik 1992, S. 294). Als Grundqualifikation interkulturellen Handelns umfasst der Empathiebegriff über die reflexive Perspektivübernahme hinaus auch die respektvolle Toleranz für die Lebensformen des jeweils anderen. Durch die Praxis der interpersonalen Anerkennung werden die Interaktionspartner schließlich befähigt, „das Miteinander oder Nebeneinander konfligierender Lebensformen von Individuen unter dem Gesichtspunkt eines allgemeinen sozialen Interesses wahrzunehmen" (ebd., S. 295).

In der ***Rollendistanz*** als Voraussetzung von Identitätsbildung versteht Krappmann die Fähigkeit des Individuums, sich Normen gegenüber reflektierend und interpretierend zu verhalten. Durch die Rollendistanz kann der Einzelne trotz unterschiedlicher Rollenerwartungen soziale Beziehungen aufbauen und sich von internalisierten Rollenstrukturen lösen.

6 Vgl. die Ausführungen zu „Identitätsfördernden Fähigkeiten" in: Krappmann, Dimensionen, S. 132ff.

Für den interkulturellen Zusammenhang bedeutet Rollendistanz zunächst die Fähigkeit, die eigenen verinnerlichten kulturell bestimmten Deutungs- und Verhaltensmuster zu erkennen und zu verstehen, dass sie ein Resultat der im Sozialisationsprozess tradierten und im gesellschaftlichen Kontext vermittelten Werte, Normen und Traditionen darstellen. Mit der Aneignung der eigenen Kultur werden ethnozentrische Perspektiven übernommen, deren kritische Reflexion notwendig ist, da erst sie den Interaktionspartnern eine Überprüfung ihrer jeweiligen kulturspezifischen Handlungsziele ermöglicht und von ihnen eine Entscheidung darüber verlangt, an welchen dieser Wertorientierungen sie im Verlauf des interkulturellen Verständigungsprozesses festhalten wollen oder welche kulturell definierten Rollen sie neu einüben möchten. Eine so verstandene Rollendistanz begünstigt die Ausbildung universalistischer Handlungsorientierungen, da die Interagierenden ihre divergierenden kulturell determinierten Einstellungen in die Gesprächssituation einbringen, sich als gleichberechtigte Partner wahrnehmen und zur Lösung von Konfliktfällen das Kompromisspotential übergeordneter sozialer Regeln und Normen anerkennen können.

Ambiguitätstoleranz gilt nach Krappmann als die wesentliche Bedingung zur Ausbildung von Identität, da sie dem Individuum die Leistung abfordert, zwischen den in Interaktionszusammenhängen notwendig auftretenden Ambiguitäten zu balancieren und sich damit auseinanderzusetzen, dass „Erwartungen und Bedürfnisse sich nicht decken und dass zwischen persönlichen Erfahrungen und den für sie zur Verfügung stehenden allgemeinen Kategorien eine Lücke klafft“ (Krappmann 1971, S. 167).

Für die interkulturelle Annäherung kommt der Ambiguitätstoleranz eine zentrale Bedeutung zu, da sie den Interaktionspartnern verunsichernde Mehrdeutigkeiten und konkurrierende Weltbilder zumutet und von ihnen verlangt, keine voreiligen und simplifizierenden Interpretationen zu erzwingen und dabei die Erfüllung ihrer Bedürfnisse zurückzustellen. Die Ambiguitätstoleranz befähigt den Einzelnen zur Fortsetzung der Kommunikation, auch wenn seine Handlungsperspektiven nicht die erhoffte Resonanz finden, da sie von den Interaktionspartnern die Bereitschaft abverlangt, auch Einstellungen zu berücksichtigen, die den jeweiligen kulturspezifischen Handlungszielen nicht entsprechen. Werden die jeweils anderen kulturellen Horizonte in der interkulturellen Kommunikationssituation als gleichberechtigte anerkannt und kann von der Bereitschaft der Interaktionspartner ausgegangen werden, die eigenen Überzeugungen und Verhaltensweisen gegebenenfalls zu korrigieren, dann erst wird das Aushandeln neuer, gemeinsamer, solidarischer und kulturübergreifender Handlungsdeterminanten ermöglicht.

Kommunikative Kompetenz erweist sich für Krappmann im reflexiven und interpretativen Umgang mit dem Sprachgebrauch und der Fähigkeit zur Metakommunikation als eine Qualifikation sozialen Handelns, durch das die komplexe Balance zwischen den unterschiedlichen Anforderungen an die soziale und die persönliche Identität ihren umgangssprachlichen Ausdruck findet.

Das Gelingen der sozialen Entwicklung des Einzelnen hängt demzufolge von den genannten Fähigkeiten ab, über die das Individuum verfügen muss, um Ich-Identität im Interaktionsprozess innerhalb der bestehenden Kommunikations- und Handlungsstrukturen entwickeln zu können.

Ohne Zweifel sind für die interkulturelle Verständigung fremdsprachliche Kenntnisse eine notwendige Voraussetzung, doch der Begriff der kommunikativen Kompetenz umfasst weitere Komponenten, die mit den affektiven Voraussetzungen und Lernbedingungen in der jeweiligen interkulturellen Begegnungssituation zusammenhängen. „Selbst bei (...) vorhandener Fremdsprachenkompetenz der Teilnehmer prägt die durch die konkrete Situation und darin gemachte Erfahrungen ausgelöste Emotionalität unter Umständen die kommunikative Situation sehr viel stärker, als dies durch sprachlichen Austausch erkennbar wird. Häufig haben wir beobachtet, dass die auf der Beziehungsebene genutzten Zeichen wirksamer für Interaktionen sind als vorhandene Fremdsprachenkenntnisse" (Otten 1985, S. 41).

Mit seiner kommunikativen Kompetenz vermag der Einzelne sowohl kognitive Erkenntnisprozesse und Interessen als auch emotionale Dispositionen und Erfahrungen miteinander in Beziehung zu setzen. Die Beziehung zwischen diesen beiden Ebenen beschreibt Brumlik in der Form, dass „Kognitionen langfristig gebildete, die Oberfläche der Welt durchdringende, partielle und leicht revidierbare Stellungnahmen darstellen [und] Gefühle die unverzichtbare Funktion einer mittelbaren, auf das hier und jetzt Gegebene reagierenden und langfristig unerschütterlichen Haltung [erfüllen], ohne die die Komplexität schon des Alltags nicht ertragen oder bewältigt werden könnte" (Brumlik 1992, S. 294). In interkulturellen Handlungszusammenhängen qualifiziert diese kommunikative Reflexion dazu, metakommunikativ kommunizieren zu können, wodurch Interaktionsprobleme, die in kulturspezifischen Sozialisationserfahrungen begründet liegen, wechselseitig vermittelt werden können. Die kommunikative Kompetenz verhilft somit den Interaktionsbeteiligten dazu, sich den Voraussetzungen der interkulturellen Kommunikation bewusst zu werden, den soziokulturellen Hintergrund der Interaktionspartner zu beachten und die Anerkennung der unterschiedlichen kollektiven Identitäten der Interaktionspartner als Grundlage interkultureller Verständigung zu vollziehen.

Für sozialpädagogisches Handeln im Kontext der Interkulturellen Sozialen Arbeit gilt ebenso wie für sozialpädagogisches Handeln generell, dass es auf die Erweiterung der diskursiven Kompetenz des Einzelnen zielt. Lenhart weist in seiner Studie zur Evolution erzieherischen Handelns darauf hin, dass kommunikatives Handeln dann ein neues Reflexionsniveau erreicht, wenn die Institutionalisierung der Kritik von den Interaktionspartnern als Motor der Diskurse betrachtet wird (vgl. Lenhart 1987, S. 110). „Handlungsziel ist so die zwanglose Verständigung über die Prinzipien, nach denen entschieden werden kann, dass ein Sachverhalt wahr, eine Norm richtig, eine Äußerung wahrhaftig ist" (ebd.).

Die Interkulturelle Soziale Arbeit thematisiert sowohl die kommunikativen Kompetenzen des Individuums gegenüber der objektiven Außenwelt, der sozialen Mitwelt als auch gegenüber der subjektiven Innenwelt, umfasst demnach den Austausch von Interessen, Erfahrungen, Beobachtungen und Gefühlen (vgl. ebd., S. 111). Kommunikative Kompetenz kann demnach als individuelle Fähigkeit verstanden werden, im Interaktionsprozess einen Ausgleich zwischen der kognitiven und der affektiven Ebene herzustellen. Erst diese gemeinsame Handlungsebene schafft die Voraussetzung für ein solidarisches Handeln im interkulturellen Verständigungsprozess.

Voraussetzungen zur Identitätsbildung nach Krappmann in der Zusammenfassung:

Empathie: Affektiv-motivationales Einfühlungsvermögen und kognitives Hineindenken in die Position eines Interaktionspartners, auch, wenn man dessen Position nicht teilt.

Rollendistanz: Fähigkeit des Individuums, sich anderen Normen gegenüber reflektierend und interpretierend zu verhalten.

Ambiguitätstoleranz: Leistung in Interaktionszusammenhängen, um die notwendig auftretenden Ambiguitäten zwischen nicht deckungsgleichen Erwartungen und Bedürfnissen zu balancieren.

Kommunikative Kompetenz: Reflexive und interpretative Fähigkeit zur Metakommunikation als eine Qualifikation sozialen Handelns schafft Ausgleich zwischen affektiver und kognitiver Ebene.

4.3 Anerkennungsprozesse im Kontext sozialpädagogischer Interventionen

Wie zuvor dargestellt, sind zwei unterschiedliche konzeptionelle Überlegungen erkennbar, die sich jeweils auf die Bundesrepublik als Immigrationsgesellschaft beziehen. Das vordringliche Ziel der einen Denkrichtung ist es, die Assimilation der Einwanderer/-innen an das vorgefundene Kultursystem der Mehrheitsgesellschaft zu fördern. Die Pflege sprachlicher oder religiöser Traditionen bleibt in diesem Modell Privatsache. Als Aufgabe und Auftrag der Bildungseinrichtungen gilt hier, den Erfordernissen der modernen Gesellschaft nach einer homogenen kulturellen Überwölbung Rechnung zu tragen und das Bildungssystem nach formalen und rationalen Kriterien zu organisieren.

Wird die Bundesrepublik dagegen nicht nur als Einwanderungsland, sondern darüber hinaus noch als multikulturelle Gesellschaft beschrieben, wird daraus zumeist das Recht der eingewanderten Angehörigen ethnischer Gruppen auf kulturelle Selbstbestimmung abgeleitet, womit ethnisch-kulturelle Ausdrucksformen aus der privaten Sphäre in die öffentliche Kultur übergehen und Teil derselben würden. Das System der Sozialen Versorgung müsste gemäß diesen Vorstellungen Folgen für die Sozialen Dienste nach sich ziehen, so dass die kulturelle Vielfalt der Zuwanderer in den Inhalten der Leitbilder zum Ausdruck kämen und vom multiethnisch zusammengesetzten Personal vertreten würden. Weiterhin müssten die Bildungsgrundlagen auf ihre euro- und ethnozentrischen Aussagen hin geprüft und überarbeitet werden.

Wird die Interkulturelle Soziale Arbeit als adäquate Antwort der Sozialpädagogik auf das in sozialwissenschaftlichen Analysen diskutierte Konzept der multikulturellen Gesellschaft verstanden, besteht freilich die Gefahr, dass die hier beschriebenen kulturalistischen Aspekte dieses Ansatzes außer Acht gelassen werden, die die alltagsweltlichen ethnischen Diskurse unreflektiert fortschreiben und zu ethnisch sortierten Zuweisungen führen können. Das Konzept der multikulturellen Gesellschaft kann demnach ebenso wie seine sozialpädagogischen Implikationen in einer Gesellschaft, die durch soziale Ungleichheit gekennzeichnet ist, zu Konflikten führen, an deren Ende die Ausgrenzung und Deprivation der Zuwanderer auf Grund ihrer ethnisch-kulturellen Zugehörigkeit stehen.

Interkulturelle Ansätze in ihren kulturalistischen Varianten institutionell verankern zu wollen, hieße zum einen, diese Gefahr zu übersehen, und könnte zum anderen dazu führen, dass die theoretischen Grundannahmen der Interkulturellen Sozialpädagogik als Prinzipien der Sozialen Arbeit in der Einwanderungsgesellschaft mit dem Scheitern dieses Ansatzes in der Praxis auch ihre Funktion als kritische Instanz gegenüber traditionellen sozialen Versorgungsmustern verlieren würde.

Mit Hamburger lässt sich das Konzept einer interkulturell orientierten Sozialen Arbeit als die notwendige sozialpädagogische Option in „Situationen der alarmierenden Entdeckung“ (Hamburger 1996, S. 100) beschreiben, da es sowohl das Bewusstsein für gesellschaftliche Veränderungen schärfen als auch auf die Pluralisierung von Lebensformen und ihre kulturellen oder religiösen Ausdrucksformen aufmerksam machen kann. Es vermag darüber hinaus Anerkennungsprozesse dort zu fördern, wo den Angehörigen eingewanderter ethnischer Gruppen die Gleichberechtigung in ihrem lebensweltlichen Kontext vorenthalten wird, obwohl sie Teil dieser Lebenswelt geworden sind.

Die Verankerung einer Interkulturellen Sozialpädagogik in der bundesdeutschen Bildungslandschaft, deren Konzeptualisierung von problemerzeugenden Kulturdifferenzen ausgeht, würde demgegenüber die Notwendigkeit nach sich ziehen, die tatsächlichen oder vermuteten kulturellen Unterschiede zwischen den am interkulturellen Prozess Beteiligten ständig zu thematisieren, um sie im Verlauf der interkulturellen Annäherung zu überbrücken. Der starre Blick auf die kulturellen Differenzen trübt den Blick für gemeinsame und geteilte kulturelle Muster. Er vermutet und beschwört auch noch dort kulturelle Andersartigkeit, wo sie für die Zuwanderer schon längst keine Bedeutung mehr hat, da das Maß an ethnisch-kultureller Übereinstimmung unter den Angehörigen der verschiedenen Gemeinschaften sehr weit gediehen ist.

4.3.1 Multikulturalität und demokratische Verfassung

In einer multikulturellen Gesellschaft, in der die Hervorhebung kultureller Differenzen konstitutiv für das Selbstverständnis der Mitglieder der Gesellschaft werden kann, lassen sich unterschiedliche Zuordnungen des Kulturellen entwickeln.

Entweder leben die Angehörigen unterschiedlicher ethnischer Gruppen einer Gesellschaft so, dass sie jedwede soziale Interaktionen untereinander meiden, oder aber so, dass sie zwar von einem öffentlichen Kontakt miteinander absehen, sich aber privat austauschen.

Häufiger wird jedoch der Fall eintreten, dass die Angehörigen der Mehrheitsgesellschaft und die der Einwanderergruppen die öffentliche Kultur und das öffentliche Wissen miteinander teilen, in der Privatsphäre aber unterschiedlichen kulturellen Lebensformen nachgehen. In der Öffentlichkeit findet hierbei sowohl eine Verständigung über eine gemeinsame Sprache als auch über die demokratischen Spielregeln der gemeinsamen politischen Kultur statt. Auch wenn sich durch die Entscheidung eines

Großteils der Migranten, in der Aufnahmegesellschaft zu bleiben, die öffentlichen und privaten Lebensformen von Einheimischen und Zuwanderern in zunehmendem Maße gleichen, folgt der Immigration nicht notwendigerweise die Aufgabe spezifischer ethnisch-kultureller Lebensformen.

Dagegen werden die in der politischen Kultur des politischen Gemeinwesens der Aufnahmegesellschaft verankerten Rechtsprinzipien durch die Einwanderungssituation nicht tangiert, da sie nach Habermas (vgl. Habermas 1992, 658f.) nicht an einer besonderen ethnisch-kulturellen Lebensform hängen. Habermas bezeichnet den modernen Staat selbst als eine politische Lebensform, die zugleich dessen politisch-kulturellen Kontext bildet. In diesen sind die „universalistischen Verfassungsgrundsätze implementiert“ (ebd., S. 657). Während sich die Zuwanderer vor die Erwartung gestellt sehen, sich die Prinzipien der politischen Kultur der Aufnahmegesellschaft anzueignen und diese anzuerkennen, kann von ihnen nicht erwartet werden, dass sie „die kulturelle Lebensform ihrer Herkunft aufgeben (...)“ (ebd., S. 659).

Als Folge der Vielfalt der Lebensformen in der modernen rechtsstaatlichen Einwanderungsgesellschaft, in der keine kulturelle Lebensform bevorzugt wird, können neue Aspekte und Perspektiven für die Interpretation der gemeinsamen Verfassung hinzukommen und öffentlicher Streit um die angemessene Interpretation der Bedürfnisse bestimmter Gruppen entstehen, der die Unterschiede zwischen deren jeweiligen Erfahrungen und Lebenslagen zur Geltung bringt. Ein solcher offener politisch-gesellschaftlicher Diskurs, der auf der Grundlage der politischen Rechtsprinzipien geführt wird, kann wiederum zur Praktizierung neuer Lebensformen anregen.

Kann nicht aber aus der Perspektive der eingewanderten ethnischen Gruppen aus der gleichberechtigten Koexistenz kollektiver Lebensformen und Traditionen in der multikulturellen Gesellschaft der Anspruch auf kollektive Rechte abgeleitet werden, die ihnen in Anbetracht der Dominanz der Mehrheitsgesellschaft und der Mehrheitskultur dazu verhelfen, sich gegen die Missachtung ihres Ehr- und Selbstwertgefühls zu verteidigen?

Wie soll eine Gesellschaft, deren Rechtsprinzipien sich explizit auf eine individualistisch ausgerichtete Rechtstheorie beziehen, mit einem möglichen Anspruch auf Anerkennung kollektiver kultureller Identitäten und kultureller Lebensformen umgehen? Habermas greift diese Überlegung auf und geht der Frage nach, inwiefern die Verhältnisse gegenseitiger Anerkennung von der intersubjektiven Ebene auf die der gegenseitigen Anerkennung kollektiver Identitäten übertragen werden können.

4.3.2 Anerkennung und politische Kultur

In seinem Beitrag *Politik der Anerkennung* hat Taylor dafür plädiert, kollektive Identitäten in einer Gesellschaft in ihrem Fortbestand zu sichern (vgl. Taylor 1993). In der Replik auf Taylor erinnert Habermas an die Notwendigkeit einer ethisch neutralen Rechtsordnung und begründet dies mit der politischen Verfassung des demokratischen Rechtsstaates, die das subjektive Recht und die individuelle Rechtsperson als den Träger von Rechten voraussetzt. Schutz wird in der auf vernunftrechtlichen Ideen beruhenden modernen Verfassung ausschließlich der individuellen Rechtsperson zugesprochen. Die von Gutman angeführten Überlegungen unterstützen seine Argumentation: „Zu vollständiger öffentlicher Anerkennung gehören zwei Formen von Achtung: 1.

Achtung vor der unverwechselbaren Identität jedes Individuums, unabhängig von Geschlecht, Rasse oder ethnischer Zugehörigkeit, und 2. Achtung vor jenen Handlungsformen, Praktiken, Spielarten von Weltauffassung, die bei den Angehörigen benachteiligter Gruppen hohes Ansehen genießen oder mit ihnen besonders eng verbunden sind (...)" (Gutmann 1993, S. 125). Habermas bestreitet die Notwendigkeit der Forderung Taylors nach der Gewährung von Statusgarantien für das Leben kulturell bedrohter Lebensformen und deren Anspruch auf die Anerkennung kollektiver Identitäten und die Gleichberechtigung kultureller Lebensformen, Traditionen und Rechte (vgl. Habermas 1993, S. 152). Dabei verkennt er nicht die soziale Dynamik, die vom Kampf ethnischer-kultureller Minderheiten gegen ihre Marginalisierung und um die Anerkennung ihrer kollektiven Identität ausgeht.

Die politischen Ziele der ethnischen und kulturellen Minderheiten werden – auch wenn ihre Deprivationserfahrungen vorrangig in der sozialen Ungleichheit begründet sind – kulturell gedeutet und rechtlich begründet. Der Kampf um Selbstbehauptung einer ausgegrenzten Minderheit kann dabei – wie an anderer Stelle bereits erwähnt – „einen fundamentalistisch-abgrenzenden Charakter annehmen, sei es, weil die um die Anerkennung ringende Minderheit aus Erfahrungen der Ohnmacht in Regressionen ausweicht, sei es, weil sie erst auf dem Wege einer Massenmobilisierung das Bewusstsein für die Artikulation einer neuen, konstruktiv erzeugten Identität wecken muss" (ebd., S. 160).

Vor diesem Hintergrund drängt sich die Frage auf, ob einer sich als missachtet bezeichnenden und um Anerkennung bemühten kulturell definierten Gruppe besondere Rechte eingeräumt werden können, wenn diese sich vor dem Hintergrund ihrer ethnischen Abstammung und zum Zwecke der Wahrung der eigenen Identität, Traditionen und Lebensformen von anderen ethnischen Gemeinschaften abgrenzen und unterscheiden will, aber zugleich in einer Gesellschaft eingebunden ist, deren Recht formal, individualistisch, zwingend, positiv und prozedural gesetzt ist (vgl. ebd., S. 163).

Das Zusammenwirken von Rechtsstaat und Demokratie erfordert vom Rechtssystem ohnehin eine Differenzierungsfähigkeit und Aufmerksamkeit sowohl gegenüber den unterschiedlichen sozialen Lebensbedingungen der Individuen als auch gegenüber deren kulturellen Lebensformen, sofern den Trägern subjektiver Rechte eine intersubjektiv begriffene Identität zugeschrieben wird. Die Voraussetzung dafür, dass die Rechtssubjekte ihre berechtigten Interessen erkennen und vertreten, um ihre staatsbürgerliche Autonomie ausüben zu können, ist ihre Individuierung. Doch diese setzt wiederum deren Vergesellschaftung voraus, in deren Verlauf sie erfahren, dass sie als Adressaten des Rechts nur in dem Maße Autonomie erwerben können, wie sie sich als Verfasser der Gesetze begreifen und sich über ihre jeweiligen Belange und Maßstäbe verständigen können. So ließe sich mit Habermas auf die zuvor aufgeworfene Fragestellung in einer ersten Antwort davon ausgehen, dass „eine richtig verstandene Theorie der Rechte genau die Politik der Anerkennung [verlangt], die die Integrität des einzelnen auch in seinen identitätsbildenden Lebenszusammenhängen schützt" (ebd., S. 154). Er betont dabei, dass die Integrität einer jeden Rechtsperson erst durch den Schutz jener intersubjektiv geteilten Erfahrungs- und Lebenszusammenhänge, die zu ihrer Sozialisation und Identitätsbildung maßgeblich beigetragen haben, gewährleistet werden kann. „Die Identität des einzelnen ist mit kollektiven Identitäten verwoben und kann nur in einem kulturellen Netzwerk stabilisiert werden" (ebd., S. 172).

In Habermas' Ausführungen werden die Gemeinschaftsbeziehungen als Sozialisationsbedingung hervorgehoben, die gleichsam zur Voraussetzung für die individuelle Besonderung werden. Es ist hierbei jedoch nicht gemeint, dass der Einzelne sich den Zwängen und Erwartungen der Gemeinschaft unterzuordnen habe. Nach Hamburger ist es die Aufgabe der Gemeinschaft, „durch die Übernahme von Verantwortung für konkrete Personen die für deren Entwicklung notwendige ‚grenzenlose' emotionale Sicherheit und damit unbedingte Anerkennung zu ermöglichen" (Hamburger 1996, S. 105).

Da die formale Gleichstellung von Zuwanderern nicht notwendigerweise auch den Spielraum für deren autonome Lebensgestaltung erweitert, ihre faktische Benachteiligung sich besonders deutlich im Wettbewerb um Bildungschancen, Arbeitsplätze und den sozialen Status erkennen lässt, gilt es nach Habermas, einer Rechtsauffassung zum Durchbruch zu verhelfen, nach der „der demokratische Prozess gleichzeitig private und öffentliche Autonomie sichern muss (...)" (Habermas 1993, S. 157). Dieser Erwägung liegt die begründete Einsicht zugrunde, dass die autonome Lebensgestaltung der Migranten sich erst dann entfalten kann, wenn sie am öffentlichen Diskurs über den Umgang mit Minderheiten partizipieren und ihre eigenen Erfahrungen einbringen und austauschen können.

Habermas wendet sich gegen einen falsch verstandenen Universalismus der Grundrechte, der eine Nivellierung der sozialen wie auch der kulturellen Unterschiede anstrebt, und plädiert vielmehr dafür, dass das demokratisch verfasste Rechtssystem sensibel auf seine eigenen sozialen Voraussetzungen reagieren und kollektive Zielsetzungen vertreten sollte, deren Anerkennung von sozialen und politischen Bewegungen durchgesetzt worden ist. Die Universalisierung der Bürgerrechte ist demzufolge nur durchsetzbar, wenn das Rechtssystem die Integrität der Rechtssubjekte durch „eine strikte, von den Bürgern selbst gesteuerte Gleichbehandlung ihrer identitätssichernden Lebenskontexte sicherstellen kann" (ebd., S. 158). Entscheidend bei der Beachtung kollektiver Ziele ist, dass weder die bestehende Rechtsstruktur noch die Rechtsform gefährdet werden und der Unterschied zwischen Politik und Recht gewahrt bleibt. Die Rechtsordnung garantiert die universellen Rechte und spiegelt zugleich eine partikulare Lebensform und das Selbstverständnis eines Kollektivs wider. Dieses ist an einem „Ausgleich zwischen konkurrierenden Gruppeninteressen (...)" und einer „informierte(n) Wahl zwischen alternativen Zielen und Mitteln" (ebd., S. 167) interessiert, in die neben moralischen und pragmatischen auch ethische Überlegungen einfließen. Wenn die Rechtsform Ausdruck eines Selbstverständigungsdiskurses unter Angehörigen eines Kollektivs ist, dann ist sie auch Ausdruck für eine von der Mehrheit der Mitglieder der Gesellschaft vertretenen und gewünschten Kultur. Insofern tangiert sie auch kulturell unterschiedlich gedeutete ethische Grundfragen und vermag Anlass zu kulturellen Auseinandersetzungen zwischen der Mehrheitsgesellschaft und ihren Minderheiten zu geben.

Eine multikulturelle Gesellschaft ist aus Individuen zusammengesetzt, für die sich ihre jeweiligen kulturellen Lebensformen in der Herkunftsgesellschaft als identitätsstiftend erwiesen haben. Für Habermas stellen sich die Einheimischen und Zuwanderer als „Knotenpunkte in einem askriptiven Netzwerk von Kulturen und Überlieferungen, von intersubjektiv geteilten Erfahrungs- und Lebenszusammenhängen" (ebd., S. 169) dar. Im Rahmen dieses gesellschaftlichen Zusammenhangs werden Diskurse über ethisch-politische Fragen geführt, wobei die ethnisch-kulturelle Zusammensetzung der Bevölkerung Einfluss darauf hat, wie die Diskurse über die anstehenden Probleme verlaufen und welche Resultate sie ergeben.

Dass die Gleichursprünglichkeit von privater und öffentlicher Autonomie sich als konstitutiv für den demokratischen Rechtsstaat erweist, wird nach Habermas daran erkennbar, dass den Individuen die Realisierung der gleichen subjektiven Rechte und den unterschiedlichen ethnischen Gruppen die gleichberechtigte Koexistenz ihrer jeweiligen kulturellen Lebensformen zugesichert wird. Daher besteht kein Bedarf an besonderen kollektiven Rechten, die zudem nur schwer integrierbar wären in eine Rechtstheorie, die auf individuelle Rechtspersonen ausgerichtet ist. „Denn der Schutz von identitätsbildenden Lebensformen und Traditionen soll ja letztlich der Anerkennung ihrer Mitglieder dienen; er hat keineswegs den Sinn eines administrativen Artenschutzes. Der ökologische Gesichtspunkt der Konservierung von Arten lässt sich nicht auf Kulturen übertragen. Kulturelle Überlieferungen und die in ihnen artikulierten Lebensformen reproduzieren sich normalerweise dadurch, dass sie diejenigen, die sie ergreifen und in ihren Persönlichkeitsstrukturen prägen, von sich überzeugen, d.h. zur produktiven Aneignung und Fortführung motivieren. Rechtsstaatlich kann diese hermeneutische Leistung der kulturellen Reproduktion von Lebenswelten nur ermöglicht werden. Eine Überlebensgarantie müsste nämlich den Angehörigen genau die Freiheit des Ja- und Neinsagens rauben, die heute für die Inbesitznahme und Bewahrung eines kulturellen Erbes nötig ist. Unter den Bedingungen einer reflexiv gewordenen Kultur können sich nur solche Traditionen und Lebensformen erhalten, die ihre Angehörigen binden, obwohl sie sich ihrer kritischen Prüfung aussetzen und den Nachwachsenden die Option belassen, von anderen Traditionen zu lernen oder zu konvertieren und zu neuen Ufern aufzubrechen“ (ebd., S. 173f.).

Auch Oberndörfer[7] weist darauf hin, dass der demokratische Staat ausschließlich die Aufgabe hat, die Verfassung, ihre Werte und ihre Rechtsordnung zu schützen. „Die Identifikation mit einer bestimmten Kultur und ihren Werten liegt ausschließlich im Ermessen seiner Bürger“ (ebd.). Den Mitgliedern von Gemeinschaften, die unterschiedlichen kulturellen Lebensformen nachgehen, wird die Anerkennung verfassungsrechtlich zugesichert: „Niemand darf wegen seines Geschlechts, seiner Herkunft, seiner Abstammung, seiner Rasse, seiner Sprache, seiner Heimat und Herkunft, seines Glaubens, seiner religiösen oder politischen Anschauungen benachteiligt oder bevorzugt werden.“ Wenn die bisherige Praxis des Schutzes der Individualrechte der Bürger zugunsten eines Rechts geändert würde, das vorsieht, den Schutz des Staates auf ethnische, kulturelle und sprachliche Identitäten der Bürger auszuweiten, dann könnte der Bürger nicht mehr autonom über die von ihm bevorzugten kulturellen oder religiösen Lebensformen entscheiden, da dem Staat die Möglichkeit eröffnet würde, kulturelle Zugehörigkeiten und Mitgliedschaften zu bestimmen. Diese Entwicklung sieht auch Brumlik, wenn er befürchtet, dass bei der Einführung eines Staatsziels, das den Schutz der ethnischen Identität seiner Bürger vorsieht, „nicht mehr die Möglichkeiten, Ansprüche und Freiheiten von Individuen, sondern die von Minderheiten im demokratischen und sozialen Rechtsstaat ausschlaggebend wären. (...) Es bestünde die Gefahr, dass sich die Gesellschaft entlang der Linien eines immer stärker werdenden ethnischen Selbstverständnisses auseinander entwickelt mit möglicherweise verhee-

7 Oberndörfer, D.: Carl Schmitt ins Grundgesetz? In: Frankfurter Rundschau 10.3.1994. Oberndörfer wendet sich gegen eine verbindlich definierbare und verfassungsrechtlich geschützte ethnisch-kulturelle Identität, da durch einen solchen Schritt „viele innere Grenzen und Abschottungen legitimiert (...)“ würden (ebd., S. 8).

renden Folgen für den politischen Prozess“ (Brumlik 1996, S. 9). Es kann Oberndörfer bei seiner Einschätzung zugestimmt werden, dass eine multikulturelle Gesellschaft ihre Dynamik und Vitalität durch ihre vielfältigen Entwicklungsmöglichkeiten bezieht und nicht durch staatlich verordnete oder geschützte Abgrenzungen.

In dieser Diskussion der Forderung besonderer kollektiver Rechte für Einwanderungskulturen wird ein Kulturverständnis deutlich, das davon ausgeht, dass Kulturen, die vom Modernisierungsprozess eingeholt worden sind, sich nur dadurch erhalten können, dass sie ihre tradierten Muster in Frage stellen lassen und in Anbetracht des sozialen und ökonomischen Wandels in der Lage sind, sich selbst zu transformieren. Aus Habermas‘ Argumenten kann gefolgert werden, dass die Institutionen des demokratischen Rechtsstaats die Aufgabe haben, das gleichberechtigte Bestehen unterschiedlicher Lebensformen zu garantieren und somit Bedingungen dafür zu schaffen, dass jeder Migrant entweder gemäß seiner konventionellen herkunftskulturellen Vorstellungen leben, diese transformieren oder sich gar von ihnen abwenden kann. Doch kann diese Garantie nur für Lebensformen gelten, die in einer politischen Kultur integriert sind, deren Mitglieder aus prinzipiellen Gründen von der gleichberechtigten Koexistenz unterschiedlicher kultureller Lebensformen ausgehen und zu einer gegenseitigen Anerkennung der vielfältigen kulturellen Zugehörigkeiten bereit sind. Ausdruck der Teilhabe an einer politischen Kultur, mit der sich die Mitglieder eines Gemeinwesens identifizieren, ist die grundsätzliche Akzeptanz der in ihr verankerten Grundrechte und der Verfassungsprinzipien. Sofern diese Voraussetzung erfüllt ist, garantiert die Rechtsordnung Neutralität gegenüber Gruppen, deren kollektive Identität sich auf der Grundlage ihrer jeweiligen ethischen Integration konstituiert. „Die Neutralität des Rechts gegenüber ethischen Differenzierungen im Innern erklärt sich schon daraus, dass in komplexen Gesellschaften die Gesamtheit der Bürger nicht mehr durch einen substantiellen Wertekonsens zusammengehalten werden kann, sondern nur noch durch einen Konsens über das Verfahren legitimer Rechtsetzung und Machtausübung“ (Habermas 1993, S. 179).

Auch Brumlik diskutiert das Konzept der Staatsbürgerschaft in der modernen Nation, um der Frage nachzugehen, wie der demokratische und soziale Rechtsstaat mit unterschiedlichen Lebensformen verfährt. Er konstatiert zunächst, dass sich dieser als Gemeinschaft von Bürgern begreifen lässt, deren politischer Wille ebenso in der Verfassung verankert ist wie die Garantie ihrer Rechte und Freiheiten. Dabei spielt es keine Rolle, „was die Bürgerinnen und Bürger sind oder waren“ (Brumlik 1996, S. 2). Der moderne Mensch wird in diesem Konzept als Individuum und nicht als Angehöriger eines Kollektivs gesehen. Die Basis des Zusammenlebens in einem demokratischen Rechtsstaat lässt sich im Sinne der politischen Philosophie vertragstheoretisch begründen. Der liberale Staat erwartet von seinen Bürgern nichts anderes als Steuer- und Gesetzestreue. Sowohl kulturelle Lebensformen als auch religiöse Überzeugungen gelten als Teil der Privatsphäre. Nach den Vorstellungen Rousseaus über den „contrat social“ schließen sich die Bürger zusammen und entäußern sich rückhaltlos dem Staat. Rousseau fordert für die Bürger eines demokratischen Staates, dass sie ihre hergebrachten Rechte und Privilegien aufgeben, um nach dem Eintritt in den demokratischen Staat ihre Rechte und Freiheiten als Individuen wiederzuerlangen. Brumlik unterstreicht deshalb, dass „das Resultat dieses Rousseauschen Modells ist, dass kein Bürger und keine Bürgerin mehr darauf hin betrachtet werden darf, was er oder sie außerdem noch ist, wo sie hergekommen sind, was sie besessen haben, woran sie glauben“ (ebd., S. 5), so dass für den demokratischen Staat die Herkunft seiner Bürger faktisch ohne Bedeutung ist. Demnach kann zwar von den Einwanderinnen erwartet werden, dass sie die Prinzipien der politischen Kultur des Aufnahmelandes teilen, jedoch müssen sie weder die kulturelle Lebensform ihrer Herkunft noch ihre Lebensziele aufgeben. So weist auch Habermas nachdrücklich darauf hin, dass „der ethische Gehalt einer alle Staatsbürger vereinigenden politischen Integration deshalb »neutral« sein [muss] gegenüber den Differenzen, die innerhalb des Staates zwischen den ethisch-kulturellen, um je eigene Konzeptionen des Guten integrierten Gemeinschaften bestehen" (Habermas 1993, S. 181). Der Universalismus der Rechtsprinzipien des demokratischen Staates schlägt sich in dem prozeduralen Konsens nieder und ermöglicht es den einzelnen Bürgern, sich wechselseitig in ihrer jeweiligen Identität und als Rechtspersonen anzuerkennen und zu respektieren. Da das Individuum in seiner Identitätsdarstellung über zahlreiche Facetten verfügt, beinhaltet die wechselseitige Anerkennung der Bürger auch die Anerkennung ihrer individuellen Existenz und somit als Angehörige eines Jahrgangs, eines Geschlechts, einer Religion oder einer bestimmten Kultur (Brumlik 1996, S. 7). Bezieht sich der gegenseitige Anerkennungsprozess nicht nur auf die Individuen als Rechtssubjekte, sondern auch auf ihre konkrete Existenz, dann impliziert dies auch, dass niemand aufgrund seiner körperlichen, kulturellen, sexuellen oder religiösen Merkmale benachteiligt werden darf, noch sich ihrer schämen muss.

Während also der demokratische Rechtsstaat von den Einwanderern erwarten kann, den von ihnen in der Aufnahmegesellschaft vorgefundenen und in der politischen Kultur eingebetteten Verfassungsprinzipien zuzustimmen, da diese die Identität des Gemeinwesens zum Ausdruck bringen, haben sie aus der Perspektive einer aufklärerischen Konzeption der Staatsbürgerschaft, nach der die Bürger „einen Vertrag zu gemeinsamer Kooperation mit der Verpflichtung wechselseitiger Anerkennung von Leben, Freiheiten und Lebensformen (...)" (ebd.) abschließen, das Recht, derjenigen ethnisch-kulturellen Lebensform nachzugehen, die sie als identitätserhaltend betrachten. Durch die Zunahme an kulturellen Lebensformen erweitert sich schließlich auch der Horizont, in dem die Mitglieder der multikulturellen Gesellschaft ihre gemeinsamen Verfassungsprinzipien interpretieren, so dass nicht ausgeschlossen werden kann, dass eine anhaltende Migrationssituation längerfristig Konsequenzen für das ethisch-politische Selbstverständnis der Einwanderungsgesellschaft haben dürfte.

Auch der Sozialphilosoph Benjamin Barber unterscheidet in „Starke Demokratie" (vgl. Barber, 1994) zwischen dem öffentlichen Bereich der Staatsbürgerschaft und der staatsbürgerlichen sowie der privaten Sphäre partikularer Identitäten, Rollen und Interessen. Im Staatsbürgerstatus werden zwar nicht alle sozialen Identitäten der Gesellschaftsmitglieder integriert, gleichwohl sollte er nach Barber eine moralische Priorität vor allen partikularen Interessen einnehmen. So sollten die Belange der unterschiedlichen ethnisch-kulturellen Gemeinschaften einem übergreifenden Gesellschaftsentwurf, der im öffentlichen Bereich ausgehandelt wird, untergeordnet werden. „Eine Gemeinschaft von Bürgern verdankt das Charakteristische ihrer Existenz dem, was ihre Mitglieder gemeinsam haben und kann daher nicht als reine Ansammlung von Individuen behandelt werden" (ebd., S. 231f.). Für Barber stellt das Kollektiv aller Staatsbürger eine moralische Gemeinschaft dar, „deren Existenz von der gemeinsamen Einordnung individueller Bedürfnisse und Notwendigkeiten in eine Zukunftsvision abhängt, die wir alle teilen können" (ebd., S. 220). Eine verantwortungsvoll ausgeübte Staatsbürgerschaft erfordert demnach eine öffentliche Partizipation, bei der die Einzelnen ihre partikularen Zugehörigkeiten transzendieren, um einen allgemeinen Standpunkt einnehmen zu können. Ein Problem praktischer Natur liegt in dem Umstand, dass der Aufwand hierfür für Angehörige partikularer Dominanzkulturen ungleich geringer ausfällt, wenn die kulturellen Praktiken öffentlicher Partizipation entsprechend festgelegt sind.

Young kritisiert an diesem Ansatz die an Mitglieder unterschiedlicher sozialer Gruppen herangetragene Erwartung, ihre besonderen Zugehörigkeiten und Erfahrungen zugunsten einer vereinheitlichten Öffentlichkeit hinter sich zu lassen, und plädiert für ein Staatsbürgerschaftskonzept, dass den Gruppen und ihren Mitgliedern die Möglichkeit einräumt, ihre jeweilige kollektive Identität aufrechtzuerhalten, aber „zugleich öffentlich gesonnen [zu] sein, in dem Sinne, dass sie offen dafür sind, den Forderungen anderer zuzuhören, und nicht nur auf ihren eigenen Vorteil Bedacht nehmen“ (Young 1993, S. 277). Young konzediert zwar, dass sich die Diskussion öffentlicher Pläne nur realisieren ließe, wenn die Staatsbürger eine kritische Distanz zu ihren eigenen Interessen und Vorstellungen einnähmen, doch könne von den Staatsbürgern nicht verlangt werden, dass sie ihre besonderen Erfahrungen und deren sozialen Ort aufgeben. Daher plädiert sie zugleich für das Konzept einer „heterogenen Öffentlichkeit“, das den ethnisch-kulturellen Gruppen ermöglicht, sich ihre Unterschiede öffentlich zuzugestehen und dabei die Möglichkeit in Betracht zieht, „dass Menschen aus einer Perspektive oder Geschichte heraus den Standpunkt derjenigen mit anderen gruppenspezifischen Perspektiven und Vergangenheiten niemals vollständig verstehen und einnehmen können“ (ebd., S. 278). Die Notwendigkeit und die Verpflichtung, über die Ausgestaltung der Gesellschaft gemeinsam zu entscheiden, bietet nach Young die Gewähr dafür, dass sich eine Verständigung über die Gruppendifferenzen hinweg einstellen wird.

4.3.3 Zur moralischen Urteilsbildung in der interkulturell orientierten Sozialen Arbeit

Zur Diskussion grundsätzlicher Fragen der moralischen Orientierung einer interkulturell ausgerichteten Sozialen Arbeit bieten sich die Überlegungen von Schwemmer (vgl. Schwemmer 1992, S. 5ff.) zu Fragen der Moral zwischen Vertretern unterschiedlicher kultureller Lebensformen an. Es geht hierbei um die moralische Beurteilung konkreter Handlungen von Individuen vor dem Hintergrund biographisch rekonstruierbarer und gesellschaftlich nachvollziehbarer Prozesse und Zusammenhänge. Da erst der jeweilige Individualisierungsprozess den Einzelnen befähigt, sich auf diejenigen Anteile seiner Persönlichkeit zu beziehen, die er als Grundlage seiner subjektiven ethischen Entscheidungen bestimmen und für die Darstellung seiner Identität auswählen möchte, erweist sich die Individuation als Bedingung für die Ausbildung der moralischen Urteilsfähigkeit. Hamburger fasst dieses Argument treffend zusammen: „Moralisierbarkeit setzt Zurechenbarkeit voraus“ (Hamburger 1996, S. 102). In der Moral geht es um solche Entscheidungen, „die es mit der Rechenschaft für unser Leben im ganzen zu tun haben,“ und damit „um solche Werte, über die man nicht mehr mit sich handeln lässt, die insofern ‚unbedingt‘ gelten (...)“ und schließlich um solche Verhaltensweisen, „für oder gegen die wir uns entscheiden können“ (Schwemmer 1992, S. 15).

Zugleich bilden sich Identitäten und die für sie maßgeblichen Werte immer in kulturellen Kontexten aus. Sie dienen sowohl der Abgrenzung als auch der Existenzsicherung durch ihre Orientierungsangebote.

Zur Überwindung der Schwierigkeiten, die bei der interkulturellen Verständigung auftreten können, nochmals Habermas: „(...) sie beleuchten das Verhältnis von Moral und Sittlichkeit oder die interne Beziehung von Bedeutung und Geltung und geben der alten Frage neue Nahrung, ob wir den Kontext unserer jeweiligen Sprache und Kultur überhaupt transzendieren können oder ob alle Rationalitätsstandards bestimmten Weltbildern und Traditionen verhaftet bleiben" (Habermas 1993, S. 162). Moralität wird hier sowohl als Ausdruck der individuellen als auch der sozialen oder kulturellen Identität verstanden.

Als notwendige Voraussetzung für die Ausgestaltung der Beziehungen zwischen den unterschiedlichen Lebensformen und Identitäten gilt es demnach, eine Moral zu bestimmen, die sowohl die Autonomie des Individuums als auch den Austausch und das Zusammenwirken von Mitgliedern von Gemeinschaften, „die um jeweils andere Konzeptionen des Guten integriert sind" (ebd., S. 177), sichert.

Die theoretischen Grundannahmen einer Moralentwicklung, die es ermöglicht, innerhalb eines komplexen Systems interethnischer Beziehungen Konflikte unter der Berücksichtigung der Belange des anderen auszutragen, finden sich in der Theorie des genetischen Strukturalismus von Kohlberg.

So nimmt Brumlik (vgl. Brumlik 1992, S. 289ff.) in einem Beitrag zur politischen Kultur des Streits Bezug auf Kohlberg und geht der Frage nach, unter welchen Bedingungen Gruppen oder Individuen ihre Interessen vertreten und ihre Differenzen austragen können, ohne auf die respektvolle Anerkennung der rivalisierenden oder gegnerischen Partei verzichten zu müssen. Ihm geht es dabei um die Klärung der „individuellen Voraussetzung zur Teilnahme an fairen Konfliktlösungen" und der „Bedingungen, [unter denen] das Herausbilden dieser Voraussetzung steht" (ebd., S. 289). Kohlbergs Projekt einer „just community" beschreibt den Rahmen eines auf der Grundlage demokratischer Spielregeln verlaufenden Lernprozesses, dessen Ziel es ist, die moralische Urteilsbildung der an diesem Prozess Beteiligten zu steigern. Die Individuen sind gemäß eines von Kohlberg (vgl. Kohlberg 1986, S. 21ff.) entwickelten Modells einer universellen Entwicklungslogik moralischer Urteilskompetenz in der Lage, entweder präkonventionelle, konventionelle oder postkonventionelle Urteile zu fällen, wobei sich diese drei Hauptstufen durch das Verhältnis der einzelnen Mitglieder der Gesellschaft zu den moralischen Regel- und Handlungsprinzipien der Gesellschaft im Ganzen unterscheiden. Neben der Entwicklung ihrer kognitiven Strukturen wird der Übernahme einer angemessenen Sozialperspektive durch die Individuen eine besondere Beachtung geschenkt.

Sabine Andresen (2005) verweist auf die feministische Kritik an Kohlbergs Ansatz (Benhabib 1995 und Gilligan 1982). Nach deren Ansicht werden von ihm nur ausgewählte Gesichtspunkte der kognitiv-moralischen Entwicklungs- und Urteilsfähigkeit bedacht und damit Aspekte von Abhängigkeiten, Angewiesenheiten, Beziehungen und Anteilnahme unter Menschen vernachlässigt. Benhabib konzidiert zwar, dass die moderne Moralphilosophie ähnlich wie die universalistischen Gerechtigkeitstheorien „unsere Würde und unseren Wert als moralische Subjekte betont (haben), dabei aber die Verletzlichkeit und die Abhängigkeit körperhafter Selbste vergessen oder unterdrückt (haben)" (Benhabib, S. 207). Die Kritik richtet sich auf den „erschlichenen Universalismus der für unser Denken wichtigen Gesellschaftstheorien", der einer Tradition folge, „in der das moralische Selbst ein losgelöstes und entkörperlichtes Wesen darstellt" (Andresen, S. 125).

Gilligan nimmt diese Argumente auf und betont ihrerseits, dass in universalistischen Moraltheorien das Persönliche, Private oder Häusliche als ahistorisch definiert werden und sich somit gegebenenfalls einer kritischen Reflexion nicht aussetzen muss. Sie erwartet von einer Moraltheorie, die den Entwicklungen und Anforderungen moderner und komplexer Gesellschaften entspricht, die Einbeziehung der Erfahrungen des konkreten Anderen und die Beachtung seiner Lebenswelt (vgl. ebd. S. 125f.).

Brumliks Interesse orientiert sich an der Frage, wie sich vor dem Hintergrund von Kohlbergs Theorie des genetischen Strukturalismus und von Selmans[8] Theorie interpersonaler Verhandlungen das Verhältnis von Intersubjektivität und Gefühlen theoretisch bestimmen lässt, da die affektive Ebene in dem und für den Verlauf eines Konflikts von herausragender Bedeutung ist. Er nimmt dabei Bezug auf die von Honneth rekonstruierten „Grundmotive einer Moral der Anerkennung“[9], nach denen sich drei Formen der Verletzung menschlicher Integrität unterscheiden lassen. Neben der Verletzung der körperlichen Integrität nennt Honneth die moralische Kränkung und die kulturelle Missachtung. Wird nun die körperliche Integrität des Individuums beeinträchtigt oder seine Lebensform abgewertet, entspricht dies einer Missachtung der Selbstschätzung des Individuums, wodurch die subjektiven Voraussetzungen für intersubjektives Handeln gefährdet werden.

Brumlik stellt Selmans Entwicklungsstufen der Fähigkeit zu interpersonalen Verhandlungen in Beziehung zu den genannten Formen der sozialen Anerkennung, so dass die von Selman angeführte egozentrische Perspektivübernahme (Stufe 0) der Stufe der Entwicklung des Selbstvertrauens entspricht, die eine Voraussetzung zur Achtung der körperlichen Integrität anderer darstellt. Die von Selman auf Stufe 1 angelegte sozial-informationsbezogene Perspektivübernahme befähigt zur Anerkennung der Personen als wertende Subjekte, die ihre jeweils eigenen Interessen verfolgen, jedoch im Konfliktfall zur keiner Einigung kommen können. Erst auf der Stufe der selbstreflexiven Perspektivübernahme (Stufe 2) werden diejenigen Gefühle entwickelt, die zur Achtung vor anderen und damit auch zur Selbstachtung und schließlich zur interpersonalen Anerkennung befähigen. „Selbstschätzung, und das heißt respektvolle Toleranz für die Lebensformen anderer, setzt nicht nur die Fähigkeit zur wechselseitigen Perspektivübernahme, sondern zudem das Vermögen voraus, das Miteinander oder Nebeneinander konfligierender Lebensformen von Individuen unter dem Gesichtspunkt eines allgemeinen sozialen Interesses wahrzunehmen“ (Brumlik 1992, S. 295).

Hier wird zu Recht auf den Zusammenhang zwischen der subjektiven Selbstachtung, der wechselseitigen Perspektivübernahme und den Formen, in denen interpersonale Konflikte ausgetragen werden, verwiesen. Interkulturelle Konflikte oder Differenzen können demnach mit Erfolg von Angehörigen von Gruppen mit je eigener

---

8 Brumlik verweist in seinem Text auf die Arbeiten von R.L. Selman (1982; ebenso Selman, 1984).
In seiner Theorie der Perspektivübernahme unterscheidet Selman fünf Stufen der Perspektivübernahme: die Stufen der egozentrischen, der sozial- und informationsbezogenen, der selbstreflexiven, der wechselseitigen und der Perspektivübernahme mit dem sozialen und konventionellen System. Das Stufenmodells Selmans ist analog zu den Stufen in Kohlbergs Theorie der moralischen Erziehung entwickelt.

9 Vgl. Honneth 1990; 1992.

kollektiver Identität und Lebensform in einer Atmosphäre gegenseitigen Respekts ausgetragen und gegebenenfalls beigelegt werden, wenn sie auf der Ebene ihrer moralischen Urteilsbildung das postkonventionelle Stadium erreicht haben. Auf der postkonventionellen Ebene wird von den Individuen erkannt, dass Gerechtigkeit Ausdruck eines abstrakten universalistischen Moralprinzips ist, das zu Regeln und Handlungen auf der Grundlage universeller und intersubjektiver Verabredungen führt. Sie sind dadurch in der Lage, neben der eigenen sowohl die Vielfalt weiterer Perspektiven als auch die übergreifenden gesellschaftlichen Interessen zu erkennen. Die moralische Urteilsbildung auf der postkonventionellen Ebene besitzt für die Gestaltung interkultureller Beziehungen eine substantielle Bedeutung, da sie die Kompetenz ausbildet, andere Individuen und ihre jeweiligen Lebensformen zu achten und von den jeweils anderen Gleiches zu verlangen. Darüber hinaus schafft sie die Bedingungen einer „positiven Identifikation mit der Gemeinschaft und ihrem Regelwerk" (Ebd., S. 300).

Die Ziele interkulturellen sozialpädagogischen Handelns, die sich auf eine Theorie der moralischen Urteilsbildung und eine Theorie der sozialen Perspektivübernahme stützen und sich die Grundmotive der genannten Moral der Anerkennung zu eigen machen, wären dann erreicht, wenn „die Individuen körperliche Identität als hohes Gut achten, einander unverbrüchlich als moralische Personen unter allen Umständen ernst nehmen und ihren jeweiligen Lebensformen ein im Prinzip anerkennendes Interesse entgegenbringen" (Ebd., S. 299).

4.3.4 Zur Bedeutung der Moral der Anerkennung in interkulturellen Perspektiven Sozialer Arbeit

Für Handlungen im Kontext der Interkulturellen Sozialen Arbeit bildet die moralische Anerkennung des anderen als Mitglied einer Gruppe, die eine andere kulturelle Lebensform vertritt, den zentralen Aspekt, da sie Interaktionen zwischen sprach- und handlungsfähigen Angehörigen ethnisch-kultureller Gemeinschaften zu regeln vermag. „Die Anerkennung, in der sich der moralische Impuls fortsetzt, ist so auf die konkreten Existenzformen bezogen, in denen die Menschen ihre Identität entwickeln. Sie ist daher auch in einem viel stärkeren Maß als die traditionellen und eher paternalistischen Ethiken eine Anerkennung der faktischen Autonomie der Betroffenen" (Schwemmer 1992, S. 20). Im Blick auf mögliche Fremdheitserfahrungen befähigt die Moral der Anerkennung das Individuum zu toleranten Einstellungen und Reaktionsmustern, da die Anerkennung konkreter Pluralität an die Stelle der Abwehr fremder Lebensformen tritt. So erweist sich die Kompetenz des Einzelnen, sich unter den Bedingungen einer reflexiv gewordenen Kultur mit anderen kulturellen Lebensformen auseinanderzusetzen, als identitätsbildend.

Für den interkulturellen Verständigungsprozess ist es darüber hinaus notwendig, eine moralische Identität aufzubauen, die in der Lage ist, Verstehensgrenzen zu überschreiten. Schwemmer beschreibt die moralische Sicherung der Identität im Sinne eindeutiger Entscheidungskriterien als „eine Weise des Lebenkönnens im Fremden oder (...) im eigentlich Unverständlichen" (ebd., S. 18). Unverständlichkeit entsteht insbesondere dann, wenn unterschiedliche Identitätskonzepte, Deutungsmuster und Alltagstheorien miteinander in Konflikt geraten. Das Problem der hier geforderten Moral ist die Ausbildung von pluralen Lebensformen und einer Vielfalt von Identitäten, die wiederum in Koexistenz mit anderen Identitäten treten. Es gilt daher, eine „Moral der Beziehungen zwischen den verschiedenen Lebensformen und Identitäten (...) zu entwickeln, die die verschiedenen Identitäten nicht nivelliert, sondern den Austausch und Ausgleich zwischen den Lebensformen und Identitäten ermöglicht und schützt" (ebd.). Die wechselseitige Anerkennung der Subjekte eröffnet die Möglichkeit, die Vielfalt möglicher Identitäten zu realisieren und gegebenenfalls eine zusätzliche, übergreifende staatsbürgerliche Identität auszubilden.

Nachdem zuvor die Prinzipien der Anerkennung der Individuen als Rechtssubjekte im demokratischen Rechtssystem sowie die verfassungsrechtlich tolerierte Anerkennung ihrer ethnisch-kulturellen Lebensformen erörtert wurde, stellt sich die Frage nach einer Moral, die eine Anerkennung zwischen den Identitäten begründet, die auf homogenisierende Identitätskonstruktionen verzichtet und auf Kooperation auch in den Fällen zielt, in denen die fremde Identität weder vertraut ist noch verstanden wird. Es geht also um eine Moral, „die sich im Unverständnis für das Fremde beweist und auch dort schützt und hilft, wo sie nicht versteht" (ebd., S. 20). Die Existenz vielfältiger Identitäten verändert den Sinn von Identität selbst, da es nicht mehr um die Darstellung und Sicherung eines bestimmten ethischen Orientierungsrahmens, sondern um die Akzeptanz einer gleichberechtigten Koexistenz unterschiedlicher identitätsbildender Lebenszusammenhänge geht. „Nicht die traditional gesicherte Beständigkeit gleicher Orientierungen definiert dann länger alleine die Identität von Personen oder auch Gesellschaften und Kulturen, sondern auch die immer wieder neu zu bestätigende Fähigkeit, sich kooperierend auf andere Orientierungen einzulassen" (ebd.). Das hier vorgestellte Anerkennungskonzept geht von der Anerkennung der konkreten Pluralität aus, wodurch es auf eine Vereinheitlichung der Identitätsentwürfe verzichten und zugleich auf eine praktische Gleichheit bezogen werden kann. Schwemmer nennt diese Gleichheit „eine Gleichheit für ungleich verstandenes Handeln" (ebd.), die nicht mehr darauf angewiesen ist, eine übergeordnete Identität vorauszusetzen.

Die Anerkennung der konkreten Pluralität stellt Schwemmer in einen Zusammenhang mit einer allgemeinen Verbindlichkeit, „die auch den tätigen Eingriff, die Intervention, mit einschließt" (ebd., S. 20f.). Danach ist eine Intervention dann gefordert, wenn es darum geht, Konzepte von Gerechtigkeit im interkulturellen Beziehungsgeflecht zu konkretisieren, da erst gerechte soziale Verhältnisse die Gewähr dafür bieten, dass sich eine Moral, die Bezug auf das Verhältnis unterschiedlicher ethisch-kultureller Identitäten nimmt, Geltung verschaffen kann. „Nicht die verschiedenen Kulturen und die in ihnen entwickelten Identitäten sind also ‚das Problem', sondern der ungerechte Ausschluss von gesellschaftlicher Teilhabe. Über die Geltungsansprüche in konkret verschiedenen Kulturen kann man sich kommunikativ verständigen, nicht jedoch über die Vorenthaltung von Gleichberechtigung, über Dominanz und Diskriminierung" (Hamburger 1996, S. 104).

Da Gerechtigkeit und Gleichheit im Blick auf Rechte und Freiheiten zu den konstitutiven Bedingungen der Ermöglichung interkultureller Lern- und Verständigungsprozesse zählen, soll hier auf gesellschaftliche Bedingungen hingewiesen werden, die den interkulturellen Anerkennungsprozess gefährden können. Dazu sollen im Folgenden unterschiedliche Formen der Diskriminierung und der Unterdrückung genannt werden.

Rössler beschreibt und diskutiert das Problem der Diskriminierung von Personen auf Grund ihres Geschlechts, der Hautfarbe oder der ethnischen Herkunft. „Wenn in einer Gesellschaft, in der formale Chancengleichheit verwirklicht ist, eine auffällige Korrelation besteht zwischen den Inhabern gut und besser dotierter Stellen, Ämter und Funktionen auf der einen Seite und einer für diese Stellen, Ämter und Funktionen irrelevanten Eigenschaft, nämlich der des Geschlechts oder der Hautfarbe auf der anderen Seite, dann muss man annehmen, dass die Strukturen dieser Gesellschaft die Diskriminierung einer oder mehrerer gesellschaftlicher Gruppen fördern und unterstützen. Formale Chancengleichheit, also die Abwesenheit formeller, etwa rechtlicher, Diskriminierungen, reicht hier offenbar nicht aus, um alle Mitglieder der Gesellschaft zu schützen und ihnen tatsächlich dieselben Chancen, etwa einen Arbeitsplatz zu erhalten, zu gewährleisten“ (Rössler 1993, S. 8). Diskriminierungserfahrungen werden von den betroffenen Individuen als Mangel an Respekt seitens der Gesellschaft ihnen gegenüber erfahren und können zum Mangel an Selbstachtung führen. Für Young stellt sich als Folge des notwendigen Prozesses der Ausdifferenzierung von Gruppen in der modernen Gesellschaft die Privilegierung einiger dieser Gruppen und die Unterdrückung anderer ein. Als unterdrückt können nach Young die Gruppen oder ihre Mitglieder dann bezeichnet werden, wenn „sie von der Partizipation an wichtigen sozialen Tätigkeiten ausgeschlossen [sind], womit in unserer Gesellschaft vorrangig ein Arbeitsplatz gemeint ist (Marginalisierung)“, oder wenn sie als Gruppe stereotypisiert werden und „ihre Erfahrungen und ihre Situation in der Gesellschaft im allgemeinen unbemerkt“ bleiben und sie zudem „wenig Gelegenheit haben, ihrer Erfahrung und ihrer Sichtweise von sozialen Geschehnissen Ausdruck zu verleihen und kaum Gehör [finden], wenn sie es tun (...)“ (Young 1993, S. 282). Unterdrückung liegt darüber hinaus auch vor, wenn „Gruppenmitglieder willkürliche Gewalt und Schikane [erleiden], die von Gruppenhass oder -angst motiviert ist“ (ebd.). Prozesse wechselseitiger Anerkennung können schließlich „nur mit der Herstellung und Erhaltung der gleichen und d.h. gerechten Bedingungen für die Entwicklung auch des Ungleichen ihr Ziel finden. Unsere Moral gründet auf der Gerechtigkeit“ (Schwemmer 1992, S. 21).

Für die Interkulturelle Soziale Arbeit bestünde vor diesem Hintergrund eine ihrer Aufgaben darin, einen Zusammenhang aufzuzeigen zwischen der Ausbildung einer Moral der Anerkennung zwischen Gruppen, Milieus und Subkulturen mit je eigenen kollektiven und individuellen Identitätsprozessen und gerechten gesellschaftlichen Verhältnissen, deren Durchsetzung sich als Voraussetzung für die Entfaltung eines interkulturellen Lern- und Anerkennungsprozesses erweisen.

5 Interkulturelle Kompetenzen in der Sozialen Arbeit

In diesem Kapitel werden Begriff und Voraussetzungen von Kompetenz und Kompetenzerwartungen in interkulturellen Spannungsfeldern im Einzelnen näher betrachtet.

Unsere Frage an den Kompetenzbegriff im Kontext interkulturell orientierter Sozialer Arbeit richtet sich hier darauf, wie ein Verständnis von Kompetenz entwickelt werden kann, das weder vorhandene Praxen einfach absegnet, noch rein technologisch nach praktischer Verwendbarkeit, Verfügbarkeit und Funktionalität fragt. Es geht bei interkulturellen Anforderungen, bei denen wir ja im Vorfeld nicht wissen können, ob unsere Interventionen auf kulturell geteilten oder vielleicht kontroversen Interpretationen eines Sachverhaltes aufbauen, somit nicht allein um ein handlungsleitendes Wissen, das ein in Routinen, Gewohnheiten und Gewissheiten abgelagertes bereits vorliegendes ‚Können' nachträglich legitimiert[1], sondern darum, Handlungswissen je neu zu generieren.

Ferner stellt sich als Problem für eine interkulturell kompetente Soziale Arbeit, dass die gefragten Kompetenzen kaum als eine verallgemeinerbare umfassende „interkulturelle Kompetenz" zu fassen sind, sondern jeweils spezifische und fallkasuistische Orientierungen gefragt sind, die auf je partikulare, situativ und kontextgebundene Erfordernisse eingehen. Im Folgenden wird „interkulturelle Kompetenz" daher multiperspektivisch mit je unterschiedlichen Facetten und Optionen entfaltet. Nach einer kritischen Sichtung inzwischen verbreiteter Anforderungskataloge an eine interkulturelle Kompetenz (5.1) werden kompetenztheoretische Überlegungen aus unterschiedlichen disziplinären Sichtweisen herangezogen (5.2) und an Erfordernisse Sozialer Arbeit angeschlossen: Interkulturelle Kompetenz als Kategorie zur Regulation irritierender Erfahrungen (5.3), als Dialogfähigkeit zur Erzeugung geteilter Bedeutungen (5.4.) und im Kontext von Strategien zur konstruktiven Bearbeitung sozialer Konflikte (5.5). Im letzten Teil des Kapitels wird auf Zusammenhänge mit Fragen geschlechtsspezifischer Differenzierung eingegangen und die Beziehungen von Interkultureller Kompetenz mit Genderkompetenz erörtert (5.6).

5.1 Zur Kritik merkmalsgestützter Kompetenzkataloge

Begibt man sich auf die Suche nach Maßstäben und Merkmalen interkultureller Kompetenzen in der Sozialen oder pädagogischen Arbeit, trifft man auf eine Anzahl offener Kataloge, in denen z.B. Wissensgebiete, Haltungen und Einstellungen sowie Fähigkeiten und Fertigkeiten aufgezählt werden.

---

1 Vgl. Diehm, Radtke 1999, S. 49. Danach steht „Legitimationswissen" in „Argumentationen zur Verfügung, in denen Entscheidungen begründet, gerechtfertigt und (...) verteidigt werden können".

Solche Auflistungen schließen häufig an vergleichbare Vorschläge zu einer „Sozialen Kompetenz“ an und erweitern sie um Erfordernisse in interkulturellen Zusammenhängen.

Damit ist eine Unterscheidung zu rein instrumentellen Kompetenzen angesprochen, die freilich Tendenzen zu einer technologisch-instrumentellen Verkürzung sozialer Kompetenzen nicht ausschließt. Die Breite und Unbestimmtheit, was allein unter „sozialer Kompetenz“ zu verstehen sei, wirft dabei ein zusätzliches Problem auf.[2]

Im Folgenden wird an drei Beispielen verdeutlicht, dass es durchaus unterscheidbare Entwicklungen, Gewichtungen und normative Grundlagen solch offener Kompetenzkataloge gibt.

Ein pragmatisch orientierter Ansatz für interkulturelle Kompetenz empfiehlt Fertigkeiten und Fähigkeiten, wie sie in Organisationen durch Bildungsmaßnahmen und entsprechende Kriterien der Personalentwicklung zu implementieren wären und enthält vor allem allgemeine Verhaltensdispositionen, die in interkulturellen Kommunikationszusammenhängen nützlich sein können. (vgl. Katalog I).

Katalog I: Merkmale interkultureller Kompetenz[3]

- Gewandtheit im Umgang mit unterschiedlichen Personen mit verschiedenen Kommunikationsstilen und Persönlichkeitsfaktoren
- Gute Sprachkenntnisse
- Aktives und passives Beherrschen der nonverbalen Kommunikationsformen der fremden Kultur
- Interaktionsfreudigkeit
- Flexibilität
- Selbstsicherheit
- Eigenkulturelle Bewusstheit
- Geduld und Beharrlichkeit
- Höflichkeit
- Bereitschaft, sich auf die neue Umgebung einzulassen
- Respekt vor und Interesse für die fremde Kultur
- Gefühl für angemessenes Handeln, wann Anpassung und wann „persistence“ (Durchhaltevermögen) verlangt ist
- Bewältigung von Frustration und Andersartigkeit
- Stresstoleranz.

Zunächst scheint dieser Katalog von Fähigkeiten und Grundeinstellungen durchweg vernünftige Elemente zu enthalten, denen man nur zustimmen möchte, doch zeigen sich bei genauerem Hinsehen eine Reihe von Infragestellungen:

Interkulturelle Kompetenz wird hier als ein Konstrukt von Persönlichkeitsmerkmalen gefasst, das die Bedingungen für Möglichkeiten der gefragten „Gewandtheiten“, „Flexibilität“, „Bereitschaften“, „Toleranzen“, „Bewältigungspotentiale“, „Sicher-

2 Als Suchbegriff ergab eine Recherche vom 2.01.2006 unter „google“ allein 2.130.000 Einträge.

3 Vgl. Hinz-Rommel 1994. Ders. nach Hannigan, Delleskamp 1991.

heiten" usw. freilich nicht weiter thematisiert. Jede Leserin, jeder Leser kann die Grenzen dieser Anforderungen und ihre prinzipielle Kontextgebundenheit leicht ausfindig machen, indem selbstreflexiv Beispiele für entsprechend misslingende oder gelingende Umsetzungen aus der eigenen Lebenspraxis gefunden werden: Z.B. wann und unter welchen Umständen ist es mir gelungen bzw. eben auch nicht gelungen, Stresstoleranz aufzubauen, Frustrationen zu ertragen, mich auf Neues einzulassen etc.

Dabei geht die Kritik über das Erkennen von möglicherweise überhöhten Ansprüchen hinaus: Kompetenz erweist sich hier im Sinne überwindbarer interkultureller Inkompetenz zuerst als Kompetenzerwartung, die immer auch enttäuscht werden kann. Wird Kompetenz nun lediglich als Persönlichkeitsmerkmal festgeschrieben und aus den Kontextbezügen der Lebenspraxis herausgelöst, entsteht so etwas wie der „interkulturell kompetente Mitarbeiter". Kompetenz wird sozial zugewiesen und es stellt sich die Frage, wer hier von wem interkulturelle Kompetenz erwartet und auf welche Ziele und Absichten sie gerichtet ist. Auch dieses Element der sozialen und substantiellen Funktionsbestimmung in konkreten Machtbeziehungen klammert der als generaliserter Maßstab auftretende Katalog zumindest explizit aus, implizit enthält er allerdings Hinweise, die darauf schließen lassen, dass hier prinzipiell Risiken der Irritation in interkulturellen Interaktionen minimiert werden sollen, wobei Vokabeln wie „aktives und passives Beherrschen ...", „fremde Kultur", „Selbstsicherheit" usw. ein Machtgefälle induzieren, das schließlich die Frage nach sich zieht: Wer braucht (beansprucht) hier wem gegenüber Interkulturelle Kompetenz?

Die Erfordernisse „Geduld und Beharrlichkeit", „Bereitschaft, sich auf die neue Umgebung einzulassen" oder „Gefühl für angemessenes Handeln ..." im Sinne einer Alternative von „Anpassung" oder „persistence" machen ersichtlich, dass es sich bei diesem Katalog primär um Anforderungen im internationalen Business, der Diplomatie oder um Erfordernisse bei multinationalen Einsätzen handelt.

Tatsächlich geht die in der Bundesrepublik populär gewordene Forderung nach einer interkulturellen Kompetenz in der Sozialen Arbeit auf vorgängige Studien und Konzepte zurück, die vor allem in den USA derart in funktionaler Absicht entwickelt worden waren (vgl. Auernheimer 2002).

Der Kompetenzbegriff wird dort vor allem hinsichtlich seiner handlungs- und einstellungsrelevanten Bestandteile expliziert und eine Reihe bundesrepublikanischer Autoren stützen ihre meist normativen Auslegungen interkultureller Kompetenz auf eine Begriffsvielfalt von z.B. „cross-cultural competence", „intercultural competence oder cross-cultural communication-competence" (Hinz-Rommel bzgl. Ruben et al. 1994, S. 58) oder sie folgen pragmatisch orientierten sogenannten „Cultural assimilator"-Programmen. Interkulturelle Kompetenz, so die häufig von Hinz-Rommel übernommene Definition als die „Fähigkeit, angemessen und erfolgreich in einer fremdkulturellen Umgebung oder mit Angehörigen anderer Kulturen zu kommunizieren" (ebd., S. 20), lässt zunächst offen, was denn jeweils als angemessen und erfolgreich gelten darf und wem der jeweils kulturell differenten Kommunkiationspartner die Definitionsmacht hierüber zusteht.

Zunächst scheinen alle gefragt zu sein, sowohl Sozialpädagogen, die mit Kindern und Jugendlichen unterschiedlicher Herkunft, sprachlicher und kultureller Orientierungen zu tun haben, als auch Kinder und Jugendliche selbst sowie Auslandstätige, Geschäftsleute, Diplomaten, Militärs usw. Hinz-Rommel versteht interkulturelle Kompetenz als „soziale Handlungskompetenz" (Hinz-Rommel 1994, S. 56) und empfiehlt einen von Filtzinger und Johann entwickelten Katalog mit den Lernbereichen

„Grundlagenwissen", „persönliche und fachliche Kompetenzen", „Methoden und Fertigkeiten", „praktische Auslandserfahrung" und „Sprachkenntnisse" zur Vermittlung einer solchen Kompetenz. Diese sei freilich „nur im Rahmen eines umfassenden, reflexiven, bewußten, komplexen und andauernden Prozesses von Wissensaneignung und Persönlichkeitsentwicklung zu verwirklichen (...)" (ebd., S. 72).

Die Tabelle mit den darin aufgezählten Kompetenzmerkmalen macht indes ein Problem der Überkomplexität deutlich und enthält bereits, was zuvor als Kritik der „Kulturalisierung" beschrieben wurde (vgl. Kap. 4.1), denn hier wird für den Elementarbereich die Inszenierung kultureller Traditionsbestände durch die Kinder nahegelegt.

Katalog II: Interkulturelle Kompetenzen nach Filtzinger et al. 1992.[4]

Grundlagenwissen über
Migration,
multikulturelle Gesellschaft,
Sozialisation,
Sprachentwicklung,
Zwei- und Mehrsprachigkeit,
Identitätsentwicklung,
Länder- und Kulturkunde, Religion
Vorurteile und Rassismus,
Ausländergesetze,
pädagogische Konzepte.

Persönliche und fachliche Kompetenzen und Einstellungen wie
Einfühlungsvermögen,
Empathie,
Selbstreflexion,
Offenheit, Perspektivenübernahmefähigkeit,
Kooperationsfähigkeit,
Toleranz, Ambiguitätstoleranz, Frustrationstoleranz,
Konfliktfähigkeit,
Phantasie und Experimentierfreude sowie
kommunikative Kompetenz.

Methoden und Fertigkeiten in
theatralischer Darstellung,
Projektmethoden,
Sprachförderung,
Musik und Rhythmik aus verschiedenen Kulturen,
zweisprachigem Erzählen,
Spielen, Festen und Handwerk aus verschiedenen Kulturen.

Dazu werden „praktische Auslandserfahrungen" als „Praktikum, Hospitationen, Studienfahrten für Fachkräfte" usw. sowie „Sprachkenntnisse in einer Fremdsprache auf Konversationsniveau" angestrebt.

4 Nach Filtzinger, Johann 1992

Auch Gaitanides (Gaitanides 2001, reformuliert 2006, S. 223) unterscheidet zwischen interkulturell kognitiven Kompetenzen, zum Beispiel Wissensbereiche über Fremdsprachen, andere Kulturtechniken, Organisationsformen von Migranten usw., einerseits und Handlungs- bzw. Verhaltenskompetenzen aus dem Repertoire sozialer und kommunikativer Kompetenzen, wie Fähigkeiten zur Perspektivenübernahme, Rollendistanz, Ambiguitätstoleranz, Empathiefähigkeit usw., andererseits.

Katalog III: Interkulturelle Kompetenzen nach Gaitanides 2001/2006[5]

1. Kognitive Kompetenzen:
Kenntnisse über:

- Herkunftsgesellschaften/-kulturen,
- politische Strukturen, Geschichte etc. der Herkunftsländer von MigrantInnen;
- über Herkunftssprachen und Auslandserfahrungen,
- über Struktur und Entwicklung, über Ursachen und Folgen von Migrationsprozessen,
- über die Einwanderersubkulturen bzw. die verschiedenen psychosozialen Reaktionsmuster und Bewältigungsstrategien von Integrations- und Marginalitätsproblemen,
- über das migrantenspezifische Versorgungsnetz und
- über die spezifischen Zugangsbarrieren zu den Regelangeboten der sozialen und psychosozialen Dienste,
- über die Binnendifferenzierung der Einwanderergruppen bzw. deren Schichtung,
- über den rechtlichen, politischen und sozialen Status der Immigranten,
- über Erscheinungsformen und Ursachen von Vorurteilsbereitschaft und Rassismus und Kenntnisse über Strategien und Methoden interkulturellen Lernens und antirassistischer Arbeit.

2. Handlungskompetenzen:
Fähigkeiten

- zur kritischen Reflexion von projektiven und interessengeleiteten Bestandteilen von Fremd- und Selbstbildern,
- Fähigkeit zur Perspektivenübernahme (Empathie/dezentrierte Wahrnehmungsfähigkeit/Relativierungsfähigkeit),
- Interkulturelle Konfliktfähigkeit (Balance zwischen Universalismus und Kulturrelativismus, Bereitschaft zur dialogischen Überprüfung der Geltungsansprüche von Normen, interkulturell/universalistisch reflektierte Berufsethik/normative Reflexivität, Aushandlungsfähigkeit etc.).

Die zugrundeliegenden normativen Aspekte der drei angeführten Beispiele offener Kataloge für interkulturelle Kompetenzen lassen mit Einschränkungen folgende Grundabsichten erkennen, deren Grenzen gleichzeitig Ansatzpunkte für jeweilige Kritik bereitstellen:

I. Gelingende Geschäftsbeziehungen und Handelsabschlüsse

5 Gaitanides 2006, S. 229.: „Gleich-Gültigkeit unterschiedlicher kultureller Sichtweisen".

Kritik: Funktionalistische Reduktion

II. Festschreibung kultureller Zugehörigkeit(en)
Kritik: Kulturalistische Reduktion (vgl. Kap. 4.1)

III. Ethnische Repräsentanz
Kritik: Primat der Nähe zur migrantischen Klientel[5].

Offene Kataloge interkultureller Kompetenz beinhalten einen rhetorischen Gehalt mit Aufforderungscharakter: Dies sind die Wissensbestände, Kenntnisse und Fähigkeiten, die vorausgesetzt werden müssen, wenn interkulturelle Kompetenz beansprucht wird! Gleichzeitig verbürgt die „Offenheit" der postulierten Kompetenzen eine prinzipiell unendliche Fortschreibung der Ansprüche für den Fall, dass die Ergebnisse im Handeln unzureichend erscheinen. So entsteht eine Diktion der permanenten Unvollkommenheit, wobei den Architekten jener Kataloge die Rolle zukommt, mahnend und einfordernd die „immer noch nicht eingelöste" interkulturelle Kompetenz um so gewichtiger normativ aufzuladen. Die „Kompetenz" selbst wird zur dominanten Norm erhoben, wobei die Frage, welchen Interessen, normativen Absichten oder Herrschaftszusammenhängen mit eben jener Kompetenz gedient werden soll, in den Hintergrund treten kann.

Diese Strategie operiert mit einer doppelten Theoriefigur, die einmal Indifferenz und Ambivalenz ausdrücklich im Modus eines allgemeinen Relativismus anspricht, diese jedoch gleichzeitig als Geltungsanspruch formuliert, Kritik und die Abarbeitung entstehender Widersprüche indes zugunsten einer funktionalen Bestimmung zurückweisen muss. Die Funktionalität rechtfertigt gewissermaßen den Wahrheitsanspruch, ohne dass ihre jeweiligen normativen Absichten in Erscheinung treten müssten.

Hier stellt sich nun allerdings die Frage, wieweit misslungene Integrationsverläufe von Migranten einer interkulturellen Inkompetenz einzelner Institutionen des Aufnahmelandes, der Rechtslage oder der Aufnahmegesellschaft insgesamt geschuldet sind, oder eine interkulturelle Inkompetenz der Einwanderer in Deutschland vorliegt, weil sie offensichtlich den hier beispielhaft zitierten Kompetenzkatalogen nicht genügen?

Mit dieser Zuspitzung soll deutlich gemacht werden, dass eine einfache affirmative Übernahme diverser interkultureller Kompetenzerfordernisse in Konzepte Sozialer Arbeit Fallen und Schwierigkeiten bereit hält, mithin interkulturelle Kompetenz an inhaltliche, normative und konzeptionelle Entscheidungen gebunden bleibt, die jeweils der Begründung und Rechtfertigung bedürfen.

Ein Wissen um solche „Fallen" und um die eigene Befangenheiten als Sozialarbeiter oder Sozialarbeiterin in jeweiligen Dominanzverhältnissen, Deutungsgewohnheiten und Machtstrukturen, in und mit denen „interkulturelle Kompetenz" angewandt und bewertet wird, entsteht kritisch und reflexiv, indem die Prämissen der jeweiligen Konzepte interkultureller Kompetenz hinterfragt werden.

Im Wissen um die Grenzen merkmalsgestützter Kompetenzkataloge, auf die wir hier kritisch hingewiesen haben, kann es gleichwohl sinnvoll und erforderlich bleiben, Elemente einer interkulturellen Kompetenz zusammenfassend und stichwortartig zu strukturieren.

Wenn Studierende der Sozialen Arbeit auf interkulturelle Fragestellungen und Kompetenzen aufmerksam gemacht werden sollen oder wenn Kommunen, Institutionen oder Träger Sozialer Arbeit Beratung bei ihrem Prozess interkultureller Öffnung wünschen, kann auch eine kritisch-reflexive Haltung dem Gegenstand gegenüber nicht umhin, zumindest heuristisch positive Bestimmungen vorzunehmen. Mit Blick auf die folgenden Reflexionen und Einlassungen zur interkulturellen Kompetenz beschließen wir daher diesen Abschnitt mit einer Aufzählung erlernbarer Wissensbereiche, persönlichen und fachlichen Kompetenzen und Einstellungen sowie Methoden und Fähigkeiten, die für eine prozesshafte Herausbildung einer interkulturell sensiblen Praxis unter einem Label „interkultureller Kompetenz“ relevant erscheinen:

Grundlagenwissen über:
- die Bedeutung von unterscheidbaren Migrationsverläufen für Bürger mit Migrationshintergrund
- die rechtliche, ökonomische und soziale Stellung von Migranten
- politische Grundprinzipien moderner demokratischer Einwanderungsländer
- Risiken des Missverstehens und der unterschiedlichen Deutung in interkulturellen Kommunikationen
- Formen und Ursachen von Diskriminierung, Wirkung von Vorurteilen, Gefahren rassistischer Weltbilder
- die Bedeutung kultureller Einbettungen und Prozesse kulturellen Wandels im Einwanderungsverlauf
- kulturelle Bedürfnisse v.a. im Feld der Pflege, Altenhilfe oder Therapie
- Methoden zur konstruktiven Bearbeitung ethnisierter Konflikte.
- Religiösität und Religionen; religiöse und kulturelle Maßstäbe und Tabugrenzen.

Persönliche und fachliche Kompetenzen und Einstellungen:
- kommunikative Kompetenz, Gefühl für angemessenes Handeln
- Offenheit und Perspektiveübernahmefähigkeit
- Konfliktfähigkeit
- Kooperationsfähigkeit
- Toleranz und Lösungsorientierung bei erlebten Konflikten
- Aushalten von Widersprüchen
- Die Fähigkeit, eigenes Handeln in interkulturellen Zusammenhängen selbstkritisch reflektieren zu können
- Einsicht in die Partikularität eigener kultureller Orientierungen
- Einsicht in eigene Grenzen (z.B. sprachliche)
- Beherrschung und Selbstkontrolle bei tatsächlicher oder vermeintlicher Grenzüberschreitung durch Adressat/innen der Sozialen Arbeit.
- respektvolle Haltung gegenüber anderen Erfahrungen und Wertemustern
- Bereitschaft, sich in neue, jeweils spezifische Wissensgebiete einzuarbeiten.

Methoden und Fähigkeiten:
- Fähigkeit, bei prekären Erfahrungen kompetenten Rat einzuholen
- Umgang mit unterschiedlichen Verkehrsformen und Höflichkeitsmaßstäben (z.B. Umgang mit Zeit, Geschenken etc.)
- Gewandtheit im Umgang mit unterschiedlichen Personen mit verschiedenen Kommunikationsstilen
- Umgang mit Selbstreflexivität
- Breite Methodenkenntnisse, die multiperspektivisch – nicht methodenfixiert – anwendbar sind
- Analytische Fähigeiten bei der Unterscheidung unterschiedlicher Mandatierungen (Auftraggeber) des beruflichen Handelns in interkulturellen Handlungsfeldern und die praktische Fähigkeit, diese zu synchronisieren (z.B. Träger, Geldgeber, Professionelle Standarts, Klienten Sozialer Arbeit, Netzwerkbeteiligte ...).

5.2 Kompetenztheoretische Erörterung

Vor der Ausformulierung einzelner Bestandteile einer interkulturellen Kompetenz im Sinne einer reflexiv-kritischen Öffnung für die prinzipielle „Nicht-Vorhersehbarkeit" interkultureller kommunikativer Situationen (vgl. Mecheril 2004, S. 131) sollen hier kompetenztheoretische Aspekte angesprochen werden: Welche Verständnisse von Kompetenz spielen eine Rolle, wenn wir mit diesem Begriff hantieren? Geht es um die Optimierung von handlungssteuerndem Wissen oder um gesteigerte Reflexivität? Geht es um die Beherrschung von Risiken und Unübersichtlichkeiten oder um soziale Selektion, geht es um erlernbare Qualifikationen oder um Einstellungen, und wie stark lassen sich „soziale" und „interkulturelle" Kompetenz überhaupt bestimmen?

Ein Blick auf den etymologischen Ursprung des Begriffs „Kompetenz" führt zu dem lateinischen „competentia", (vom Verb „competere"), was soviel wie „Zusammentreffen", aber auch „Zustehen", „Zusammenfallen" „Zukommen", „Vermögen", „Ausreichen", „Kräftig- oder Möglich-Sein" oder „Begehren" bedeuten kann. Im französischen „compétence" ist ein „angemessenes Verhältnis" gemeint; aus dem englischen „competition" entsteht der „competitor" als „Mitbewerber", also ein Bewerber, der in Konkurrenz mit und zu anderen mit diesen zusammentrifft/zusammenfällt. Heute hat der Begriff zumindest drei ähnliche, aber für unsere Frage nach „interkultureller Kompetenz" doch folgenreiche Bedeutungen angenommen:

Einmal verweist „Kompetenz" auf die Befugnis, Zuständigkeit oder Berechtigung oder auch Erwartung, etwas tun zu dürfen, z.B. die eines Lehrers, Benotungen von Schülerleistungen vornehmen zu können.

Hierzu bedarf es zweitens besonderer Fähigkeiten, Eignungen, Sachverstand, Erfahrung usw., und schließlich begegnet uns „Kompetenz" in einem relationalen, vom Umfeld abhängigen Bezug in Wettbewerbssituationen als Konkurrenzverhältnis.

Kompetenz gilt darüber hinaus als Vorraussetzung von Performanz, gewissermaßen ihrem Gegenstück, in welchem sie in ihrem Gebrauch und ihrer Anwendung sichtbar wird. Damit wird Kompetenz zu einer Form von Attribution, als den tatsächlichen beobachtbaren Performanzen jeweilige Kompetenzen zugeschrieben werden. Eine Urteilsfähigkeit über jeweilige Kompetenz oder Inkompetenz wird so freilich in das Belieben des jeweiligen Beobachters von Performanzen verlegt; Kompetenz kann immer nur dasjenige sein, was aus der jeweils partikular gebundenen Perspektive eines Beobachters für kompetent gehalten wird. Hier zeigen sich die Grenzen der vielfältigen psychologischen Entwürfe und Konzepte, Kompetenz in den jeweiligen Schulen und eigenen Traditionslinien zu klassifizieren oder als sogenannte Schlüsselqualifikationen verfügbar zu machen. Im Unterschied zu Qualifikationen, die als normierbare und zertifizierbare Wissens- und Handlungsbestände abrufbar sind, gelten Kompetenzen als „Dispositionen selbstorganisierten Handelns" (Stangl 1998, S. 2), in denen ein Individuum die jeweiligen Performanzen „auf Grund von selbst motivierter Interaktion mit seiner Umwelt herausbildet (ebd. mit Bezug auf White 1959). Mit diesem motivationspsychologisch begründeten Kompetenzverständnis wird Kompetenz allein als personenbezogene Fähigkeit, nicht jedoch als Funktion erfahrener Strukturmerkmale von Interaktionen interpretiert.

Dies gilt auch für den Ansatz Weinsteins, dessen Anfang der 1970er Jahre veröffentlichtes Konzept eines Rahmens für interpersonale Kompetenz (Weinstein 1971, S. 754) u.a. auf der Analyse eines Zusammenhanges „interpersonaler Aufgaben“ und „interpersonaler Kompetenz“ aufbaut. Interpersonale Kompetenz sei die Fähigkeit, interpersonale Aufgaben zu erfüllen,[6] und meint demnach die Fähigkeit, die Reaktionen anderer zu kontrollieren. In diesem Konzept wird Kompetenz eng an die Fähigkeit gekoppelt, effektiv und zielgerichtet in sozialen Interaktionen partizipieren zu können und zu lernen, dass hierfür angeeignete Strategien („tactics“) nicht gleichermaßen für verschiedene Zwecke tauglich sind: Was in der sozialen Interaktion unter Peer-group-Angehörigen als kompetent erscheint, mag gegenüber Eltern oder Lehrern ineffektiv sein (ebd., S. 765). Motivation und Orientierung einer Person werden hier für die Herausbildung interpersonaler Kompetenz maßgeblich und an die Verfügbarkeit interner Kontrolle geknüpft, die eine Person erst in die Lage versetzt, den Zusammenhang eigener Handlungen mit den erfahrenen Konsequenzen herzustellen (ebd., S. 771).

Aus sozialwissenschaftlicher Perspektive kann eine auf personale Qualitäten reduzierte Perspektive erweitert werden, da hier Interpretationen zur Funktionsbestimmung von Kompetenz in einem gesellschaftlichen Zusammenhang verfügbar werden.

So überführen Adalbert Evers und Helga Novotny „Kompetenz“ in eine Verhältnisbestimmung von äußeren und inneren Sicherungsgarantien gegenüber subjektiven und objektiven Unsicherheiten: Kompetenz wird hier als Kompensation im Umgang mit Unsicherheit gefasst, wobei institutionelle Sicherheitskomplexe als Außengaranten gelten und Umsichtigkeit oder erworbene persönliche Ressourcen als Innengarantien gleichermaßen dafür sorgen, dass Risiken und Gefahren im Modus von „Kompetenz“ bewältigt werden können (Evers, Nowotny 1987).

Mit diesem Kompetenzverständnis kann an die sozialpädagogisch bedeutsame Konzeption der Lebensbewältigung angeschlossen werden, die der Sozialen Arbeit die Funktion und Aufgabe zuweist, den „risikogesellschaftlichen Raum“ zu füllen, der innerhalb der Moderne stets neu und auf neue Weise entsteht (vgl. Böhnisch 2001, S. 24 u. 25).

Gleichermaßen wird mit einem solchen Kompetenzverständnis aber auch deutlich, dass Risiken und Unsicherheiten sozial ungleich verteilt sein können, mithin Kompetenz an Gesellschaftkritik zu binden ist.

Kompetenz ist also sowohl rückführbar auf eine „innere Komponente“, wobei das kombinierende handelnde Subjekt Kompetenzen entwickelt; die dabei zu Tage tretenden Fähigkeiten sind aber gleichsam auf „äußere Komponenten“ rückführbar und der Herstellungsprozess von Kompetenz ohne verfügbare objektive Ressourcen undenkbar. Kompetenz ist demnach immer auch sozial codiert, als kombinatorisches Vermögen aber nicht determinierbar, weder aus einer Perspektive unterstellter Persönlichkeitsmerkmale noch als Ergebnis irgendeines gesellschaftlichen Prägevorganges.

Kompetentes Handeln lässt sich somit auch nicht unmittelbar vermitteln wie bestimmbare Qualifikationen, sondern bleibt auf Bedingungen angewiesen, die die stets persönliche Konstruktion von Kompetenz gelingen lässt.

Eine Kompetenztheorie unter den Prämissen des Symbolischen Interaktionismus als „einer Theorie der Fähigkeiten, über die ein Individuum, soll es erfolgreich interagieren können, verfügen muß“ (Brumlik 1973, S. 94) legt nahe, die Strukturmerkmale

6 Weinstein 1971, S. 755. „This is no more than saying that interpersonal competence boils down to the ability to manipulate other's responses.“

sozialer Interaktionen zu beachten und jene Fähigkeiten zu stützen, die auf eine kombinierende Mobilisierung verfügbarer Ressourcen gerichtet sind.

Eine Reflexion der gesellschaftlichen Rahmenbedingungen, in denen „anstelle des Klassenkampfes“ heute der „Platzkampf getreten“ (Nigsch 1999, S. 1) zu sein scheint, führt zu einer Kritik an einer Ideologisierung des Kompetenzbegriffs als ‚Platzanweiser‘ auf den erfolgreichen Rängen der Gesellschaft – kompetent ist, wer Erfolg hat – und an einer Konjunktur von Forderungen nach ‚sozialer Kompetenz‘ als Management-Strategie in Betrieben und Unternehmen, der Bildung von sogenannten „Kompetenzzentren“ usw. Der Begriff „sozial“ ist ähnlich unterbestimmt wie der der „Kompetenz“ und seine Verwendung daher durchaus nicht eindeutig.

Der Begriff des ‚Sozialen‘ ist historisch in unterschiedlichster Weise interpretiert und verwendet worden[7].

Heute muss damit aber keineswegs eine Kompetenz im Sinne sozialer Gerechtigkeit oder des Engagements für Soziale Fragen gemeint sein. Soziale Kompetenz bei Führungskräften fordert im Berufsleben Durchsetzungsverhalten, Beziehungsverhalten oder die Fähigkeit, Regeln aushandeln zu können und um Sympathie zu werben. Als „kompetent“ gilt, wer soziale Strategien beherrscht, sich in der modernen Welt durchzusetzen, „soziale Kompetenz“ kann also auch zur Methapher eines zusätzlichen neuen Selektionskriteriums werden.

Aus kultursoziologischer Perspektive hat Pierre Bourdieu[8] zeigen können, dass z.B. Feinheiten der Sprache wie *Aussprache*, *Akzent*, *Grammatik* oder *Stil* einen wesentlichen Faktor beim Erwerb eines besser bezahlten und höherbewerteten Berufs darstellen können. Bourdieu richtet sich gegen die strukturelle Gewalt der Konkurrenz als hegemoniales Merkmal einer neoliberalen Globalisierung, in der die Prekarisierung von Arbeitsverhältnissen zur Regel wird. In den Kategorien Bourdieus wäre kompetent, wer über entsprechendes kulturelles, symbolisches, ökonomisches und soziales Kapital verfügt und dies entsprechend einzusetzen versteht. „Kulturspezifische Kapitalien jedoch sind stets partikular und durchaus untereinander konkurrenzfähig. Interkulturelle als – wortwörtlich – ‚zwischen-kulturelle‘ Kompetenz lässt zum einen die Fähigkeit erwarten, in verschiedene kulturelle, soziale und symbolische Systeme zu wechseln, weiterhin sowohl *zwischen* als auch *in* einzelnen von ihnen zu operieren“ (Eppenstein 2003, S. 51). Mit dieser Ausrichtung einer interkulturellen Kompetenz als einem „Switchen-Können“ ergibt sich, dass interkulturelle Kompetenz in relationalen Zusammenhängen weniger als personale Einzelleistung im Kontrast zu weniger interkulturell kompetenten Mitbewerbern hervortritt, als dass es sich um eine Kompetenzgattung handelt, die in dem Maße Gestalt gewinnt, als auch alle anderen Interaktionspartner ‚mitspielen‘, indem sie – mit gleicher oder ähnlicher Kompetenz – in Relation zum Einzelnen einen günstigen Zusammenhang für erfolgreiche interkulturelle Verständigung stiften.

Wolfgang Nieke hat als eine Art Probehandeln zur Förderung einer so verstandenen interkulturellen Kompetenz für die interkulturelle Pädagogik die Gestaltung „virtueller interkulturelle Diskurse“ vorgeschlagen und knüpft damit an die von Jürgen Habermas entwickelte Theorie kommunikativen Handelns an (Nieke 2000, S. 251).

---

7 Vgl. Winkler zu den Ursprüngen des Begriffs Sozialpädagogik in: Benner, Dietrich, Oelkers, Jürgen: Historisches Wörterbuch der Erziehung. Weinheim, Basel 2004, S. 903f.

8 Vgl. zur Einführung: Papilloud 2003.

Die Theorie des kommunikativen Handelns (Habermas 1982) versieht den Begriff der Kompetenz mit einer präzisen Bedeutung als Sprach- und Handlungsfähigkeit, die es zu entfalten gilt. Mit „Handeln“ ist dabei die erfolgreiche Verständigung in der Gesellschaft gemeint, wobei als Gesellschaft diejenigen „legitimen Ordnungen“ verstanden werden, in denen ihre Mitglieder Solidarität über eine Regelung ihrer Zugehörigkeiten sichern. Handeln bedeutet somit eine erfolgreiche Verständigung im Rahmen solcher legitimer Ordnungen und nicht einfach nur ein Verhalten eines isolierten Individuums. Zwar besteht ein komplementärer Zusammenhang zwischen der jeweiligen „Persönlichkeit“ und der Kompetenz, die ein Subjekt erst handlungsfähig, das heißt vor allem sprachfähig und sprachbereit macht, gleichermaßen geht es stets ebenso um kooperative Deutungs- und Verständigungsprozesse. Dies ist nicht als normatives Postulat zu verstehen, sondern zielt auf eine Kompetenztheorie, die sich „in rekonstruktiver Absicht (...) auf die Bedingungen möglicher Verständigung richtet“ (Habermas 1982, Bd.1, S. 440). In kooperativen Deutungsprozessen wird jeweils auf Aspekte der objektiven Welt, der sozialen Welt und der subjektiven Welt Bezug genommen und vorgängige Handlungskonzepte der einzelnen Akteure, die Arten und Weisen, wie Aktor-Welt-Beziehungen repräsentiert werden, in eine neue Verbindung gebracht. Damit sind folgende Handlungsebenen angesprochen: Ein teleologisches Handlungsmodell in der Verhältnisbestimmung vom Subjekt zu etwas in der objektiven Welt, ein normregulierendes Handlungsmodell zu etwas in der sozialen Welt und ein dramaturgisches Handlungsmodell zu etwas in der (inter)subjektiven Welt. „Objektive Welt ist dabei die Gesamtheit der Entitäten, über die wahre Aussagen möglich sind, soziale Welt die Gesamtheit legitim geregelter objektiver Beziehungen und subjektive Welt die Gesamtheit (...) zugänglicher Erlebnisse, die ein Sprecher vor einem Publikum wahrhaft äußern kann“ (ebd., S. 184). Die Kompetenztheorie des kommunikativen Handelns zielt auf Strukturen, die gegenüber den vielfältigen Ausprägungsformen partikularer Lebensformen als unveränderlich angelegt werden können (ebd., S. 182). Der kommunikationstheoretische Begriff der Lebenswelt bildet das Zentrum für Beteiligte in Handlungssituationen, allerdings mit einem Horizont, der veränderbar ist und den die Akteure erweitern oder verengen können. Die „Strukturen der Lebenswelt“ als komplementärer Begriff zum „kommunikativen Handeln“ stehen für „die Summe der Selbstverständlichkeiten und nicht in Frage gestellter Überzeugungen“, setzen damit den horizontbildenden Kontext von Verständigungsprozessen, und greifen dabei auf einen kulturell vorgegebenen Wissensvorrat zurück, dessen Überlieferungen sie gleichsam repräsentieren (ebd., S. 189). Kultur entspricht hier dem Wissensvorrat, aus dem sich Kommunikationsteilnehmer mit Interpretationen versorgen, um sich verständigen zu können.

Eine geteilte Sicht von Wirklichkeit ist bis zu einem gewissen Maß unabdingbar für menschliches Zusammenleben – Habermas geht von einer Bindung an vorausgehende Verständigungsprozesse aus –, kompetent sind indes Dialogpartner als Sprecher und Hörer, die zu Relativierungen ihrer Äußerungen fähig sind, also einräumen, dass diese auch bestritten werden können.

Für die Soziale Arbeit sind die Grenzen diskursethisch begründeter Denkfiguren vor allem in dem Umstand begründet, dass wir es hier in der Regel nicht mit idealen Situationen im Sinne einer Sprechsituation in einem herrschaftsfreien Zusammenhang zu tun haben. Eine Diskursfähigkeit der Beteiligten kann hier gerade deshalb nicht in geforderter Weise vorausgesetzt werden, weil wir es mit asymmetrischen Strukturen, zum Teil unfreiwilligen Beziehungsverhältnissen und einem Gefälle in der Kommunikationsstruktur zu tun haben, die ja oft gerade die Voraussetzung bzw. den Anlass für entsprechende Interventionen Sozialer Arbeit bilden (vgl. Brumlik 1992, S. 8f.).

Kompetenz wird so gesehen zu einem knappen Gut und ihre Herstellung nicht verfügbar, weil das Sich-Verständigen-Können im Idealfall an die Sprechsituation eines herrschaftsfreien Zusammenhanges gebunden ist, der zumal in der Sozialen Arbeit zwischen den beteiligten Akteuren nicht vorausgesetzt werden darf.

Eine weitere linguistisch begründete explanative Kompetenztheorie verspricht ebenfalls eine präzise, rationale und begrifflich konsistente Fassung von Kompetenz: Noam Chomskys Forschungen zu den formalen Eigenschaften einer jeden menschlichen Sprache führen zur Begründung einer Theorie der „generativen Grammatik", wobei Kompetenz als universelle, kulturunabhängige, dem Menschen angeborene Spracherwerbskompetenz expliziert wird, die es als zugrundeliegende beständige und gleichbleibende Tiefenstruktur ermöglicht, auf der performativen Oberflächenstruktur Sätze in einer unendlichen Anzahl neuer, nie zuvor gesagter oder gehörter Art zu generieren und zu verstehen, die grammatikalisch korrekt sind. Für Chomsky liegt der „bemerkenswerte Aspekt der Sprachkompetenz" in der „Kreativität der Sprache", weil Sprecher in der Lage sind, „neue Sätze zu produzieren, die von anderen Sprechern sofort verstanden werden, obwohl sie keine physikalische Ähnlichkeit mit ‚vertrauten' Sätzen aufweisen" (Chomsky 1977, S. 16).

In Hinblick auf diese gemeinsame universelle Basis sind alle menschlichen Sprachen im Grunde vergleichbar. Unterschiede zwischen den Sprachen ergeben sich durch die Transformationen, die von der Tiefenstruktur zur Oberflächenstruktur führen. „Wir teilen also die Regeln der Sprache mit anderen, wie wir mit Ihnen eine Organisation des Gesichtsfeldes teilen" (ebd., S. 90). Das von Chomsky herausgearbeitete Regelwerk der Sprache, seine „Universalgrammatik", die als Tiefenstruktur die Voraussetzung für die Kreativität von Sprache bildet, ist nun aber nicht einfach auf andere Gebiete menschlicher Kompetenz übertragbar. Chomsky selbst hat bezweifelt, ob die Ausweitung der Begriffe, die zur Beschreibung sprachlicher Strukturen dienen, auf andere kognitive Systeme vielversprechend sein könne, da man nicht einfach Verfahren, die einer phonemischen Analyse analog sind, auf gesellschaftliche und kulturelle Subsysteme anwenden könne (Chomsky 1996, S. 123ff.). Dennoch schließt der aus der Theorie der generativen Grammatik hervortretende Kompetenzbegriff nach Chomskys Auffassung eine „Lücke in der Begrifflichkeit der psychologischen Theorie" (ebd., S. 119), die sich als Verhaltenswissenschaft mit dem Erwerb oder der Regelung von Verhaltensformen beschäftige, der aber ein vergleichbarer, durch eine generative Grammatik erschließbarer Kompetenzbegriff fehle. Auch die Lerntheorie oder die Verhaltenspsychologie, sofern sie bei der Erziehung oder Therapie angewendet wurde, habe sich auf ein „System von Stimulus-Response-Beziehungen" und damit auf einen „engen und (...) inadäquaten Begriff von dem, was gelernt wird, beschränkt" (Chomsky 1996, S. 120).[9]

Mit einem sozialisationstheoretisch begründeten Ansatz erhalten wir einen zwar „schwächeren" Begriff individueller Handlungskompetenz, dieser ist aber anschluss-

9 Zur näheren Begründung der kompetenztheoretischen Anschlussfähigkeit Chomskys an eine interkulturelle Kompetenz vgl. Eppenstein 2003, S. 57–61.

fähig für eine interkulturelle Kompetenz in Kontexten Sozialer Arbeit, weil hier sowohl Aspekte des „Sozial-Werdens" wie der Individuation berücksichtigt werden.

In handlungstheoretischen Überlegungen zur Aneignung und Verarbeitung äußerer und innerer Realität fasst Hurrelmann Handlungskompetenz als eine kombinatorische Fähigkeit, in der ein Individuum angemessen in unterschiedlichen Handlungssituationen agieren und unterschiedliche Anforderungen in verschiedenen Handlungssituationen koordinieren kann. Grundlegende Fertigkeiten und Fähigkeiten für den Vollzug autonomen und zielorientierten Handelns in neuen Situationen (Hurrelmann 2001, S. 158) liegen in sensorischen, motorischen, affektiven wie interaktiven und intellektuellen Bereichen des Verhaltens und Handelns und gelten als Voraussetzung zu Handlungskompetenzen, die als soziale, emotionale, kognitive, ästhetische, moralisch-ethische und sprachliche Handlungskompetenzen analytisch differenziert werden, auch wenn sie in konkreten Handlungssituationen stets zusammenwirken. Auf dieser Grundlage kann von einer „Kompetenzstruktur" oder „Struktur der Handlungskompetenz eines Individuums" (ebd., S. 162) gesprochen werden, in der sich Handlungskompetenzen anhand unterscheidbarer Fähigkeiten und Fertigkeiten abzeichnen, die als Basis des sozialen und instrumentellen Handelns in verschiedenen Bereichen der Sprache, Emotionalität, Ästhetik, Ethik bzw. Moral, der Kognition oder des Sozialen verstanden werden.

Dabei handelt es sich „um die zu einem bestimmten Lebenszeitpunkt verfügbaren und anwendbaren Potentiale der Umweltwahrnehmung, der Steuerung des Handelns nach ethischen und moralischen Prinzipien, des gefühlsmäßigen und genussorientierten Erschließens der sozialen und natürlichen Umwelt, des verbalen Benennens und Kodierens der äußeren Realität sowie der sozialen Kontaktfähigkeit und Verhaltenssicherheit" (ebd., S. 163).

In diesem Kompetenzmodell sind Prozesse der Verarbeitung und Aneignung auch als „Arbeit an sich selbst" (ebd.) notwendig und entwickelten sich weiter, indem aktuelle Eindrücke und Erfahrungen mit zurückliegenden Kenntnis- und Wissensbeständen, Erlebnissen und Beobachtungen in Einklang gebracht werden.

Kompetenzentwicklung schließt in diesem Verständnis demnach immer auch Prozesse der Selbstbildung mit ein.

Fähigkeiten und Fertigkeiten sind demnach mit Kompetenz nicht gleichzusetzen, bilden aber ihre erlernbare und entwickelte Voraussetzung. Kompetenz muss sich mit diesen Voraussetzungen dann freilich je neu erweisen, etwa bei der Bewertung einer Situation, in einer Urteilsbildung, der Herausbildung von Gefühlen oder von Handlungen in jeweils spezifischen, jedoch nicht allein im Modus von Routinen beherrschbaren Kontexten.

Kompetent erweist sich demnach ein Individuum, wenn es seine erlernten Fähigkeiten auch in neuen Situationen und Kontexten in variablen Koordinationsmustern so anzuwenden versteht, „daß sie eine Anpassung an die situativen Bedingungen und zugleich eine Berücksichtigung der persönlichen Bedürfnisse ermöglichen (ebd., S. 165). Hurrelmann misst den sozialen und materiellen Lebensbedingungen einen bestimmenden Einfluss dafür bei, welchen Grad der Differenziertheit und Komplexität Handlungskompetenzen erreichen, benennt aber gleichzeitig biologische, altersmäßige und lebensphasenspezifische Determinanten.

In den oben zitierten ‚Katalogen' für interkulturelle Kompetenz vorauszusetzenden Fähigkeiten finden sich nun maßgebliche Fähigkeiten und Fertigkeiten wieder, die einer Kompetenzstruktur nach Hurrelmann zugrundeliegen: Es sind dies v.a. „interaktive Fähigkeiten“ wie Perspektivenübernahmefähigkeit, Kontaktbereitschaft, „affektive Fähigkeiten“, z.B. Empathiefähigkeit und „intellektuelle“ Fähigkeiten, z.B. Kapazitäten zur Informationsverarbeitung und Wissensspeicherung.

Vor diesem Hintergrund müssen wir davon ausgehen, dass „interkulturelle Kompetenz“ in der Sozialen Arbeit nicht auf einem kontextunabhängig erworbenen Regelsystem z.B. im Sinne der starken Kompetenztheorie Chomskys aufbaut, sondern eher ein schwacher Kompetenzbegriff als ein Set verfügbarer Fähigkeiten, die für eine jeweilige Interaktion benötigt werden, maßgeblich bleibt.

In praktischer Perspektive ergibt sich damit allerdings die Schwierigkeit der prinzipiellen Unverfügbarkeit interkultureller Handlungssituationen, in denen sich interkulturelle Kompetenz ja stets neu zu beweisen hat, ohne dabei immer auf bewährte Routinen zurückgreifen zu können. Das kompetenztheoretische Problem verdichtet sich in praktischen Handlungsanforderungen Sozialer Arbeit, wenn eine Situation zum einen interpretierend verstanden sein will – ein Vorgang, der in der Regel Zeit für die Reflexion komplexer Zusammenhänge fordert – zugleich jedoch dieselbe Situation einer Beurteilung unterzogen werden muss, wenn die praktische Intervention sofort – eben vor einer eingehenden Analyse – erfolgen muss, und damit kaum anderes möglich erscheint, als auf bewährte verfügbare Handlungsmuster zurückzugreifen.

Kompetentes Handeln fordert also ein gleichzeitig *interpretatives Verstehen* und *situatives Urteilsvermögen* (Kolbe 1997, S. 41f.), verlangt demnach praktisch von Berufstätigen in pädagogischen Situationen Sozialer Arbeit, selbst handelnd einzugreifen und zeitgleich uneindeutige oder überkomplexe Situationen in der Kommunikation zu deuten. Kompetenz kann daher als ein Vermögen verstanden werden, einen Zusammenhang von Lernen und Handeln herzustellen, in dem es nicht um die Umwandlung von Wissen in Handlungsroutinen geht, noch das Handeln ohne gleichzeitigen Versuch interpretierenden Verstehens der Situation verstanden wird, auch wenn diese nicht unmittelbar umfassend beurteilbar erscheint.

Erst durch die interaktive Verschränktheit von Wissen und Handeln wird ein eigener Wissenstypus generiert, der eine Theorie-Praxis-Hierarchie überwindet und sich damit der Steuerung oder Beeinflussung durch eine systematische Wissensvermittlung teilweise entzieht.

Kompetenz umfasst ein Können, das Wissensbestände zu situativem Deuten und Handeln zu nutzen vermag, ohne dass dieses Können und Wissen zuvor sprachlich explizit verfügbar sein muss, also erst im Handlungsvollzug entsteht. Man kann es als ein unverfügbares vorsprachliches Können und Wissen im Handeln bezeichnen.

Dies gilt aufgrund der Kontingenz menschlicher Voraussetzungen und Existenzweisen generell in der Sozialen, vor allem sozialpädagogischen Arbeit, verdichtet und steigert sich jedoch in interkulturellen Handlungssituationen, in denen sich Risiken „von Wahrnehmungsverzerrungen, von Fehlzuschreibungen, Fehldiagnosen und unsachgemäßen Interventionen (…)“ (Leenen et al. 2002, S. 81) vermehren können.

5.3 Interkulturelle Kompetenz im Felde irritierender Erfahrungen

Wir wollen vor dem Hintergrund der zuvor erörterten Kompetenzverständnisse „interkulturelle Kompetenz" weniger als „Befugnis", die über entsprechende qualifizierende Abschlüsse verfügt, verstehen, weniger als „Platzanweiser" im Kontext von Konkurrenzverhältnissen, weniger als routiniertes Expertenhandeln oder allein als Sammlung von Kenntnissen und Fähigkeiten, sondern als eine eher schwache Kategorie zur Regulation von irritierenden Erfahrungen in interkulturellen Zusammenhängen, die zwar auf bestimmbare Wissensbestände, Fähigkeiten, Fertigkeiten und Haltungen als Voraussetzung angewiesen bleibt, sich jedoch nicht in deren routinierter Reproduktion erweist, sondern in immer neuen Situationen dann entsteht, wenn Interaktionspartner in kulturell, sozial oder bildungsbezogen asymmetrischen Strukturen einander gelingende Verstehens- und Verständigungsprozesse bezeugen können.

Interkulturelle Kompetenz in der Sozialen Arbeit soll also nicht nur partikular für besondere Kulturen gelten und muss demnach eine universalisierbare, allgemeingültige Ausrichtung ausweisen, die sich jedoch immer ganz spezifisch auf Zusammenhänge partikularer Interessen bezieht und häufig auf Relativität als Maßstab beruft. Interkulturelle Kompetenz kann demnach weder ausschließlich als generalisierbare, allgemeine oder alles übergreifende Kompetenz verstanden, noch ausschließlich innerhalb partikularer, kultureller oder sozialer Gegebenheiten sinnvoll gefasst werden; Sie beweist sich vielmehr in Prozessen, in denen Menschen mit je unterscheidbaren Voraussetzungen und Perspektiven im Rahmen ihrer spezifischen Lebensbewältigungsmuster je neu entscheiden müssen, was sie beibehalten und oder ändern wollen oder können, bzw. was sie ändern müssen, um ihnen wichtige Belange beibehalten zu können. An Prozesse gebunden wird interkulturelle Kompetenz zu einer Angelegenheit, die selbst Prozesscharakter besitzt, also nur schwer „feststellbar" im wortwörtlichen Sinne ist.

Diesem Grundproblem interkultureller Kompetenz als einer Aufgabe, einem relativierungsfähigen Universalismus in unseren Handlungen und Interpretationen zu genügen, begegnet die Soziale Arbeit in ihrer Praxis in der Form irritierender Erfahrungen: Erst die Aneignung von Wissen um eine spezifische Sprache, Religion oder kulturelle Orientierung wird mich, den anderssprachigen, andersgläubigen, sozial und kulturell anders eingebetteten Akteur Sozialer Arbeit in die Lage versetzen, angemessen verstehen und kommunizieren zu können und darüber hinaus die für Soziale Arbeit oft unverzichtbaren Signale einer lebensweltorientierten anerkennenden Grundhaltung gegenüber den Adressaten meiner Bemühungen einzulösen; Interkulturelle Kompetenz ist demnach immer auch mit zielgruppenspezifischem Wissen verbunden, damit aber nicht automatisch gleichgeschaltet mit einer Abkehr von universellen Orientierungen, wenn gewährleistet bleibt, dass dieses Wissen nicht in eine rein affirmative Bestätigung vorherrschender ethnischer Einordnungen und zu einer kulturrelativistischen Normennivellierung führt, die eine mögliche Auseinandersetzung und Aufklärung um vorliegende oder zugrundeliegende Normenkonflikte vermeiden will.

Irritationen besitzen freilich einen Doppelcharakter: Einmal stehen sie für Verstörungen, Ärgernisse, unerwünschte Abweichungen oder Fehlentwicklungen, ein andermal können sie gleichwohl als Initial für kreativen Neubeginn, Befreiung aus totgelaufenen Routinen des Denkens oder Handelns oder für heilsame Verunsicherung in starr gewordenen Kontexten stehen.

Handlungsformen Sozialer Arbeit sind durch ein gebrochenes Verhältnis gegenüber Irritationen ausgezeichnet, denn einerseits geht es z.B. bei Kriseninterventionen ja zunächst einmal darum, aufgetretene Irritationen ihrer Adressaten etwa durch Praxen stellvertretenden Deutens oder auch stellvertretender Problemlösung zu bereinigen. Hier dürfte gelten, sich als Professionelle/r eben nicht in gleichem Maße wie die Adressaten von den tatsächlichen oder vermeintlichen dem Hilfeanlass zugrundeliegenden Problemen irritieren zu lassen. Die Nutznießer der Hilfe profitieren gemeinhin aus dieser Differenz zwischen „Hilfenehmer“ und „Hilfegeber“, in der Letzterer eher unbefangen und distanziert mit orientierendem Wissen dazu beisteuern kann, dass vorliegende Irritationen bewältigt werden können.

Zum anderen fordert die oben erwähnte selbstreflexive Arbeit auch und gerade von den Professionellen Sozialer Arbeit, sich bewusst eigenen Irritationen, die sich in ihrer Praxis zumal in interkulturellen Spannungsfeldern ergeben, zu stellen und diese zuzulassen. Akteure Sozialer Arbeit sehen sich demnach vor die Herausforderung gestellt, irritierende Erfahrungen kompetent zu regulieren: Dies kann in mehrere Perspektiven weisen, als orientierendes Handeln, als Lern- oder Entwicklungsansatz, als Klärung oder Aufklärung oder als ambiguitätstolerante Hinnahme.

Beispiel:
Der folgende Bericht aus einem offenen Jugendtreff einer westfälischen Großstadt handelt von einer Irritation der dort beschäftigten Sozialarbeiter und kann illustrieren, welche unterscheidbaren Optionen denkbar erscheinen:
Der Treff wird gleichzeitig von unterschiedlichsten „migrantischen“ Jugendlichen besucht, wobei sich Cliquen und Gruppen identifizieren lassen, die sich selbst als „Türken“ und „Aussiedler“ bezeichnen, eine Zuschreibung, die auch untereinander erfolgt, und die von den Sozialarbeiter/innen übernommen wird.

Sozialarbeiterin: *„(...) Einmal gab es Auseinandersetzungen zwischen den Türken und den Spätaussiedlern bei uns im O.T.(= Offener Jugendtreff), in der die Türken die anderen als „Russen“ angemacht haben. Später haben sich die Aussiedlerjugendlichen bei uns Sozialarbeitern beschwert, wir hätten da eingreifen und die Türken maßregeln müssen. (...) Unser Praxisanleiter hat argumentiert, Jugendliche müssten lernen, Konflikte eigenständig auszutragen und zu lösen; überhaupt sind viele Aussiedlerjugendlichen komisch drauf und absolut autoritätsfixiert. Die siezen uns Jugendarbeiter ständig, obwohl im Treff das Du üblich ist. Das nervt schon manchmal. Natürlich sind die türkischen Jungs im Grunde auch nicht besser, aber was soll's, eigentlich sind das ja übliche Auseinandersetzungen unter Jugendlichen (...).“*

Wenn wir davon ausgehen, dass dies die einzig verfügbaren Informationen aus dem Praxisbeispiel sind, sind mindestens folgende Irritationen identifizierbar:

1. Die „Anmache“ der türkischen Jugendlichen geht auf ihre Irritation zurück, dass sie nicht allein im Jugendtreff sind. Dies bleibt allerdings spekulativ, es könnte auch um Mädchen, Tischtennisplatten oder wie immer motiviertes „Platzhirschgehabe“

gehen. Dann läge keine Irritation, sondern im Gegenteil selbstzentriertes Dominanzverhalten zugrunde. Auch erfahren wir nichts Näheres über die Beziehungsstruktur zwischen den beiden Cliquen, z.B. ob und was der geschilderten Auseinandersetzung voraus ging. Liegt hier möglicherweise eine unglückliche Verkettung gegenseitiger Provokationen vor?

2. Die Neutralität der Sozialarbeiter irritiert die spätausgesiedelten Jugendlichen. Warum genau, das wissen wir nicht: Erwarten sie eine Sonderstellung gegenüber den türkischen Jugendlichen als Deutsche oder sind ihnen universelle Prinzipien zivilisierten Umgangs im Jugendtreff wichtig? Sind sie autoritätsfixiert oder haben sie legitime Erwartungen auf Empowerment in einer unterlegenen Situation? Sind ihre Rollenerwartungen an die Aufgaben von Sozialarbeitern anders ausgerichtet als von diesen selbst, geht es um differente Konzeptionen von Jugendarbeit oder Festschreibung kulturalistischer Deutungsmuster?
3. Die Erwartung der spätausgesiedelten Jugendlichen an die Sozialarbeiter, parteiisch, erziehend oder maßregelnd einzugreifen, wird von diesen als Irritation dargestellt und zugleich mit dem Hinweis abgewehrt, Jugendliche sollten ihre Konflikte untereinander lösen. Damit ist freilich noch nicht geklärt oder zu entscheiden, wer hier „Recht" hat. Die Irritation kann vielmehr unterschiedliche Selbstverständnisse und Erwartungen freilegen und provoziert als gegenseitige Infragestellungen u.U. fruchtbare Lernprozesse auf beiden Seiten.
4. Warum irritiert die Sozialarbeiter das „Siezen"? Ist es die Erinnerung an überwunden geglaubte traditionale Verkehrsformen? Gefährdet es ihre illusionären Phantasien von Nähe und Verständnis per „Du-Sein" mit ihrer jugendlichen Klientel oder liegen sie „richtig" mit einer Deutung, es handele sich hierbei um unterwürfiges oder autoritätsgebundenes Verhalten?
5. Schließlich bleibt offen, warum die Auseinandersetzung zwischen den Jugendcliquen selbst als „normal" und eben nicht alarmierend bzw. irritierend auf Seiten der Sozialarbeiter interpretiert wurde. Hierfür erhalten wir Hinweise aus dem Text, die darauf schließen lassen, dass die kulturelle bzw. nationale Codierung der Auseinandersetzung offenbar nicht eigens thematisiert werden soll, sondern auf eine doppelte Selbstauflösung des Konfliktes gehofft wird:
   a) „Türken" nerven wie „Russen" – alle anders, alle gleich: Wir nivellieren die ethnischen Zuschreibungen im verallgemeinernden Modus üblicher Auseinandersetzungen zwischen Jugendlichen.
   b) Wir überlassen es den Jugendlichen selbst, wie sie ihre Konflikte austragen, denn wir gehen davon aus, dass sie nur untereinander ohne unsere Intervention lernen können, ihre Angelegenheiten zu regeln.

Es wird deutlich, dass hier eine einfache Indikation für interkulturell kompetentes oder inkompetentes sozialarbeiterisches Handeln solange nicht zu stellen ist, als die Interpretationen für jeweilige Irritationen und den ihnen zugrundeliegenden Normen oder Normalitätsentwürfe unklar bleiben. Eine interkulturell befriedigende Praxis wäre dann erreicht, wenn die aufgeworfenen Fragen in einem gegenseitigen Verstehens- und Verständigungsprozess der Beteiligten (hier Sozialarbeiter, „Türken" und „Russen" im Jugendtreff) münden, auch in Formen einer Aushandlungskultur, die aber in den spezifischen Kontexten dieses offenen Jugendtreffs zu entwickeln wäre. Die Verantwortung für ein Gelingen eines solchen Prozesses liegt grundsätzlich bei allen Beteiligten, strukturell jedoch durchaus primär bei den professionellen Sozialarbeitern, sofern sie mit ihrer Arbeit außerschulische und außerfamiliäre Bildungsaspirationen verbinden. Dabei bleibt zunächst offen, ob die aufgetretenen Selbst- und Fremdzuschreibungen als „Russen“ oder „Türken“ zu dekonstruieren wären oder als legitime kulturelle Orientierungen partiell beibehalten werden.

Warum wird ein solches Beispiel von einer Praktikantin im Studium der Sozialen Arbeit überhaupt berichtet, wenn es um die Klärung von interkulturellen Kompetenzen geht?

Ist hier Deutungskompetenz in Hinblick auf unterschiedliche „Kulturen“ oder gar Kulturverständnisse gefragt?

Geht es um Kompetenzen angesichts von Fremdheit und Befremden?

Wird hier interkulturelle Kompetenz als erweitertes Konzept zur Konfliktregulierung avisiert oder will das gewählte Beispiel auf die Differenz unterschiedlicher normativer Orientierungen aufmerksam machen?

Interkulturelle Kompetenz erweist sich vor dem Hintergrund dieser möglichen Fragestellungen als Regulation von Irritationen, die schon immer im Modus gewählter Denkstrukturen und Kategorisierungen benannt oder erkannt werden, z.B.:

- Irritationen zwischen unterscheidbaren Kulturverständnissen
- Irritationen im Umgang mit Fremdheit
- Irritationen aufgrund sozialer Konflikte in interkulturellen Spannungsverhältnissen
- Irritationen zwischen diversen Normativitäten.

Zur Erfahrung gerinnen Irritationen freilich erst dann, wenn sie als solche überhaupt zugelassen werden. Eine Haltung, die immer schon weiß, wie auftretende Irritationen einzuordnen sind, kann dazu führen, dass das herbeigezogene Wissen die Erfahrung liquidiert, bevor sie sich unter Umständen mühsam als Generator für neues Wissen artikulieren lässt.

Nun lehrt uns das Theorem eines hermeneutischen Zirkels, dass unsere Interpretationen von Sachverhalten immer schon auf Vorerfahrungen bauen und angewiesen bleiben, doch hier geht es um eine Form von Lernprozessen, in der vorhandenes Wissen nicht nur erweitert, sondern zuweilen auch dekonstruiert werden muss. Einmal gelernte Interpretationen, etwa mit Blick auf obiges Beispiel, das Vorkommnis sei z.B. „nichts als“ Ausdruck unterschiedlicher national geprägter Mentalitäten bei den Jugendlichen, müssen gewissermaßen verlernt werden, wenn Raum für anderweitige Theoreme gewonnen werden soll.

Interkulturelle Erfahrungen müssen so gesehen im wortwörtlichen Sinne „gemacht“ werden als Arbeit der Auseinandersetzung mit irritierenden Ereignissen und sie sind dabei nicht determinierbar, wohl aber regulierbar im Sinne eines Bemühens um Verstehen und Verständigung und im Modus einer reversiblen, fehlerfreundlichen Haltung: Es könnte so und so, vielleicht aber auch anders verstanden werden. Sofern in der Sache Auflösungen der Irritationen möglich sind, dann nur unter der Voraussetzung solcher vorgängiger Verstehens- und Verständigungsprozesse.

5.4 Interkulturelle Kompetenz im Horizont normativer Ansprüche

Interkulturelle Kompetenz als praktische und zugleich kritische Hermeneutik zielt damit auf ein Verständnis dessen, was Adressaten Sozialer Arbeit selbst wollen oder wollen könnten und hebt sich so von präskriptiven Sollensforderungen ab, die eher außerhalb subjektiver, innerer Erwartungen der Adressaten Sozialer Arbeit entstehen: So repräsentiert die im Beispiel zitierte Haltung des Praxisanleiters im Jugendtreff, Jugendliche müssten ihre Angelegenheiten und Konflikte untereinander regeln, eine solche Normativität, die aber hier mit der Wollenserwartung der spätausgesiedelten Jugendlichen kollidiert.

Solche Imperative präscriptiver Sollensforderungen sind auch in interkulturellen Konzepten und Programmatiken angelegt. Sie können gewissermaßen als „heimliche Autraggeber" fungieren, als wertbezogene „Sinn-Normen", prinzipiell für gültig befundene, umfassende Sollensforderungen, die Handlungsrichtungen und Handlungsverpflichtungen angeben, ohne bestimmte Einzelhandlungen vorzuschreiben oder auszuschließen (vgl.Bokelmann 1989, S. 192f.). Diese handlungssteuernden oder Handlungen rechtfertigenden Funktionen von Normen besitzen unterschiedliche Verbindlichkeitsgrade, die wiederum von der Beurteilung der Werte abhängen, die ihnen innewohnen.

So wäre am Beispiel der Spannungen im Jugendtreff freizulegen, inwieweit es sich bei den hier unterscheidbaren normativen Orientierungen der beteiligten Akteure um eine Übertragung und Überlieferung bereits gesellschaftlich oder historisch positiv sanktionierter Einsichten und Werte (a) geht, um die Anpassung von Normen und Geltungsansprüchen an veränderte soziale und individuelle Lebensverhältnisse (b), oder um den Anspruch, unerfüllte oder neue Normen gegenüber einem vorfindbaren Normendruck erst durchzusetzen (c)? Im Grunde gibt es hier keine „falschen" oder „richtigen" Normativitäten, sondern Irritationen, weil es den einen (jugendliche Spätaussiedler) offenbar um Ersteres (a) geht, den Sozialarbeitern indes um eine Anpassung an veränderte Lebensverhältnisse (b) und – soweit wir erfahren – offenbar niemandem im Sinne der letzten Variante (c), um die Durchsetzung veränderter Normen gegenüber dem vermutlich handlungsleitenden Normendruck innerhalb der ethnisch etikettierten Jugendcliquen.

Sind solche in Handlungen und Haltungen erkennbaren normativen Orientierungen, die von sozialen Akteuren von innen heraus, also oft verschwiegen oder unbewusst verfolgt werden, im Grunde nicht ohne Infragestellung der Integrität der handelnden Personen zu bewerten, so bleiben sie doch an Wertmaßstäbe gebunden und können nicht einfach untereinander relativiert werden. Im Zentrum des Interesses haben hier die Irritation und die ihr zugrundeliegenden Differenzen, nicht primär die beteiligten Personen zu stehen. Aus dieser Perspektive kann zwischen Person und Problem unterschieden werden; Für den Bericht der Praktikantin würde dies ermöglichen, nicht mehr von „nervenden Jugendlichen" zu sprechen, sondern etwa von den Anstrengungen, die es für die professionellen Sozialarbeiter in theoretischer wie praktischer Hinsicht bedeutet, die im Alltagshandeln der Jugendlichen im „offenen Treff" offenkundig werdenden divergierenden normativen Orientierungen produktiv aufzunehmen, angemessen zu verstehen und praktisch folgenreich so zu behandeln oder zu bearbeiten, dass alle Beteiligten von einem gelingenden Prozess sprechen können.

Anders, wenn normative Vorstellungen gewissermaßen „von außen“, aufgrund gewonnener „Positionen“ oder Einsichten oder Erklärungsmuster, auch auf der Ebene wissenschaftlicher Wissensproduktion oder als übergeordnete Ziele oder als Ausdruck von Dominanzverhalten wirksam werden.

Hier sind Auseinandersetzungen um „falsch“ oder „richtig“, um „wahr“ oder „unwahr“, um „geeignet“ oder „ungeeignet“ „berechtigt“ oder „unberechtigt“ aus systematischen Gründen unverzichtbar.

Leicht kann in einem allgemeinen Paradigma „guter Absichten“ übersehen werden, dass den diversen interkulturellen Konzepten und Praktiken normative Grundlagen innewohnen, die sich zum Teil ergänzen, aber auch in bestimmten Annahmen durchaus zueinander in Widerspruch treten können:

Abbildung 6 (auf Seite 151) skizziert solche unterscheidbaren interkulturellen Konzepte, die häufig im Kontext von Migration und Erziehung oder einer interkulturellen Pädagogik entwickelt wurden, gleichwohl in ihrem normativen Gehalt auch für die Soziale Arbeit relevant geworden sind, zumal, wenn diese sozialpädagogisch oder mit einem Bildungsinteresse auftritt. Die hier stark verkürzte Wiedergabe und die Auswahl von Bezugsautor/-innen erhebt keinen Anspruch auf Vollständigkeit und kann ein Studium der einzelnen Ansätze nicht ersetzen. Die Darstellung soll hier lediglich verdeutlichen, welche Differenzen und damit wählbaren Alternativen und unterscheidbaren Zielsetzungen jeweils angelegt sind. Eine interkulturelle sozialpädagogische Kompetenz bemisst sich in professioneller Hinsicht auch daran, um solche Alternativen zu wissen und sie in der eigenen Praxis darstellen bzw. legitimieren zu können.

Wenn hier ein hermeneutischer Zugang zum Konstrukt einer interkulturellen Kompetenz begründet wird, so soll doch der Verstehensprozess nicht gleichsam auf ein zur berufspraktisch-methodischen Verengung geronnenes Vorgehen reduziert werden. Verstehen als Methode kann auf den „gläsernen Fremden“ (vgl. Griese 1984), den eben nicht nur verstandenen, sondern damit auch durchschauten anderen hinauslaufen, wobei der Verstehensprozess gleichsam zur Beherrschung des Verstandenen führt. Vielmehr zielt die Verstehensperspektive auf Optionen gemeinsamen Weltverständnisses, oder einfacher: Unter der Voraussetzung, dass sich Interaktionspartner überhaupt verstehen und verständigen wollen, liegen hier Chancen zur Regulation von Irritationen, die einen Lern- und Erkenntnisprozess für alle Beteiligten verspricht. Denn zu den Prinzipien jeder Hermeneutik gehört die Anerkennung einer Ebenbürtigkeit des fremden Blicks dem eigenen gegenüber, so dass die eigene Sicht bei jeder Verstehensbemühung eines ‚gemeinsamen Gegenstandes‘ auch fragwürdig werden kann.

Wenn wir von der Möglichkeit solcher immer auch begrenzter Verstehens- und Verständigungsprozesse ausgehen, setzt dies voraus, dass es trotz radikaler Verschiedenheiten und Befremdungen in sogenannten interkulturellen Konstellationen keine absolute Fremdheit, totale Differenz oder Inkommensurabilität zwischen Menschen gibt. Ein Verstehen des absolut Fremden bliebe unmöglich; andererseits ist eine differenzsensible Wahrnehmung vorauszusetzen, denn wenn alle und alles letztlich identisch erklärt würde – gleich(gültig) bliebe –, stellt sich überhaupt kein Verstehensproblem (vgl. Dilthey 1965, S. 225).

Eine Anerkennung des Fremden ist somit nicht identisch mit einem Befund absoluter Fremdheit. Der Sinn der Hermeneutik, „Distanz, Fremdheit und all das zu überwinden und aufzuheben, was die Möglichkeit des Einverständnisses stört“ (Horstmann 1999, S. 429), fordert einen dialogischen Charakter interkulturellen Verstehens und dies bedeutet, sich von Vorstellungen frei zu machen, als habe in interkulturellen Verstehensprozessen es „ein Erkenntnissubjekt mit einem Erkenntnisobjekt zu tun" (ebd., S. 443). Interkulturelle Kompetenz kann demnach als Dialogfähigkeit zur Erzeugung geteilter Bedeutungen verstanden werden.

Kompetenzanforderungen im Modus einer Dialogfähigkeit zwischen Personen oder Angehörigen von Gruppen aus unterschiedlichen kulturellen Kontexten zielen somit auf Verständigungshandeln und erfordern stets eine multiperspektivische Wahrnehmung (vgl. Leenen et al. 2002, S. 86).

Berücksichtigt man die Möglichkeiten und in der empirischen Realität offenkundig scheinende Unverträglichkeiten, ergibt sich an dieser Stelle nun ein theoretisches Problem, ob nämlich grundsätzlich von kultureller Inkommensurabilität auszugehen ist, wie dies im Konzepte der „Pädagogik der Vielfalt" (Prengel 1995) zugrundegelegt wird, oder ob im Sinne einer „Überlappung"[10] „Universalismus und Pluralismus, Einheit und Vielheit, Heimwelt und Fremdwelt nicht als bloße Gegensätze gesehen, sondern auf der Grundlage der ‚Erfahrung eines Gemeinsamen' vermittelt werden" (Horstmann 1999, S. 447). Fordert die erste Annahme eine Anerkennung von Vielfalt im Modus weitgehender Urteilsenthaltsamkeit, geht die zweite immer schon von einer „universalen Verträglichkeit und prästabilisierten Harmonie" (ebd.) aus, wonach die Kulturen bei aller Differenz und Gegensätzlichkeit doch im Wesentlichen konfliktfrei zu koexistieren vermögen. Bleibt man gegenüber beiden Annahmen skeptisch, führt dies nach einer Argumentation Axel Horstmanns zu einem Wechsel vom Bereich interkultureller Hermeneutik auf das Feld interkultureller Kritik: „In ihrem konstitutiven Bezug zum Handeln kommt die interkulturelle Hermeneutik erst recht nicht ohne das Element der ‚Kritik' aus. Und ‚Kritik' meint auch hier ‚Vermögen und Bereitschaft' zum ‚Scheiden und Sondern' und damit – gegebenenfalls – auch zum Negieren, Ablehnen und Verwerfen von Nicht-Akzeptablem (...)" (Horstmann 1999, S. 447). Es sei die Kritik, die die „Chance der Individualität" eröffnet, in dem sie beide Seiten, die Möglichkeit von Differenz oder Distanz und von Übereinstimmung und Nähe, bestimmt. Verstehende Hermeneutik ist demnach theoretisch wie praktisch auf komplementäre Kritik angewiesen, die sich im „interkulturellen Diskurs" als „interkulturelle Handlungspraxis" (ebd.) zu zeigen habe. „Im Modus der Kritik wird man sich zwangsläufig auch nicht mehr mit dem ausgewogen-pluralistischen Gelten-lassen aller Kulturen und ihrer unterschiedlichen Wertorientierungen und Handlungsnormen begnügen können, sondern – bei Bedarf – Stellung nehmen müssen" (ebd., S. 447). Es zeigt sich, dass die Annahme inkommensurabler Differenzen zwischen „Kulturen" – einmal als Argument kolonialer Vergangenheit, ein andermal als zeitgenössisches Argument zu deren vermeintlichen Bewusstwerdung – den kritischen Dialog umgeht (vgl. Eppenstein 2003, S. 313). Führen gleichnamige Ideologien im ersten Fall zum „Kampf der Kulturen", bleiben sie im zweiten in einer Akzeptanz ungeteilter Bedeutungen befangen.

10 Vgl. Horstmann (Bezug auf Mall) 1999, S. 437. „Die Geschichte der Kulturbegegnungen zeigt, daß totale Differenz, d.h. völlige Wesensungleichheit, voreilig postuliert wurde, um das Fremde entweder in seinem Wesen zu verändern oder es sich anzueignen, zu vernachlässigen oder es gar auszurotten."

Nr.	Normativitäten in interkultureller Orientierung	Ziele	Analytische Grundannahme	Bezugsautor/in z.B.
1	Vernünftiger Umgang zwischen Angehörigen von Mehr- und Minderheiten	Lebensweltorientierte Lernprozesse im Rahmen virtueller Diskurse	Diskriminierungen im Modus von Mehr- und Minderheiten. Ubiquitäre Konflikte und Konfliktpotentiale	Nieke (2000)
2	Verständnis, Verstehen und Verständigung in globaler Verantwortung	Anerkennung von Gleichheit und Diskriminierungsfreiheit. Überwindung universeller „Farbenblindheit". Gelingende interkulturelle Verständigung	Globalisierung, Migrationen, Europäische Einigung. Kommunikative Probleme. Zunahme kultureller Differenzen	Auernheimer (1998)
3	Ethnische Repräsentanz und kulturelle Nähe	Ausländische Klärungshelfer in interkulturellen Teams verbessern interkulturelle Qualität Sozialer Dienste	Zugangsbarrieren für Migranten zu Sozialen Diensten. Fehlende Proportionalität bei der Repräsentanz von „Kulturen" in deren Personalstruktur.	Gaitanides (2006), Hinz-Rommel (1994)
4	Gemeinsame Weltverantwortung	Diverse Ziele: z.B. transkulturelle Persönlichkeiten entwicklen; Weltverantwortung wahrnehmen, Spielregeln finden und einhalten;	Globale Bedrohung; globale Marktkultur; Welt wächst zusammen; Konfliktzunahme	Flechsig (1999), Leggewie (1993)
5a	Fremde verstehen. Nicht-Verstehen tolerieren	Das Nicht-Verstehen verstehen	Fremde und Fremdheit sind identisch	Dibie, Wulf (1999)
5b	Umgang mit Fremdheit	Differenzierung von Fremdheitserfahrung und Konstruktion von „Fremden"	Fremdheit als Konstruktion zum Erhalt von Ordnung oder zur Abwehr von Ambivalenz	Scherr (1999)
6	Umgang mit Vielfalt und Diversität. Urteilsenthaltsam-keit und Parteilichkeit	Egalisierung von Differenz. Enthierarchisierung von Verschiedenem	Parallelitäten zwischen generischen und ethnischen Differenzen. Differenzmerkmal: Inkommensurabilität	Prengel (1995)
7	Universalität individueller Rechte. Auf Gerechtigkeit begründete Moral	Gleichzeitige Sicherung privater und öffentlicher Autonomie.	Moderner demokratischer Rechtsstaat agiert unabhängig von besonderen ethnisch-kulturellen Lebensformen	Kiesel (1996)

Abbildung 6: Interkulturelle Konzepte

Soziale Arbeit hat es immer wieder auch mit der Herstellung dialogfördernder Arrangements zu tun, sei es in Formen kultureller Arbeit oder durch die gezielte Inszenierung interkultureller Foren, runder Tische usw. Nehmen wir in Verständigungskontexten Sozialer Arbeit das Postulat ernst, eine Aufspaltung in Erkenntnisobjekte und -subjekte aufzuheben, stellt sich die Frage nach den Voraussetzungen einer intersubjektiven Kritikfähigkeit. Ein kritisch konnotierter Verstehensprozess wird erst unter der Voraussetzung gelingen, wenn „Kritik" im Sinne einer Herausarbeitung jeweiliger Grenzen immer auch Selbstkritik derjenigen ermöglicht, die sie wechselweise artikulieren. Die produktive Seite des Dialogs entfaltet sich jenseits eines Krieges um Rechthaberei, sei es im mikrosoziologischen Milieu eines offenen Jugendtreffs oder in globalen Zusammenhängen.

5.5 Interkulturelle Kompetenz als Konfliktregulierung

Interkulturelle Kompetenz bewährt sich unter anderem anhand sozialer Konflikte, die als „interkulturelle Konflikte" gedeutet werden. Dabei ist zu bedenken, dass Soziale Arbeit grundsätzlich im doppelten Sinne mit Risiken zu tun hat und damit letztlich nie konfliktfrei konzipiert werden kann: Einmal bezieht sie sich auf die Lebensrisiken ihrer jeweiligen Klientel und deren Bewältigung, zum anderen ist sozialarbeiterisches Handeln selbst stets in dem Sinne riskant, als dessen Aktionen ergebnisoffen bleiben, weil sie sich auf die Kontingenz von Menschen beziehen, die in Interaktionen, Bildungs- und Hilfeprozessen nie allein als Objekte sozialarbeiterischer Interventionen eingebunden sind.

Hier kann an bewährte Methoden und Analyseverfahren konstruktiver Konfliktbehandlung in der Sozialen Arbeit und theoretische Grundannahmen der Mediation angeschlossen werden, wobei in kritischer Perspektive die Berechtigung einer eigenen Kategorie eines „interkulturellen Konfliktes" zu hinterfragen ist. Ein sozialer Konflikt muss nicht sofort als „interkulturell" apostrophiert werden, nur weil die Konfliktparteien migrantisch oder nicht-migrantisch sind, unterschiedlichen Nationalitäten angehören oder entsprechende Namen tragen. Allerdings kann eine angemessene Konfliktanalyse und gelingende Konfliktbearbeitung auch daran scheitern, wenn tatsächlich kulturell relevante Aspekte unterschlagen werden.

Um dies zu verdeutlichen und jeweils angemessen beurteilen zu können, wird hier kurz in Grundannahmen, Prinzipien und Methoden von Mediationsverfahren eingeführt:

Historisch betrachtet haben Mediationsverfahren einen vormodernen kulturellen Hintergrund (vgl. Mayer, Boness 2004), denn sie bauen auf ursprünglichen traditionalen Praxen des Streitschlichtens auf. Der heutige Mediator/die Mediatorin entspricht in der Rolle als unparteiischer Dritter dem als weise und lebenserfahren geltenden Vermittler einer Dorfgemeinschaft, der von allen Seiten Anerkennung genießt und in Konfliktfällen gerufen wird, in denen die Konfliktparteien ihrerseits keine Möglichkeit zur Konfliktbereinigung mehr sehen.

In ihrer heute populär gewordenen pragmatischsten Form fußen Mediationsverfahren allerdings auf einer jüngeren „westlichen" Geschichte, etwa der von der Harvard-Schule als Instrument effektiver und befriedigender Problemlösung entwickelten Form.

Win-win-Lösungen klar eingegrenzter Probleme und die Zufriedenheit der Konfliktparteien sind Erfolgskriterien dieser unter dem Begriff „satisfaction story" gefassten Richtung. Das ursprünglich für Anwälte, Manager und Diplomaten an der Harvard-Universität in Cambridge entwickelte Konzept wurde 1981 in deutscher Sprache veröffentlicht und in den 1990er Jahren verstärkt zur Konfliktbearbeitung in pädagogischen Prozessen adaptiert (vgl. Faller 1998, S. 33–37).

„Konzeptionell handelt es sich um normativ-präskriptive Ansätze zur Optimierung konstruktiver Konfliktbearbeitung, die sich auf ‚rational choice'-Annahmen sowie spieltheoretische Modelle stützen" (Ropers 1999), nach dem Harvard-Konzept sind „Konflikte unvermeidbar und notwendig für den sozialen Wandel, bedürfen jedoch einer konstruktiven Austragung" (ebd., S. 66).

Mit „social justice story" wird ein Ausgangspunkt umschrieben, der die „Mediationsbewegung" (Ropers 1999, S. 61) als einen zivilisatorischen Fortschritt gegenüber macht- und rechtsförmigen Methoden der Konfliktbereinigung versteht, als Ausdruck und Mittel einer sozialen Organisation „von unten", die die Handlungsfähigkeit und Selbstregulierungskräfte lokaler Gemeinschaften in „Nachbarschaftsmediationen" gegenüber einer Abhängigkeit von staatlichen Institutionen mobilisiert (ebd.).

Ursprünglich auf die konstruktive kostengünstige und zeitsparende Beilegung von zivilen Streitigkeiten, etwa bei Ehescheidungen, angelegt, die das Einverständnis der Konfliktpartner voraussetzt, haben entsprechende Verfahren weitergehendes Interesse gefunden, z.B. zur Klärung betrieblicher Auseinandersetzungen oder in der Umweltpolitik und schließlich im Zusammenhang mit sogenannten „interkulturellen Konflikten" in Kontexten von Migration und Einwanderung. Mediationsverfahren haben in den letzten Jahren in Form schulischer Modellprojekte, in "peer-group-education" (Faller 1998, S. 89ff. und 206ff.), als Stadtteilmediation, Konfliktmediation in öffentlichen Verwaltungen oder in der außerschulischen sozialpädagogischen Praxis in der Bundesrepublik Verbreitung gefunden. In der Schule wurde die Methode im Zusammenhang mit gewaltpräventiven Maßnahmen und bei der Ausbildung von Schülern und Schülerinnen als „Streitschlichter" eingeführt. Unter der Bezeichnung „interkulturelle Konfliktmediation" werden später Konflikte thematisiert, die als kulturbedingte Konflikte eingestuft werden. In Verknüpfung mit Sanktionsandrohungen werden Mediationen auch in internationalen Konflikten oder bei lokalen Konflikten dann eingesetzt, wenn das Verfahren Konfliktdeeskalation verspricht, eine freiwillige Teilnahme aber nicht vorausgesetzt werden kann (vgl. Ropers 1999).

Im Vordergrund der Verfahren stehen dabei immer die Interessen, und nicht die Positionen der Konfliktparteien. Dabei wird unterstellt, dass Systeme zur Lösung von Konflikten immer auf die Ebenen der Macht, des Rechtes und des Interessenausgleichs verwiesen sind. Das System gilt als gestört, wenn Konflikte kaum noch auf der Ebene des Interessenausgleichs geklärt, dafür mehrheitlich auf den Ebenen der Macht oder des Rechtswesens angegangen werden. Mediation kann so als Form sozialer Hilfe gesehen werden, wenn im Sinne der rein pragmatischen Orientierung Gerichtsverfahren vermieden und die Kontrahenten zufrieden gestellt sind oder im Sinne der „social justice story" einvernehmliche Wege der Aushandlung gerade jenen offen stehen, die keine privilegierten Zugänge zu Machtzentren haben oder Einschränkungen der Rechtswege erleben.

In Opposition zu dieser Interpretation steht die Auffassung, mit Mediationsverfahren kämen letztlich geschickte Strategien von Unterdrückung und Befriedung zu Einsatz („opression story"), bei denen Schwache und Machtlose übervorteilt und bestehendes Unrecht durch Kommunikationstechniken lediglich geglättet, letztlich aber verfestigt werde. Ropers plädiert daher dafür, "bei starken Ungleichheiten (müsse) die schwächere Seite auch durch rechts- und sozialstaatliche Verfahren geschützt werden. Dies (gelte) auch und gerade für Ungleichgewichte zwischen kulturell definierten Gruppen" (Ropers 1999, S. 77).

Unter Zielsetzungen einer humanistisch orientierten Pädagogik ist schließlich die sogenannte Transformations-Schule („transformation story") am bedeutsamsten. In kritischer Auseinandersetzung mit den meist nur kurzfristigen Wirkungen des pragmatischen „Problemlösungsansatzes" betont das von A. Baruch Bush und Joseph P. Folger (Baruch, Bush, Folger 1994) entwickelte Konzept Mediation als Instrument der Transformation des Konfliktes in einen Lernprozess der Konfliktbeteiligten, der auf langfristige Verhaltensänderungen hinausläuft: Indem auf Konflikte mit Stärkung des Selbstvertrauens (Empowerment) und der Fähigkeit, Verständnis und Anteilnahme ebenfalls für den anderen bei gleichzeitiger Einsicht eigener Anteile am Konflikt reagiert werde, könne das Ziel erreicht werden, „daß Menschen sich in der Bearbeitung von Konflikten verändern und moralisch wachsen, so daß nicht ständig neue destruktive Konfliktsituationen entstehen" (Faller 1998, S. 40). Dem Konzept liegt die Annahme zugrunde, dass derjenige, der sich anerkannt und verstanden fühlt und diese Erfahrungen in gelingenden Mediationsverfahren machen kann, diese Erfahrung auch dem anderen zukommen lassen kann. Die Aufgabe eines Mediators liegt hier darin, einen Prozess zu ermöglichen, in dem Empathiefähigkeit und Perspektivübernahmen möglich oder entwickelt werden, obwohl Differenzen, Interessengegensätze oder differierende Wertvorstellungen zugrundeliegen. Wenn die Beteiligten erlernen, einander zuzuhören und Einigungen zu entwerfen, obwohl sie dabei unter Umständen ihre Differenzen noch verdeutlichen, entspricht dies einem Lernprozess, der mit den Kompetenzansprüchen der „Perspektivübernahmefähigkeit" und „Empathiefähigkeit" einhergeht. Dabei handelt es sich um Kompetenzen, die sich in interkulturellen Interaktionen möglicherweise unter verschärften Bedingungen bewähren müssen, grundsätzlich jedoch universell, das meint hier in allen sozialen Interaktionen beansprucht werden, um Konflikteskalationen zu vermeiden, zu beenden oder umzukehren. Häufig wird in Ausbildungslehrgängen, Fortbildungen und Trainingshandbüchern zu „interkultureller Konfliktmediation" Bezug auf Glasl (Glasl 1980) und Besemer (Besemer 1993) genommen, wobei Letzterer auf die Ausleuchtung der zugrundeliegenden Konflikthintergründe und ihre versteckten Ursachen Wert legt, Glasl hier hingegen die Gefahr irreführender, subjektiver Interpretationen sieht, und der Betrachtung unmittelbarer Erscheinungsformen von Konflikten mehr Gewicht beimisst.

Glasls Systematisierung unterscheidet „echte" und „unechte" Konflikte sowie unterschiedliche Erscheinungsformen der Auseinandersetzung: Latente Konflikte/Manifeste Konflikte; Extreme Konflikte/Gewaltlose Konflikte; Institutionalisierte Konflikte/Nicht-Institutionalisierte-Konflikte; Interessenskonflikte/Konflikte des Verstehens. Die Unterscheidung zwischen „heißen und kalten" Konflikten, nach unterschiedlich weiten sozialen Rahmen und eine Skala von Eskalationsstufen bietet ohne eigens auf „interkulturelle Konflikte" einzugehen ein ausreichendes Fundament für die Entwicklung entsprechender „Streitschlichtermodelle" in der pädagogischen Praxis. Die von Glasl vorgeschlagene Definition sozialer Konflikte als „eine Interaktion zwischen Aktoren (Individuen, Gruppen, Organisationen usw.), wobei wenigstens ein Aktor Unvereinbarkeiten im Denken/Vorstellen/Wahrnehmen und/oder Fühlen und/oder Wollen mit dem anderen Aktor (anderen Aktoren) in der Art erlebt, daß im Realisieren eine Beeinträchtigung durch einen anderen Aktor (die anderen Aktoren) erfolge“ (Glasl 1997, S. 14) ist gerade deshalb überzeugend, weil mit dem Begriff des Aktors (den Aktoren) keine nähere Beschreibung seiner (ihrer) kulturellen oder sonstigen Eigenschaften verknüpft wird. Das Element der Handlung beteiligter Konfliktparteien innerhalb einer Eskalationsdynamik ist demnach bestimmend für das Vorliegen eines Konfliktes, Unvereinbarkeiten lediglich im Denken führen zu Meinungsdifferenz oder Missverständnis, lediglich im Fühlen zu Gefühlsgegensätzen und Ambivalenzen, lediglich im Wollen zu Antagonismen und lediglich im Denken, Fühlen und Wollen zu Spannungen oder Krise (ebd., S. 16f.). Auch Glasls Differenzierung unterschiedlicher Begriffe der Konfliktbehandlung (ebd., S. 17f.) mit ihrer Unterscheidung „präventiver“ und „kurativer“ Konfliktbehandlung erscheint für alle sozialen Konflikte unabhängig von ihrem Inhalt oder Zugehörigkeiten der Konfliktparteien zielführend zu sein. Glasl setzt hier in einer Kreuztabelle unterscheidbare Begriffe wie „Konfliktlösung“, Konfliktmanagement“ oder „Konfliktkontrolle“ (usw.) in ein Verhältnis zum Konfliktpotential, zum Konfliktprozess oder zu den Konfliktfolgen. Während sich Maßnahmen zur Konfliktkontrolle und Konfliktbeherrschung wesentlich auf die Konfliktfolgen richten, setzen Konfliktlösungen bereits am Konfliktpotential an.

Auch Besemer, der in einer Übersicht von Konfliktursachen und möglichen Interventionen (Besemer 1993, S. 31) „Sachverhaltskonflikte“, „Interessen-Konflikte“, „Beziehungs-Konflikte“, „Werte-Konflikte“ und „Struktur-Konflikte“ als Differenzierungsrahmen für Konfliktanalysen zugrundelegt, verzichtet auf eine eigene Kategorie “interkultureller Konflikte“.

Eine Kombination von Interkulturalität und Konflikt als Herausbildung einer eigenen Kategorie „interkultureller Konflikte“ wird erst in den letzten Jahren im Zusammenhang mit Konfliktanlässen zwischen Jugendlichen unterschiedlicher Herkunft in und außerhalb der Schule, bei Nachbarschaftskonflikten in multikulturell strukturierten Gemeinwesen oder hinsichtlich „ethnopolitischer Konflikte“ (Ropers 1995) thematisiert. Beobachtet man, wo in der pädagogischen Praxis oder praxisbezogenen Übungen und Beispielen von interkulturellen Konflikten die Rede ist, fällt auf, dass ‚Interkulturalität‘ in der Regel meist bereits dadurch gegeben scheint, dass die betroffenen Konfliktparteien nach dem Differenzkriterium ‚Deutsche und Ausländer‘ oder ‚Ausländer untereinander‘ beschrieben werden. Es wird weiterhin deutlich, dass es der „interkulturellen Konfliktmediation“ wohl weniger um eine theoretisch begründbare neue Konfliktkategorie als um den Versuch einer angemessenen Wahrnehmung von Konflikten in Lebenszusammenhängen geht, in denen auf der Basis einer multikulturellen Struktur Kulturmerkmale vermeintlich oder tatsächlich eine Rolle spielen. Eine Begründung interkultureller Mediation schlagen Haumersen und Liebe vor: „Interkulturelle Mediation selbst entspricht einer Suchhaltung, einer Aufforderung zu einem Experiment.“ In solcher „Suchbewegung“ sollen Anordnungen gefunden werden, die es den Beteiligten erlauben, Universalismen zu kontextualisieren. Eine kultur-neutrale Mediation erscheint hingegen unangemessen, denn jede Mediation muss mit unterschiedlichen kulturellen Mustern der Konfliktaustragung oder Konfliktbereinigung rechnen. Absolutsetzungen von kulturellen oder nationalen Zugehörigkeiten, etwa „Deutschsein“ oder „der Islam“, sollen zugunsten lediglich bestimmter Anteile, die im jeweiligen Konflikt wichtig erscheinen, aufgelöst werden (Haumersen, Liebe 1999, S. 19f.). Dies setzt allerdings bei den Konfliktparteien voraus, dass es diesen möglich ist, ihrerseits ihre jeweils eigenen Positionen zurückzustellen zugunsten eines Interessenausgleichs oder zur Erfindung eines „modus vivendi", der um differierende Positionen, unvereinbare Glaubens- oder Werthaltungen zwar weiß, diese jedoch in ihrer Bedeutung für den zugrundeliegenden Konflikt konstruktiv und deeskalierend einzuordnen versteht. Soweit in interkulturellen Zusammenhängen größere Schwierigkeiten der Verständigung entstehen – etwa durch unterschiedliche Sprechweisen, Höflichkeitsvorschriften, Kommunikationsroutinen etc. – rechtfertigt dies sicher eine Abgrenzung gegenüber mehr oder weniger eingespielten Regeln kulturell ähnlich sozialisierter Konfliktpartner, doch dies betrifft nicht den Inhalt des Konfliktes, sondern Probleme des Verfahrens. Dass in interkulturellen Verfahren Regeln, die alle akzeptieren können, erst noch jeweils neu erschaffen werden müssen – das ist mit „Suchhaltung" und „Experiment" gemeint – unterscheidet sie nicht grundsätzlich von intrakulturellen, auch wenn hier zu Recht ein geringerer Aufwand aufgrund kulturell weitgehend identischer Normierungen unterstellt werden kann. Überzeugend ist die Analyse von Haumersen und Liebe, sofern es um „Kultur" als Auslöser für die Eskalationsstufen eines Konfliktes geht: Unterschieden werden drei Ebenen, eine kommunikationspsychologische strategische Ebene, auf der die Konfliktparteien bewusst oder unbewusst ihre" Kultur ins Spiel bringen: „Wir sind an dieser Stelle tatsächlich unterschiedlich" oder „Wie unterschiedlich muss ich sein, um meine Ziele zu erreichen", weiterhin eine ideologische Ebene, auf der sich Individuen als „Repräsentanten von Kollektiven" verhalten, und eine verhaltensorientierte Ebene, in der die Andersartigkeit des anderen, die eigene Ahnungslosigkeit darüber, was eigenes Handeln beim anderen auslöst, die Verhaltensunsicherheit der Akteure erhöht (vgl. ebd., S. 27 ff.).

Ropers, der Möglichkeiten „friedlicher Einmischung"(vgl. Ropers 1995, S. 30ff.) als „ethnopolitische Konfliktbearbeitung in der Staaten- und Gesellschaftswelt" fasst und untersucht hat, erkennt im „Kontext ‚interkultureller Konfliktbearbeitung' (...) meistens (...) ein Kulturverständnis, bei dem es um die Zugehörigkeit zu einer ethnischen Gruppe, einer Nation oder einem durch Religion und geographische Nähe geprägten ‚Zivilisationskreis' geht" (ebd., S. 69). Ropers geht dabei von einem deskriptiven Kulturverständnis und der Empirie ethnischer Gruppenbildungen und Zugehörigkeitsgemeinschaften aus. Die Bearbeitung ethnopolitischer Konflikte soll dazu führen, dass die Konfliktparteien ihre Einstellungen zum Konflikt allmählich ändern und versuchen, die Politisierung ethnischer Merkmale hinter sich zu lassen. „Unter diesem Gesichtspunkt bedeutet Konfliktbearbeitung vor allem die Transformation der jeweiligen Gesellschaft(en) in Richtung auf die Stärkung nicht-ethnischer Bezüge und Loyalitäten" (ebd., S. 27). Ethnische Konflikte sind gerade deshalb real, weil ihre Grundlagen im Grunde irrational sind: Ethnizität wird von Ropers als soziales Konstrukt begriffen, Grenzziehung zwischen „Ingroup" und „Outgroup" entlang bestimmter realer, aber als Merkmal konstruierter Eigenschaften wie z.B. Hautfarbe, Sprache oder Religionszugehörigkeiten (vgl. Esser 1997, S. 63 ff.). Die Konfliktparteien entstehen demnach entlang der Entwicklung „ethnischer Schicksalsgemeinschaften" durch politische Inszenierungen und kollektive Erfahrungen. Die funktionale Dimension von Ethnizität, ihre historische Prozessgebundenheit und Aspekte der Selbstethnisierung werden hier erfasst, allerdings bleibt eine Anschlussfähigkeit der Analyse weltweiter natio-ethnopolitischer Konflikte an interkulturelle Konflikte im ‚Inland' moderner Einwanderungsländer wie der Bundesrepublik noch weitgehend ungeklärt. Ropers räumt eine schwache Begründbarkeit interkultureller Konflikte im Zusammenhang mit „the promise of mediation“ ein; das spreche natürlich überhaupt nicht gegen dieses Verfahren, mache jedoch deutlich, „daß wir den Zusammenhängen, in denen es angewandt wird, mehr Aufmerksamkeit schenken müssen. (...) Ob und inwieweit die Diagnose zunehmender ‚interkultureller Konflikte‘ tatsächlich den Kern der gegenwärtigen Entwicklungen trifft, ist freilich eine offene Frage“ (Ropers 1999, S. 61f.).

Der Zusammenhang von „Kultur“ und „Konflikt“ wird von Ropers in vier Zugängen hergestellt:

1. „Kultur als Kommmunikationsbarriere“: Hier werden Probleme des gegenseitigen Verstehens und der Verständigung angesprochen; Es handelt sich demnach kategorial um Verständigungskonflikte.
2. „Kultur als Thema der Konfliktbearbeitung“: Kulturkonflikte als eigene Konfliktart sind häufig Wertekonflikte, und bilden damit eine Konfliktart, deren Behandlung in Mediationsverfahren aufgrund einander ausschließender Auffassungen ohnehin kaum zu bearbeiten sind.
3. „Interkulturelle Konflikte als Anerkennungskonflikte“: können problemlos der Konfliktkategorie Beziehungskonflikte zugeordnet werden.
4. „Konflikt-Kulturen“ (ebd., S. 69ff.).

Während die drei ersten Zugänge allesamt bereits im Kanon bestehender Konfliktkategorien aufgehen, liegt allein im vierten die begründbare Darlegung einer neuen, zusätzlichen Kategorie insofern, als „Kulturen“ der Konfliktbewertung und Konfliktaustragung variieren können.

Das Mediationsverfahren zeigt sich hier als ein an Individuen orientiertes Modell, denen es bei Konflikten vor allem um die Durchsetzung ihrer Ziele geht und die Konflikte direkt, konfrontativ und unmittelbar auszutragen gewohnt sind. Traditionale Modelle bewerten Konflikte indes vor allem als Störungen des sozialen Systems, bei der Konfliktbewältigung spielen indirekte, multilaterale und nicht-konfrontative Methoden eine größere Rolle. Nicht Zielorientierung, sondern Prozessgestalt sind hier bestimmend und mit unterschiedlichen Wertigkeiten versehen. Das Modell stößt auf seine Grenzen, wenn seine Voraussetzungen, z.B. zwischen Person und Problem zu trennen, ergebnisorientiert möglichst mit abschließender vertraglicher Übereinkunft der Konfliktparteien zu beschließen oder Bekenntnisse offen auszutauschen auf Konventionen traditionaler Zeitökonomie, Prozess- statt Zielorientierung und Strukturen mit starken Gemeinschaftsbezügen trifft. Erscheint der Mediator im “westlichen nordamerikanischen“ (Ropers 1995, S. 71f.). Verfahren als Spezialist mit einem unpersönlichen Verhältnis zu den Konfliktparteien, der anschließend wieder verschwindet, sind bewährte Streitschlichter in traditionalen Kontexten anerkannte Personen der Gemeinschaft, persönlich eingebunden und der Gemeinschaft dauerhaft verpflichtet. Die beschriebenen Konflikte sind insoweit auf Unterschiede zwischen traditionalen und modernen Praxen und Verständnissen reduzierbar.

Soweit Mediationsverfahren dazu beitragen, vermeintliche Kulturkonflikte konstruktiv zu lösen und i.S. des transformatorischen Ansatzes Lernprozesse bei den Beteiligten in Aussicht genommen werden, setzt es Teilnehmer voraus, die aus Vernunftsgründen einen Kompromiss gegenüber Sieg oder Niederlage vorziehen. Der für interkulturelle Konfliktmediationen unterstellte Mangel an gemeinsam voraussetzbaren Regeln bedingt entweder eine Regellosigkeit, die die Teilnehmer überfordern und Misstrauen gegenüber dem Verfahren wecken kann oder eine als dominant empfundene Verfahrensform, in der etwa kulturelle Erwartungen an direktive Problembeschreibung – im Gegensatz zur non-direktiven, eher indirekten Umschreibung – , Offenlegung auch intimer oder gefühlsmäßiger Aspekte des Konfliktes, Ergebnisfixierung usw. erwartet werden. Einerseits, so die Vertreter der Methode, läge ihre Anziehungskraft für Teilnehmer gerade in dem Umstand, dass sie als Personen unhinterfragt blieben und nicht den Eindruck bekommen, sich ändern zu müssen (hier liegt der wesentliche Unterschied zu therapeutischen Verfahren), andererseits wird in interkulturellen Situationen geradezu das Gegenteil gefordert, wenn bestehende Regeln außer Kraft treten müssen, um ein gemeinsames Verfahren überhaupt starten zu können. Mediationsverfahren in interkulturellen Zusammenhängen haben sich in der Praxis dennoch insofern als sinnvoll erwiesen, als sie tatsächlich die Eskalationsdynamik von Konflikten innerhalb bestimmter Stufen aufhalten bzw. umkehren können. Bei Konflikten, die von den Konfliktparteien selbst eindimensional ideologisierend als ‚Kulturkonflikte' interpretiert werden, können u.U. andere Konfliktursachen herausgearbeitet werden, und den vermeintlichen ethnischen Konflikt damit entschärfen. Hier liegt mit Einschränkungen ein Gewinn an möglichen Lernprozessen, indem Konfliktpartner unterschiedlicher Herkunft miteinander die Erfahrung machen, ihre Auseinandersetzungen klären zu können und kulturalisierende Essentialisierungen dekonstruiert werden.

In „interkulturellen Mediationen" gilt es daher, das Attribut „interkulturell" reversibel zu handhaben. Die Grundfragen der im Kontext von Mediationsverfahren üblichen Konfliktanalyse (s.u.) können demnach um einen Punkt ergänzt werden, der danach fragt, welche kulturellen Formen der Konfliktregulierung sich erkennen lassen:

Grundmuster einer Konfliktanalyse:

a) Worum geht es in dem Konflikt (Vorläufiger Konfliktname und Konfliktpunkte/issues)?

b) Spinnwebanalyse:
- Wer ist an dem Konflikt beteiligt (a: Akteure),
- hat was getan (b: phänomenologischer Zugang) und
- aus welchen denkbaren Motiven heraus (interpretativ-stellvertretend deutend)?

c) Wo befinden sich die Konfliktparteien im Konfliktverlauf, wie weit ist der Konflikt eskaliert (Eskalationsskala)?

d) Gibt es (potentielle) Wendepunkte im Konflikt?

e) Um welche Konfliktart(en) handelt es sich?
- Sachverhaltskonflikt;
- Interessenkonflikt;
- Beziehungskonflikt;
- Wertekonflikt;
- Strukturkonflikt

f) NEU: Welche kulturellen Formen der Konfliktregulierung sind anzunehmen (Ist das Verfahren/Sind die Methoden angemessen und passend)?

Die „Fallen der Kulturalisierung“ (vgl. Kap. 4) in der Interkulturellen Sozialen Arbeit werden hinsichtlich der Bearbeitung von sozialen Konflikten relevant, wenn etwa bereits bei der vorläufigen Erstbeschreibung des Konfliktes Deutungen als „Kulturkonflikt“ vorgenommen werden. Eine Prügelei auf dem Schulhof kann z.B. viele Ursachen und Hintergründe haben: Anton und Martin streiten um das Schulbrot (Interessenkonflikt) oder sind sich wegen gegenseitiger Kränkungen in die Haare gekommen (Beziehungskonflikt), oder aber sie ärgern sich über jeweils als ungerecht empfundene In-Beschlagnahme der einzigen Tischtennisplatte auf dem Schulhof (Kombination aus Interessen, Werte- und Strukturkonflikt) usw. Was, wenn aus Anton „Andonis“ und aus Martin „Murat“ würde? Die Neigung, in diesem Fall von einem interkulturellen Konflikt zu sprechen, zumal in historisch bedeutsamer Fortsetzung der Spannungen zwischen „Griechen“ und „Türken“, entspräche einer „Ethnisierung“ des Konfliktes, die sowohl auf Seiten der beteiligten Jungen wie auf Seiten beobachtender anderer Schüler/-innen oder Erwachsener denkbar ist.

Hier ist die Methode der „Spinnwebanalyse“ hilfreich, die streng zwischen am Konflikt beteiligten Akteuren (diese werden aufgrund ihres Namens und nicht nach Nationalitäten, Eigenschaften o.ä. benannt!) unterscheidet, was diese genau tun oder getan haben (beschreibend, was beobachtet werden konnte und nicht interpretativ!), und – erst zuletzt – der Versuch der Deutung von Motiven durch interpretierendes, rekonstruierendes Verstehen. Letzteres kann methodisch durch die Einnahme sog. Unterstützerrollen (Perspektivübernahmefähigkeit in der Ich-Perspektive) eingeübt und dokumentiert werden.

Die klassischen Phasen eines Mediationsgespräches (idealtypisch: Einleitung, Sichweise der einzelnen Konfliktparteien, Konflikterhellung, Entwickeln von Lösungsmöglichkeiten und Übereinkunft) können bei vergleichbaren Konflikten ganz unterschiedliche Ergebnisse hervorbringen. Es wird daher in der Praxis darauf ankommen, interkulturelle Dimensionen eines Konfliktes weder vorschnell als erklärende Analyse zu unterstellen, noch dieselben als maßgebliche Faktoren von vorneherein auszuschließen. Vielmehr wäre interkulturelle Kompetenz auch hier als Fähigkeit gefragt, sich kultursensibel einer Methode (hier der Konfliktmediation) zu bedienen und dabei ein „erweitertes Methodenverständnis“ (im Sinne von Galuske 2002b, S. 23) insofern anzulegen, als die Angemessenheit für die beteiligten Personen gewährleistet ist.

Interkulturelle Konflikte werden somit immer als soziale Konflikte in kulturellen Kontexten gesehen. Einer quasi anthropologischen Grundlegung unvermeidbarer Kulturkonflikte, wie sie in der Auslegung vom „Kampf der Kulturen“ Samuel Huntingtons populär geworden ist, ist die Kontingenz und Historizität menschlicher Kulturtätigkeiten entgegenzuhalten. Professionelle Soziale Arbeit ist gleichwohl darauf verwiesen, soziale Konflikte nicht leichtfertig zu übergehen, indem sie diese einem „typischen“ Verhalten von Jugendlichen oder eben einem unvermeidlich scheinenden Grundkonflikt zwischen „Ethnien“ zuschreiben. Ihre Aufgabe ist es nicht zuletzt, dazu beizutragen, dass sich zivile und humane Formen der Streitschlichtung und Konfliktbearbeitung etablieren können.

5.6 Interkulturelle Kompetenz und Genderkompetenz

Wir hatten im zweiten Kapitel dieses Buches als einen wesentlichen Begründungszusammenhang für interkulturelle Orientierungen Sozialer Arbeit an deren Ursprünge im Kontext der mit der Industrialisierung entstandenen „sozialen Frage" und der damit einhergehenden Migrationstatsachen erinnert. Soziale Arbeit als Antwort auf diese Entwicklung war von Anbeginn eng mit der Geschichte der bürgerlichen Frauenbewegung verknüpft, denn Frauen vertraten nicht nur ein traditionales Moment von „Mütterlichkeit", sondern forderten und realisierten gleichzeitig die Modernisierung Sozialer Arbeit, indem sie ehrenamtlich ausgeübte Tätigkeiten mit einem Bildungsanspruch verbanden, zur Professionalisierung beitrugen und mit ihrer Forderung, den weiblichen Beitrag in Gesellschaft und Kultur wahrzunehmen, auch zur Anerkennung Sozialer Arbeit als Beruf und Disziplin mit entsprechender Ausbildung und Wertschätzung verhalfen (vgl. Wendt, 1990, S. 161). Bis heute spielen die Geschlechterverhältnisse in der Sozialen Arbeit eine Rolle, einmal in Hinblick auf spezifische Handlungs- und Aufgabenfelder (zum Beispiel im Rahmen von „Mädchen-" und „Jungenarbeit"), ein andermal in Hinblick auf die Entwicklung ehrenamtlicher bzw. bezahlter Arbeit, den Anteil von Frauen und Männern im Studium und im Berufsfeld und hinsichtlich des Anteils von Leitungsfunktionen. Noch immer beträgt der Anteil von Frauen bei Studierenden der Sozialen Arbeit ca. 70% (Kortendiek; Cottmann 2000, S. 132), wobei ihr Anteil in Leitungsfunktionen umgekehrt proportional gewichtet ist.

Das Verhältnis von Genderkompetenz und interkultureller Kompetenz ist aus verschiedenen Gründen von Interesse: Einmal scheinen Analogien hinsichtlich der Fragen um Gleichheit und Differenz, von Gerechtigkeits- und Anerkennungsfragen zu bestehen. Zweitens stellt sich die Frage, ob interkultuelle Kompetenz nicht immer auch Genderkompetenz im Sinne des „gender-mainstreaming" voraussetzt und schließlich kommt im Sinne einer geschlechtergerechten Sozialen Arbeit der Frage spezifischer Handlungsfelder gegenüber Männern und Frauen in interkulturellen bzw. migrationsbedingten Orientierungen Bedeutung zu.

Dem Umstand, dass die generische Differenz zwischen „Männern" und „Frauen" zwar einerseits auf biologischen Merkmalen beruht, andererseits jedoch das biologische Geschlecht von Menschen als von Natur aus kulturtätigen Wesen immer auch sozial gewichtet, kulturell geformt und historisch kontingent bleibt, werden die deutschsprachigen Begriffe von Sex und Geschlecht kaum gerecht. Daher greift die gegenwärtige Fachsprache auf die im englischen verfügbaren Begriffe für diesen Doppelcharakter zurück, wobei „sex" für das biologische Geschlecht, „gender" für das soziale Geschlecht steht (Mogge-Grotjahn 2004, S. 8).

In gewisser Analogie zum „doing ethnicity", also zum kulturellen Formungsprozess von Ethnizität, werden unsere Wahrnehmungen und Wirklichkeitskonstruktionen auch aufgrund der eigenen Geschlechtszugehörigkeit und derjenigen anderer Menschen in Alltagskommunikationen gesteuert, interpretiert und verfestigt; Die Bedeutung von „doing gender" meint den historisch entstandenen Prozess von Geschlechteridentitäten und Geschlechterverhältnissen. Mit „Gender-Kompetenz" in der Sozialen Arbeit sind nun „Kernkompetenzen" als „selbstverständlicher Bestandteil von Theorie und Praxis, Studium, Lehre und beruflichem Handeln" angesprochen, die die „verschiedenen Facetten der Geschlechter-Thematik in allen Vollzügen der Sozialen Arbeit zu berücksichtigen und reflektierend zu gestalten" hat (ebd., S. 12). Ganz ähnlich wie im Anliegen interkultureller Kompetenz haben wir es auch hier mit einer sogenannten Querschnittskompetenz zu tun, das bedeutet genderbewusst zu „lernen, die Bedeutung seiner oder ihrer Geschlechtszugehörigkeit für den eigenen Berufsweg zu reflektieren", die gegenseitige Wahrnehmung zwischen Professionellen und ihren Klienten oder zwischen Berufskolleg/-innen als „Männer" oder „Frauen" in ihrer möglichen Relevanz für die Gestaltung von Zusammenarbeit oder Hilfeprozessen wahrzunehmen, und sich die „oft impliziten und dennoch handlungsleitenden Annahmen über die Bedeutung der Geschlechtszugehörigkeit der verschiedenen Beteiligten bewusst" zu machen (vgl. ebd., S. 11f.). Dabei sind die Beiträge der „gender studies" für die Soziale Arbeit von Bedeutung; Die Erforschung der Geschlechterverhältnisse, Geschlechterordnungen, -identitäten und Geschlechterbeziehungen reicht über die klassische „Frauenforschung" hinaus, weil sie Kategorien der „Differenz", der Differenzkonstruktion und ihre soziale Bedeutung umfassender reflektiert und in politischer Perspektive Konzepte der „Frauenförderung" in eine Politik des „gender- mainstreaming" überführt. Damit ist eine Verankerung von Geschlechtergerechtigkeit in allen Bereichen gesellschaftlichen Handelns und gesellschaftlicher Organisation in politischer, rechtlicher, ökonomischer oder beruflicher Hinsicht angesprochen. „Gendermainstreaming" (vgl. Stiegler 2002, S. 19ff.) ist heute in den Förderrichtlinien der Europäischen Union implementiert und bedeutet für die Soziale Arbeit, ihre Projekte und Konzepte, die Entwicklung ihrer Organisationen und die Maßstäbe für ihre Evaluationen und Berichterstattung darauf auszurichten, dass relevante Auswirkungen auf Mädchen und Jungen, Männer und Frauen bedacht werden und Bürger und Bürgerinnen – unabhängig von ihrem biologischen Geschlecht – Handlungs- und Gestaltungsspielräume entsprechend ihren individuellen Fähigkeiten, Wünsche und Neigungen wahrnehmen können. „Das Ziel von Gender Mainstreaming ist es, in alle Entscheidungsprozesse die Perspektive des Geschlechterverhältnisses einzubeziehen und alle Entscheidungsprozesse für die Gleichstellung der Geschlechter nutzbar zu machen" (ebd., S. 20). Hier ist also eine Perspektive angesprochen, die nicht Klientelpolitik im Sinne vermeintlicher „spezifischer Probleme", „spezifischer Interessen" oder „spezifischer Defizite" von Frauen für Frauen verfolgt, sondern eine Verantwortungsübernahme von Männern und Frauen für eine Veränderung von Geschlechterverhältnissen fordert (vgl. ebd., S. 24f.).

Welche Rolle spielt dies für die Orientierungen einer sich interkulturell verstehenden Sozialen Arbeit und wie kann das Verhältnis von interkultureller und Genderkompetenz zueinander näher bestimmt werden? Es können hier eine Reihe von Analogien gezeigt werden, allerdings hält eine Gleichstellung von „doing gender" und „doing ethnicity" einer theoretischen Überprüfung in Hinblick auf den Charakter von Differenzen zwischen den Geschlechtern und den Differenzen zwischen „Ethnien" oder „Kulturen" kaum stand.

Analogien ergeben sich zum Beispiel hinsichtlich der praktischen Organisation von Diensten: Unter interkulturellen Vorzeichen betrifft dies die Debatten um migrationsspezifische Maßnahmen und Angebote Sozialer Arbeit einerseits und eine „interkulturelle Öffnung" von Regeldiensten andererseits (vgl. Kap. 3). Unter Genderaspekten betrifft es das Verhältnis von Frauenprojekten bzw. Frauenförderung zur Programmatik des „gender-mainstreaming". Wie es im ersten Fall Strategien gibt, migrationsspezifische Förderinstrumente Sozialer Arbeit zugunsten einer querschnittartigen interkulturell qualifizierten Palette Sozialer Dienste aufzulösen, erfahren im zweiten Fall spezifische Förderprogramme für Frauen Kürzungen mit der Begründung, entsprechende Fonds seien nun dem Gender-Mainstreaming-Prinzip unterworfen. „Hier wurde das Prinzip nicht nur mißverstanden, sondern auch mißbraucht", so die Kritik (ebd., S. 39), denn die „Anwendung des Gender-Mainstreaming-Prinzips" (schließe) „die Etablierung von spezifischen Fördertöpfen für Frauen überhaupt nicht aus, sondern (könne) eine durchaus konsequente Maßnahme in Anwendung des (...) Prinzips bedeuten" (ebd.). In Analogie dazu wären alle Begründungen zurückzuweisen, die auf Migrationstatsachen und Integrationsprozesse zielende Fördermaßnahmen mit Hinweis auf interkulturelle Kompetenz vorhandener Sozialer Dienste in Frage stellen.

Dies legitimiert indes in keiner Weise eine Ausrichtung Sozialer Arbeit entlang ethnischer Differenzziehungen und hier liegt gleichsam eine Falle weiterer Analogieschlüsse zwischen ethnischer und generischer Differenz.

„Wie können also kulturelle, nationale, ethnische und Geschlechterdifferenzen theoriegleitet erfasst und mit welchen Instrumentarien erhoben werden" (Krüger-Potratz u. Lutz 2004, S. 82)? Unter dieser Fragestellung haben die Migrations- und international vergleichenden Bildungsforscherinnen Marianne Krüger-Potratz und Helma Lutz eine Metapher vorgeschlagen, wonach wir in der Mitte einer Kreuzung Platz zu nehmen haben – „sitting on a crossroad" – , also im Schnittpunkt unterschiedlicher und auch jeweils unterschiedlich gewichteter Differenzlinien, um einer Situation angemessen analytisch und damit auch praktisch folgenreich gerecht zu werden. Dieser Vorschlag orientiert sich an dem sogenannten „Intersektionalitätsansatz", dessen Ursprünge auf die internationale Geschlechterforschung zurückgehen. Unter „Intersektionsanalyse" wird die Notwendigkeit verstanden, Geschlecht, Ethnizität, Klasse bzw. sozialen Status, Nationalität, Gesundheit, Alter, Sprache, differierende Orientierungen in Hinblick auf Weltanschauungen, Religionen, Alltagspraxen oder sexuelle Neigungen usw. auf ihre „unterschiedlichen Verschiedenheiten" hin „in ihrem – widersprüchlichen – Zusammenspiel und in Bezug auf die Gleichzeitigkeit ihrer Wirkung zu untersuchen" (Krüger-Potratz 2005, S. 152). Die zentrale Herausforderung für Wissenschaft wie praktische Handlungsvollzüge, die ja stets theoriegeleitet stattfinden, liegt im Ausgangspunkt für diesen Ansatz, der mit der Feststellung argumentiert, dass Menschen immer „am Schnittpunkt (intersection) dieser Kategorien positioniert sind und dort ihre Loyalitäten und Präferenzen entwickeln. Die Kategorien sind also nicht nur Platzanweiser, sondern sie generieren auch Identität" (vgl. Krüger-Potratz, Lutz 2004, S. 4). Damit wendet sich dieser Ansatz gegen Sichtweisen und Praktiken, die Differenzlinien zuvorderst als Konstruktionen von jeweiliger Norm und Abweichung vollziehen.

In Anlehnung daran unterscheiden Lutz und Wenning verschiedene Differenzlinien im Verständnis sozialer Ordnungskategorien (vgl. Lutz, Wenning 2001, S. 19). Neben einer Kategorie „horizontaler Differenzen", mit der komplementäre gleichwertige Oppositionspaare als Grunddualismen gemeint sind, geht es hier um die Bedeutung „vertikaler Differenzen", in deren Modus Asymmetrien und Dominanzverhältnisse der je unterschiedenen Pole, also nicht nur Ungleichheit, sondern auch Ungleichwertigkeit und (heimliche) Hierarchie zwischen ihnen hervorgehoben werden (vgl. Eppenstein 2003, S. 189)

Aus der Tradition der kritischen Erziehungswissenschaft, die sich mit der Frage des Entstehens sozialer Ungleichheiten und ihrer Reproduktion beschäftigt, haben sich in Folge und ausgehend vom Klassenbegriff weitere Differenzlinien und Feinanalysen als

„Resultate sozialer Konstruktionen" (Lutz, Wenning 2001, S. 21) als „Grundlagen der Organisation moderner Gesellschaften" ergeben. Danach können anhand von vielfältigen Kategorien entsprechende Grunddualismen unterschieden werden, die bei kritischer Betrachtung als hierarchische Differenzlinien erkannt werden: So z.B. in der Kategorie des Geschlechtes: männlich – weiblich, in der Kategorie der Sexualität: hetero-homo, in der Kategorie von Kultur: zivilisiert – unzivilisiert, in der Kategorie des Besitzes: reich – arm usw. Differenzen im Kontext multikultureller Einwanderungsgesellschaften können hinzugefügt werden, etwa nach den Kategorien Verständigung: kommunikationsbegabt – kommunikationsunfähig, Beweglichkeit: dynamisch/flexibel – starr/unflexibel, Zugehörigkeit: integriert – desintegriert.

Die Brauchbarkeit des Modells für Maßstäbe interkultureller Kompetenz erweist sich danach, ob die den Einflüssen feministischer Philosophie geschuldete Dekonstruktion der nur scheinbaren Gleichwertigkeit der Oppositionspaare, die hier als realiter hierarchisch gestuft ermittelt werden, auch hinsichtlich der hier aufgeführten Kategorien „Ethnizität", „Nation/Staat", „Kultur", „Sesshaftigkeit/Herkunft", „Nord-Süd/Ost-West", „Rasse/Hautfarbe", „Klasse" und „Gesellschaftlicher Entwicklungsstand" Geltung beanspruchen kann, ob also der Hinweis auf die „Vergeschlechtlichung von Dualismen", ein „latentes Mitdenken von Geschlechterdifferenz" (Lutz, Wenning 2001, S. 17) und die damit einhergehende Hierarchisierung ebenso für „Ethnisierung" oder „Kulturalisierung" gültig ist (vgl. Eppenstein 2003, S. 190/191). Die aktuelle Differenzforschung als „Ungleichheitsforschung" sieht eine Verschiebung von Leitdifferenzen, die einen Übergang von Defizitverständnissen zu positiv besetzten Differenzvorstellungen markiert. Auch die Differenzziehungen selbst haben sich verschoben; so war die „Leitdifferenz" der 1960er und 1970er Jahre entlang der Differenzlinie „Klasse", „Kultur" und „Sprache" gezogen worden, soziale Ungleichheiten ergaben sich aufgrund des Geschlechtes, des Nord/Süd-Gefälles, der Sprache, Religion, Gesundheit und Kultur. Gleichzeitig bildete sich eine besondere Form sozialer Bewegungen heraus, die sich in positiver Selbstzuschreibung zum Teil bewusst der ihnen zugeschriebenen Ungleichheiten als Referenz bedienten. Parallel hierzu verlief die wissenschaftstheoretische Entwicklung vom „Defizit" zur „Differenz", die sich auch begrifflich niederschlug: Von der „Frauen- zur Geschlechterforschung" und in Analogie dazu von von der „Ausländerpädagogik zur interkulturellen Pädagogik" (vgl. Eppenstein 2003 S. 192f.). Lutz und Wenning haben hier vier Analogien entlang von vier Perspektiven und entsprechenden Diskursen aufgezeigt, Gleichheit, Ontologisierung, Dethematisierung, und Destabilisierung:

1. Der „**Gleichheitsdiskurs**": Dieser reagiert auf der Seite der Frauen und Geschlechterforschung auf Diskriminierungen gegenüber Frauen und deren naturalisierende biologische Begründung und fordert gleichberechtigte Zugänge zu allen Gesellschaftsbereichen. Auf der Seite der Ausländer- bzw. interkulturellen Pädagogik entsteht ein vergleichbarer Diskurs Anfang der 1970er Jahre und thematisiert strukturelle Benachteiligungen von Migranten, aber auch Phänomene von Alltagsrassismus und sozialen Ausgrenzungen. Auch hier werden Forderungen nach Gleichbehandlung und der Abschaffung diskriminierender Strukturen eingefordert. Gleichheit wird hier auf beiden Seiten im Verständnis einer Gerechtigkeitsperspektive angestrebt und reagiert auf Ungleichheit im Kontext von Ungerechtigkeit.
2. „**Ontologisierung**" hingegen besteht auf der Hervorhebung von Differenz als Reaktion auf „Gleichmacherei", jeweils in zwei kontradiktischen Varianten, einer

positiv anerkennenden und einer diskriminierend negativen Unterscheidung: Im Modus generischer Differenz wird hier das „Anderssein“ von Männern und Frauen als „So-Seiende“ postuliert. Weibliche Normen (pazifistisch, lebenserhaltend, versorgend...) gelten in einem moralischen Sinne den vermeintlich männlichen (aggressiv, expansiv, zerstörerisch ...) als überlegen. In Analogie hierzu können Prozesse von Selbst- und Fremdzuschreibung ethnischer Differenz und „kultureller Andersartigkeit“ sowie Konzepte „kultureller Identität“ gesehen werden, die jeweils die Beachtung kultureller Differenz einfordern, einmal unter Vorzeichen rassistischer Abwehr des „Andersartigen“ ein andermal im wohlwollenden Modus einer „Bereicherung“ durch die jeweils kulturell anderen.

3. **„Dethematisierung“** wiederum reagiert auf Ontologisierung mit Perspektiven der „Ganzheit“ oder Gemeinsamkeit. Im sogenannten „Androgynitätskonzept“ werden Geschlechterdifferenzen zugunsten von Ähnlichkeiten und Gemeinsamkeiten dethematisiert. Als Grundannahme gilt hier die psychische Bi-Sexualität von Menschen. Männer mit weiblichen Anteilen und Frauen mit männlichen erzielen durch Integration des jeweils Anders-Geschlechtlichen eine „Ganzheit“ und können so geschlechtsgebundene Hierarchien vermeiden. Die interkulturelle Diskussion folgt diesem Konzept in gewisser Hinsicht, wenn ethnische Differenzmarkierungen zugunsten der Fokussierung auf Gemeinsamkeiten in den Hintergrund treten, dethematisiert werden oder verschwinden, wenn gemeinsame Probleme, die es zu bewältigen gilt, in den Vordergrund rücken und kulturelle Differenz hierbei als produktive Pluralität verstanden wird.
4. Postfeministische und **poststrukturalistische** Perspektiven schließlich reagieren auf vermeintliche Eindeutigkeiten von Geschlechter- bzw. kulturellen Identitäten. Zweigeschlechtliche Wertungen werden hier verflüssigt und destabilisiert. Analogien zur interkulturellen Debatte werden mit Bezug auf die sogenannten „post-colonial studies“ gesehen, die sich auf eine Neufassung und Reinterpretation des Subjekt- und Identitätsbegriffs beziehen.

Derartige Analogieschlüsse zwischen Frauen- und Geschlechterforschung und Ausländer- und Interkultureller Pädagogik folgen einer Perspektive disziplingeschichtlicher Betrachtung, die ausgehend von gesellschaftlichen und subjektiven Protest- und Veränderungspotentialen und -bewegungen (Lutz, Wenning 2001, S. 19) die Entstehung entsprechender pädagogischer Teildisziplinen oder im Feld der Sozialen Arbeit entsprechende Konzepte nachvollzieht.

Die hier interessierende Frage zum Zusammenhang von Gender- und interkultureller Kompetenz in der Sozialen Arbeit kann über eine wissenschaftstheoretische Überlegung und Kritik auf dem Feld der Erziehungswissenschaften erschlossen werden: Zur Korrelation von Frauen- bzw. Geschlechterforschung mit Ausländer- bzw. Interkultureller Pädagogik ist nämlich anzumerken, „dass bereits eine Inkohärenz zwischen Geschlechterforschung hier und einem pädagogischen Programm mit seiner erziehungswissenschaftlichen Reflexion dort entsteht. Es scheint naheliegend, aufgrund der Bezüge „Feminismus“ und „Multikulturalismus“, die beide als Prototypen für Bewegungen gelten, in denen Individuen oder Gruppen die Unterscheidungsmerkmale, an denen sich Diskriminierungen festmachen, offensiv gewendet und strategisch eingesetzt haben, um soziale oder gesellschaftliche Anerkennung zu erzielen, eine Korrelation zwischen beiden herzustellen; es ist allerdings fraglich, ob dies ohne weiteres auch auf den Bereich wissenschaftlicher Reflexion übertragbar ist, denn während die feministische Theoriebildung in unterschiedlichen disziplinären Bezügen und Subdisziplinen entsteht und Anfang der 80er Jahre in Ansätzen feministischer Pädagogik erst zum Thema in Pädagogik und Erziehungswissenschaft wurde, waren erziehungswissenschaftliche Reflexionen der Interkulturellen Pädagogik von Anfang an den Fragen pädagogischer Perspektiven in multikulturellen Gesellschaften stärker verhaftet. Kohärenz wäre hergestellt, wenn feministische und interkulturelle pädagogische Konzepte nebeneinander gestellt würden, die je unterschiedliche Erziehungspraxen nach sich ziehen. Als eine Übereinstimmung hierbei wäre festzuhalten, dass es weder *die* feministische noch *die* Interkulturelle Pädagogik gibt, sondern jeweils komplexe und zum Teil kontroverse Programmatiken und Konzeptualisierungen. Eine Kongruenz im sogenannten Gleichheitsdiskurs, dem es um die Kritik und Abschaffung sozialer Exklusionen und Diskriminierungen anhand der Merkmale *weiblich* oder *Ausländer* geht, ist demnach plausibel, auch wenn die jeweiligen historischen Ausgangslagen differieren" (Eppenstein 2003, S. 196).

Was hier für Pädagogik und Erziehung ausgeführt wurde, kann m.E. für die Soziale Arbeit gelten, vor allem, was ihre sozialpädagogischen Wurzeln und die Erziehungswissenschaft als maßgebliche Bezugsdisziplin betrifft.

Interkulturelle Kompetenz und Genderkompetenz eint eine gemeinsame Bedingung, nämlich Differenzen, Differenzziehungen und Differenzkonstruktionen in ihren übereinstimmenden und unterscheidbaren Bedeutungen und sozialen Wirkungen wahrzunehmen, kurz: „differenzsensibel" auf die, wie gezeigt wurde, immer auch hierarchisierenden Unterscheidungspraktiken zu reagieren.

Dabei sind neben den genannten Analogien jedoch auch fundamentale Unterschiede zwischen ethnisch-kulturellen und generischen Differenzen zu bedenken (vgl. Eppenstein 2003, S. 222ff.):

1. **Sozialer Zwang bzw. Übereinkunft, Hegemonialität:** In der Regel entwickelt „ein Individuum (...) schon aufgrund des sozialen Zwanges eine eindeutige (...) heterosexuelle Geschlechtsidentität (...) und zwar in Übereinstimmung mit seinem sogenannten ‚realen' biologischen Körper und entsprechend den Normen des hegemonialen bürgerlichen Geschlechterdiskurses" (vgl. Maihofer 1995, S. 105f.). Der historisch vermittelte GeschlechterdiskuOrs wirkt gesellschaftlich hegemonial und dominiert in der Regel im Individuum; Anders bei Ethnisierungen, die in der Gesellschaft umstritten sind und für Individuen unterschiedliche Relevanz besitzen. Gesellschaftliche Prozesse von Fremd- und Selbstethnisierungen sind stets umstrittene Vorgänge, in denen eine dominierende Übereinkunft jeweiliger Zuschreibungen zwar Identifikationen innerhalb ethnisch definierter Gemeinschaften nicht ausschließt, ihnen aber nicht dieselbe Bedeutung beimisst, wie die Bindung an den eigenen Geschlechtskörper.
2. **Gewicht und Reichweite:** Individuen gehen zwar nicht in ihrer Existenz als Männer oder Frauen auf, sie sind immer auch und zugleich Angehörige oder Anhänger einer Schicht, Klasse, Nation, kultureller Konventionen, Religion, Sprachgruppe, ‚Schicksalsgemeinschaft' etc., vor allem ‚Menschen an sich', unverwechselbar und konkret, aber sie sind, wie Maihofer feststellt, „immer (und meist vor allem anderen) Individuen ‚weiblichen' und/oder ‚männlichen' Geschlechts, in jeder Faser ihres Körpers, ihrer Seele, ihres Denkens, Fühlens und Handelns sowie in der jeweils spezifischen Art, wie sie die Welt, andere Menschen oder die Gesellschaft sehen

und verstehen."[11] Als konkrete historische Individuen sind wir zwar mit anderen Kategorien in unterschiedlicher Weise verwoben , dennoch demnach immer zuvorderst Männer und Frauen. Dies kann für eine Selbstkonstitution des Ethnischen bestenfalls graduell und in größerer Kontextabhängigkeit gelten.

3. **Bivalenz versus Multivalenz:** Die Herausbildung einer Zweigeschlechtlichkeit hat in der Gestalt des Sozialen zu parallelen Anordnungen geführt, z.B. Damen- und Herrentoiletten oder Konsumartikeln für Männer und Frauen usw., die derzeit in der Regel auch erwünscht sind, mit und in denen die Menschen leben, sie reproduzieren, zuweilen darauf bestehen oder sie auch übergehen, ablehnen oder überwinden wollen. Eine analoge Praxis gegenüber ethnischer Differenz hat in der Geschichte unter dem Begriff der Apartheid traurige Berühmtheit erlangt, im Unterschied zur bivalenten Geschlechterdifferenz ergäbe eine ethnische Differenzziehung – bezogen auf die plurale Einwanderungsrealität in der Bundesrepublik – ein multivalentes System.
4. **Historizität und Dauer:** Weitere Unterschiede ergeben sich hinsichtlich der Historizität der Geschlechterdifferenz und ethnischer Differenz: Maihofer rekonstruiert für den Geschlechterdiskurs die Entwicklung vom „Ein-Geschlecht-Modell" zum „Zwei-Geschlechter-Modell" im Vollzug der Herausbildung der bürgerlichen Gesellschaft (vgl. Maihofer 1995, S. 28ff.). Zwar habe es zweifellos schon vor der bürgerlichen Moderne Unterscheidungen von Männern und Frauen gegeben, die auch an körperlichen Merkmalen festgemacht wurden, die dominante Rolle von Geschlechtsmerkmalen, die Heranziehung von Organen als bestimmendes geschlechtliches Zeichen und die Herausbildung eines inkommensurablen Geschlechterverhältnisses seien jedoch historische Vorgänge und damit Hervorbringungen der Kultur. Zuvor war die „Verschiedenheit der Geschlechter eine Sache gradueller Abweichungen und Abstufungen (... von einem männlichen Grundtypus) und keine Frage einer fundamentalen biologischen Differenz" (ebd., S. 30). Erst mit der Durchsetzung geschlechtsspezifischer Arbeitsteilungen, der Proklamation der Bürger- und Menschenrechte und einer grundlegend anderen Wahrnehmung der Natur entstanden „politische Bedürfnisse zur Schaffung biologisch distinker Geschlechter", die den Frauen „aufgrund ihres Geschlechts gerade die Fähigkeiten und Eigenschaften" absprachen, „die eben zur Grundlage allgemeiner Menschen- und Bürgerrechte erklärt worden waren" (ebd., S. 32) Die „Erfindung" des „Zwei-Geschlechter-Modells" war demnach im Gegensatz zur graduellen Unterscheidungspraxis des Vorgängermodells auf die Grundannahme grundlegender Inkommensurabilität angewiesen.[12] Die Historizität ethnischer Differenzziehungen ist hingegen nur dort mit derjenigen des Geschlechts und Geschlechtskörpers vergleichbar, wo ebenfalls körperliche Merkmale eine hervorragende Rolle zur Distinktion von Rassen bzw. Ethnien gespielt haben, um etwa soziale Ausschlüsse zu legitimieren. Als Kategorisierung zweiter Ordnung für kulturelle Handlungen berücksichtigt ethnische Differenz jedoch eine Vielzahl von Parametern, zum Beispiel

11 Maihofer 1995. S. 105: „Die Differenzen zwischen den Geschlechtern sind (...) dem hegemonialen Geschlechterdiskurs zufolge ausgesprochen weitreichend und sowohl psychischer, epistemologischer, intellektueller, emotionaler, habitueller, körperlicher wie auch moralischer Art."

12 Vgl. die differenztheoretischen Grundannahmen im Konzept der „Pädagogik der Vielfalt" (Prengel 1993, a. a. O).

Sprache, Geschichte, ‚kollektive Mentalitäten'[13] etc., woraus der Schluss zulässig ist, von einem größeren Maß an Variabilität und Wechsel der Herausbildung und des Wandels unterschiedlichster ethnischer Differenzziehungen auszugehen; ethnische Differenzierungen sind historisch ‚jünger', gewissermaßen erst selbst ‚Erfindungen' der Kolonialgeschichte. Auch hinsichtlich ihrer ‚zeitlichen Reichweite' dürften Geschlechterdifferenzen konsistenter sein als ethnische Differenzen; erstere ‚dauern', wenn man so will ‚länger' und werden langfristig in der Regel auch innerhalb der menschlichen Biographien gelebt, ethnische Differenz hingegen kann ‚kürzer' gelten, unterliegt Verschiebungen, Mischungen und Brüchen.

5. **Differenzcharakter:** *Kommensurabel oder inkommensurabel*: Entwickelten sich Geschlechterdifferenzen von graduellen Unterschieden zu grundlegenden Unvergleichbarkeiten, so gilt für ethnische Differenz, dass es häufig eher graduelle Unterschiede sind, die überhaupt zur Unterscheidung herangezogen werden: Sprachen, kulturelle Praxen, Entwicklungen, kollektive Gedächtnisse und Geschichten mögen verschieden sein, solange sie einander vergleichbar oder übersetzbar sind, muss nur in solchen Fällen von Inkommensurabilität ausgegangen werden, wo kulturelle Differenzen dies aufgrund ihrer tatsächlichen substantiellen und in ihren Inhalten begründbaren Unvereinbarkeiten offenbaren.
6. **Körper und Leibgebundenheit:** Körperlichkeit – und hier sind Differenzen des Geschlechtskörpers angesprochen – spielt innerhalb der Geschlechterdifferenz-Debatte eine hervorragende Rolle, als hier das Verhältnis von sozialer Bestimmung etwa anhand äußerer Geschlechtsmerkmale zur Bedeutung des Körpers jenseits derartiger Konstruktrionen diskutiert wird. Innerhalb der ethnisch codierten kulturellen Differenz geht es hauptsächlich um unveränderbare körperliche Merkmale, die – v.a. im rassistischen Diskurs – sozial relevant gemacht werden. Angehörige ethnischer Gemeinschaften mögen Empfindungen durchaus im Sinne von Leibempfinden, Leibgedächtnis usf. verspüren, dass sie ihren Körper als ethnisch empfinden, darf indes bezweifelt werden.

Kategorie	generische Differenz	ethnische Differenz
Hegemonialität:	weitreichend, eindeutig	partiell, umstritten
Bedeutung/Gewicht:	stark	graduell
Bivalenz/Multivalenz:	bivalent	multivalent
Zeitlichkeit:	historisch + dauernd (Langlebig)	historisch + wechselnd (kurzlebig/biografisch/phasenhaft)
Differenzcharakter:	Z.Zt. inkommensurabel	prinzipiell kommensurabel
Körper:	Empfinden	Merkmal

Abbildung 6: Unterschiede zwischen generischer und ethnischer Differenz

13 Vgl. Vester 1996. Der unserer Auffassung nach nicht unproblematische Begriff „kollektiver Mentalität" wird auf Geert Hofsteedes (vgl. Kap. 4.1.3) Prämisse mentaler Programme und deren Identifizierbarkeit in nationalen Zusammenhängen aufbauend hier als zentrale Figur interkultureller Kommunikation entwickelt.

Es zeigt sich, dass unbeschadet mancher Analogien interkulturelle Kompetenz und Genderkompetenz nicht einfach ineinander aufgehen noch additiv einander verstärken. In praktischer Perspektive können Analogiebildungen zwischen bipolaren Differenzziehungen wie z.B. migrantisch/nicht-migrantisch, weiblich/männlich, gesund/krank, beschäftigt/arbeitslos usw. zwar dazu beitragen, einseitige Fixierungen zu verflüssigen (vgl. Intersektionalitätsansatz oben), sie können aber auch zur Vervielfältigung von Defizit- oder Opferzuschreibungen geraten, zumal in Kontexten Sozialer Arbeit, die, wie gezeigt wurde, immer auch auf Probleme und Problembewältigungen verwiesen bleibt (weiblich+migrantisch+krank+arbeitslos). Isabell Diehm sieht die Vergleichbarkeit des „Gender-Begriffs mit dem Ethnizitätsbegriff" vor allem darin, „als auch er die sozial erzeugten Relevanzen und die soziale Inanspruchnahme (Selbst-Ethnisierung, Fremd-Ethnisierung) von kulturellen Unterschieden umfaßt" (Diehm 1999b, S. 191), hat allerdings zum Ergebnis entsprechender pädagogischer Konstruktionen zeigen können, dass sie sich als Differenzziehungen und Bildung von Oppositionspaaren untereinander potenzieren und einen Steigerungseffekt hervorbringen können: Als „gegenseitig sich verstärkende Essentialisierung" habe die „Verdoppelung von Fremdheit im additiven Differenzmerkmal ‚Geschlecht plus Ethnizität'" dem Miserabilismus der Ausländerpädagogik besonderen Nachdruck verliehen (ebd., S. 193). Neben frauenpolitischen Gründen werden für solches Steigerungsinteresse von Problemzuschreibungen professionsinterne Gründe vermutet. „In der kulturell differenten Weiblichkeitskonstruktion" werde „den Frauen eine traditionell komplementäre Rolle zugewiesen", die während der Migration nicht überwunden wird, sondern „eher noch eine Verschärfung erfährt". Referenzpunkte dieser „hierarchieerzeugenden, kulturdeterministischen und komplementärsubordinativen Weiblichkeitskonstruktion" seien die „emanzipierten Frauen der Aufnahmegesellschaft in Gestalt der Sozialpädagoginnen", die sich ‚in doppelter Überlegenheit' kulturell und statusbedingt abheben. „Die Migrantinnen befinden sich in jedem Fall auf der Seite der mehrfach unterlegenen, wobei das Superiorität beanspruchende Gegenüber nicht wie gewohnt aus gegengeschlechtlichen anderen, sondern ebenso aus gleichgeschlechtlichen Professionellen besteht" (ebd., S. 197).

Als Motive werden neben der Einschätzung, dass Zusammenhänge zwischen einer gelungenen sozialen Integration der Mütter mit gelingender schulischer Integration der Kinder bestehen, auch ein „allgemein ‚frauenbewegtes' (...) frauenpolitisches Interesse vermutet (...) (ebd.). Standen anfänglich Problemstellungen und soziale Fragen im Zusammenhang mit Arbeit und Produktion im Vordergrund (Männer, Distributions- und Klassenfragen), waren es seit der Phase des Familiennachzugs Probleme im Reproduktionsbereich (Kinder, Frauen, Bildungsfragen). Die daran anschließende Migrantinnenforschung trug in ihrer Defizitorientierung zu einem „Miserabilismus" im Bild vor allem „der türkischen Frau" bei, die die Enttraditionalisierung durch den Migrationsprozess und die Funktion von Traditionsbildungen innerhalb von Modernisierungsprozessen verkannte. Unter „Miserabilismus" ist nicht allein eine untergeordnete Stellung ausländischer Frauen als Migrantinnen in der Bundesrepublik zu verstehen, sondern die Konstruktion eines mehr oder weniger durchgängigen Klischees von Unterordnung, Rückständigkeit und von männlicher Herrschaft gekennzeichneter internalisierter Opferrolle traditionaler Frauen. Im öffentlichen Diskurs und in den Bildmedien ist dieses migrantische Frauenbild gleichsam durch die verschleierte Kreuzberger Muslima symbolisiert. Hier trifft gewissermaßen ein „Migrationshintergrund“ vor allem türkischer Frauen auf den „Emanzipationshintergrund“ von Sozialarbeiterinnen oder Sozialarbeitern als Repräsentant/-innen einer aufgeklärten, modernen, freien und – guter Wille vorausgesetzt – aufnahmebereiten westlichen Kultur ... Wir sehen, wie rasch der Mechanismus von positiver Selbstzuschreibung und negativer Fremdzuschreibung auch hier wirksam werden kann. Damit ist eine gleichermaßen Genderkompetenz wie interkulturelle Kompetenz beanspruchende Soziale Arbeit aufgefordert, gleichsam den Konstruktions- und Bewertungsprozess ihrer eigenen Differenzziehungen selbstkritisch einzukalkulieren. Die von Diehm vorgenommene Rekonstruktion migrantinnenspezifischer Konzepte zeigt einen Perspektivenwechsel: Die bis dahin „dominante Standardannahme der negativen Differenz (wurde) verworfen und von nun an positiv bewertet“ (Diehm 1999b, S. 194). Die Migrantinnenforschung fokussiert damit den Transformationsprozess der Umstellung von der Ausländerpädagogik zur Interkulturellen Pädagogik nochmals in besonderer Weise, denn mit der erweiterten selbstreflexiven und anti-eurozentrischen Sichtweise sei es gelungen, „feministischen Ethnozentrismus und den Paternalismus der Frauenbewegung“ (ebd., S. 194) aufzudecken. Auch hier führt der Prozess zu einer Normativität im Modell einer „positiven Anerkennung der kulturellen Differenzen“ (Gümen 1995, S. 10), die damit die ‚Überlegenheit‘ von Pädagoginnen gegenüber vermeintlichen Defiziten der Migrantinnen (als ihren Klientinnen) in der Figur der ‚deutschen, emanzipierten, selbstständigen, bewussten, modernen und unabhängigen Person‘ zurücknehmen will.

Auch nach dem in der Migrantinnenforschung vollzogenen Perspektivenwechsel bleiben Frauen und Mädchengruppen für Migrantinnen bzw. geschlechtsspezifische Bildungsangebote (z.B. Alphabetisierungskurse) als ein wesentliches Praxisfeld innerhalb der Interkulturellen Sozialen Arbeit bzw. der Bildungsarbeit bestehen; dieselben Maßnahmen, die zuvor dem Ausgleich zugeschriebener Defizite galten, sind allerdings nun einem Anerkennungsideal verpflichtet. Die oben zugespitzte Differenz zwischen Migration = Tradition gegenüber Emanzipation kann entschärft werden, wenn erkannt wird, dass Traditionen und kulturelle Überlieferungen beim Übergang „in modernen Gesellschaften (...) nur in der Gestalt von Traditionsfortbildung, Traditionsneubildung und kultureller Reflexivität denkbar“ sind (Apitzsch 1997, S. 10). Dem „Missverständnis“ von Traditionalität als „Modernitätsdifferenz“ steht die begründete Annahme entgegen, dass derartige Prozesse der Traditionsneubildung als individuelle Ressource von Migranten und Migrantinnen im Sinne einer „postkonventionellen biographischen Traditionsbildung“ (Apitzsch 1997, S. 19) einzustufen sind.

Betrachtet man unter diesen Vorzeichen aktuelle frauenspezifische Angebote der Migrationssozialarbeit, wird deutlich, dass eine Sichtweise der mehrfach benachteiligten Migrantin durchaus weiterhin Bestand hat, wobei eine Mischung aus sozialpädagogischer, feministischer und auch integrationspolitischer Motivation wirksam wird. Aus sozialpädagogischer Sicht sind „Benachteiligungen“ eine durchaus übliche Referenz und dann weniger problematisch, wenn sie nicht mit defizitären Zuschreibungen einhergehen. Benachteiligungen als „Emigrantin“, als „Frau“, als „Arbeiterin“ oder als von Bildungsangeboten weitgehend ausgeschlossene „Mutter“ oder „Ehefrau“, die sich in spezifischen Lebenslagen, Befindlichkeiten und besonderen Formen der Gemeinschaftsbildung oder auch der Isolation beschreiben lassen, werden mit plausiblen Hinweisen auf Unterschiede zu Benachteiligungen von Männern in frauenspezifischen Projekten Interkultureller Sozialer Arbeit angegangen.

Konzepte aus den 1990er Jahren, die damals an Frauengruppen des Herkunftslandes anknüpften, schufen jene Angebote themenbezogener Beratung, Alphabetisierungs- und Sprachkurse, Koch- oder Nähkurse für Frauen und Mädchen (vgl. Hebenstreit 1986) usw., die heute als sogenannte „Frauenkurse" im Kontext des Zuwanderungsgesetzes eine Fortsetzung erleben. Die zunächst meist nationalitätenspezifisch, später interkulturell arrangierten Frauengruppen können einerseits als niedrigschwelliges sozialarbeiterisches Angebot, zum anderen aber durchaus im Sinne des Empowermentansatzes als Form gelungener Selbstorganisation von Frauen in der Migration gesehen werden. Die aktuelle Lesart von Seiten des für Finanzmittel zuständigen Bundesamtes (BAMF) geht hinter diese Entwicklung zurück und sieht bei Migrantinnen zwar eine „Schlüsselrolle für eine gelingende Integration" (BAMF: Projektatlas 2005), gleichsam allerdings wohl auch die Ursache für misslingende Integration, denn es seien die Frauen, die „ihre soziale und kulturelle Prägung" (ebd.) an die Kinder weitergeben. „Mama lernt Deutsch", ein durchaus sinnvolles und erfolgreiches Programm der Einbeziehung von Müttern in den Erwerb von Kenntnissen der deutschen Sprache, oder auch sogenannte Werkstattangebote wie Seminare, Gesprächskreise, Kursangebote, sogenannte „Rucksackprojekte" (in NRW) etc. stehen nicht für sich selbst im Interesse der betroffenen Frauen, sondern erhalten so eine Ausrichtung als Hinführung zu etwas Eigentlichem, den „regulären Integrationskursen" oder zur „Migrationserstberatung", zu der diese Maßnahmen als Vorbereitung für eine noch bevorstehende Integration verhelfen sollen.

Damit freilich wird den entsprechenden Integrationsmaßnahmen wie den beteiligten Frauen und Müttern eine mehr als zweifelhafte doppelte Eigenschaft zugesprochen: Einerseits gelten sie als Schlüssel für gelingende Integrationsprozesse, zum anderen sind es die Frauen, die als Ursprung und Hauptverantwortliche für mögliches Misslingen herzuhalten haben. Dies rückt ein ansonsten sozialpädagogisch begründbares Interesse an frauenspezifischen Zugängen interkultureller Arbeit in ein fragwürdiges Licht, zumal in der Bundesrepublik die Einbürgerung als maßgebliche strukturelle Einlösung von Integrationsansprüchen nicht am Beginn der Einwanderung steht, wie dies in klassischen Einwanderungsländern üblich ist, sondern erst am Ende eines als gelungen befundenen pädagogisierten Prozesses vergeben wird.

6 Interkulturelle Sensibilität und Aufmerksamkeit

In diesem Kapitel stellen wir berufliches Handeln Sozialer Arbeit als interkulturell sensible Praxis zur Diskussion, als spezifische Aufmerksamkeit in interkulturellen Spannungsfeldern und als differenzsensible Haltung in Kontexten organisierten Hilfehandelns.

Es ist deutlich geworden, dass Erwartungen an eine interkulturelle Kompetenz in der Sozialen Arbeit eine Reihe von Problemen aufwerfen, die sich aus der Unterbestimmung des Begriffs einerseits und einer Überdetermination von möglichen Erträgen aus einer solchen Kompetenz andererseits ergeben. „Interkulturelle Kompetenz" wird so leicht zu einer Art Zauberformel, mit der Probleme diesseits und jenseits der Zuständigkeiten Sozialer Arbeit lösbar erscheinen. Allerdings lässt sich eine zuweilen als unabdingbar erachtete Möglichkeit des Scheiterns vernünftigerweise nicht mit einer interkulturell kompetenten Strategie gelingender Verständigung in eins setzen. Dies muss um so mehr verwirren, als interkulturelle Kompetenzen in der Sozialen Arbeit immer wieder mit Fähigkeiten in Verbindung gesetzt werden, ein Scheitern zumindest partiell zuzulassen, Frustrationstoleranz zu zeigen oder in Kauf zu nehmen, „dass stärker als gewohnt Handeln unter Unsicherheit verlangt wird und dabei Gefühle von Kontrollverlust entstehen" oder „dass auch der Spielraum metakommunikativer Steuerung der Interaktion deutlich eingeschränkt ist" (Leenen u.a. 2002, S. 90). Welche Enttäuschungen da jeweils ertragen oder welche Einschränkungen von Handlungsspielräumen jeweils in Kauf zu nehmen sind, konkretisiert sich indes in unterschiedlicher Weise anhand der jeweiligen Kontexte und Funktionserwartungen an eine kulturelle Kompetenz. Wie wir gesehen haben, kann der Slogan von der interkulturellen Kompetenz einmal funktional als Mittel zur Bereinigung interkulturell codierter Konflikte mit entsprechenden Reibungsverlusten gelten, ein andermal als Selektionskriterium im Kontext von Verteilungs- und Anerkennungskämpfen moderner Gesellschaften oder umgekehrt im Sinne eines Ausgleichs von Chancenungleichheiten sichtbar werden; weiterhin stoßen wir auf ihn durchaus auch in einem technisch verkürzten Sinn als einem Set von Fähigkeiten und Fertigkeiten, über die Sozialarbeiter heute verfügen können sollen, und werden schließlich darüber aufgeklärt, interkulturelle Kompetenz als Ergebnis eines interkulturellen Lernprozesses zu begreifen, in dem wir selbst beteiligt sind und der letztlich „nur als gemeinsame Suchstrategie verstanden werden" könne, „die kein natürliches Ende hat" (ebd., S. 85).

Derartige Widersprüchlichkeiten sind der Sozialen Arbeit nicht fremd: Professionelle Soziale Arbeit, soweit sie sich nicht technokratisch vereinnahmen lässt, ist je schon auf ein Handeln in unterschiedlichen Spannungsverhältnissen verwiesen, auf eine urteilende Praxis in Widersprüchlichkeiten, die prinzipiell oder theoretisch nicht auflösbar sind. Sie operiert im sogenannten „doppelten Mandat" zwischen „Hilfe und Kontrolle", Ordnungs-, Disziplinierungs- oder Konsensinteressen der Gesellschaft und dem jeweils unkalkulierbaren Eigensinn ihrer Adressaten, denen sie bei der Bewältigung ihrer Probleme eine eigenständige Expertise zuerkennt; sie bewegt sich in Widersprüchen zwischen „Nähe und Distanz", zwischen moderner Berufsarbeit und traditionalen Motiven von „Mütterlichkeit" oder Nächstenliebe, vollzieht ihr Handeln partikular und generalistisch, geriert sich einmal offen, wenn nicht diffus, ein andermal spezifisch, lokal oder zeitlich determiniert, oszilliert zwischen Exklusionsverwaltung und Reinklusionsbemühung, zwischen Hilfe und Nicht-Hilfe, zwischen Strategien des Abhängig-Machens und Politiken versagter oder eingeschränkter Unterstützungsleistungen usw. (vgl. Ferchhoff 2005).

So gesehen kann „interkulturelle Kompetenz" als sozialpädagogische Handlungskompetenz im Modus einer zugelassenen Widersprüchlichkeit zwischen Thematisierung und Dethematisierung von „Kultur" als mehr oder weniger maßgeblichem Kontext, als Erfordernis eines „stereoskopen" Blicks auf einander widersprechende, aber oft komplementäre Strategien z.B. auf der Suche nach Freiheit und Unverfügbarkeit einerseits und Sicherheit und Solidarität andererseits, einmal im Modus individueller universeller Rechte und ein andermal im Kontext partikularer Gemeinschaftsbildungen (vgl. Kiesel, Volz 2002) ausgelegt werden (vgl. Kap. 8.1).

Sozialarbeiter/-innen wären in diesem Sinne kompetent, als sie einen Prozess sozialer Praxis strukturieren helfen, in dem einander ähnelnde oder kontroverse normative Ansprüche in der von Migration beeinflussten Einwanderungsgesellschaft zueinander und gegeneinander in Beziehung treten, wobei zwischen jeweils einander widerstrebenden Prinzipien klärend zu vermitteln wäre.

Gegenüber einem rein funktionalen, eher technischen Verständnis von interkultureller Kompetenz, wie es vor allem in Kontexten weltweiter Handelsinteressen, multilateralen militärischen Operationen oder bei der weltweiten Fusion von Firmen gefragt ist, hat sich innerhalb der Sozialen Arbeit der Begriff einer „interkulturellen Sensibilität" vor allem in jenen Praxisbereichen etabliert, wo es um die Herstellung von Fürsorglichkeit, Pflege oder Altenhilfe geht. Auch ist von „interkultureller Sensibilität" die Rede, wenn sich bei interkulturellen Lernprozessen eine Phase der Aufmerksamkeit dafür entwickelt, dass es neben einer ethnozentrischen Weltsicht auch „andere kulturelle Systeme" als das eigene gibt. In einem Stufenmodell interkulturellen Lernens nach David S. Hoopes folgt die zweite Stufe der „Aufmerksamkeit" (awareness) unmittelbar auf die zugrundegelegte Ausgangsstufe des Ethnozentrismus, und steht unterhalb der Entwicklungsschritte zum „Verstehen", der „Akzeptanz", „Wertschätzung" und schließlich „selektiven Aneignung" positiv erachteter Merkmale eines fremdkulturellen Systems (Hoopes 1981, S. 9). Danach reduziert sich „interkulturelle Sensibilität" auf eine Art Anwärmphase für den bevorstehenden interkulturellen Dauerlauf oder als unverzichtbare Rücksichtnahme auf kulturelle Bedürfnisse in durch Krankheit oder Gebrechlichkeit belasteten Lebensphasen. Eine Ausnahme findet sich in einer Begründung für die Notwendigkeit einer „kulturellen Sensibilität" in einer migrationspädagogischen Orientierung Paul Mecherils, wonach es dabei um nicht weniger als die Anerkennung von Ansprüchen geht, die über Teilhabeansprüche in einer dominanten Kultur hinausgehen. In diesem Modus zielt der Topos der kulturellen Sensibilität auf die „Veränderung des Bildungssystems in Richtung einer differentiellen Ansprache und Kultivierung der Disponiertheit (auch) der Migranten (…)" (Mecheril 2004, S. 216).

Die folgende Zusammenstellung versucht in einer erweiternden Perspektive, „interkulturelle Sensibilität" als eine Empfindsamkeit für Spannungsfelder auszuweisen, wie sie im Allgemeinen die Soziale Arbeit bestimmen und oben skizziert wurden. Mit „Spannungsfeldern" sind hier jene Grundkonflikte moderner Sozialer und sozialpädagogischer Arbeit angesprochen, für die es in theoretischer Hinsicht keine Auflösung gibt, die in der Praxis dennoch stets auszubalancieren sind. Spannungsfelder dürfen danach nicht als bloßer Anlass für Soziale Arbeit missverstanden werden, als Problem, das es mittels geeigneter Konzepte, Methoden und Techniken Sozialer Arbeit zu lösen bzw. aufzulösen gilt, sondern sie bezeichnen gerade diejenigen Problemkonstellationen, in denen eine Spannung aufrechterhalten bleibt und – möglichst friedlich, sozial und ethisch gerechtfertigt – gestaltet werden will. Dabei beziehen sich Akteure Sozialer Arbeit nicht nur als quasi „Außenstehende" auf Spannungsfelder, sie sind selbst Teil davon, tragen mithin eine immer auch selbstreflexiv zu durchdringende Verantwortung im Aushalten-Können von Widersprüchlichkeiten, „freilich nicht als heroische Einzelleistungen, sondern nur im Medium institutionalisierter und intersubjektiv abgesicherter Professionsnetze" (Ferchhoff 2005).

Der Begriff der Sensibilität bezeichnet dabei ein Vermögen, empfindsam die Produktivität solcher Spannungsverhältnisse zu erspüren und für eine soziale Gestaltung verfügbar zu machen. Voraussetzung für eine interkulturelle Sensibilität wäre eine Sensibilität für Differenzen, auch immer denjenigen zwischen den professionellen Sozialarbeitern und ihren Adressaten. Mit Schütze könnten wir von einer interkulturellen Differenz im nicht-ethnischen Sinne zwischen beruflich agierenden Sozialarbeitern und ihren Adressaten sprechen (Schütze 1994, S. 189).

Interkulturelle Sensibilität als Empfindsamkeit in und gegenüber Spannungsfeldern, die im Folgenden gekennzeichnet werden, spricht somit kognitive, analytische wie affektive und gefühlsmäßige Formen der Rezeption und Verarbeitung an und determiniert noch keine Vorgaben für oder gegen bestimmte Ausrichtungen des sozialarbeiterischen Handelns selbst: Der im Begriff der Sensibilität enthaltene Sinn einer Feinfühligkeit fordert nicht automatisch Haltungen der Rücksichtnahme, vielmehr bleibt offen, ob konfrontative oder akzeptierende Strategien, Zuwarten oder Intervenieren, Ausbalancieren oder Gewichten, Neutralität oder Parteinahme angezeigt sind. Solche Handlungsausrichtungen können kaum präskriptiv festgelegt werden, ohne in ein moralisierendes Fahrwasser zu geraten; die genannten Handlungsalternativen bilden selbst ein Beispiel für jene praktizierten Spannungsfelder, die wie gesagt prinzipiell aufrechterhalten und damit offen gehalten werden sollen. Handlungsanweisungen in die eine oder andere Richtung sind allein deshalb obsolet, weil sie nicht kontextbefreit generalisierbar sind: Da entsprechende Handlungen immer zwischen konkreten Personen oder Gruppierungen in je spezifischen Kontexten und je eigenen Problembestimmungen entstehen und darüber hinaus eine eigene Interaktionsgeschichte generieren können, kann interkulturelle Sensibilität weniger anhand von Handlungen und Verfahren, die konkret zu bestimmen wären, indiziert werden, sondern eher anhand ihrer Negation: Gemeinhin empfinden Menschen recht zielsicher, wann und aufgrund welcher Geschehnisse sie sich unverstanden, rücksichtslos behandelt, überfordert, gekränkt oder missachtet fühlen. In der Regel ist es uns intuitiv möglich, über das Gelingen oder Misslingen einer Verständigungsbemühung zu urteilen. Freilich lauern auch hier Fallen des Fehlverständnisses oder der Missinterpretation, die es u.U. aufzuklären gilt. Der Imperativ: „Sei gefälligst sensibel" kann als Paradoxierung des Anliegens schnell als sinnlos durchschaut werden, aufgrund mangelnder Sensibilität empfundene Beeinträchtigungen indes dürfen als Indikator für ein noch nicht erreichtes zufriedenstellendes Zusammenleben ernst genommen werden. Interkulturell sensibles Handeln bemisst sich also immer in doppelter Hinsicht, einmal ex post anhand der Beurteilungen derer, die sich ihm ausgesetzt haben, zum anderen aber durchaus an generalisierbaren und universalisierbaren Prinzipien, die potentiell auch nicht beteiligte Interaktionspartner mit ihren jeweils partikularen Interessen legitimer Art einschließen. Damit bleiben interkulturell sensible Handlungen in ihrer konkreten Ausrichtung prinzipiell offen, aber nicht beliebig.

Ein solcher Modus „interkultureller Sensibilität" schließt Zumutungen in der Gestaltung des Zusammenlebens, an der Soziale Arbeit ihren Anteil hat, keineswegs aus, denn Sensibilität hat nichts damit zu tun, ihre Adressaten prinzipiell „in Watte packen" zu sollen.

Damit kann die Perspektive einer interkulturell sensiblen Aufmerksamkeit heuristisch an mehrere ausgearbeitete pädagogische und sozialwissenschaftliche Konzepte angeschlossen werden:

1. An einzelne *Konzepte interkultureller Bildung* (vgl. Borelli et al. 1986; Hamburger 1994, Diehm, Radtke 1999; Gogolin/Nauck 2000; Nieke 2000, Roth 2002; Auernheimer 1998, 2003; Krüger-Portratz 2005, u.a.), wobei Kontroversen und Differenzen zwischen diesen Konzepten (vgl. Abb. 6, Kap. 5) als Teil des Spannungsgefüges im Sinne wählbarer Alternativen nicht aufgehoben werden. Für eine interkulturell sensible Aufmerksamkeit werden vor allem jene Praxen Sozialer Arbeit relevant, in denen in sozialpädagogischer Gewichtung neben Funktionen des Bedarfsausgleichs, der Hilfe oder Krisenintervention auch Bildungsprozesse angestoßen werden.
2. An Prinzipien der *„Pädagogik der Anerkennung"* (Kiesel 1996), die (sensu Honneth) unter Garantie körperlicher Unversehrtheit, Anerkennung des anderen als handlungs- und verantwortungsfähiger Person sowie Respekt vor seinen kulturellen Bindungen grundsätzlich zwischen ethnisch-kulturellen Ausdrucksformen aus der privaten Sphäre und der öffentlichen Kultur und ihren Institutionen unterscheidet (ebd., S. 187). Die öffentliche Kultur im modernen demokratischen Rechtsstaat bietet erst durch ihre Unabhängigkeit von einer besonderen ethnisch-kulturellen Lebensform die Gewähr für ein Medium, in dem spezifisch ethnisch-kulturelle Lebensformen im prinzipiellen Schutz vor Diskriminierung unter der Voraussetzung gelebt werden dürfen, dass sich maßgebliche „Rechtsprinzipien explizit auf eine individualistisch ausgerichtete Rechtstheorie beziehen" (ebd., S. 191).
3. An *Konzeptionen* einer *lebensweltlich und alltagsorientierten*, gleichwohl *kritischen Sozialen Arbeit*, wie sie von Hans Thiersch und seiner Schule begründet wurde (vgl. zur Einführung: Thiersch u.a. 2002).
4. An Prinzipien einer *„advokatorischen Ethik"* Sozialer Arbeit im Spannungsverhältnis zwischen „Bemündigung" und Wahrung der Integrität (vgl. Brumlik 1992).
5. An analytische Kategorien des sog. *Intersektionalitätsansatzes* (Krüger-Potratz, Lutz 2004), der Aufschluss über die Kategorie von Differenz und Differenzkonstruktionen zur Verfügung stellt, und es in praktischer Hinsicht möglich macht, Identitätskonstruktionen im Schnittfeld mehrerer Differenzlinien zu verorten, wobei Verschiebungen und partielle Dekonstruktionen bei der Erzeugung von Identitäten möglich werden. (...) (vgl. Kap. 5.6.).
6. An Maßstäbe *interkultureller pädagogischer Kompetenzen* (Eppenstein 2003), die in Abkehr von affirmativen Vielfaltspostulaten oder eines naiven Multikulturalismus Unterscheidungs- und Urteilsfähigkeiten zwischen wählbaren Alternativen professioneller Praxis in einem universalisierbaren Horizont avisieren.

Wir wollen unsere Begründung interkultureller Sensibilität als Haltung und nichtdeterministische Orientierung zwischen Spannungfeldern, die es aufrechtzuerhalten gilt, auf drei Handlungsformen beziehen und im Folgenden darlegen:

Erstens ein „Sich-Bewegen", womit sowohl analytische wie praktisch handelnde Bewegungsformen eingeschlossen sind; zweitens ein „kritisches Reflektieren" und drittens ein „Entwickeln von Wissen und Fähigkeiten":

Interkulturelle Sensibilität in Sozialer Arbeit...

- **...bewegt sich „empfindsam" in Spannungsfeldern...**
  - zwischen „Mündig-Machen" und „Integrität-Wahren"
  - zwischen Konstruktion und Dekonstruktion von Differenz
  - zwischen der Unverfügbarkeit universeller Rechte (Moral) und differenten partikularen Gelingensbildern (Ethiken)
  - zwischen „modernen" und „traditionalen" Elementen.
- **...reflektiert „kritisch" Widersprüche und Grenzen...**
  - eigener Handlungsmöglichkeiten in jeweils spezifischen Handlungskontexten
  - im „doppelten Mandat" zwischen dem „Eigensinn" migrantischer Klientel und Ordnungsfunktionen in der Funktionsbestimmung durch öffentliche und private Träger
  - der den eigenen Praxen und Konzepten hinterlegten Theorien und Diskurse.
- **...entwickelt Wissen und Fähigkeiten...**
  - in Hinblick auf Zusammenhänge individueller Migrationsschicksale und gesellschaftlicher Struktur
  - zu kulturellen Bedürfnissen v.a. im Feld der Pflege, Altenhilfe oder Therapie
  - zur konstruktiven Bearbeitung ethnisierter Konflikte
  - zu spezifischen Zusammenhängen von gesellschaftlichen Strukturen und Risiken misslingenden Lebens auf individueller Ebene
  - zu religiösen und kulturellen Maßstäben und Tabugrenzen.

6.1 Spannungsfelder interkultureller Sensibilität

Interkulturelle Sensibilität bewegt sich in Spannungsfeldern Sozialer Arbeit in Migrationszusammenhängen und ist dabei an der Formfindung und Formgebung sozialer Praxis in und zwischen diesen Spannungsgefügen beteiligt.

6.1.1 Spannungsfeld zwischen „Mündig-Machen" und „Integrität-Wahren"

Die Bedeutung dieses Spannungsfeldes ist abhängig von der Funktion, die Sozialer Arbeit im Sinne einer pädagogischen Aufgabe bzw. Bildungsarbeit zugewiesen wird oder die sie einnehmen will. Soziale Arbeit in Form der Bereitstellung von Ressourcen als Bedarfsausgleich im Kontext von Sozialpolitik ist hier weniger relevant, denn dieses Spannungsfeld geht auf ein pädagogisches Grundproblem zurück und meint die Spannung zwischen zwei orientierenden Zielperspektiven, die zueinander in Widerspruch stehen: Einerseits das Ziel aller neuzeitlichen Erziehung zur Mündigkeit (Mündig-Machen) in dem Sinne, dass anderen dazu verholfen werden soll, sie selbst zu werden, also selbstverantwortete und rationale Entscheidungen treffen zu können, und andererseits der kritische Zweifel, ob nicht bereits mit allen pädagogischen Interventionsformen des „Machens“ eine ungefragte Entmündigung stattfindet.

Bereits Kant hatte mit seiner Frage „Wie erziehe ich zur Freiheit bei dem Zwange“ die Grundformel für dieses sogenannte Erziehungsparadox artikuliert (Kant zit. bei Koller 2004, S. 30). Dieses für alle Formen pädagogischer Instruktionen relevante Spannungsverhältnis lässt sich mit Einschränkungen auf Interventionsformen der Sozialen Arbeit übertragen und wird z.B. im Prinzip einer Hilfe zur Selbsthilfe wiedererkennbar. Allemal steht jede Soziale Arbeit in einem fragilen Spannungsverhältnis, gerade dort nicht zu entmündigen, wo die Bedingungen vernunftbasierter selbstständiger Entscheidungen zur eigenen Lebensführung eingeschränkt, beschädigt oder verloren gegangen sind oder scheinen, bzw. präventiv ein Mündig-Werden etwa bei Heranwachsenden zu fördern, gleichzeitig jedoch deren Integrität und gegenwartsbezogene Handlungen und Interessen zu wahren.

Auf der einen Seite sind künftige Interessen selbstverantworteter und selbstbestimmter Lebensführung verantwortungsbewusst zu antizipieren, zum anderen geht es immer auch um den „konkreten Anderen“ als Menschen, „wie er gerade ist“ (Brumlik 1992, sensu Schleiermacher, S. 168).

Pädagogisches wie sozialarbeiterisches Handeln stehen in vergleichbarer Weise unter Bevormundungsverdacht, der ihr vormundschaftliches Handeln unter Begründungsregress stellt. Brumlik hat dieses Grundproblem zur Legitimation pädagogischer Eingriffe in seiner „advokatorischen Ethik“ entfaltet, an die hier angeschlossen werden kann. Während noch bei Kant die Mündigkeit und Würde menschlicher Personen zusammenfallen, ist nach Brumlik aufgrund der historischen Erfahrungen des letzten Jahrhunderts in Deutschland, wo „unvernünftiges menschliches Leben kurzum zu ‚lebensunwertem‘ Leben erklärt“ worden war (Brumlik 1992, S. 169), Skepsis angesagt: „(…) so skeptisch, dass wir Willens sind, das Konzept von Würde und Integrität eines Menschen von seiner Personenhaftigkeit bzw. Mündigkeit abzukoppeln“ (ebd.). Gleichwohl bleibe die Verpflichtung, „Unmündige unter Wahrung ihrer Integrität zu bemündigen“, wobei die Wahrung eines zerbrechlichen Gleichgewichts durch Vermittlung zwischen diesen widersprüchlichen Prinzipien als „Takt“ im Sinne praktisch gewordener Urteilskraft bezeichnet wird.

„Takt“ im so begründeten Verständnis wäre im Sinne einer interkulturellen Sensibilität dann erforderlich, wenn sich Soziale und pädagogische Arbeit im Kontext von Migrationen, Einwanderung und kultureller Pluralisierung als vormundschaftliches Handeln herausstellt und im Sinne einer advokatorischen Ethik die Gründe und Kriterien für ihr Handeln einer kritischen Überprüfung standhalten (vgl. ebd., S. 162).

Hier scheinen zunächst berechtigte Zweifel angebracht, handelt es sich doch gerade bei einer durch Migrationserfahrungen qualifizierten Klientel offensichtlich um alles andere als eine zu „bemündigende“ Zielgruppe? Käme es nicht einer *Ent*mündigungsstrategie gegenüber dieser Adressatengruppe gleich, die Frage nach vormundschaftlichem Verhalten überhaupt zu stellen? Haben nicht gerade etliche kritische Vertreter und Vertreterinnen der Zunft Sozialer Arbeit an der Auflösung von Defizitzuschreibungen mitgewirkt und haben nicht zuletzt empirische Befunde – etwa der 6. Familienbericht der BRD – Potentiale bei migrantischen Familien belegt, die keinen Zweifel an ihrer Mündigkeit aufkommen lassen dürften? Lauert hier die Infantilisierung einer durch Diskriminierungen und mindere Chancen gebeutelten, im übrigen höchst heterogenen Bevölkerungsgruppe, die doch ansonsten bei näherem Hinsehen beweisen kann, dass ihre Mitglieder in gleicher Weise zu selbstverantworteten rationalen Entscheidungen fähig waren und sind wie diejenigen der deutschen Aufnahmegesellschaft?

Um zu verdeutlichen, dass es bei der Diskussion dieser Frage nicht darum gehen kann, migrantische Adressaten Sozialer Arbeit zu diskreditieren, sollen zunächst die Voraussetzungen für eine vormundschaftliche Interessenvertretung systematisch skizziert werden (a) (vgl. ebd., S. 159/161).

Ferner wird unter dem Gesichtspunkt interkultureller Orientierung Sozialer Arbeit als einer Querschnittsaufgabe zu rekonstruieren sein, wo bereits in den Arbeitsfeldern und Handlungsbezügen Sozialer Arbeit advokatorisches Handeln als übliche gesellschaftliche Praxis vorzufinden ist (b) (vgl. ebd., S. 161).

Schließlich können Praxen und Verfahren als Fälle vormundschaftlichen Handelns von Einzelnen oder Institutionen identifiziert werden, die spezifisch eine migrantische Klientel betreffen (c).

(a) Brumlik schlägt als vorläufige Definition für eine advokatorische Ethik „ein System von Behauptungen und Aufforderungen in Bezug auf die Interessen von Menschen“ vor, „die nicht dazu in der Lage sind, diesen selbst nachzugehen, sowie jene Handlungen, zu denen uns diese Unfähigkeit anderer verpflichtet“ (ebd., S. 161). Er knüpft dabei an den alltagssprachlichen Begriff des „Advokaten“ an, der allerdings – da vom Klienten zwecks seiner besseren Eignung – eigens bevollmächtigt wurde, sich vom Pflichtverteidiger bzw. Vormund unterscheidet. In Vormundschaftsfällen indes sollen Interessen von Klienten auch und gerade dann wahrgenommen werden, „wenn sie weder Willens noch dazu in der Lage sind, ihre Interessen selbst zu vertreten (…)“. In solchen Fällen ist davon auszugehen, dass der Klient eine aufgeklärte und verantwortete Kenntnis seiner Interessen nicht, noch nicht oder nur eingeschränkt besitzt (ebd., S. 160).

Bezogen auf Interventionsformen Sozialer Arbeit bedeutet dies, dass eine stellvertretende Interessenvertretung oder stellvertretende Problemlösung sich somit nicht allein in der Sache – welche Interessen auf welche Weise vertreten werden – zu legitimieren hat, sondern gleichsam nachweisen und begründen können muß, dass ein systematisches Gefälle von Kenntnissen in Bezug auf die Interessen des Klienten vorliegt. In dem Augenblick jedoch, so Brumlik, „in dem (…) dies Gefälle an Mündigkeit bestritten oder aber der Zuschreibung von Unmündigkeit unsachliche Motive nachgewiesen werden können“, (sei) das Projekt einer advokatorischen Ethik hinfällig (S. 160).

(b) In der Alltagspraxis pädagogischer und Sozialer Arbeit treffen wir auf vormundschaftliches Handeln in diesem Sinn bereits in allen Formen, wo einzelne Personen oder Institutionen gegenüber jüngeren oder hilflosen Personen aufgrund bestimmter Kriterien davon ausgehen, dass diese ihre Interessen nicht selbst wahrnehmen können, z.B. am geläufigsten in Form der Schulpflichtigkeit, bei Einschränkungen der Bewegungsfreiheit demenzerkrankter Patienten in gerontopsychiatrischen Abteilungen, im Rahmen der Jugendgerichtshilfe, der Suchtkrankenhilfe oder sogenannter Täterberatung, wenn den Klienten Auflagen gemacht werden, um strafrechtliche Härten zu vermeiden, aber auch in privaten Kontexten im Erziehungsverhalten von Eltern, wenn sie ihren Kindern Grenzen auferlegen, die mit dem Eigeninteresse der Kinder begründet werden.

In all diesen Fällen – sofern es sich um Kontexte beruflicher Sozialer Arbeit handelt – wäre das Spannungsverhältnis vormundschaftlichen Handelns zwischen „Mündig-Machen" und „Integrität-Wahren" zunächst gleichermaßen für alle Klienten mit oder ohne Migrationshintergrund auszubalancieren. Zwar mögen ethnische oder kulturelle Differenzen bei Schülern, Suchtkranken, hilflosen Personen oder straffällig gewordenen Jugendlichen auffallen oder in kommunikativer Hinsicht besondere Herausforderungen darstellen, vom Prinzip einer advokatorischen Ethik in solchen Fällen abzuweichen, wirkte zumindest desintegrierend oder käme gar einer kulturrassistischen Segregation gleich. Denn eine advokatorische Ethik verpflichtet zu Handlungen von „Fähigen" im Interesse von „Unfähigen", wenn die vorgebrachten Gründe hierfür akzeptabel sind. Wenn demnach Gründe für sozialarbeiterische Eingriffe gemäß einer advokatorischen Ethik vorliegen, sind diese unabhängig von ethnischen oder kulturellen Zuordnungen nach Grundsätzen vorgreifender bzw. stellvertretender Interessenwahrnehmung zu legitimieren.

Gleichwohl kann die Legitimation vormundschaftlicher Eingriffe erschwert werden, wenn die Personen, die sie vollziehen und an denen sie vollzogen werden, unterschiedliche Kulturen, Geschlechter, Altersgruppen usw. repräsentieren: Die weibliche Lehrkraft, die sich beim Elterngespräch vom Vater aufgrund einer Geschlechterrollenzuschreibung nicht ernst genommen fühlt; der deutsche Sozialarbeiter, der bei migrantischen Tätern häusliche Gewalt allein als Kulturphänomen deutet, oder die Suchtberatung, die ihre potentielle Klientel mit einem Migrationshintergrund besser übersieht, weil sie sich interkulturell überfordert fühlt oder aber ein Risiko scheut, mit ihrer Aufmerksamkeit bestimmte Herkunftsgruppen zu stigmatisieren: In allen Fällen scheinen Konflikte, Deutungsverschiebungen und Kontroversen darüber vorzuliegen, wer hier wem etwas zumuten darf oder sich von wem zumuten lassen kann, wobei die Legitimität nicht aus der begründeten Differenz eingeschränkter Mündigkeiten erwächst, sondern sich anhand der Frage entscheiden soll, ob die Akteure als Zugehörige bzw. Nicht-Zugehörige zu einem Geschlecht, einer legitimierten Institution oder einer kulturellen Gruppe zählen dürfen.

Der in letzter Zeit vorgetragene Vorhalt von Nachkommen aus Einwanderermilieus in den Niederlanden, die dortige Minderheitenpolitik habe sie zu lange allein den Einflüssen der eingewanderten „communities" überlassen, macht deutlich, dass vormundschaftliche Eingriffe der niederländischen Institutionen auch gegen die Interessen ethnischer Gemeinschaften auf Wahrung ihrer Integrität hier ex post von deren Nachkömmlingen eingeklagt werden.

Beispiel: Eine sozialpädagogische Einrichtung für Mädchen im Berliner Stadtteil Neukölln berichtet von Eltern, die ihren heranwachsenden Töchtern den Besuch der Einrichtung verbieten, weil dort verfrühte Kontakte zu jungen Männern entstehen könnten.

Für die Herausbildung einer interkulturellen Sensibilität wird hier bedeutsam zu erkennen, dass es zwischen privaten und öffentlichen Akteuren nicht nur zum

Dissens über bestimmte soziale Praxen oder Erziehungsnormen kommen kann – um diesen Dissens wissen die Praktikerinnen bereits anhand ihres Arbeitsalltags –, sondern dass nicht nur die Anbieter des Mädchentreffs advokatorisch im Sinne demokratischer und autonomer Rechte der migrantischen Mädchen handeln, sondern auch deren Eltern möglicherweise im Sinne einer Pflichtethik, die ihnen schlicht verbietet, ihre Töchter den vermuteten Gefährdungen auszusetzen. Hieran entscheidet sich theoretisch wie praktisch, ob die Einrichtung in professioneller Hinsicht eher einen konfrontativen oder einen akzeptierenden Kurs einschlägt, wobei „akzeptierend“ die fachliche Fähigkeit meint, Person und Verhalten voneinander zu trennen.

(c) Schließlich stellt sich die Frage zur Legitimität entsprechender Eingriffe auch anhand von Praxen, die sich spezifisch auf Immigranten, den Einwanderungs- oder Migrationsprozess oder auch auf Flucht und Asylbegehren beziehen: Am deutlichsten und aktuell überaus kontrovers wird das Spannungsfeld zwischen „Integrität-Wahren“ und „Mündig-Machen“ auf der Ebene geeigneter Verfahren und Instrumente zum Erwerb von deutschen Sprachkenntnissen ausgetragen. Sind Erwartungen an Zuwanderer, die Zumutungen auf sich zu nehmen, die es bedeuten kann, die Sprache des Aufnahmelandes zu erlernen, mit dem Motiv einer „Bemündigung“ legitimierbar? Oder aus der Perspektive von Einwanderern: Lässt sich mit Argumenten eines Mündigkeitsgefälles ein Anspruch auf Einwanderungshilfen, Integrations- und Sprachkurse ableiten? Die Antwort bemisst sich danach, ob Argumente als vernünftig anerkannt werden können, wonach ein Mangel an Sprachkenntnissen eines Einwanderungslandes zu einer Minderung von Autonomie und Selbstverantwortlichkeit der eingewanderten Personen führt. Der sensible Punkt hierbei liegt weniger an der schnell gefundenen Übereinkunft, dass etwa Kenntnisse der deutschen Sprache in Deutschland eine wichtige und notwendige Voraussetzung für einen gelingenden Integrationsprozess darstellen, sondern im Umstand möglicher gleichzeitiger Diskreditierungen und Entwertungen des mitgebrachten kulturellen Kapitals der Zuwanderer, zuvorderst ihrer Sprache, mit der sie sich im Aufnahmeland nur innerhalb der eigenen Sprachgemeinschaft verständigen können. Gewiss ist dieser Bedeutungsverlust mit eingeschränkter „Mündigkeit“ nicht angemessen beschrieben, wohl aber würde es den Interessen von Migranten widersprechen, wollte man ihnen den Erwerb der Verkehrssprache ihres Aufnahmelandes vorenthalten oder sich gleichgültig dazu verhalten, ob ihre heranwachsenden Nachkommen im Rahmen legitimierter Bildungsinsitutionen dazu angehalten werden. Sensibel auch der Punkt, wer hier gegenüber wem mit einer Mündigkeitsdifferenz argumentieren kann: Obwohl in der Sache identisch, macht es einen Unterschied, ob Zuwanderer gegenüber dem Aufnahmeland einfordern, nicht auf Dauer in einem entmündigenden Zustand belassen zu bleiben, oder ob Vertreter der Aufnahmegesellschaft aus einer privilegierten oder auch dominanten Position heraus – denn ihnen bleibt die Mühe eines Zweitspracherwerbs ja erspart – Mündigkeitsgefälle ins Feld führen, möglicherweise um nicht zuletzt ihre eigenen Interessen zu wahren.

Soziale und pädagogische Interventionen, die sich spezifisch auf eine migrantische Klientel beziehen, haben es außerdem häufig mit Problemen eingeschränkter Autonomie zu tun, die m.E. auch auf strukturelle Aspekte einer Unterprivilegierung aufgrund des Migrationsstatus zurückzuführen ist. Tendentiell entmündigende Strukturen finden sich in Erstaufnahmeeinrichtungen, Sammelunterkünften oder Abschiebehaftanstalten, die den Charakter totaler Institutionen annehmen können. Am deutlichsten ist dies anhand der seit 1993 beschleunigten Asylverfahren nachvollziehbar: Sozialarbeiter haben hier im Sinne einer advokatorischen Ethik zu intervenieren, wenn sie z.B. im Rahmen einer Verfahrensberatung auf eine möglichst angemessene Vorbereitung auf die bevorstehende behördliche Erstanhörung im Interesse einer Asylbewerberin bestehen, die zum Zeitpunkt der Beratung weder Hintergründe, Ablauf noch Bedeutung dieser für ihr Asylanliegen möglicherweise entscheidenden Prozedur zu durchschauen in der Lage ist. Was aber, wenn dieses Wissen einer Asylbewerberin weder vermittelbar noch einsichtig erscheint, da sie vielleicht im Moment z.B. Sorgen mit ihrem Kleinkind hat, dem das Essen der Gemeinschaftsunterkunft nicht bekommt, und sie sich eher aktuelle Hilfe erwartet? In diesem Fall kann die Wahrnehmung advokatorischer Bemühungen, die auf zentrale Existenzbedingungen in Zukunft gerichtet sind, am Interesse der Betroffenen scheitern, die zunächst ihre Integrität in der unmittelbaren Gegenwart und den dort aufgetretenen Problemen gewahrt wissen möchten. Im selben praktischen Kontext kann die Wahrnehmung advokatorischer Interventionen jedoch auch durch ein fehlendes Mandat des Anstellungsträgers auftreten, wenn den Sozialarbeitern – hier in staatlicher Anstellung – untersagt bleibt, im Rahmen ihrer Tätigkeit eine entsprechende Beratung anzubieten. Hier wird die Bedeutung sogenannter freier Trägerschaften in der Sozialen Arbeit sichtbar. Vereinzelte von kirchlichen Wohlfahrtsverbänden getragene sogenannte Monitoring-Stellen zur Beobachtung von Abschiebungen wie die Advocacy-Aktivitäten in Hinblick auf soziale Probleme der Illegalität handeln stellvertretend für die Interessen einer Klientel, deren Entscheidungsfreiheiten vor allem strukturell beschnitten sind (vgl. Krieger u.a. 2006).

An derlei Beispielen wird deutlich, wie sehr das Konzept der Mündigkeit an den Besitz bürgerlicher Rechte geknüpft ist. Ein zentrales Merkmal in der Entwicklung bürgerlicher Rechte posttraditionaler Gemeinwesen ist die Trennung individueller Rechtsansprüche von sozialen Statuszuschreibungen (vgl. Marshall 1992). Mit der Verquickung ausländerrechtlicher Statuszuweisungen mit sozialen Lebenslagen wird dieser Grundsatz tendenziell ausgehebelt, denn zwar kommen den einzelnen Migranten prinzipiell unabhängig vom sozialen Rang Bürgerrechte vor allem in Hinblick auf Rechtsansprüche wie dem Schutz der Person auf der Ebene leiblicher Unversehrtheit, Eigentum und Freiheit zu, empirisch sind jedoch vor allem auf der Ebene positiver Rechte wie dem Recht zur Teilnahme an den Prozessen politischer Entscheidungsfindung oder Rechten der Partizipation bei der Verteilung ökonomischer und kultureller Güter Grenzen gesetzt, die mit den Einschränkungen jeweiliger Aufenthaltstitel korrespondieren und letztlich erst mit einer Einbürgerung behoben sind.

Mit der Reform des deutschen Zuwanderungsrechtes ist zumindest in Ansätzen eine jahrzehntelange Uneindeutigkeit unter den Vorzeichen des alten vormodernen Ausländerrechtes zu einem Abschluss gekommen und eine Anerkennung von Einwanderungsrealitäten hat begonnen. Damit werden Strategien legitimierbar, die dazu beitragen können, entmündigende Zustände bei Bürgern mit einem Migrationshintergrund nicht hinzunehmen.

Zumutungen gegenüber Zuwanderern können damit ebenso wenig vermieden werden wie gegenüber den Institutionen der Aufnahmegesellschaft.

Sofern Soziale Arbeit und pädagogische Interventionen neben den Feldern der Politik und des Rechts hier Aufgaben wahrzunehmen haben, wäre interkulturelle Sensibilität im Spannungsverhältnis zwischen „Mündig-Machen" und „Integrität-Wahren" darum bemüht, Ziele künftiger Mündigkeit für ein gelingendes interkulturelles Zusammenleben so anzugehen, dass eine Verletzung gegenwärtiger Integritäten der beteiligten Akteure nach Möglichkeit vermieden wird.

6.1.2 Spannungsfeld zwischen Konstruktion und Dekonstruktion von Differenz

Theorie und Praxis interkultureller Ansätze folgen einer Konzeption der Beziehung zwischen Kulturen bzw. kulturellen Praktiken von Menschen, die einander als jeweils Andere, Fremde, oder sonst wie bezeichnete Verschiedene, also damit Unterschiedene, Differente erscheinen. Dabei wird „Anderssein" nicht einfach nur als Zustand, sondern als relationale Größe, als ein Verhältnis aufgefasst, in dem Aussagen über das „Eigene" wie das „Andere" möglich werden. Prämisse hierfür bildet eine kritische Haltung gegenüber jedem Ethnozentrismus, also jener oft unvermeidlich erscheinenden Haltung und menschlichen Praxis, die all das als universell verbindlichen Standard erklärt, was der eigenen partikularen Kultur entstammt. In interkulturellen Konzepten wird daher oft die Differenz zum Anderen als besondere Beziehungsqualität betont oder die so entstehende „Vielfalt" gar normativ gefordert (vgl. Landwehr u. Stockhorst 2004, S. 349, Prengel 1993 und eine ausführliche Kritik an normativen Vielfaltspostulaten in Eppenstein 2003, S. 198ff.).

Der für die interkulturelle Arbeit so zentrale Begriff der „Differenz" kann allerdings in ein Dilemma führen: Differenzieren bedeutet ein Scheiden und Sondern und ist unverzichtbar, wenn man menschlichen Besonderheiten und Unterschieden gerecht werden will. Differenzieren bildet dabei jedoch nicht einfach eine Realität ab, wie sie ist, sondern strukturiert und konstruiert die jeweiligen Realitäten entlang der gewählten Differenzierungsmuster auf je spezifische Weise. Als „Unterscheidungspraxis" wird die soziale Welt nicht nur beschrieben, sondern je neu konstruiert und damit Bestehendes allerdings auch real verfestigt. Der Sozialen Arbeit ist diese Spannung eingeschrieben, denn sie ist gewohnt, Differenzen als Kriterium für Ausgrenzungen oder Benachteiligungen ihrer Klientel kritisch zu sehen, bleibt aber gleichzeitig darauf verwiesen, die Merkmale und Anzeichen für eben jene Differenzen zum Angelpunkt ihrer Interventionen beizubehalten. Eine Reaktion, mit diesem Spannungsfeld zurechtzukommen, indem Differenz als Negativkriterium zählt, ist die Vernachlässigung oder gar Aufhebung von Differenz zugunsten der Beachtung von Gemeinsamkeiten, eine andere verfährt entgegengesetzt, indem hierarchisierende Wertungen von Differenzen durch Attribuierungen egalitärer Andersartigkeit ersetzt werden. Während die erste Strategie dazu verleitet, „farbenblind" Verschiedenheiten zu vereinnahmen, tritt die zweite gegen ein Verschwinden der Unterschiede an und postuliert nun einen Eigenwert von Differenzen.

Forderungen nach einem „Recht auf Differenz" können aber gleichsam in die Falle des Weltbildes einer neuen Rechten führen, die Differenz als Legitimation für ihre diskriminierenden Strategien beansprucht. Was an anderer Stelle mit dem Begriff der „Ethnisierung" beschrieben wurde, zeigt hier seinen problematischen Doppelcharakter, einmal als Identitätsmarkierung, die Gewissheiten schafft und bestätigt, ein andermal als Verfestigung von Differenz anhand von unhintergehbaren Merkmalen, die als negative Konstruktion die Rechtfertigung für den Ausschluss und die Beherrschung des negativ markierten Anderen bereitstellt.

Der in Kap. 5.6 im Zusammenhang mit einer „Genderkompetenz" angesprochene „Intersektionalitätsansatz" legt nahe, nicht nur „Differenzen" als solche, sondern gleichsam ihren Entstehungsprozess, ihre innere Hierarchisierung, ihre jeweilige Bedeutung für den oder die Einzelne(n), eine Gruppe oder Gesellschaft sowie ihre jeweilige Qualität in den Blick zu nehmen.

Das Spannungsfeld, das hier aufscheint, ist ein Doppeltes: Es bewegt sich zwischen den Polen eines *divide et impera* (teile und herrsche) und einer „*Nostrifizierung von Verschiedenem*" und zwischen der Einsicht in die Kontingenz von Differenzkonstruktionen einerseits, ihre reale Wirkmächtigkeit andererseits. Dies will sagen, dass wir die jeweils unter Menschen wirksamen Differenzen zwar als historisch bedingte Konstrukte durchschauen können, sie gleichwohl unser Denken, Fühlen und Handeln nachhaltig bestimmen.

Dies bedeutet für eine „differenzsensible" interkulturelle Arbeit, dass sie unterscheiden, aber keine Unterschiede *machen* will, dabei allerdings nicht außerhalb bestehender Differenzverfestigungen analysiert und operiert, sondern Teil einer Machtstruktur bleibt, die Differenzen integriert und gleichzeitig hervorbringt.

- Wir haben es offenbar wie selbstverständlich vor allem mit kulturellen, ethnischen, sozialen und mit durch ausländerrechtliche Statusvorgaben bedingten Differenzen zu tun.
- Hinterfragen wir diese Selbstverständlichkeit, können wir die Differenzlinien als „kontingent", als „historisch bedingt" und als Konstruktionen verstehen, die so wie sie sind, oder aber auch anders verlaufen könnten.
- Der Verweis auf den „Herstellungsprozess", das damit „Künstliche" an den Differenzen darf jedoch nicht darüber hinwegtäuschen, dass diese dennoch als real vorfindbare Realitätsmuster beobachtet werden können und Wirkungen erzielen.
- Gleichwohl muss eine interkulturell kompetente Soziale Arbeit darauf achten, dass in ihren Konzepten, Strukturen oder Praktiken nicht durch Unterscheidungspraxen Unterschiede und Zuschreibungen verfestigt werden, die dazu geeignet sind, soziale Ungleichheit zu legitimieren, und legitime Erwartungen auch kultureller Anerkennung versagt bleiben.

Individuen in der multikulturellen Gesellschaft haben Anspruch auf Respekt und Anerkennung unabhängig von kulturellen Zuschreibungen, aber sie erwarten diese Anerkennung ebenfalls als Anhänger eigener kultureller Interessen. Daraus ergibt sich die Absage an Anpassungsforderungen an eine „deutsche Leitkultur". Ein naives „all different – all equal" (alle anders – alle gleich) paradoxiert lediglich das hier angesprochene Spannungsfeld und liefert noch keinen Maßstab, an dem wir erkennen könnten, ob unser jeweiliges Handeln nun differenzsensibel oder eher unsensibel ausfällt.

Differenzsensibilität setzt eine Kompetenz der Unterscheidungsfähigkeit voraus, „die mehr bedeutet, als eine unkritische oder naive Affirmation von gegebener Differenz. Unterscheidungsfähigkeit soll hier so verstanden werden, als es gelingt, zwischen

Differenzkonstruktionen, den historisch-gesellschaftlichen Gründen für ihre Existenz, ihren Wirkungen, und ihrer jeweiligen Bedeutung für die Individuen kritisch rekonstruierend und analysierend qualitative Merkmale zu bestimmen, die es erlauben, die (nach)vollzogenen Unterscheidungen grundsätzlich zu legitimieren, diese Legitimationen aber gleichwohl immer auch ihrer Hinterfragbarkeit auszusetzen. Unterscheidungsfähigkeit wird somit als ‚Differenzierungskompetenz' als Fähigkeit verstanden, auf einer Meta-Ebene die in der gesellschaftlichen Wirklichkeit oder von Individuen bedeutsam erachteten Unterscheidungen untereinander auf einer kategorialen Ebene selbst unterscheiden zu können, sie in ihren historischen Kontexten zu verstehen, gegebenenfalls qualitativ zu bewerten, zu hierarchisieren und einzuordnen" (Eppenstein 2003, S. 284).

Differenzsensibilität verlangt somit weder eine Festlegung auf eine Betonung etwa kultureller Differenzen, wo diese möglicherweise kaum noch eine Rolle für Migranten spielen, noch deren Leugnung, wenn sie in deren Lebenswelt von Bedeutung bleiben.

Wenn „Interkulturalität" immer auch die Beziehung, das „Zwischen" zwischen den Differenzen beleuchtet, wird die den Differenzen zugewiesene Qualität, ihr jeweiliger Charakter wichtig: Handelt es sich z.B. um eine auf Distinktionsinteressen zurückführbare „kleine Differenz", um Abweichung, Variation, Abspaltung oder Mutation? Wird eine Differenzqualität als kommensurabel (miteinander vereinbar) oder inkommensurabel (unvereinbar) eingestuft, gilt sie als produktiv oder als zerstörerisch?

In einer interkulturellen Praxis sind solche Fragen nicht Gegenstand einsamer Analysen, sondern entstehen und lösen sich im praktischen Vollzug mehr oder minder gelingenden Verstehens, also in Verständigungsprozessen, die allerdings eine Übereinkunft voraussetzen, sich überhaupt verstehen und verständigen zu wollen. Differenzsensibilität beweist sich im Modus einer kritischen Hermeneutik, die weder von einem schon vorauszusetzenden Verstehen ausgeht, noch ein solches für unmöglich erklärt: Die Frage nach der Differenzqualität wird hier also nicht in einer eindimensionalen Affirmation radikaler Differenz ontologisiert, sondern für den Dialog und die Urteilsbildung der Beteiligten in einem kooperativen Prozess interkulturellen Verstehens, der so oder so enden kann, offen gehalten.

In selbstreflexiver kritischer Perspektive meint eine differenzsensible Praxis alles andere als den gelingenden kommunikativen Umgang mit Differenzen, sondern fordert eine Aufgeschlossenheit für die Dilemmata von Differenz und sucht Aufklärung über Bedingungen des Zustandekommens von Identität und Differenz. Dies schließt eigene Verstrickungen in der Dominanzkultur ein; „Die Erinnerung an die Geschichte kolonialer Eroberung (...) und an die Geschichte rassistischer Identifikation wird dabei zum Ausgangspunkt interkultureller Arbeit" (Messerschmidt 2005, S. 204).

Eine differenzsensible Haltung in Kontexten Sozialer Arbeit weiß um eigene historische, kulturelle, soziale oder geschlechterbezogene Befangenheiten und findet sich mit Verklärungen von Verschiedenheit und Differenz nicht ab. Eine postkoloniale Kritik an bestehenden Differenzmustern artikuliert sich in der Störung und in Eingriffen in die vermeintliche Stabilität gegenwärtiger vereinnahmender Herrschaftspraktiken.

Die Differenz um „Eigenes" und „Fremdes" um „Fremdheit" und „Befremden" verdient hier eine gesonderte Aufmerksamkeit: Kulturelle Sensibilität ist um ein Verständnis des anderen aus seiner „inneren" Perspektive heraus auch dann bemüht, wenn man ihn oder sie nicht vollends versteht. Das gilt zumal für die Leistungen von Hilfe, die dem anderen auch dann zustehen, wenn „wir" ihn nicht verstehen.

Gleichermaßen hat „der andere" auch ein Anrecht auf Auseinandersetzung und – wenn nötig – konstruktiven Streit, wenn unterschiedliche Konzepte ‚guten Lebens' unvereinbar zu sein scheinen.

Für die soziale Praxis bedeutet dies, dass wir um die ‚Fallen' im Fremdverstehen wissen: Diese liegen zum Beispiel in der Möglichkeit, den anderen erst als ‚Fremden' oder „Fremdling" zu konstruieren, möglicherweise gerade dann, wenn das, was uns vermeintlich befremdet, nur allzu bekannt ist, wir es aber (im Sinne einer Projektion) abzuspalten und auf den Fremden bezogen von uns fern halten wollen.

„Fremde sind wir uns selbst", schreibt die Psychoanalytikerin Julia Kristeva in einer historischen Rekonstruktion der Phänomenologie lebensweltlicher Erfahrungen des Fremdseins, und spricht damit einen Vorgang innerer Spaltung des Menschen an, in dem die Abspaltung des „unheimeligen" Fremden davor bewahren soll, dass Fremdheitsgefühle die Sehnsucht nach dem eigenen, „heimeligen" Vertrauten irritieren. Das gilt, seit uns in der sogenannten „Moderne" die eigene Fragwürdigkeit bewusst geworden ist (Kristeva 1990, S. 197).

Für Zygmunt Baumann erscheint der oder das Fremde ambivalent, weil wir beim Fremden nicht wissen können, ob wir es mit „Freund" oder „Feind" zu tun haben, das Fremde kann nicht notwendigerweise positiv oder negativ geformt werden; es gehört damit zur Kategorie von Unentscheidbaren, die Irritationen schafft, weil Grenzen und Zuordnungen uneindeutig bleiben (vgl. Baumann 1992).

Wer über „die Fremden" spricht, verpasst ein Nachdenken über Ursachen und Gegenstand eigenen Befremdens. Wer andere als „Fremde" tituliert, sei es warnend oder aggressiv innerhalb eines Bedrohungsdiskurses oder wohlmeinend mit der Absicht, dass Fremde Freunde werden müssten, verleiht letztlich einer eigenen schmerzhaften Fremdheitserfahrung durch die Konstruktion eines personalen Fremden Ausdruck. Die Ontologisierung des Fremden in der Figur des nicht-integrierbaren „Fremdlings" führt in die fragwürdige Zwickmühle, Fremdes entweder um den Preis seiner Vereinnahmung assimilieren oder unter Aufgabe einer Auseinandersetzung bestehen zu lassen (vgl. Eppenstein 2003, S. 252ff.).

Fremde sind demnach von Fremdem und von Erfahrungen des Befremdens zu unterscheiden. Unterweisung und gut gemeinte Aufklärung bearbeitet nicht die Fremdheitserfahrung, sondern unterdrückt sie nur, denn „fremd" ist etwas anderes als „unbekannt". Wer den Migranten die Bundesrepublik mittels Informationsmodulen meint näher bringen zu können, oder vice versa ‚die Deutschen' über ‚die Ausländer' meint ausführlich informieren zu müssen, wird möglicherweise mehr Befremden erzeugen, als beabsichtigt war.

Fremdheit bleibt eine problematische Kategorie: Lassen wir ‚das Fremde' als Fremdes bestehen, laufen wir Gefahr, die integrierende Auseinandersetzung mit dem Anderen zu suspendieren, zielen wir aber auf eine Überwindung von Fremdheit, droht immer auch dessen Vereinnahmung.

Das Aufsuchen und Arbeiten in „fremden Milieus" ist den Akteuren Sozialer Arbeit vertraut und ihre professionelle Sensibilität erweist sich gegenüber befremdenden Erfahrungen, die sie nicht zuletzt sich selber zugestehen dürfen.

6.1.3 Spannungsfeld zwischen universeller Moral und partikularen Ethiken

Ein weiteres Spannungsverhältnis Interkultureller Sozialer Arbeit zeigt sich in einem Dilemma der Anerkennung ihrer Adressaten in unterschiedlichen Dimensionen: Einmal die Dimension fundamentaler Gleichheit aller Menschen in einer universellen Perspektive, zum anderen ihre Verschiedenheit in unterschiedlichen Kontexten und partikularen Bindungen. Bereits im Rahmen sozialpädagogischer Diagnostik und aller anschließender Prozesse stellvertretender Deutung durch Sozialarbeiter im Rahmen ihres Hilfe- oder Beratungsprozesses werden generalisierbare Normen und je eigensinniges Wollen von Klienten unter Umständen in Konflikt geraten.

Nach einem Vorschlag für interkulturelle Kompetenz als Fähigkeit, einen stereoskopen Blick einzunehmen, hätte diese sich „an der Aufgabe zu bewähren, einen Zusammenhang zu stiften zwischen der Ausbildung einer *Moral* der Anerkennung unter Gruppen und Subkulturen mit je eigener kollektiver Identität und einer *Ethik* der Anerkennung der Person als Träger eines je eigenen Lebensentwurfs“ (Kiesel, Volz 2002, S. 53). Die hier (sensu Habermas) getroffene Unterscheidung zwischen moralischer und ethischer Anerkennung reflektiert zwei Beziehungsebenen in pädagogischen Handlungsvollzügen: „Wir beziehen uns zum einen (...) auf die Person als Weltbürgerin und als Trägerin unveräußerlicher Menschenrechte; wir beziehen uns aber immer auch zugleich (...) auf die Person als unvertretbarem Subjekt seiner Lebensführung, das an einem Gelingen seines Lebens ein legitimes Interesse hat“ (ebd., S. 49).

Im Spannungsfeld zwischen den Sollensforderungen einer allgemeinen ‚Moral‘ und den ‚Wollensforderungen‘ im ‚Ethos‘ des Einzelnen oder einzelner Gruppen wäre so etwas wie interkulturelle Sensibilität identifizierbar, wenn beide Dimensionen erkannt und respektiert werden. Freilich gerät auch die interkulturelle Perspektive in Bekenntniszwang und bleibt an die Möglichkeit der Kritik und das Eintreten für die Rechte des Individuums gebunden, wenn etwa der Anspruch auf Respekt und Anerkennung gegenüber partikularen Selbstverständlichkeiten oder kulturellen Praktiken auch in solchen Fällen erhoben wird, wo diese der Menschenwürde zuwiderlaufen (ebd., S. 60). Eine interkulturell sensible, gleichwohl kritische Praxis trifft auf eine Spannung zweier einander widersprechender Hoffnungen: Die Hoffnung auf individuelle Unverfügbarkeit und Freiheit und die Hoffnung auf Zuwendung und Nähe in Gemeinschaft(en), deren Zugehörigkeitskriterien Unverfügbarkeiten einschränken.

Interkulturelle Sensibilität wäre hier empfindsam gegenüber den möglichen Ambivalenzen, die dieses Spannungsverhältnis bei den Adressaten Sozialer Arbeit selbst auslösen kann, wenn es z.B. darum geht, bei eingeschränkten Freiheitsbefugnissen im Leben einer Community einerseits nicht ausgestoßen zu werden, zum anderen sich den auferlegten Freiheitsbegrenzungen nicht einfach zu unterwerfen. Eine ethnisch-orientierte Norm würde hier lediglich ein affirmatives Verhalten im Sinne der partikularen Gemeinschaft fordern und ein konfrontativer Kurs würde ein Ausbrechen um den Preis unterstützen, dass hier Brüche unvermeidbar werden; ein interkulturell sensibles Vorgehen hätte mögliche Perspektiven aus der Innensicht ihrer Adressaten zu erspüren und neben Kompetenzen des Fühlen-Könnens gleichwohl analytische Kreativität aufzubringen, zwischen den unversöhnlich scheinenden Strategien zu vermitteln.

Am Beispiel des filmisch eindrücklich rekonstruierten Ehrenmordes eines kurdischen Vaters an seiner Tochter in Deutschland (Hans Dieter Grabe 1986) kann dies nachvollzogen werden. Der Film „*Abdullah Yakupoglu. Warum habe ich meine Tochter getötet*" dokumentiert die Stationen einer Migration, die mit dem gewaltsamen Tod der 20-jährigen Tochter im März 1980 endet. Der Film führt den Betrachter anhand von Gesprächen mit dem zur Haftstrafe verurteilten Täter und Vater in einer dichten Beschreibung an biographische, motivationale und soziale Kontexte seiner Tat heran und lässt die Eskalationsdynamik der zugrundeliegenden Konflikte zwischen vom Vater verinnerlichten Verpflichtungen und den Emanzipationsbestrebungen seiner erwachsen gewordenen Tochter erkennen. Sie bricht aus den Zwängen der traditionalen Erwartungen ihres Elternhauses aus und bezieht mit ihrem deutschen Freund eine eigene Wohnung. Was noch in den 1950er Jahren im Nachkriegsdeutschland als „wilde Ehe" gegolten hätte, provoziert ihn, den Vater, der bislang so viel Wert auf die Ausbildung seiner Tochter gelegt hatte, zutiefst. Nicht allein das Unverständnis über den Weg und das Verhalten seiner Tochter lässt ihn verzweifeln, er gerät zunehmend unter Legitimationsdruck gegenüber der Gemeinschaft seiner Landsleute in der kulturellen Community, die ihn sozial und emotional stützt. Seine eigene soziale Existenz scheint auf diesen Zusammenhang existentiell angewiesen, und je konsequenter im Konfliktverlauf die Tochter jeglichen Kontakt bricht, blühen die Spekulationen über ihr sittenwidriges Verhalten. Was in der Realität als Drama endet, scheint im Nachhinein durchaus lösbar: Im Grunde fehlte aus der Perspektive des Vaters ein Ausweis der Legitimität für die von der Tochter eingegangene Verbindung und möglicherweise hätte ein gemeinsames Photo von ihr mit ihrem Partner genügt, diese Legitimität zu dokumentieren. Er hätte das Bild im Heimatdorf und in der Community als Beleg zeigen und sein Einverständnis erklären können.

Dieser Fall kann als Lehrstück für die Möglichkeiten eines „präventiven" Täter-Opfer-Ausgleichs in solchen Fällen gelten, auch wenn die zugrundeliegende Realgeschichte mit einem Mordfall endete.

Das hier anhand dieses Beispiels illustrierte Spannungsverhältnis wird im abschließenden Kapitel 8 (8.1) noch einmal als zentrale Herausforderung für eine interkulturell orientierte Soziale Arbeit auf einer theoretischen Grundlage der Spannung zwischen individueller Identität und kulturellen Lebenszusammenhängen fundiert.

Spannungsfeld zwischen „modernen" und „traditionalen" Lebensentwürfen

Spannungsverhältnisse zwischen modernen und traditionalen Elementen in der normativen Orientierung wie der empirischen Lebenspraxis können dem Spannungsfeld zwischen moralischer und ethischer Anerkennung ähneln, z.B. wenn Gelingensbilder persönlicher Lebensführung traditionellen Vorschriften folgen. Sie sind dennoch zum Erweis interkultureller Sensibilität als eigenes Spannungsfeld auszuweisen.

Vor allem geht es hier um das Erkennen von möglichen Fehldeutungen, die sich gegenwärtig häufig gegenüber den muslimischen Minderheiten in Europa finden. Der französische Sozialwissenschaftler Olivier Roy klärt in einer 2004 veröffentlichten Analyse zur Modernisierung des Islam darüber auf, dass die Radikalisierungen im islamischen Fundamentalismus nicht als Antwort traditioneller muslimischer Gesellschaften auf die Moderne gedeutet werden können, sondern selbst ein Produkt dieser Moderne sind. Der gegenwärtige islamische Fundamentalismus sei demnach nicht die „Reaktion einer massiv unter Beschuss geratenen Tradition", sondern „in Wirklichkeit (...) das deutlichste Zeichen der Entwurzelung und der Säkularisierung" (Roy 2004,

S. 7). Der von seinen traditionalen und regionalen Wurzeln losgelöste „deterritorialisierte“ Islamismus sei zu einem Phänomen junger Muslime geworden, deren Forderungen nach einem authentischen Islam als Ausdruck einer westlich inspirierten individuellen Sinnsuche gedeutet werden. „Junge muslimische Radikale (... entweder im Sinne einer jugendlichen Subkultur oder eines neuen islamischen Fundamentalismus) sind eher ein Zeichen für die Auflösung traditioneller familiärer Strukturen als für den Fortbestand traditioneller muslimischer Kulturen“ (Roy 2004, S. 142), und ein weiterer Widerspruch wird kenntlich gemacht: Während Sozialarbeiter in Deutschland, Frankreich und Großbritannien aus ihren Beobachtungen von ethnischer Homogenisierung ganzer Nachbarschaften den Schluss zogen, „dass am Ende der neunziger Jahre gerade unter den Muslimen, die in verarmten Vororten und Stadtvierteln lebten, ein Trend zur Kommunitarisierung, wenn nicht sogar Ghettoisierung zu spüren“ gewesen sei, ergibt sich ein anderes Bild bei der Analyse des sozialen Wandels der Muslime sowohl in den Herkunftsländern wie unter den Bedingungen der Migration: Zur stetig wachsenden Verwestlichung zählen der Rückgang der Fruchtbarkeitsraten auf europäisches Niveau (mit Ausnahme von Saudi-Arabien und Palästina), die bessere Ausbildung der nachwachsenden Generation und damit verbundene intergenerationelle Autoritätskrisen und die Häufung von Zwangsheiraten und Ehrenmorden, die als Indiz für eine wachsende Gegenwehr von Mädchen und Frauen gegenüber den ihnen abverlangten traditionellen Rollen gesehen werden können (Roy 2004, S. 141f.).

Demnach ist insbesondere für Praktiker Sozialer Arbeit, die durch ihre berufs- und aufgabenbedingte Orientierung auf spezifische – oft problematische – Lebenslagen ohnehin Gefahr laufen, ihre segmentierten Einblicke zu generalisieren (Selbst)Aufmerksamkeit gegenüber einem hartnäckigen Vorurteil angezeigt, wonach es bei interkulturellen Spannungen grundsätzlich um Spannungen zwischen Tradition und Moderne gehe. Folgt man diesem Muster, sind es stets die Migranten, die für Tradition stehen, was Vertretern der Aufnahmegesellschaft den Vorteil verschafft, als „modern“ gelten zu dürfen, ohne sich näher mit dem eigenen Konventionalismus auseinander setzen zu müssen. In einer projektiven Arbeitsteilung sind „wir“ dann modern, solange die anderen an ihren Traditionen hängen. Auch wenn die neuere Forschung diese Zuschreibungen dekonstruieren konnte, halten sich im Alltagsbewusstsein Vorstellungen aufrecht, wonach dieses Spannungsverhältnis Probleme verursache, die dann nicht zuletzt mittels Sozialer Arbeit zu bewältigen seien.

Gleichwohl dürfen über die Dekonstruktion dieses Vorurteilsmusters die Spannungen im Übergang vom Konventionalismus zum Postkonventionalismus ganz unabhängig von der Herkunftskultur nicht übersehen werden (Brumlik 1991, S. 185). Differenzen zwischen Angehörigen einer traditionellen und einer posttraditionellen Gruppe sind möglicherweise bedeutsamer als die Konfrontation kultureller Unterschiede.

Erinnern wir das obige Beispiel aus dem offenen Jugendtreff, wo das traditionale „Siezen“ der spätausgesiedelten Jugendlichen auf Unverständnis traf, so scheint hier auf den ersten Blick ein Fall vorzuliegen, wonach konventionelle Migranten auf postkonventionelle einheimische Sozialarbeiter treffen. Doch Vorsicht! Mit dieser Deutung wird unterschlagen, dass sich „Tradition“ und „Moderne“ nicht unbedingt an Verhaltens- und Verkehrsformen festmacht, die lediglich als überholt oder „modern“ gelten, sondern auf einer postkonventionellen Ebene erst von den Individuen erkannt wird, „dass Gerechtigkeit Ausdruck eines abstrakten universalistischen Moralprinzips ist, das zu Regeln und Handlungen auf der Grundlage universeller und intersubjektiver Verabredungen führt. Erst auf dieser Ebene wird es Individuen demnach möglich sein, neben der eigenen sowohl die Vielfalt weiterer Perspektiven als auch die übergreifenden gesellschaftlichen Interessen zu erkennen“ (Kiesel 1996, S. 220). Die deutschen Sozialarbeiter bewegen sich durchaus im Fahrwasser einer eigenen Konvention des „Duzens“, solange es ihnen nicht möglich ist, andere Individuen und ihre jeweiligen Lebensformen zu achten und von diesen Gleiches zu verlangen. Konflikte scheinen dann vorprogrammiert, wenn konventionelle Einwanderer auf konventionelle Einheimische treffen, die jeweiligen Konventionen allerdings konfligieren oder von postkonventionellen Migranten erwartet wird, sich den Verkehrsformen traditionaler Einheimischer anzupassen. Eine solche Anpassung aber ist Einheimischen wie Zugewanderten nicht möglich, denn wer einmal eine postkonventionelle Haltung gewonnen hat, in der nicht mehr nur dasjenige als gerecht gilt, was individuell oder der eigenen Gruppe nützt oder Schaden ausgleicht, wird ohne Zwang nicht mehr dahinter zurückkönnen.

Die aktuellen Auseinandersetzungen um traditionale Formen der Eheanbahnung bis zur Zwangsverheiratung können dies illustrieren, denn Individuen, die einmal ein von ökonomischen, traditionalen oder Gruppenanforderungen losgelöstes Prinzip der freien Partnerwahl für sich erschlossen haben, werden schwerlich einer wie immer legitimierten Bestimmung derselben durch Dritte entsprechen können.

Ein multikulturalistisch gefärbter Kulturrelativismus läuft Gefahr, diese Erfahrung zu leugnen, wenn vormoderne kulturelle Praktiken und Normen eine Legitimation erhalten und Maßstäbe universeller moralischer und menschenrechtlicher Grundsätze in den Hintergrund treten. Vor diesem Hintergrund sind auch die zum Teil heftigen fachlichen Kontroversen migrantischer Akademikerinnen und Akademiker um diese Fragen nachvollziehbar: Während Necla Kelek und Ayaan Hirsi (Kelek 2006 und Hirsi 2007) das Konzept des Multikulturalismus zum Teil drastisch hinterfragen, wenden sich Mark Terkessides und Yasemin Karakasoglu gegen eine einseitige negative und generalisierende Sichtweise des Islam als Ursache von Zwangsheiraten (Terkessides, Karakasoglu 2006). Freilich muss hier zwischen Zwangsverheiratungen, die ohne Einverständnis eines (oder) der Partner vollzogen werden, und arrangierten Ehen unterschieden werden (vgl. Straßburger 2003). Das sogenannte Deszendenzprinzip regelt Fragen der Eheanbahnung und die dieser folgenden Aufgaben von Erziehung, Auskommen, religiöser Übereinkunft usw. über den Einfluss der Familienangehörigen, vor allem der Eltern. Diese wollen in der Regel Glück und Stabilität für ihre zu verheiratenden Kinder sichern. Damit ist das Deszendenzprinzip durchaus funktional unter gegebenen Voraussetzungen und erspart den Eheleuten, alles neu und autonom regeln zu müssen, wie es für Paare zutrifft, die Ihre Partnerwahl nach dem „Allianzprinzip“ selbständig vollzogen haben (vgl. Schrödter 2006, S. 52). Gewalttaten wie Zwangsheiraten oder Ehrenmorde sind ein Indiz für die Brüchigkeit dieser Funktionalität. Strukturell sind die alternativen Prinzipien nur in Richtung auf das Allianzprinzip austauschbar, denn wie gesagt: Wer im Modus des Allianzprinzips seine Lebensführung vollzieht, wird jedes Deszendenzprinzip – selbst wenn es noch so stimmig erscheint – für die eigene Person abwehren müssen, während es für Ausbruchsversuche aus dem Deszendenzprinzip zahlreiche Belege gibt.

Was strukturell ausgeschlossen bleibt, braucht auf der Ebene persönlichen Geschmacks, der Ausgestaltung von „Lebensstilen“ etwa in Bereichen des Essens, der Folklore oder des Wohnens nicht daran hindern, Orientierungen, Adaptionen oder Erweiterungen im großen Reservoir traditioneller Kulturen vorzunehmen.

Weiterhin sind im Spannungsverhältnis von traditionalen und modernen Elementen sozialwissenschaftliche Befunde und Argumente zu beachten, die zeigen, dass es unter Migranten durchaus produktive und funktionale Prozesse der Traditionsbildung gibt, Traditionen also kein überfälliges Mitbringsel aus früheren Zeiten oder anderen Teilen der Welt darstellen, sondern durchaus adäquat als Ressource zur Modernitätsbewältigung im Rahmen des Integrationsprozesses wirksam werden können. Anders als bei Prozessen, in denen traditionale Elemente zuweilen stärker als vergleichsweise in der verlassenen früheren Heimat der Migranten lediglich konserviert werden, gelingt es hier, kulturelle Lebensformen zu entwickeln, in denen beide Elemente, traditionale und moderne, zusammengeführt werden. Ein solcher Integrationsprozess bedarf allerdings bestimmter Voraussetzungen und Bedingungen, um zu gelingen, unter anderem die Bereitschaft der Aufnahmegesellschaft, Mehrfachbindungen von Einwanderern zumindest vorübergehend wie im Falle einer doppelten Staatsbürgerschaft zuzulassen (vgl. Apitzsch, 1997). Die hier angesprochenen Vorgänge werden auch als „Modernisierungsparadox" bezeichnet. Im Vergleich individualisierter Arbeitsmigranten mit solchen, die in kollektiver Orientierung starken verwandtschaftlichen oder ethnischen Gruppenbindungen unterliegen, zeigen gerade Letztere eine höhere regionale und statusbezogene Mobilität und Distanz in ihrer Lebensführung gegenüber ihrer sozialkulturellen Herkunft (vgl. Bundesdrucksache 6. Familienbericht 2000, S. 25).

Erklärt werden kann dieses Phänomen mit der stützenden Funktion von migrantischen Gemeinschaften, die Verluste kulturellen Kapitals in der Einwanderungssituation kompensieren können, und die die Risiken einer individuellen Pilotmigration in Formen von Kettenmigrationen überwinden hilft. Hier werden für die Soziale Arbeit Kenntnisse und mögliche Formen der Kooperation mit den sogenannten Selbstorganisationen – Elternvereine, Kulturvereine, Communities, Organisationen, die Einfluss auf ihre Landsleute oder Glaubensanhänger haben, usw. – bedeutsam.

Ein ressourcenorientierter Ansatz in der Sozialen Arbeit wird sich immer auch auf derartige Prozesse der Traditionsbildung, -reformulierung, und -transzendierung beziehen und Stellung gegenüber Erwartungen nehmen müssen, die Einwanderer in alternative Entscheidungen bezüglich ihrer Bindungen und biographischen Lebensbezüge zwingen wollen: Z.B. ein „Entweder-Oder" zwischen Orientierungen am Aufnahme- oder aber am Entsendeland. Erwartungen einer einseitigen und eindeutigen Entscheidung im Sinne einer gelingenden Integration nur um den Preis völliger Aufkündigung traditionaler Bezüge zur Herkunftsgesellschaft hat es immer wieder seitens der Institutionen der Aufnahmegesellschaft gegeben und sie wirken in dem Maße fort, als „Integration" mit „Anpassung" gleichgesetzt wird.

Schließlich wird dieses Spannungsfeld für die interkulturelle Praxis in besonderer Weise relevant, weil sich hier eine Überlagerung zu einem grundsätzlichen Widerspruch moderner Sozialer Arbeit ergibt, der zwischen Elementen traditionalen Hilfehandelns im Modus von „Mütterlichkeit" und den Freisetzungsrisiken moderner Gesellschaften changiert. Die „Moderne" hat mit Formen verberuflichter Sozialer Arbeit gewissermaßen in paradoxer Weise auf die von ihr in Gang gesetzten sozialen Zerwürfnisse reagiert, weil Soziale Arbeit als eine Form dosierter Bereitstellung von Fürsorglichkeit immer auch traditionale Elemente in ihrer konzeptionellen, praktischen und funktionalen Ausrichtung beibehält.

In diesem Spannungsfeld können sich nun divergierende Erwartungen an Hilfeformen und Hilfequalitäten knüpfen. Auf der einen Seite etwa ein weitgehend entpersonalisiertes dienstleistungs- und marktorientiertes Qualitätsmanagement, auf der anderen eine auf Bindungs- und Beziehungsqualitäten bauende Vertrautheit als Voraussetzung, die helfende Beziehung überhaupt einzugehen.

Eine interkulturell sensible Soziale Arbeit hätte demnach im Spannungsverhältnis zwischen traditionalen und modernen Elementen derart zu vermitteln, dass eine Lebensführung ermöglicht wird, die beide Elemente zusammenführt und dabei selbstreflexiv die eigene professionelle Befangenheit in dieser Spannung in Erinnerung zu halten.

6.2 Interkulturelle Sensibilität als kritische und selbstreflexive Praxis

Interkulturelle Sensibilität erfordert eine kritische Reflexion von Widersprüchen und Grenzen, die sich als kontextgebundene Handlungsbeschränkungen (1), als widersprüchliche Funktionszuweisungen (2) oder diskursbeeinflusste Denk- und Deutungsvorgaben differenzieren lassen (3).

Reflexivität findet nicht einfach wie ein zufälliger Blick in den Spiegel statt, sondern solche Blicke benötigen Anlässe, bestimmte Zeitpunkte, erfordern Dauer und auch Maßstäbe oder strukturierende Elemente, nach welchen Kriterien eine reflexive Auseinandersetzung mit einem Fall, einer sozialpädagogischen Intervention, einer aufgetretenen Hilflosigkeit oder aus Anlass von Konflikten, unklaren Kontextbedingungen, verdächtig perfekt erscheinender Routine oder anderen Anlässen erfolgen kann. In der Regel haben reflexive Verfahren ihren Ort in Kontexten professioneller Netze, im Rahmen von Teamsitzungen, Fortbildungen oder Klausurtagungen beruflich oder ehrenamtlich tätiger Sozialarbeiter, werden durch Supervisionen oder Intervisionsverfahren ermöglicht oder erleichtert. Da in solchen Zusammenhängen Konkurrenzen, Hierarchieprobleme oder fachlicher Dissens hineinspielen oder auch eine dominante Rolle spielen können, ist eine selbstreflexive Praxis, die kritisch auf Unzulänglichkeiten schaut, auch gefährdet, und zwar ganz unabhängig davon, ob diese Unzulänglichkeiten in der Sache liegen, einer Struktur oder der Person zuzuschreiben sind. Selbstreflexive Praxis aber – und hier passt wiederum der Vergleich mit dem Blick in einen Spiegel – ist nicht selbstgefällig und bedarf gerade des Hinsehens auf die Bereiche, die problematisch erscheinen.

Hier haben sich Formen kollegialer Beratung vor allem in interkulturellen Teams bewährt, da im Rahmen solcher Intervisionsverfahren die Autonomie der reflektierenden Person unangetastet bleibt und multiperspektivische Interpretationen einer Problemschilderung möglich werden. Wir ergänzen den zweiten Abschnitt daher mit einer kurzen Darstellung dieser Methode.

6.2.1 Handlungskontexte

Soziale Arbeit agiert stets kontextgebunden und ist an Handlungsmöglichkeiten und Handlungsgrenzen ihrer Akteure gebunden.

Diese Aussage scheint so selbstverständlich wie banal, birgt aber bei näherem Hinsehen ein Grundproblem, wohin nämlich sich die reflexiven Mühen orientieren sollen: Einmal beziehen wir uns auf die Kontexte unserer Arbeit, in interkulturellen Zusammenhängen, z.B. rechtliche Rahmungen durch das Zuwanderungsgesetz, Zielvorstellungen von Geldgebern, eigenen Trägern oder öffentlichen und privaten Zuschussgebern, Arbeitsbedingungen und strukturqualitative Voraussetzungen, Zeit- oder sonstige Ressourcen usw. Ein andermal aber besinnen wir uns auf die eigene Person als verantwortlicher Akteur in und gegenüber diesen Kontexten, unsere Motive, eigenen professionellen Standards, Belastungen, Zweifel, Ressourcen, Fähigkeiten und Grenzen.

Einmal werden wir z.B. als Beraterin eines Jugendmigrationsdienstes den Aufwand nach statistischen Nachweisverfahren beklagen, ein andermal an uns selber zweifeln, warum der Kontakt zu migrantischen Jugendlichen nicht so empathisch verläuft, wie wir es in einem Training zu interkulturellen Kompetenz auferlegt bekamen.

Ist die beklagende Feststellung mangelnder Zeit, mangelnder Finanzen oder von zu wenig Personal notwendige Kritik an unzureichenden Kontextbedingungen – hier Kontexte der Ausstattung eigener Arbeitsmöglichkeiten – oder einstudierte Jeremiade, um die empfundenen Grenzen eigenen Handelns zu legitimieren? Solche provokanten Fragen sollen nicht dazu beitragen, berechtigte berufspolitische Standards aufzuweichen, sondern ein Grundproblem reflexiver Kritik verdeutlichen: Diese hat sich nämlich sowohl auf Grenzen struktureller Art wie auf die eigenen personalen Grenzen zu beziehen und muss dabei eine analytische Leistung vollziehen, nämlich plausibel machen können, wem dabei welche Kritik zukommt.

Empirisch trifft man dabei auf zwei Typologien, die an zwei Enden einer Skala überspitzt formuliert stehen könnten: Einmal der oder die „Unzuständige", die mit Verweis auf strukturelle oder eigene Unmöglichkeiten Anliegen abwehrt und auf der anderen Seite der oder die „Allesermöglichende", die trotz absehbarer Grenzen nur dann befriedigt ist, wenn das Unmögliche angepeilt wird. In beiden Varianten werden Adressaten Sozialer Arbeit im Extremfall frustriert, im ersten Fall, weil ihre Anliegen abgewehrt oder wegdelegiert werden, im zweiten, weil notwendige Delegationen verhindert und mögliche Hoffnungen als Illusionen an der Realität scheitern. Akteure in der Sozialen Arbeit stehen hier vor einer ganz eigenartigen Herausforderung, denn einmal verfügen sie über Erfahrungen und Wissen um Kontexte, Verfahren, Kontakte und Verbindungen, Zuständigkeiten und Ressourcen weiterer Akteure im Sozialraum, rechtliche oder finanzielle Rahmenbedingungen usw., die ihnen gemeinhin zu Einschätzungen über Möglichkeiten und Grenzen verhelfen, ein ihnen angetragenes soziales Problem zu lösen, zu bearbeiten oder erst gar nicht entstehen zu lassen; zum anderen aber werden sie sich als engagierte Pioniere und Pionierinnen aber auch an den Grenzen des Möglichen und darüber hinaus orientieren, sie wissen also oft recht gut, „was geht", werden hingegen gegebenenfalls mit ihren Adressaten „mal seh'n" oder ausprobieren oder gar ausfechten, was dennoch „geht", also nicht in vorauseilendem Gehorsam gegenüber den jeweiligen Sachzwängen lediglich Unterordnung praktizieren oder verlangen.

Methodisch ist hier die von Burkhard Müller ausgearbeitete Differenzierung für die Praxis Sozialer Arbeit angemessen, in der zwischen der Dimension des „Fall von...", des „Fall für ..." oder des „Fall mit ..." unterschieden wird. Ersteres meint die Einordnung in wissensbasierte Kategorien, z.B. ein Fall von Familienzusammenführung, Aufenthaltsbeendigung oder Missbrauch; „Fall für ..." meint ein Verweisungswissen, z.B.

Fall für das Jugendamt, für ein spezifisches Therapieangebot usw. und „Fall mit ..." betrifft alle Formen klientenbezogener Koproduktion, in denen die „Fallbearbeitung" im Zusammenwirken erfolgt (Müller 2006 b).

Die hier angesprochene Einsicht in eigene wie strukturelle Grenzen befreit nun nicht von der Notwendigkeit, in irgendeiner Weise dennoch handeln zu müssen. Handlungsoptionen profilieren sich allerdings auch erst dann, wenn Illusionen von Allzuständigkeiten ebenso überwunden werden wie eine Reduktion auf unverrückbare Zuständigkeiten und Routinen.

Elemente einer kritischen Reflexion eigener Handlungsmöglichkeiten können im einzelnen sein:

- **Selbstreflexive Kenntnis und Einsicht über eigene sprachliche und andere Wissensgrenzen** und die Fähigkeit, diese im Bedarfsfall einzugestehen. Dies schließt Bemühungen z.B. um einen kleinen Wortschatz in anderen Sprachen oder ein überblickendes Wissen um Kompetenzen und Ansätze anderer Disziplinen keineswegs aus. Gerade in interkulturellen Interaktionen können auch minimale Kenntnisse etwa von Begrüßungsformeln Respekt signalisieren und die Bereitschaft, auch ungewohnte Namensgebungen richtig auszusprechen bzw. zu erlernen, ist unverzichtbar. Allerdings wäre wiederum fahrlässig, komplexe Beratungsanliegen trotz mangelnder Sprachkenntnisse aufzunehmen oder disziplinäre Grenzen etwa zu therapeutischen Erfordernissen zu übersehen.
- **Erkundungsbereitschaft bzw. ein Wissen um eigene Dispositionen und Grenzen der Toleranz und Lösungsorientierung bei erlebten Konflikten.** Hier kann es erforderlich sein, sich über eigene Konfliktlösungsstrategien klar zu werden und einen eigenreflexiven Konflikttypus auszumalen: Erschrecken mich Konflikte, reagiere ich eher scheu, oder wirken Konflikte auf mich anregend und herausfordernd? Solche Typologien sind freilich immer auch Selbstkonstruktionen und gar nicht einfach generell festzulegen, dennoch sind sie als hilfsweise Festlegungen sinnvoll, um in Interaktionen mit Adressaten das Konfliktgefälle einordnen zu können: Wer sich selbst als eher konfliktverhalten einstuft, wird eine handfeste Auseinandersetzung zwischen Konfliktparteien dramatischer einstufen als ein „Terriertyp", für den dieselbe vielleicht eine „normale Härte" darstellt.
- **Selbstbefragung hinsichtlich Erwartungen, Widersprüche auszuhalten.** Frustrationstoleranz und Fähigkeiten, Ambivalenzen, Ambiguitäten und Widersprüche auszuhalten, gehören zum Repertoire interkultureller Kompetenz (s.o.). Ungelöste oder unlösbare Widersprüche zehren aber auch an den Nerven derer, die sie in einem dialektischen Verständnis nicht einfach hinnehmen, sondern mit der Perspektive, Synthesen zu entwickeln, in einen Entwicklungsprozess überführen wollen. Der Prozess der Auseinandersetzung um diese Spannung muss auch immer selbst und in Hinblick auf die Adressaten Interkultureller Sozialer Arbeit geschehen. Hierbei sind auch die Bedingungen für Möglichkeiten, Widersprüche auszuhalten einzukalkulieren: Wer emotional gefestigt, in unbelasteten Beziehungen eingebettet, ohne gravierende Sorgen um seine Existenz lebt, wird mit Widersprüchen souveräner umgehen als jemand, der in prekären, angespannten und belastenden Verhältnissen sein Leben führen muss.
- **Einsichten in die Partikularität eigener kultureller Orientierungen.** Dieser Reflexionsbereich zielt auf zwei Ebenen: Einmal geht es prinzipiell um ein Erlernen dezentrierter

Sichtweisen, also eine Überwindung eines als unvermeidlich scheinenden Ethnozentrismus, das jeweils Eigene als universell gültig, das Andere als partikular und ethnisch zuzuordnen. Zum anderen ist ein Erkennen eigenkultureller Partikularien nicht abstrakt vollziehbar, sondern an konkrete Handlungen, Gegenstände oder Normen gekoppelt, über die unter Umständen erst ein selbstaufklärendes und analysierendes Wissen einen erweiternden Zugang verschafft. Es geht hier demnach nicht um Akte der Selbstbeschuldigung oder Selbstrechtfertigung partikularer kultureller Muster, sondern um Möglichkeiten, im Bemühen um Zugänge zum anderen auch Zugänge zu mir selbst, meinen eigenen bislang möglicherweise unentdeckten kulturellen Kontextuierungen vorzudringen. Versucht man zum Beispiel, einem Außenstehenden Unterschiede zwischen einer eher „katholischen" oder eher „evangelischen" Region Deutschlands plausibel zu machen, wird man nicht umhinkommen, sich mit Grundlagen jeweiliger religiöser oder kirchlicher Einflüsse und deren Geschichte zu befassen. Die vielbeschworene „deutsche Pünktlichkeit" lässt sich so vielleicht mit Max Weber unter anderem auf Korrelationen zu einer protestantischen Ethik beziehen.
- **Beherrschung und Selbstkontrolle bei tatsächlicher oder vermeintlicher Grenzüberschreitung** durch Adressat/-innen der Sozialen Arbeit. Grenzüberschreitungen, „das Ende der Hutschnur", ein „Überlaufen des Fasses", ein „Überschreiten der roten Linie" – all diese Metaphern zeigen, dass das, was damit gemeint ist, offenbar erst dann sichtbar und explizierbar wird, wenn es stattgefunden hat – wir können es selten im Voraus festlegen oder definieren, dafür um so deutlicher spüren und „wahr"-nehmen, und uns dann im Nachhinein dazu äußern. Wenn hier Selbstkontrolle empfohlen wird, so auch, um solche Situationen als Lernanlass zu begreifen. Bei der Erfahrung von Grenzüberschreitungen, die als Formen unangemessenen, unhöflichen oder unverschämten Verhaltens gedeutet und empfunden werden, können ganz unterschiedliche Gründe maßgeblich sein: Es handelt sich um ein aufklärbares interkulturelles Missverständis oder eine sogenannte kulturelle Überschneidungssituation, weil eine Geste, Kommunikationsregel oder die Distanz-Nähe-Relation kulturell unterschiedlich codiert und bewertet wird; es handelt sich um eine tatsächlich gezielte Provokation; es handelt sich um Normalverhalten ohne schlechte Absichten, das mich aber dennoch provoziert; es handelt sich um tiefgreifende normative oder wertbezogene Differenzen, die dazu veranlassen, die Geltung dessen, was da durch Grenzen zu trennen oder zu verteidigen ist, zu überprüfen.
- **Fähigkeit, bei prekären Erfahrungen kompetenten Rat einzuholen.** Dies erfordert eine reflexive Kompetenz, die Selbsteingeständnisse von Hilflosigkeit zulässt und sich möglicher eigener Beschränkungen nicht schämt. Interkulturelle Sensibilität muss selbst verletzbar bleiben dürfen und gerade von sogenannten Expert/-innen oder Experten ist zu erwarten, Irritationen auf eine Weise ernst nehmen zu können, dass sie dieselben zulassen können.
- **Kommunikative Kompetenz, Gefühl für angemessenes Handeln.** Hier sind Dimensionen der Selbstwahrnehmung und Selbstbeobachtung angesprochen, die auch emotionale Intelligenz und Leiblichkeit betreffen, also ein implizites Wissen um gelungene oder misslungene Kommunikationen und nicht deren technische Verfügbarkeit.

Sowohl für Individuen im Blick auf ihre Lebenspraxis wie auch für die Professionellen im Blick auf ihre berufliche Praxis gilt eine wechselseitige Abhängigkeit von Handlungskompetenz und Selbstreflexion. Es geht um eine „kulturelle Hermeneutik" der

Selbst- und Weltbilder sowie der darin verwobenen und darin aller erst sich bildenden Handlungsmuster.

Solch eine Selbstreflexion hat freilich auch den Charakter von Anstrengung und Zumutung, denn kaum eine Person und kaum eine Institution legt es darauf an, ständig Revisionen in Selbstbildern, Lebensentwürfen und anderen „Selbstverständlichkeiten" vorzunehmen. Dennoch geht es genau darum. Es gehört wohl zur „Condicio Humana", dass alle Handlungsorientierungen, Bilder, Regeln und Normen um so besser „funktionieren", je weniger dies den Akteuren bewusst ist und je „selbstverständlicher" sie ihnen erscheinen. Daraus gewinnt das Alltagsleben, daraus gewinnen auch die Handlungsvollzüge im Alltag der pädagogischen Professionen Sicherheit. Während des Handelns können die Akteure nicht gleichzeitig dessen Voraussetzungen tiefgreifend problematisieren. Insofern aber gerade diese Bilder, Entwürfe und Regeln menschliche Handlungen entscheidend bestimmen, ist dann, wenn im Handeln Probleme und Verunsicherungen, chronisch oder strukturell, auftauchen, nach diesen zugrundeliegenden Bildern kritisch zu fragen. Im Interesse einer aufgeklärten und rechenschaftsfähigen Praxis sind gegebenenfalls Revisionen und Umbauten im Vorrat der gerade auch besonders liebgewordenen Deutungsmuster vorzunehmen.

6.2.2 Mehrfachmandatierung

Reflexivität ist an analytische Fähigkeiten bei der Unterscheidung unterschiedlicher Mandatierungen des eigenen beruflichen Handelns in interkulturellen Handlungsfeldern gebunden. Wir handeln in der Sozialen Arbeit nicht einfach als Professionelle mehr oder weniger routiniert, sondern haben einen grundsätzlichen Auftrag in der Gestaltung des Sozialen; ein Auftrag, der wiederum nicht singulär existiert, sondern kontextgebunden an eine Vielzahl offener oder verdeckter Aufträge, die sich nicht unbedingt entsprechen müssen, gekoppelt ist. In jedem Praxiszusammenhang Sozialer Arbeit empfiehlt es sich daher grundsätzlich die Frage nach solchen Aufträgen und Auftraggebern zu stellen, z.B. den Klienten selbst, Trägern, Geldgebern, Netzwerkbeteiligten, Außenstehenden, die dennoch Einfluss haben, eigene professionellen Standards als Selbstbeauftragungen usw. Die jeweiligen Mandatierungen gilt es stets miteinander so zu synchronisieren, dass Handlungsperspektiven nicht verstellt werden, sondern offen bleiben. Dabei ist auch das Machtverhältnis zwischen „uns" und „unseren Klienten, Adressaten, Kunden, Hilfenehmern usw." kritisch zu reflektieren und zu bedenken, wer uns hier mit welchen Machtbefugnissen ausstattet oder ausgestattet hat. Auch sind jene Handlungen und Interventionen zu reflektieren, die oft notwendig erscheinen, für die es aber kein eindeutiges Mandat gibt, etwa bei Formen sozialpolitischen Engagements von Sozialarbeitern. Die Grundsatzfrage, inwieweit Soziale Arbeit generell auch im politischen Sinne eine berufsethische Verpflichtung, Selbstmandatierung oder gar gesellschaftsverändernde Funktion hat oder im Gegenteil lediglich zur Stabilität vorhandener Strukturen beiträgt, ist viel diskutiert und bis heute umstritten und soll hier nicht erneut aufgerollt werden.

In Hinblick auf die sogenannte Ausländerarbeit und die interkulturelle Arbeit in der Bundesrepublik lassen sich Belege für beide Argumentationsfiguren finden; uns scheint es angemessen, hier von der Hypothese eines Interaktionsverhältnisses zwischen Adressaten der Politik (Bundesausländerbeauftrage; Parteien; Abgeordnete; Ministerien, EU-Gremien etc.) und den intermediären Diensten (Selbstorganisationen der Migranten, Initiativgruppen wie VIA, IAF, bis zu Trägerorganisationen Sozialer Arbeit, kirchlichen und säkularen Wohlfahrtsverbänden etc.) auszugehen, da es aus den vielfältigen Organisationen und den in ihnen engagierten Personen immer wieder Initiativen, sozialpolitische, asylpolitische oder ausländerrechtliche Stellungnahmen, Petitionen usw. gegeben hat, deren Einfluss sicher nicht generell determinierbar, gleichwohl auch nicht generell zu leugnen ist.

In interkultureller Orientierung können die im doppelten Mandat zwischen staatlichem Auftrag und Eigeninteresse der Klienten angelegten Spannungen weitere Zuspitzungen erfahren, die es im Sinne einer interkulturell sensiblen Aufmerksamkeit zu erspüren gilt.

Zur Einübung in Wahrnehmung und Interpretation solcher Spannungsverhältnisse können die folgenden vier Beispiele dienen.

Methodische Anregung:

Untersuchen Sie – vorzugsweise in Gruppenarbeit – die vier beschriebenen Konstellationen in Hinblick auf

- eigene Erfahrungen,
- Vergleichsmomente gegenüber Arbeitszusammenhängen Sozialer Arbeit ohne interkulturellen Kontext und
- suchen Sie Antworten auf die jeweils am Ende aufgeworfenen Fragen anhand
  - einer Konkretisierung im Einzelfall
  - einer Umsetzung im Rollenspiel oder
  - einer inszenierten „Teambesprechung“.

1.) In vielerlei Hinsicht und meist abhängig vom aufenthaltsrechtlichen Status haben Migranten und Asylsuchende mindere Ansprüche an die Leistungen Sozialer Dienste (z.B. Asylbewerberleistungsgesetz) oder es bedarf besonderer Vorkehrungen und Voraussetzungen, Ansprüche wirklich geltend zu machen.
Sollen Sozialarbeiter hier die politischen und rechtlichen Einschränkungen skandalisieren oder dazu beitragen, dass sie von Klienten eingehalten werden, oder gibt es andere Alternativen?
2.) In interkulturellen Konstellationen Sozialer Arbeit stellt sich nicht allein die Frage, wie „wir“ die anderen sehen oder sehen sollten, sondern wie und als was diese „uns“ betrachten: Gesetzt den Fall, ein migrantischer Klient hat schlechte Erfahrungen mit Behörden gemacht und ist gleichzeitig überaus skeptisch gegenüber religiösen Würdenträgern oder kirchlichen Institutionen, ein anderer nimmt Angebote offenbar nur ernst, wenn sie einen behördlichen deutschen Stempel tragen, und eine dritte Klientin fühlt sich erst bei einem kirchlichen Träger aufgehoben:
Wie kann (Variationen) oder sollte eine ethnisch deutsche Sozialarbeiterin sich selbst gegenüber den unterschiedlichen Klienten positionieren und darstellen, wenn sie z.B. Mitglied der Evangelischen Kirche, aber persönlich eher säkularisiert und von einem staatlichen Ministerium weitgehend fremdfinanziert in einer Erstberatungsstelle für Neuzuwanderer tätig ist, die gute Arbeitskontakte zur Ausländer- bzw. Einwanderungsbehörde pflegt?

3.) Nicht nur die Differenz „ethnisch Deutsche(r)" zur migrantischen Klientel kann zu Verzerrungen im doppelten Mandat führen, sondern gleichsam Interaktionen zwischen ethnisch Gleichen, wenn hier a priori eine besondere Niedrigschwelligkeit und Nähe unterstellt wird, darüber aber die staatlich legitimierte Machtbeziehung aus dem Blick gerät: Sie sind Sozialarbeiterin mit einem eigenen biographischen Migrationshintergrund und glauben, ihre (ehemaligen) Landsleute ganz gut einschätzen zu können.
Variante a): Sie wissen um die Verschüchterung, Unselbstständigkeit, Autoritätsfixierung oder Hilflosigkeit eines Klienten Ihrer eigenen Herkunft und nehmen ihm eine Reihe von Tätigkeiten im Rahmen einer Aufenthaltsregelung ab, die er eigentlich selbst übernehmen sollte.
Variante b): Sie glauben, Ihrer Klientin Ihrer eigenen Herkunft wesentlich mehr zumuten zu können, als Ihre ethnisch deutschen Kolleg/-innen, informieren über Aufenthaltsperspektiven und überlassen sie im Übrigen dem Kontakt mit den zuständigen Behörden.
In beiden Varianten kommt es zu Auseinandersetzungen im Team, einmal wegen zu großer Nähe, ein andermal wegen zu großer Distanz bzw. fehlendem Engagement. Welche Argumentationsmuster kommen hier in Frage?
4.) Soziale Arbeit bzw. deren Finanzierung und Bedürfnisse nach Reputation bzw. Repräsentanz bestimmter Einwanderungsgruppen gehen bis heute eine Verbindung ein: Welche Organisation, welcher Träger, welche zum Verein ausgewachsene Initiativgruppe, welche Landsmannschaftliche Verbindung wann von wem wofür Unterstützung erhält ist unabhängig vom alten Zuwendungswesen oder neuerer marktförmiger Steuerung ein umkämpftes – immer auch politisch konnotiertes – Feld. Obwohl im Feld Sozialer Arbeit im Grunde keine Vertretungsansprüche in politischer Hinsicht zu realisieren sind, scheint dieses Terrain bedeutsam im Rahmen von Anerkennungskämpfen zu sein.
Sie sind Mitarbeiter(in) eines freien Trägers oder einer Religionsgemeinschaft und erhalten staatliche Zuschüsse im Rahmen des Subsidiaritätsgedankens für Integrationsmaßnahmen. Ein Teil der betroffenen Adressaten scheint aber von ihren Angeboten wenig wissen zu wollen, kritisiert indes, dass die staatlichen Zuschüsse nicht anderweitig vergeben werden, z.B. an die eigene Gruppe. Wie argumentieren Sie? – Im Interesse der eigenen Organisation, im Interesse des staatlichen Zuschussgebers z.B. auf Grundlage zuwendungsrechtlicher Kriterien, im Interesse der Klienten, im Eigeninteresse, ihre Projektmittel nicht zu verlieren, „zwischen allen Stühlen" oder gar nicht Interessegeleitet, sondern prinzipiengerecht oder fachlich etwa mit Kriterien von „Neutralität", „Qualität" oder „Gerechtigkeit"?

„Intervision" – ein Phasenmodell kollegialer Beratung in der Sozialen Arbeit

Das Intervisionsverfahren kann anhand von Fällen und Problemen, die in einem interkulturellen Zusammenhang eingeordnet werden, dazu dienen, die oben beschriebenen Spannungsfelder und die in ihnen angelegten Interpretationspielräume diskursiv im Team zu erfassen (siehe unten: Phase 4 und 5). Hierzu kann es hilfreich sein, wenn Teilnehmende an Intervisionsverfahren ihre Stellungnahmen und Vorschläge zum Fall entsprechend strukturieren und versuchen, den Modus der jeweiligen Spannungsfelder auf das vorgetragene Problem zu beziehen. Dabei werden in der Regel unterschiedliche Gewichtungen und Problemsichten deutlich, die es vor allem in interkulturell zusammengesetzten Teams ermöglichen, einem multiperspektivischen Anspruch Sozialer Arbeit gerecht zu werden.

„Intervision“ bezeichnet eine Reihe von Verfahren und kollegialen Beratungsmodellen, die ursprünglich zur Effektivierung von Teamarbeit in Unternehmen zum Einsatz kamen (vgl. Hendriksen 2002). Nach Hendriksen geht es dabei um „gegenseitige Beratung bei beruflichen Problemen in einer Gruppe von gleichrangigen, die innerhalb einer gemeinsam festgelegten Struktur zielgerichtet Lösungen zu finden versuchen in einem autonomen, an Erfahrung orientierten Lernprozess“ (ebd., S. 24).

Für Anliegen multiperspektivischen Verstehens in der Sozialen Arbeit lassen sich Kernpunkte daraus wie folgt zusammenfassen: Intervision zielt auf die Aufgaben- oder Problem- bzw. lösungsorientierte Sichtung herausgesuchter Fälle in Gruppen (bis max. 10 Personen), die gleichrangig und gleichwertig auf freiwilliger Basis und in Eigeninitiative „Fälle“ ihrer Praxis kollegial beraten wollen, ohne dabei zu bestimmten Handlungen verpflichtet oder bewertet zu werden. darin unterschcidet sie sich von der Supervision (vgl. ebd., S. 29).

Phasenmodell: Dieses erprobte Phasenmodell ermöglicht es Teams in der Sozialen Arbeit auch bei unterschiedlichen Arbeitszielen und Aufgaben, einen durch die vorgegebene Struktur befriedigenden und auf gegenseitiges Lernen ausgerichteten Erfahrungsaustausch oder gegenseitige Ermutigung zu gestalten. Wird die Methode angemessen umgesetzt, können oberflächliches „Herumdiskutieren“, von Konkurrenzen durchsetzte „Angriffe“ oder „Verteidigungen“ von Positionen, Haltungen oder Handlungen sowie eine Praxis vermieden werden, in der vorschnell Rezepte vorgeschlagen, aber häufig als Aufdringlichkeit empfunden werden.

Es empfiehlt sich in noch nicht „eingespielten Teams“, einen Moderator/eine Moderatorin zu bestimmen, die die Einhaltung der einzelnen Phasen kontrolliert und die Teilnehmenden durch die einzelnen Phasen führt, evtl. unter Erfordernissen, die zur Verfügung stehende Zeit entsprechend zu strukturieren.

Der Phasenplan sollte dazu für alle sichtbar vorliegen.

Phase 1: Wer will was von wem? Fallbesprechungen werden hier immer auch als Fall eines Kollegen/einer Kollegin in ihrer/seiner beruflichen Praxis verstanden. In dieser Phase einigt sich die Gruppe, wer einen Fall einbringen will/darf, und spricht aus, dass ein(e) Kollege(in) jetzt von den anderen eine kollegiale Beratung wünscht und dass die anderen dazu bereit sind. (Möglicher Konflikt: „Dein Fall oder mein Fall?“ hier spielt die Erfahrung hinein, dass in diesem Verfahren nicht nur derjenige profitiert, der einen Fall einzubringen hat, sondern mittelbar alle anderen auch daran exemplarisch lernen können. Im Übrigen kommen bei regelmäßigen Intervisionssitzungen alle einmal in den Genuss, sich beraten zu lassen.)

Phase 2: Möglichst genaue und detailgetreue Schilderung der Situation bzw. des Problems, um das es in dem Fall geht, durch die ratsuchende(n) Kollegen. Evtl. „aufbereitet“ durch kurzen Text, optische Darstellung nach Belieben.
Alle anderen hören zu!

Phase 3: Nun arbeiten **die anderen Berater/-innen** für und an dem Fall und **können** zunächst **Rückfragen stellen,** jedoch ausschließlich zum Verständnis der Situation. Etwa: „Wie war das ...?" Oder: „Hast du noch Informationen darüber, ob ...?" Aber nicht: „Warum hast du nicht ...?" Oder: „Könntest Du nicht zuerst ..."?

Phase 4: Jede(r) der Berater/-innen legt nun **für sich** eine **kurze persönliche Reflexionsphase** ein und versucht, sich die Situation zu vergegenwärtigen.

Phase 5: Der/Die Ratsuchende darf nun schweigen und macht sich evtl. Notizen, **wenn die Berater/-innen untereinander ihre Gedanken vorstellen und Umstände, Ursachen, ihre jeweiligen Deutungen und Lösungsansätze diskutieren.**

Phase 6: Der/Die Ratsuchende nimmt zu den in Phase 5 genannten und diskutierten Aspekten zu „seinem/ihrem Fall" Stellung, räumt evtl. Missverständnisse aus, klärt, was für ihn/sie unbrauchbar war, was neu oder interessant war usw.
Hier kann das Team beschließen – z.B. wenn sich neue Informationen oder Korrekturen ergeben –, noch einmal bei Phase 4 zu beginnen.

Phase 7: Erst jetzt ist jede(r) Berater(in) aufgefordert, reihum ihren **Vorschlag zur Veränderung bzw. Lösung** zu benennen, wenn er/sie einen hat.

Phase 8: Die ratsuchende Person gibt zu Inhalt und Vorgang der Beratung ein abschließendes **Feedback.**

6.2.3 Diskurskritische Reflexivität

Interkulturelle Sensibilität kann schließlich als Aufmerksamkeit gegenüber denjenigen eigenen theoretischen Grundannahmen, disziplinären Verortungen und Diskursen verstanden werden, die Handlungen und Deutungen in der Praxis orientieren, ohne dass es den jeweiligen Akteuren bewusst sein muss.

Wenn wir auf diese Ebene kritischer Selbstreflexivität verweisen, so kann hier dennoch nicht in gebotener Tiefe auf theoretische, disziplinäre oder diskursbezogene Orientierungen eingegangen werden. Es soll hier lediglich die Beobachtung in Erinnerung gerufen werden, dass die im Modus interkultureller Sensibilität geforderte Aufmerksamkeit nicht frei und unabhängig von entsprechenden Bezügen entsteht. Eingebettet in eine Spannung zwischen „Dramatisierung" und „Verharmlosung", zwischen „Thematisierung" oder „Nicht-Thematisierung" droht jedes interkulturelle Engagement in den Sog aktueller Moden oder medial bzw. politisch aktualisierter Problembeschreibungen zu geraten, wenn diese Dimension als eine Art „Meta-Reflexivität" gegenüber unterscheidbaren Ansätzen und Konzepten verfehlt wird. Ferner sind eigene Bezugnahmen immer auch Stellungnahmen, die Einfluss nehmen können, Macht entfalten oder bestehende Debatten bestärken oder verändern können. Im zweiten Kapitel dieses Buches wurden die Schwierigkeiten und Aporien allein der Bestimmung der Adressaten Sozialer Arbeit in diesem Feld zwischen „Zielgruppenorientierung und Zielgruppenüberwindung" bestimmt, an die hier angeschlossen wird: Wer redet wie über wen? Geht es um „die Türken", die „zweite Generation" oder eine andere, um „Muslime", „Schwarzköpfe", „Deutsche" „Menschen ohne und mit Migrationshintergrund" usw., und worum geht es in der Folge, z.B. um „Fremdheit", „Pausendeutsch",

„Kopftuchstreit“, „Alltagsrassismus“, „Ehrenmord“, „Aidsprävention“ oder „Spielsucht“? Die Beliebigkeit dieser Aufzählung darf nicht darüber hinwegtäuschen, dass die praktische Verwendung entsprechender Schlüsselwörter in jeweilig aktuellen Debatten alles andere als harmlos ist, geht es doch oft um Positionierung von eigenen und anderen „Standpunkten“, also Ortsbestimmungen auf der inzwischen gewachsenen Spirale reflexiven interkulturellen Handelns, Sprechens und Nachdenkens: Wird ein Konzept der Mehrfachzugehörigkeit vertreten oder geht es um „eindeutige „Identitäten“, soll einem Prinzip der Gleichheit genügt werden oder kaschiert dies nur dominanzkulturelle Strategien, handelt es sich noch um kultursensible Rücksichtnahme oder schon um einen differentiellen kulturell codierten Rassismus usw.? Anne Broden und Paul Mecheril haben in ihren Überlegungen zur Relevanz von „Re-Präsentationen in der Migrationsgesellschaft“ (Broden, Mecheril 2007) Fragen danach aufgeworfen, wer jeweils in den unterschiedlichen Debatten und Diskursen repräsentiert, und wer repräsentiert wird; wer sichtbar und anerkannt ist, und wer nicht, wer sich selbst repräsentieren kann und darf, und wer nicht, wer als legitimer Sprecher oder als legitime Sprecherin einer Gruppe gilt, und wem dies verwehrt bleibt, oder wer überhaupt befugt ist, über andere zu sprechen und andere zu repräsentieren (Broden, Mecheril 2007, S. 14). Migration müsse „als Gegenstand von Diskursen und als Gegenstand politischer und alltagsweltlicher Auseinandersetzungen verstanden werden“ (ebd., S. 7; auch Mecheril 2004, S. 42), in denen noch nicht festliegt, ob wir es mit Wandlungsprozessen oder Rekonstruktionen von Bestehendem zu tun haben. „Migration problematisiert Grenzen“ im Sinne „symbolischer Grenzen der Zugehörigkeit“ und: Weil sich diese Problematisierung auch auf die Frage, wie wir leben möchten, bezieht (…), ist der Diskurs über Migration, Zuwanderung, Ausländer, Multikulturalität usw. ein intensiv geführter, zuweilen ideologisierter und von Affekten begleiteter Diskurs“ (ebd., S. 43). Der hier auf Michel Foucault zurückgehende Diskursbegriff versteht sich „im Schnittfeld der Verhältnisse von Wissen und Macht und Subjektkonstitution“ (ebd.) und wirft für Professionelle Sozialer Arbeit in interkulturellen Spannungsfeldern die Frage nach den jeweiligen Diskursorten und diskursiven Strömungen auf.

Neben der Bedeutung von Alltagsdebatten kann aus der Perspektive wissenschaftlichen Wissens grundsätzlich zwischen den disziplinären Verortungen Sozialer Arbeit unterschieden werden (a); weiterhin lassen sich im Diskursraum interkultureller Bildung mehrere Diskursfelder qualitativ und historisch unterscheiden (b); und in praktischer Hinsicht stellen sich Fragen nach der sozialarbeiterischen Inszenierung von Arrangements, in denen „andere“ als Diskursteilnehmer auf unterschiedliche Weise Berücksichtigung finden können (c).

a) Eine Kernbestimmung Sozialer Arbeit liegt in deren Funktion, stellvertretend deutende Angebote für Problembestimmungen, deren Analyse und praktischen Bewältigung zu unterbreiten. Sie kann dabei nie „unschuldig“ oder in irgendeiner Weise unbeteiligt oder „von außen“ wahrnehmen, beschreiben, reden oder handeln, sondern tut dies innerhalb und als Teil von organisiertem Hilfehandeln und – in der Sozialpädagogik – damit verbundenen Bildungsprozessen. Freilich sind die jeweiligen Bestimmungen, aus welchen disziplinären Bezügen heraus Soziale Arbeit schwerpunktmäßig zu begründen sei und in welche Richtung(en) ihre zentralen Aufgaben und Handlungen zielen, bereits umstritten. So unterscheidet Thole vier „Diskursorte“, von denen aus sich die heutige Soziale Arbeit weitgehend bestimmt, und die nicht nur unterscheidbar sind, sondern durchaus in Teilen kontrovers zueinander stehen können: Zum einen jene, die auf jede theoretische oder konzeptionelle Verortung meinen verzichten zu können – Thole redet hier methaphorisch von „Trebegängern" – und sich je nach Lage der Dinge nach modischen Opportunitätsprinzipien einfügen; des Weiteren die unter dem Begriff einer eigenständigen „Sozialarbeitswissenschaft" vollzogenen Ansätze, die Traditionslinien der Fürsorge und aktuelle Konzepte Sozialer Arbeit zu einem eigenständigen System und Wissenstypus zu bündeln bemüht sind; schließlich „Soziale Arbeit" als eine Form praktisch gewordener Sozialwissenschaft und endlich viertens Soziale Arbeit und Sozialpädagogik als aus der Erziehungswissenschaft hervorgegangene Teildisziplin (vgl. Thole 2002, S. 34). Staub-Bernasconi erinnert zudem an geschlechterrelevante unterschiedliche Theorietraditionen entlang zweier Linien, wobei einmal menschliche Bedürfnisse ein andermal gesellschaftliche Funktionsbestimmungen als Ausgangspunkt sozialarbeiterischer Theoriebildung gelten (vgl. Staub-Bernasconi 2007, Kap. 5).

b) Während die Differenzierung disziplinärer, theorie- oder konzeptbezogener Bezüge, zu denen üblicherweise während des Studiums der Sozialen Arbeit der Zugang hergestellt wird, zur Herausbildung von jeweils fachlich begründeten Präferenzen, zur Differenzierung unterschiedlicher „Schulen" oder auf Urteilsbildungen zurückführbare Entscheidungen zwischen kontroversen Positionen führen, greift „*Diskurs*" als vieldeutiger Fachterminus und inzwischen auch alltagssprachlicher Begriff darüber hinaus. Diskurse werden hier verstanden als beobachtbare (Re) konstruktionen sozialer Wirklichkeit im Medium des „Redens über ...", der „institutionalisierten Redeweisen" in Modi von Sprache, Texten oder Bildern, die „Machtwirkungen" besitzen oder entfalten können, und sowohl auf fachlicher Ebene wie im Alltag in unterschiedlichen Feldern – z.B. Wissenschaft, Politik, Medien usw. – stattfinden, aufeinander einwirken, an Dominanz gewinnen oder verlieren, sich gegenseitig potenzieren oder als „Gegendiskurse" zueinander in Konkurrenz treten können (vgl. Krüger-Potratz, 2005, S. 169). Damit geht es in diesem Zusammenhang weniger um den von Habermas im Modus einer idealtypischen Kommunikationsstruktur angelegten Diskursbegriff, indem sich kompetente Sprecher „auf Augenhöhe" über jeweils legitime Ansprüche verständigen, denn in Handlungsvollzügen Sozialer Arbeit ist die geforderte Reziprozität und Symmetrie bestenfalls Ziel sozialarbeiterischer Intervention, niemals indes gegebene Voraussetzung. Diskurse im hier verstandenen Sinn sind nicht von vorneherein hierarchisch oder chronologisch angeordnet, sondern lassen sich als vielschichtige Diskursräume zueinander in Beziehung setzen. Der Diskursraum „interkulturelle Bildung" kann in Anlehnung an eine Analyse von Marianne Krüger-Potratz als „Ausschnitt aus einem gesellschaftlichen Diskursraum über *gesellschaftliche Ungleichheit und Bildung*" (Krüger-Potratz 2005, S. 170) auf Diskurse bezogen werden, die Soziale Arbeit in interkultureller Orientierung zum Gegenstand haben, und grob in vier Diskursfelder unterschieden werden:

- Gleichheitsdiskurs und defizitärer Blick: Im Modus von Gleichheitsdiskursen finden sich Positionen Sozialer Arbeit, die auf Chancengleichheit, Ausgleich von kollektiven Benachteiligungen von Migrantengruppen, politische und rechtliche Gleichstellung von Zugewanderten und kompensatorische Maßnahmen im Bildungsbereich drängen. Angesichts immer noch weitreichender gesellschaftlicher Marginalisierungen unterschiedlicher Migrantengruppen, oft aussichtsarmer Berufsperspektiven von migrantischen Heranwachsenden, verdeckt oder offen wirkenden Diskriminierungen im Alltag und in Institutionen und sozial disparaten Entwicklungen in den Städten bleiben Gleichstellungsziele aktuell, die damit verbundene Hoffnung auf „Gleichheit" – so die zentrale Kritik an dieser Perspektive – birgt freilich zugleich den Zwang, Normalitätsentwürfe und kulturelle Muster der Dominanzgesellschaft zu übernehmen, die im Gleichheitsdiskurs als Maßstab gegebener Machtverhältnisse letztlich nicht in Frage gestellt werden. Erstes Mittel und zugleich Kehrseite des Gleichheitsdiskurses ist daher meist das „Förderprogramm", wobei der Schritt zu defizitären Problemzuschreibungen gegenüber „ausländischen Kindern", „ausländischen Mädchen oder Frauen" usw. nicht mehr groß ist. Indem Gleichheit erwartet, Gleichstellung jedoch verwehrt wird, gerät die kulturelle Differenz zum Problem, das behoben werden muss, wobei Probleme sozialer Differenz in den Hintergrund treten.

- Essentialisierungsdiskurs und Festschreibung kultureller Differenz: Gegenüber Gleichheitspostulaten, die allzu leicht zu Angleichungserwartungen mutieren, haben sich Haltungen und Praktiken herausgebildet, die ihre normative Ausrichtung an einer positiven Bewertung kultureller Eigenarten finden. Kulturelle Differenz wird hier als gegebene und zu akzeptierende Seinsform festgeschrieben und in Opposition zu rassistischen Eskalationsstrategien als „Bereicherung" grundsätzlich als zu bewahrender Wert propagiert. Auch interkulturelle Positionen lassen sich hier finden oder werden zugeordnet, wenn sie sich kulturalistisch verengt damit begnügen, interkulturelle Prozesse als eine Art Stellungnahme zum Erhalt kultureller „Artenvielfalt" zu verstehen (vgl. Kap. 4).
- Universalitätsdiskurs und partikulare Realitäten: Dieses Diskursfeld berührt das Spannungsverhältnis von Universalismus und Kulturrelativismus und umfasst selbst heterogene Positionen. Sie reichen von universalitätsklassizistischen, oft ‚kulturblinden' Haltungen, die zuweilen eurozentrisch gefärbte Regeln und Wertmuster als universelle, allgemein menschliche Kriterien erklären, bis zu relativierungsfähigen auf transkulturelle oder über Dimensionen des Kulturellen hinausreichende Perspektiven, die die Vielfalt partikularer kultureller Lebensentwürfe würdigen, gleichwohl im Horizont der Gleichursprünglichkeit aller Kulturen in Modi von Menschenwürde und Unverfügbarkeit individueller Freiheitsrechte Prozessen interkultureller Auseinandersetzungen und kulturellen Wandels mehr Aufmerksamkeit schenken.
- Pluralitätsdiskurs und normative Vielfaltspostulate: Im Pluralitätsdiskurs schließlich wird auf Theorien der sogenannten Postmoderne im Anschluss an die „postcolonial studies" (vgl. Kap. 4) rekurriert, wobei in Absetzung von Positionen im Essentialisierungsdiskurs kulturelle Differenzen als Konstrukte rekonstruiert und dekonstruiert werden. Pluralitätsansätze beziehen sich daher auf transkulturelle, transnationale, heterogene, hybride und damit nach gängigen Mustern der Zuordnung uneindeutige Muster. Gegenüber dem Gleichheitsdiskurs geht es hier um ein Zusammendenken von Recht und Differenz, ein Maßstab, der auch im Universalitätsansatz angelegt ist, hier indes normative Gesichtspunkte zuweilen auf die Botschaft reduziert, dass „Vielfalt" per se als Wertmaßstab zu würdigen sei.

Der hier angelegte Charakter eines Diskursfeldes bringt mit sich, dass solche und weitere Diskursformen gleichzeitig, mehr oder weniger dominant vorkommen können, also nicht linear, chronologisch oder nach Entwicklungsstufen hierarchisiert zu verstehen sind.[1] Erst dadurch besteht überhaupt Anlass für eine interkulturell sensible Aufmerksamkeit in dieser Dimension, die Akteuren Sozialer Arbeit die Fähigkeit abverlangt, sich entweder kritisch oder vermittelnd in oder zwischen entsprechenden Positionen einzubringen. Die von uns (vgl. Kap. 2) beschriebene „Wiedervorlage" gegenwärtiger kompensatorischer Konzepte bei Bildungs- und Integrationsmaßnahmen für „Neuzuwanderer" und „Bestandsausländer" in der Bundesrepublik vollzieht im hier angesprochenen Diskursfeld Aspekte eines defizitär ausgerichteten Gleichheitsdiskurses in recht dominanter Weise nach, was innerhalb des eher marginalen Fachdiskurses Sozialer und pädagogischer Arbeit in den Anfängen damaliger sogenannter „Ausländerarbeit" Konjunktur hatte, in der Folge freilich vielfach kritisch hinterfragt, verworfen, modifiziert oder in alternative Diskurse überführt wurde.

c) Akteure Sozialer Arbeit sind in ihrem Reden und Handeln einmal selbst innerhalb der skizzierten unterschiedlichen disziplinären und diskursiven Felder beteiligt und in entsprechenden Kontroversen verstrickt. Daneben gehört es zu ihren Aufgaben, Arrangements zu treffen, in denen soziale Probleme thematisiert, das heißt wortwörtlich ‚zur Sprache gebracht' werden können und Lösungsoptionen gefunden werden sollen. Die methodischen und praktischen Mittel hierzu sind vielfältig und können vom angemessenen „Setting", entsprechenden Gesprächsführungstechniken und Beratungsformen in der Einzelfallarbeit bis zur Inszenierung von Podien oder Veranstaltungen, Gruppenprozessen oder Gemeinwesenaktivitäten im Modus des Empowermentansatzes reichen. In der Interkulturellen Sozialen Arbeit hat sich hier – vielleicht noch eindringlicher als im allgemeinen Verständnis einer nicht bevormundenden Praxis – der Grundsatz etabliert, nicht „für die Betroffenen" zu handeln oder „über sie" zu reden, sondern „mit ihnen". Die „Beteiligung" derer, um die es in irgendeiner Weise geht oder gehen soll, ihre Repräsentation im sozialarbeiterisch getroffenen Arrangement, die Zusammenarbeit mit „Selbstorganisationen" oder ihren Repräsentanten ist zur hinlänglich strapazierten Formel geworden, um jeglichen Verdacht patriarchalischer oder postkolonialer Bevormundung zu begegnen. Fraglich an derartiger Norm bleibt allerdings, ob nicht gerade durch Praxen der Platzanweisung als möglicher „Quotenmigrant" die Authentizität und Macht durch Selbstrepräsentation gezügelt wird. Das Sichtbar-Machen-Wollen qua Repräsentation durch Inszenierungen Sozialer Arbeit zeitigt mindestens drei „Pferdefüße":

Erstens sind auch Beteiligungsformen bei der Planung, Vorbereitung und Durchführung von Veranstaltungen oder Projekten in Kontexten Sozialer Arbeit nicht frei von Möglichkeiten dominanter Vereinnahmung. Gerade der Anspruch von „Repräsentanz" wird hier fragwürdig in einem Benehmen, machtvolle „Gegengewichte" herstellen zu wollen, die realiter nicht einlösbar sein dürften.

Zweitens impliziert der Anspruch auf Selbstrepräsentanz oder authentischen „Originalton", dass der jeweils zu verhandelnde Gegenstand fachlich gleichsam durch die

1 Vgl. Krüger-Potratz 2005, S. 170: „Mit dem Bild des Diskursraumes lässt sich (...) zeigen, dass bestimmte Problemdefinitionen und Argumentationsmuster schon ‚im Raum' waren (...), bevor sie breiter wahrgenommen wurden, und dass andere, obwohl sie auf einer Ebene (zum Beispiel in der Forschung) heftig kritisiert und von vielen Seiten für überholt und überwunden erklärt werden, dort zwar an den Rand gedrängt sind, aber auf anderen Ebenen durchaus weiterhin dominant sein können (...)."

Position oder Eigenart seiner Sprecher oder Sprecherinnen geadelt wird. Es entsteht ein Arrangement von Beteiligten, in dem die einen in der dritten, die anderen in der ersten Person sprechen (sollen), was drittens zu peinlichen Vorführeffekten führt, wenn Einladungen migrantischer Sprecher oder Sprecherinnen, die als solche eigens ausgewiesen werden, entweder als quotiertes Feigenblatt oder authentische Auskunftsquelle herhalten. „Das Einfordern veränderter Repräsentationsverhältnisse tendiert zu einer Authentifizierung der ‚anderen Stimme' (...) etwa dann, wenn sie (Migrationsandere ...) sich als legitime Vertreterinnen und Vertreter in Diskurse einbringen und als ‚authentische Stimme' wahrgenommen werden", schreiben Broden und Mecheril, und verweisen auf die Unangemessenheit entsprechend reduktiver mit Zuschreibungen operierender Darstellungen. Vielmehr sei die „fortwährende Reflexion auf die Angemessenheit von Darstellungs- und Vertretungspraxen sowie Darstellungs- und Vertretungsansprüchen" nicht aufhebbar (Broden, Mecheril 2007, S. 20).

Führt die Kritik an bestehenden Repräsentationsverhältnissen, die Problematisierung von Repräsentationsformen und ihnen inhärenten Dominanzverhältnissen zu einem kritiklosen Liebäugeln mit Repräsentationsformen auf Seiten von Migrantenselbstorganisationen, denen – sensu Foucault – machtproduktive alternative Qualitäten zugesprochen werden, beschränkt sich interkulturelle Aufmerksamkeit auf eine Politik des Zulassens und verzichtet möglicherweise auf Auseinandersetzungen über inhaltliche, normative oder perspektivische Differenzen. Zur interkulturellen Aufmerksamkeit gehört daher auch das Eingeständnis, dass eine Bewertung theoretischer Prämissen oder diskursiver Präferenzen und der daraus abzuleitenden Perspektiven, wie soziales Leben zu gestalten sei, hinsichtlich der Tatsache, ob diese von migrantischer oder anderer Seite vorgetragen werden, kontingent bleibt.

6.3 Interkulturelle Sensibilität als Medium zur Generierung von Wissen und Fähigkeiten

Wissen und Fähigkeiten, die in interkulturellen Zusammenhängen Sozialer Arbeit gebraucht werden, entwickeln sich im Medium interkultureller Sensibilität. Interkulturelle Sensibilität weiß um die Ambivalenzen von Wissen und Nicht-Wissen im Kulturkontakt und um die Aporien eines durch den Ausweis bestimmter Fähigkeiten und Fertigkeiten verengten Methodenverständnisses in der Sozialen Arbeit. Vor allem Aspekte des Machtmissbrauchs in Dominanzverhältnissen, einer expertokratischen Bevormundung durch Professionelle oder Suggestionen technologischer Verfügbarkeit sind vielfach dargestellt und diskutiert worden (vgl. Staub-Bernasconi 2007, S. 119; Dewe et al. 2001; Dewe u. Ferchhoff 1987). Gerade dieses Wissen legt jedoch auch die Erkenntnis frei, dass mit mangelnden Fähigkeiten und unzureichendem Wissen die Risiken interkulturell unsensiblen Vorgehens nicht gerade minimiert werden können. Naives Nicht-Wissen oder Nicht-Können überzeugt vielleicht durch einen Charme von Authentizität und Unschuld, während ein nur vermeintliches Wissen und Können zu Enttäuschungen führen kann, wenn es als nicht ausreichend oder bevormundend erlebt wird. Soziale Arbeit und die für sie maßgeblichen Hilfe- und Beratungsprozesse sind jedoch immer wieder darauf verwiesen, vorgreifende Deutungen vorgelegter sozialer Probleme vornehmen zu müssen und Verfahren verfügbar zu halten, die zu befriedigenden Lösungen führen oder dazu beitragen. Hierfür sind Wissensbestände als Deutungshaushalt erforderlich, aus dem Sozialarbeiter/-innen behutsam als Klärungshelfer schöpfen können. Wissen und Fähigkeiten sollen danach verfügbar gemacht, verflüssigt werden und tragen potentiell zu einer Enthierarchisierung zwischen Helfer und Hilfenehmer bei. Im klassischen Sinn der „Kraftübertragung“ (Empowerment) geht es darum, den Hilfeprozess einmal als Verstehensprozess zu gestalten, zum anderen evtl. hilfreiches neues Erklärungs- oder Handlungswissen dann einzuspeisen, wenn es eine kritische Ethik erforderlich erscheinen lässt, befriedigende Ergebnisse absehbar sind und die damit einhergehenden Anforderungen zumutbar sind. Interkulturelle Sensibilität setzt jedoch nicht nur Wissen voraus, sondern bildet gleichsam ein geeignetes Medium, neues interkulturelles Wissen zu generieren. Auch die migrantischen Klienten Sozialer Arbeit steuern mit ihren Handlungen Wissensbestände bei, sie sind etwa in Beratungsprozessen befragbar, ob bestimmte Deutungen oder Verfahrensvorschläge seitens der professionellen Berater für sie in ihren jeweiligen kulturellen Kontexten Geltung besitzen oder nicht. Im Verstehensprozess kann dem Hilfenehmer durchaus die Funktion zuwachsen, dem Hilfegeber überhaupt erst zu einem angemessenen Verständnis zu verhelfen. Vor allem in sogenannten kurativen Arbeitsfeldern Sozialer Arbeit, etwa bei der Pflege, Altenhilfe oder therapeutisch indizierten Methoden, geht es darum, kulturelle Bedürfnisse und Vorstellungen gelingender Betreuung oder Heilung sensibel zu erkunden und nach Maßgabe bestehender Möglichkeiten zu berücksichtigen.

Interkulturelle Sensibilität weiß ferner um mögliche Zusammenhänge individueller Migrationsschicksale und den Einfluss rechtlicher, ökonomischer oder sonstiger gesellschaftlicher Strukturen. Gerade bei der Sozialen Arbeit für und mit Migranten und Flüchtlingen spielen etwa Ursachen weltweiter Migrationsbewegungen, ausländer- oder asylrechtliche Sonderregelungen oder diskriminierende Praxen im Rahmen institutionalisierten Handelns eine oft bedeutsame Rolle. Auch wenn strukturelle Einschränkungen im Integrationsprozess, Exklusionen oder verschärfte Risiken identifizierbar sind und von Akteuren Sozialer Arbeit gekannt werden müssen, verbietet sich doch eine einseitige Vorstellung der generellen Prägung migrantischer Klientel allein als Opfer derartiger Strukturmerkmale. Eine Anamnese der jeweiligen Bewältigungsmuster und Bewältigungsstrategien wird fallkasuistisch freilegen, dass auch unter widrigen Lebensbedingungen, uneindeutigen Integrationsversprechen oder prekären Aufenthaltsperspektiven durchaus selbstbewusste rationale Entscheidungen möglich bleiben und sich Formen der Lebensführung etablieren können, die eine umfassende Klientelisierung durch die Soziale Arbeit obsolet erscheinen lassen.

Gleichwohl ist ein Wissen um mögliche spezifische Zusammenhänge von gesellschaftlichen Strukturen und Risiken misslingenden Lebens auf individueller Ebene erforderlich, um nicht einer „Sozialpädagogisierung“ struktureller Defizite anheim zu fallen, mittels der strukturelle Ungleichheiten etwa in Hinblick auf Armutsrisiken, Inklusion bzw. Exklusion aus dem Arbeitsmarkt, Erkrankungsrisiken in Folge besonders belastender Arbeitsbedingungen oder Wohnverhältnisse usw. individualisiert und allein der Verantwortung der betroffenen Individuen, Familien oder Gruppen angelastet werden.

Wissen um Grenzen und Möglichkeiten von Verfahren, Methoden und Techniken Sozialer Arbeit muss in interkulturellen Zusammenhängen oft neu erschlossen werden: In Fortbildungen mit Sozialberatern der ersten Einwanderergeneration (1970er Jahre) wurde von diesen z.B. wiederholt geäußert, „Rollenspiele“ könne man mit ihnen nicht veranstalten (...). Lag hier eine kulturelle Überschneidungssituation vor, oder hatten wir es mit einer eher milieuspezifischen Abneigung zu tun, die ebenso von „kulturell deutschen“ Ehrenamtlichen hätte geäußert werden können? Auch hier gilt, nicht alles, was als kulturelle Differenz erscheint oder auftritt, muss es tatsächlich auch sein. Im vorliegenden Beispiel bleibt offen, ob hier kulturelle Belange berührt werden oder sich nicht eher eine häufig auftretende Skepsis gegenüber den oft merkwürdig erscheinenden vielfältigen Methoden und Verfahren aus der Zunft Sozialer Arbeit artikuliert. Im letzteren Fall ginge es eher um eine plausible Vermittlung der Angemessenheit gewählter Methoden und Techniken, die freilich dann an Grenzen stößt, wenn in ihnen Erwartungen etwa metakommunikativer Reflexion eines Problems oder direkte Formen seiner Betrachtung, Deutung oder Bearbeitung enthalten sind, die vom Klienten abgelehnt werden, weil die ihm kulturell nahen und verfügbaren Lösungsstrategien zum Beispiel in Form einer eher non-direktiven Problembewältigung übertreten werden sollen.

So ist etwa auch Wissen im Rahmen von Mediationsverfahren zur konstruktiven Bearbeitung ethnisierter Konflikte um Kenntnisse zu erweitern, die Aufschluss über unterschiedliche kulturelle Strategien zur Konfliktbearbeitung beisteuern.

Schließlich ist es heute erforderlich, interkulturelle Orientierungen nicht allein auf kulturelle oder soziale Attribute zu reduzieren, sondern mit Wissen um Religionen, Religiösität, ihre Maßstäbe und Tabugrenzen zu erweitern.

Dabei geht es nicht um eine Anpassung an einen aktuellen Alltagsdiskurs, der dazu neigt, religiöse Vorzeichen zur Bestimmung von Problemen zu benutzen, seien es Fragen zur Bildungsintegration bis zur Bekämpfung von Terrorismus. Vielmehr soll der Erkenntnis genügt werden, dass jede kultursensible interkulturelle Auseinandersetzung wertbezogener Fundierungen bedarf, die sich auf Lebensformen und Lebensführungen auswirken. Um diese angemessen nachvollziehen zu können bedarf es auch religionskundlicher Verstehensperspektiven, denn unabhängig davon, ob Menschen esoterisch oder skeptisch, religiös oder antireligiös eingestellt, mehr oder weniger gläubige Mitglieder oder Anhänger einer Religionsgemeinschaft oder Glaubensrichtung sind, sie beziehen daraus fundamentale und in der Regel kaum relativierbare Lebensgewissheiten (vgl. Maaser 2007, S. 98). In den monotheistischen Offenbarungsreligionen stabilisieren und legitimieren Gebote Lebensformen und das durchaus differente religiöse Orientierungswissen dokumentiert gleichsam einen sozialen Prozess, indem die Menschen in dreifacher Hinsicht verwoben sind: Einmal in Hinblick auf das, was ihnen in ihrer Lebensführung wichtig ist, zum anderen auf das, was ihnen aufgrund ihrer Glaubensvorschriften wichtig sein sollte, und schließlich auf das, was ihnen aufgrund ihres Glaubens unverfügbar und unverhandelbar erscheint.

Ein zweiter Grund für die Notwendigkeit wissensbasierter Auseinandersetzungen mit unterschiedlichen Religionen liegt in einem praktischen Grund: den erkennbaren Grenzen einer bestimmten Form begegnungspädagogisch inspirierten interreligiösen Dialogs, der sich mit unzweifelhaft guten Absichten um Kontakte, gegenseitige Besuche und Formen höflicher, freundlicher oder gar freundschaftlicher Beziehungen bemüht, dabei aber auch Gefahr läuft, sich im Modus gelingender Moderation selbst zu genügen und die Schwierigkeiten des Umgangs mit substantiellen religiösen Differenzen beiseite zu lassen oder zu vertagen.

7 Interkulturelle Soziale Arbeit zwischen Markt und neuer Steuerung

In diesem Kapitel wird die Frage nach einer Sozialen Arbeit in interkultureller Perspektive an aktuelle Fachdebatten um die Zukunft der Disziplin in Anbetracht sozialpolitischer, ökonomischer und demographischer Veränderungen angeschlossen.

Hierzu wird zunächst der sogenannte Paradigmenwechsel nach dem „Sozialpädagogischen Jahrhundert“ und seine bisherige theoretische Reflexion aufgezeigt.

In einem zweiten Schritt werden vor diesem Hintergrund gegenwärtige Praxismodelle wie z.B. Integrationsförderpläne oder -vereinbarungen, Jugendmigrationsdienste, Sprachkurssysteme oder Praxen im Kontext der sog. Hartz-Reform oder des „aktivierenden Staates“ kritisch diskutiert.

Das Kapitel endet mit einem Prospekt möglicher und notwendiger Orientierungen einer Interkulturellen Sozialen Arbeit in ethischer Orientierung zwischen den Interessen der Klient/-innen, staatlichen und institutionellen Vorgaben, Marktmechanismen und Neuer Steuerung und den fachlichen Ansprüchen der Profession.

7.1 Soziale Arbeit interkulturell: Flexibel und marktfähig?

Soziale Arbeit orientiert sich normativ an Vorstellungen gelingenden Lebens und ist in interkulturellen Konstellationen stets darauf angewiesen, kulturell differierende Gelingensbilder von Einzelnen oder ethnischen Gemeinschaften mit Ansprüchen einer universellen Moral und z.B. Grundsätzen der Menschenrechte zu vermitteln (vgl. Kiesel, Volz 2002). In einer durch Migrationen gekennzeichneten Gesellschaft wie der Bundesrepublik Deutschland können interkulturelle Handlungsperspektiven nicht von den realen und historisch rekonstruierbaren Formen abstrahieren, in denen sich das Verhältnis von „Einheimischen“ und „Zugewanderten“, von „Ausländern“ und „Deutschen“, von „Menschen mit und ohne Migrationshintergrund“, letztlich von der Konstitution eines „Wir“ gegenüber einem „Sie“ manifestiert. Dies gilt vergleichsweise für alle Einwanderungsländer, in denen diese Formen durchaus unterschiedlich sind.

Auch wenn die interkulturelle Perspektive diese Differenzen und Differenzbildungen aufheben will, indem sie sich als „Perspektive für alle“ ausweist, bleibt sie paradoxerweise darauf fixiert, zumal im problematischen Modus „kultureller Differenz“.

Im Spannungsverhältnis zwischen Ansprüchen einer universellen Moral und partikularen – ethischen – Gelingensvorstellungen ergibt sich immer wieder eine Konstellation im Beziehungsmuster zwischen Angehörigen der Aufnahmegesellschaft und Eingewanderten, die die partikularen Ethiken der „Aufnehmenden“ als universell verstehen und vertreten. In jüngster Zeit ist die politische Parole von einer „Deutschen Leitkultur“[1] hierfür ein Beispiel. Gleichermaßen verbietet sich ein unkritischer Kulturrelativismus in Fällen, wo Einzelne oder Gruppen ihr Leben nach Grundsätzen ausrichten wollen, die mit den Grundrechten kollidieren.

Eine weitere Dimension ethischer Orientierungen berührt die Fragen im Kontext von Migrationen, wer wem eigentlich was schuldet, welchen Ansprüchen und Maßstäben eines gerechten und fairen Umgangs sich Aufnahmegesellschaft und Migranten zu stellen haben und welche Ansprüche gegenseitig legitimerweise gestellt werden dürfen.

Auf einigen Gebieten von Rechten und Verpflichtungen sind diese Maßstäbe in Deutschland bis heute umstritten, was nicht zuletzt von Interpretationen und Definitionsmacht darüber abhängig gemacht wird, wer letztlich „Nutznießer“ und wer „Geschädigter“ des Migrationsprozesses ist. Zu nennen beispielhaft:

- Anrechte und Begrenzungen bei der Partizipation in den Sozialversicherungssystemen: Profitiert die deutsche Gesellschaft demographisch, ökonomisch, kulturell von der Zuwanderung oder zahlt sie drauf? (Parole von der „Einwanderung in die Sozialsysteme“)
- Die Koppelung von Aufenthaltsrechten und der Inanspruchnahme Sozialer Hilfen und die Koppelung von Integrationshilfen an eine dauerhafte Bleibeperspektive.
- Erwerb der deutschen Sprache als Recht und/oder Verpflichtung.
- Die Garantie von Diskriminierungsfreiheit durch ein national umgesetztes europäisches Antidiskriminierungsgesetz.

Eine interkulturell orientierte Soziale Arbeit wird sich ethisch jedoch weniger an Kosten-Nutzen-Abwägungen zu orientieren haben, sondern an den lebensweltlich gegebenen Bewältigungsproblemen ihrer Klientel im Horizont einer Humanisierung gesellschaftlicher Strukturen und Verhältnisse.

Soweit interkulturelle Arbeit als eigene Fachrichtung Sozialer Arbeit spezifische Angebote für Migranten vorhält, wirkt wohl noch immer der von Max Frisch formulierte und auf die damalige sogenannte „Gastarbeitergeneration“ gemünzte Satz nach, wonach wir Arbeiter geholt haben, hingegen Menschen gekommen seien. Soziale Arbeit mit und für Migranten tritt hier auch als eine Art Kompensation für tatsächlich oder vermeintlich schuldhafte Reduktionen der Migration auf das ökonomische Kalkül in Erscheinung; sie ist es, die den „ganzen Menschen“ mit seinen Risiken wahrnimmt und mit seinen Potentialen unterstützt. Eine solche Funktionsbestimmung steht mit der zunehmenden Privatisierung von Lebensrisiken, dem damit einhergehenden Umbau des Sozialstaates und der gleichzeitigen Privatisierung von Migrationsrisiken allerdings zur Disposition.

Auf Migrationen reflektierende Soziale Arbeit hatte bisher immer auch das Potential, in ethischer Perpektive „Advocacy-Praxis“ zu betreiben, also kritisch und zum Teil skandalisierend Auswirkungen politischer, rechtlicher und struktureller Benachteiligungen und Restriktionen für Migranten und Asylsuchende zu thematisieren. Damit entsprach sie auf dem Feld der Migrationssozialarbeit auf konzeptioneller

1 Der Begriff wurde 2000 vom damaligen Vorsitzenden der CDU/CSU-Bundestagsfraktion Friedrich Merz in die politische Debatte um Einwanderungskriterien eingebracht.

Ebene zentralen Ansätzen des aktivierenden Empowerment-Ansatzes (Herriger 1997), und in funktionaler Hinsicht bestätigte sich in solcher Praxis eine Funktionsbestimmung moderner Sozialer Arbeit, wie sie bereits Klaus Mollenhauer 1964 herausgestellt hatte, wonach „die Gesellschaft im Sozialpädagogen einen ihrer heftigsten Kritiker (erzeuge)" (Mollenhauer 1964/1993, S. 21). Denn wie kaum auf einem anderen Feld Sozialer Arbeit wurden hier die Gefährdungen und Schäden durch soziale Teilhabebeschränkungen und Desintegrationsrisiken deutlich. Eine solche Praxis konnte sich – hier reden wir ausschließlich vom damaligen Westdeutschland – unter drei Voraussetzungen entwickeln: Zum einen dem wohlfahrtsstaatlichen Versprechen sozialer Integration im Rahmen einer sich als soziale Marktwirtschaft formierenden kapitalistischen Ökonomie, des Weiteren durch die institutionelle Bindung Sozialer Arbeit an Freie Träger, die sich in der Bundesrepublik immer auch als Idealvereine verstanden, und drittens durch die Entstehung sogenannter Selbstorganisationen, die sich zum Teil aus Selbsthilfegruppen und Migrantenvereinen oder aus Initiativen bildeten, die aus den sozialen Bewegungen der zweiten Hälfte des letzten Jahrhunderts hervorgegangen waren. Die zentrale Funktionsbestimmung Sozialer Arbeit, zu reintegrieren, was durch Desintegration ins Abseits zu geraten drohte, unterlag in Hinblick auf eine migrantische Klientel von Anbeginn der paradoxen Situation, Integration für einen Bevölkerungsteil zu ermöglichen, dem im Rahmen der Rotationsideologie Zugehörigkeiten und Partizipationsrechte nur anteilig oder „auf Zeit" zugestanden wurden. Migrationssozialarbeit kann daher als Hinweis auf eine unzureichende Einlösung des Integrationsanspruches gelesen werden, wobei sich mit der Priorisierung einer Workfare-Politik des „Forderns und Förderns" (dazu Näheres im folgenden Abschnitt) eine Verschiebung abzeichnet, die „Integration" weniger strukturell denn als zu erbringende Leistung Einzelner begreift. Folgt man der Analyse aktueller Entwicklungen Sozialer Arbeit einer Reihe von Autoren, „gerät allerdings die wohlfahrtsstaatliche Vereinbarung (Integrationsversprechen Anm. d. V.) selbst unter politischen Legitimationsdruck". Damit werde etwa „nicht nur einer (…) gesellschaftskritischen Positionierung Sozialer Arbeit der Boden entzogen, sondern Sozialer Arbeit insgesamt. Denn thematisierbar (seien) Formen sozialer Desintegration nur, solange die Übereinkunft zur kollektiven Risikokalkulation gültig (bleibe)" (Kessl 2005, S. 31).

Schließlich haben wir gezeigt, dass auch interkulturelle Programmatiken Dominanzverhältnisse verfestigen können. Bedarf der interkulturell kompetente zeitgemäße Sozialarbeiter oder die Sozialarbeiterin einer im Grunde interkulturell inkompetenten Klientel, deren wichtigste Eigenschaft darin mündet, im Sinne geforderter Mitwirkungspflichten zugänglich zu sein? Entspricht es so gesehen dem zeitgemäßen Verständnis bürgerlicher Autonomie oder aufgeklärter Mündigkeit, ein kompetenter Kunde zu sein (Eppenstein u.a. 2005)? Soziale Arbeit wird inzwischen häufig einer Diktion der ‚Marktfähigkeit' unterworfen, etwa als ‚Qualitätsmerkmal' oder ‚Produkt' in festgelegten Zielbestimmungen und -kontrollen, wobei meist offen bleibt, ob die beanspruchten Qualitätsstandarts den Partizipationsinteressen der Klientinnen entsprechen. Die „Sprache der Ökonomie" habe – so Werner Thole und Peter Cloos – mit Nachdruck einen Platz in den Begriffsbestimmungen Sozialer Arbeit eingenommen: „In der Sprache der Ökonomie werden AdressatInnen und KlientInnen zu KundInnen, auch wenn sie nicht freiwillig kommen" (Thole, Cloos 2000, S. 561).

Gleichzeitig, so diagnostiziert Thomas Rauschenbach, „geraten Gemeingüter und Aufgaben des Gemeinwesens, geraten nicht-marktregulierte öffentliche Aufgaben immer stärker unter den Druck einer privatwirtschaftlichen, kostendeckenden Effizienzlogik, werden also eher einer einfachen Kosten-Nutzen-Rechnung ausgesetzt als mit der ungleich schwieriger zu beantwortenden Frage nach einer zumutbaren Verteilungsgerechtigkeit konfrontiert" (Rauschenbach 1999, S. 232). „Wo früher von kindlichen Bedürfnissen, Stigmatisierung und totaler Institution, von Aufklärung, Ideologiekritik, Emanzipation oder pädagogischem Bezug die Rede war, wird die erziehungs- und sozialwissenschaftliche Terminologie mehr und minder radikal durch Begriffe wie neue Steuerung, Sozialmanagement, Kundenorientierung oder Qualitätssicherung ergänzt, konterkariert oder ersetzt" (ebd.). Unter den Vorzeichen einer sogenannten neoliberalen und neokonservativen Wende gerät die Gestaltung des Sozialen insgesamt in eine Lage, in der Fragen von Integration und Desintegration einer Ethik der weitgehenden Selbstvor- und Selbstfürsorge überantwortet werden, als ethisch fragfürdig gerät dabei all das unter Verdacht, was den gängigen Marktprinzipien zuwiderläuft. Migranten und Migrantinnen und vor allem Asylsuchende hätten nach dieser Vorstellung die Risiken auch ihrer künftigen Lebenslagen vollständig selbst zu übernehmen, von der Finanzierung ihrer Integrationsmaßnahmen bis im Extremfall zur Kostenübernahme ihrer eigenen Abschiebung. Die Vermarktwirtschaftlichung Sozialer Arbeit enthält durchaus einen doppelten Charakter, denn einerseits verspricht sie die Freisetzung aus überkommenen paternalistisch-korporatistischen Strukturen, zum anderen geraten Ethik und Ökonomie in einen Konflikt, wenn vermeintliche „Sachzwänge" ethisch fragwürdige Entscheidungen begründen sollen.

In den folgenden Abschnitten sollen Veränderungen der Sozialen Arbeit, ihrer Funktionsbestimmungen und Einbindungen in institutionelle Rahmenbedingungen beleuchtet und in Zusammenhang mit Veränderungen interkultureller sozialarbeiterischer Handlungsfelder nach Inkrafttreten des Zuwanderungsgesetzes vom 1. Januar 2005 diskutiert werden.

7.2 Soziale Arbeit zwischen Modernitätsbewältigung und Marktlogik

Soziale Arbeit vollzieht sich in der Praxis in Spannungsfeldern zwischen unterschiedlichen Akteuren; den Wünschen und Ansprüchen ihrer Adressat/-innen einerseits, zum anderen werden ihre Ziele und Handlungsmöglichkeiten bestimmt und beinflusst durch Trägerinteressen, Motive von öffentlichen oder privaten Geldgebern und schließlich eigenen Maßstäben, fachlichen Standards und Motiven der handelnden Sozialarbeiter und Sozialarbeiterinnen und deren wissenschaftliche Reflexion. Studierende der Sozialen Arbeit lernen diese Spannungsverhältnisse, die es in der Praxis stets auszubalancieren gilt, unter dem Begriff des „doppelten Mandats" kennen, womit zugleich zwei im Grunde unvereinbare, jedoch aufeinander bezogene Funktionen angesprochen sind: Die jeweiligen individuellen eigensinnigen Interessen und Hilfebedürfnisse der Klienten einerseits und ein gesellschaftliches Ordnungsinteresse andererseits. Im Modus der

Diktion von Kunden und Produkten wird dieses Spannungsverhältnis nun nicht aufgelöst, sondern bestenfalls ideologisch unsichtbar gehalten, wenn Sozialarbeiter eben nicht nur Dienstleister, sondern gleichermaßen Akteure im Rahmen von Strategien sind, die zur kontrollierenden „Normalisierung" von Individuen beitragen sollen, und wenn auf der Seite ihrer Adressaten keine oder nur eine eingeschränkte Kundenautonomie vorhanden ist.

7.2.1 Ökonomisierung des Sozialen

Mit dem Schlagwort der Ökonomisierung werden in der Regel Entwicklungen angesprochen, deren Auswirkungen sich u.a. in einem zunehmenden Zwang zu Markt- und Kundenorientierung zeigen. Dabei ist die Begrifflichkeit einer sogenannten Ökonomisierung des Sozialen im Grunde irreführend, denn natürlich hat Soziale Arbeit eine ökonomische Dimension, sie wird finanziert und muss ihrerseits mit Kosten, Einnahmen und Ausgaben kalkulieren. Bei einer Kritik der marktförmigen Strukturierung von Sozialer Arbeit geht es um die Wahrnehmung unterschiedlicher Logiken, die jeweils maßgeblich für die Bereiche der Ökonomie bzw. des Sozialen anzulegen sind, es geht um die Dominanz von Marktstrategien, nicht um eine Infragestellung ökonomischer Dimensionen Sozialer Arbeit:

Die „Ökonomisierung des Sozialen", den Prinzipien von Effektivität und Effizienz folgend, ersetzt die klassischen Versorgungsideologien mit einer Leistungsideologie, in der das Kriterium „interkultureller Kompetenz" durchaus von Vorteil im Wettbewerb erscheinen mag und der bevormundende Beigeschmack traditionellen Hilfehandelns überwunden scheint: „Der Kunde ist König", heißt es, doch was, wenn die Kundschaft – hier die Migranten, die endlich Zugang zu den Diensten finden sollen – Könige ohne Königreiche sind, womöglich nur in Maßen oder handverlesen von Interesse für die Anbieter auf dem Markt sozialer Möglichkeiten und statusbedingt ausgeschlossen vom Sozialmarkt?

Auch als vermeintliche ‚Kunden' in einer interkulturell geöffneten und kompetenten Dienstleistungslandschaft sozialer Einrichtungen bleiben Strukturmomente von Abhängigkeiten und Asymmetrie – wenn auch zuweilen hinter z.B. Gutscheinsystemen für Deutschkurse verdeckt – erhalten. Die Grenzen der Übertragbarkeit von Marktmodellen auf Bereiche, in denen es um Bildung und Hilfe geht, sind grundsätzlich für alle Bereiche Sozialer Arbeit erkennbar: Fehlende Transparenz, keine Kundensouveränität, der Umstand, dass die Leistung(en) vom ‚Kunden' selbst zu erbringen sind, und schließlich die bildungstheoretische Einsicht, dass es ohne Elemente an Zuwendung keine Bildung und auch keine Hilfe geben kann, sprechen für eine Zwitterstellung zwischen Markt und sozialer Bestimmtheit. Ökonomie und Soziale Arbeit folgen weiterhin unterschiedlichen Handlungsprämissen, Handlungszielen und Handlungsprinzipien: Während ökonomisches Kalkül nur aufgeht, wenn es sich weitgehend von menschlichen Beziehungen und Bindungen strukturell unabhängig macht, bleibt Soziale Arbeit auf menschliche, professionelle Bindungen, wenn auch jeweils „auf Zeit", angewiesen; Verfolgt die Ökonomie Umsatz- und Wachstumsziele in einer eigenen Logik von Effizienz und Effektivität, die nach symmetrischen Tauschprinzipien vollzogen werden, geht es Sozialer Arbeit um fachlich begründete Umsetzung organisierten Hilfehandelns, um die teils vorübergehende Regulation von Bedarfsausgleich in immer asymmetrischen

Beziehungsstrukturen und um Bildungs- und Entwicklungsprozesse; Soziale Arbeit handelt demnach primär lebensweltbezogen und verständigungsorientiert, ein rein ökonomisches Handeln hingegen droht diese Handlungsmaxime auf instrumentelle Erfolgsorientierung hin zu verkürzen oder gar aufzulösen (vgl. Thole, Cloos 2000, S. 255 und Galuske 2002, S. 329). Gleichfalls ist nicht zu vernachlässigen, welche Leistungen Soziale Arbeit für eine funktionierende Ökonomie übernimmt.

Am deutlichsten werden die differierenden Handlungslogiken im Verständnis und der Funktionsbestimmung von Zeit: Zeit ist Medium jeder sozialpädagogischen Beziehung und enthält darin einen Wert, der sich prinzipiell jeder Preiskalkulation entzieht, während sie für die Ökonomie ein knappes Gut ist, das seinen Preis hat. Zeit für Soziale Arbeit gilt hier eher als leistungsverzehrend, ihre oft mühselige und immer wieder auch aussichtsarm erscheinende Intergrationspraxis in den vielfältigen kulturellen Milieus unterschiedlichster Lebenswelten bedarf als einer Form professioneller Beziehungspflege wie ähnliche Handlungsformen der Zuwendung – Heilen, Pflegen, Helfen oder Begleiten – eines Wertemaßstabes, wonach die hierfür zur Verfügung gestellte Zeit keine Werte frisst, sondern sie erst schafft. Dies gilt allgemein, jedoch vor allem in der interkulturellen Praxis, wo eine kultursensible Erschließung der lebensweltlich relevanten Zusammenhänge, Übersetzungs- und Vermittlungskompetenzen, oft auch ein Primat von Beziehungsqualität gegenüber Ergebnisqualität in Beratungsprozessen sowie auf lange Zeiträume angelegte Lern- und Erkenntnisprozesse eine zentrale Rolle spielen.

Warum also sollten sich Regeldienste Sozialer Arbeit der Anstrengung erhöhter Komplexität interkultureller Auseinandersetzungen verstärkt aussetzen, wenn sie unter einem Primat marktwirtschaftlicher Prämissen antreten? Sofern hier allein mit Marktvorteilen argumentiert wird, kann der Gerechtigkeitsanspruch gerade dadurch verfehlt werden, etwa wenn sich soziale Betriebe bewusst für eine zahlungskräftige ethnisch oder kulturell homogene Klientelstruktur entscheiden. Erinnert werden muss dabei auf den Umstand, dass die sozialen Migrationsfolgeerscheinungen, mit denen sich Soziale Arbeit heute auseinander zu setzen hat, nicht zuletzt ihre Ursprünge in den Unzulänglichkeiten weltweit wirkender freier Märkte hat, ihre illegalen Spiegelbilder im Bereich von irregulärer Beschäftigung bis zum Menschenhandel eingeschlossen.

Die ökonomisch-technischen Zwänge nehmen nicht nur selten Rücksicht auf soziale Probleme, sie können sie auch erzeugen. Diese Einschätzung in der Tradition kritischer Pädagogik scheint sich umzukehren, wenn ökonomische Handlungslogiken mit sozialem Handeln in eins gesetzt werden.

In dem Maße, wie z.B. die Beschäftigung in Lohnarbeitsverhältnissen nicht länger als potentielle „Ausbeutung" von Arbeitskraft, sondern als Sozialleistung umgedeutet wird, werden vormals sozialrevolutionäre Attitüden getilgt und durch eine Ideologie des „Unternehmers seiner selbst ersetzt" (vgl. May 2003).

In der Praxis verdichten sich Beobachtungen eines Paradigmenwechsels, der auch in der akademischen Sozialpädagogik und von Theoretikern der Sozialen Arbeit reflektiert wird. Z.B. bei Michael Galuske, der „Elemente einer Theorie Sozialer Arbeit in der modernen Arbeitsgesellschaft" vorschlägt, die er unter den Titel einer „Flexiblen Sozialpädagogik" fasst (Galuske 2002; vgl. auch: Dahme et al. 2003). Übersetzt in einen sozialwissenschaftlichen Kontext geht es dort um die Folgen für die Konstitution sozialpädagogischer Unterstützungsleistungen im Übergang von der fordistischen (geregelten) zur ‚flexiblen Arbeitsgesellschaft'. Galuske diskutiert zur Frage des damit skizzierten möglichen Funktionswandels der Sozialen Arbeit (Sozialpädagogik) die

These, diese verabschiede sich von der Zielsetzung einer Integration aller Subjekte hin zu einem flexiblen Management von Integration und Desintegration in einer radikalisierten Marktgesellschaft (vgl. Galuske 2002, S. 341). Trifft eine solche Prognose zu, wären die Konsequenzen für eine am Integrationsparadigma festhaltenden Sozialen Arbeit in interkultureller Orientierung fundamental, weshalb wir hier neben den angesprochenen Fragen einer „Ökonomisierung" an aktuelle Analysen zur „Flexibilisierung" Sozialer Arbeit im Kontext mit grundlegenden gesellschaftlichen Veränderungen anschließen wollen.

7.2.2 Flexibilität und Flexibilisierung

Die allseitige Aufforderung zur „Flexibilisierung" scheint heute ein Wesensmerkmal der postindustriellen Gesellschaft geworden zu sein. Damit erhalten Mitarbeiter und Mitarbeiterinnen in Sozialen Berufen nicht nur den Auftrag, auf einen flexiblen Habitus ihrer Klientel hinzuwirken, ihre professionellen, beruflichen und institutionellen Standards werden – so scheint es – selbst einem ständigen Anpassungsdruck zur Flexibilisierung ausgesetzt. Flexibel zu sein hat etwas mit Dehn- und Biegsamkeit zu tun und erscheint daher zunächst als durchweg positive Eigenschaft.

Normativ entscheidet sich die Bewertung von Flexibilität allerdings erst in einer Unterscheidung zwischen Aktiv und Passiv, zwischen freiwilliger und erzwungener Flexibilität. „Selbst biegsam zu sein" oder „verbogen zu werden" stehen sich qualitativ diametral gegenüber. Wer freilich Flexibilität auf eine Kompetenz, Eigenschaft oder Haltung reduziert, die es von Einzelnen zu erwerben gelte, übersieht, dass derartige Bereitschaften stets an Bedingungen stabiler Erfahrungen und verlässlicher Strukturen zurückgebunden sind. Flexibilität braucht „Halt" und der ist gesellschaftlich unterschiedlich gewährleistet.

Auch scheint die Forderung nach Flexibilität fernab jeglicher Sozialität immer nur auf Einzelne bezogen. Menschliche Bindungen als Ausdruck für den Umstand, dass Individuen gesellschaftlich und sozial untereinander und aufeinander angewiesen und verwiesen bleiben, also mehr oder weniger verlässliche Strukturen der Organisation dieses Bedarfs, geraten der flexiblen Gesellschaft eher zum Hindernis. Dass darüber gleichfalls einer eigenverantwortlichen Lebensplanung die Voraussetzungen entzogen werden, wird zum privaten Risiko.

Moderne Gesellschaften werden daher nicht zu Unrecht als Risikogesellschaften bezeichnet, wobei Risikobereitschaft und Risiken im Lebenslauf eng an Flexibilität als durchaus ambivalente Norm gebunden sind, mal als Option zur Befreiung aus überholten Bindungen, also als Potential von Freiheit, ein andermal als Individualisierungsrisiko, „Freisetzung", Halt- und Bindungslosigkeit. Migrationen können als verschärfte Ausdrucksform hierfür gesehen werden.

Risiken und Kosten zugunsten einer Marktflexibilisierung gehen zu Lasten gesellschaftlicher Bindekräfte in Betrieben, Stadtteilen, Organisationen bis in den Bereich privater Beziehungen hinein, wie Oskar Negt den Übergang von der klassischen Berufsarbeit in eine patchworkartige Aneinanderreihung verschiedener „Jobs" diagnostiziert (Negt 2005). Richard Sennet hatte diesen Übergang auf die Wortbedeutung im Englischen des 14. Jahrhunderts bezogen; danach bedeutete „Job" einen Klumpen oder eine Ladung, die man herumschieben konnte. Die neue Arbeitsstruktur als Gelegenheitsjobber lässt Menschen Arbeiten wie Klumpen verrichten, mal hier, mal da (Bezug auf Sennet 1998). Anhand der auf Migrationsprozesse bezogenen Sozialen Arbeit liegen reichhaltige Erfahrungen vor, die Flexibilisierung und Flexibilität als Norm und Alltagspraxis gleichermaßen fokussieren:

- Einmal kann man hier entdecken, welche Potentiale flexibler Anpassung von Lebensentwürfen Menschen unter den verschiedenen Bedingungen der Migration zu entwicklen in der Lage sind;
- andererseits erlebt man auch die fatalen, ressourcenvernichtenden Kräfte bei erzwungener Flexibilität z.B. bei ungesicherten Aufenthaltsperspektiven.
- Schließlich haben viele Praktiker der Sozialen Arbeit mitverfolgen können, wie sich der Übergang von der klassischen zur sog. Zweiten Moderne, von der Arbeits- zur Dienstleistungsgesellschaft für diejenigen ausländischen Arbeitnehmer auswirkt, die heute zu den „Überflüssigen“ gehören.

Hier lässt sich ein Befund von Lothar Böhnisch und Wolfgang Schröer anschließen, der für die Interkulturelle Soziale Arbeit von Bedeutung ist, weil er uns daran erinnert, dass Mobilitätsdruck und Flexibilitätserwartungen Erscheinungen moderner Gesellschaften generell und nicht ausschließlich für den als „Ausländer“ oder „Migranten“ spezifisch wahrgenommenen Teil der Bevölkerung sind: „Der Mensch wird in eine ständige Bewerbungssituation gedrängt (...) muß ständig beweisen, dass er flexibel genug ist, um bestehen zu können. Der flexible Lerner ist die Vergesellschaftungsform individueller Lebensführung im digitalen Kapitalismus. (...) Handlungsfähig ist, wer (darin) Erfolg hat, die anderen (...) müssen flexibler werden und lernen“ (Böhnisch, Schröer 2001, S. 92).

Für Böhnisch ergibt sich die Eigenständigkeit Sozialer Arbeit (Sozialpädagogik) gegenüber bloßer Fürsorge oder Sozialpolitik über ihre Orientierung am „unkalkulierbaren Eigensinn“ der Menschen, denen sie sich zuwendet, mithin gerade aufgrund ihrer sozialtechnischen Unkalkulierbarkeit. Böhnisch beruft sich auf den Sozialpädagogen Carl Mennicke aus dem Wissenschaftskreis des Sozialprotestantismus in den 1930er Jahren. Dieser hatte die Notwendigkeit einer eigenen Sozialpädagogik aus der „sozialpädagogischen Verlegenheit der Moderne“ hergeleitet, also dem Umstand, dass moderne Industriegesellschaften strukturell gezwungen sind, institutionell auf die von ihnen erzeugte Spannung von Integration und Desintegration zu reagieren: Moderne Gesellschaften erzeugen eine ihnen eigene Verlegenheit, weil sie ihre Mitglieder „einerseits freisetzen und andererseits nicht vermitteln, wozu sie frei sind, den freigesetzten Menschen keine sozialen Orte bieten (...), wo sie in ihren Freiheiten Halt und Sicherheit finden könnten“ (Böhnisch 2002, S. 199f.).

Hier ist es also – noch – die moderne Industriegesellschaft, die strukturell in Verlegenheit gerät angesichts der sogenannten ersten Modernisierung.

7.2.3 Interkulturelle Aspekte alter und neuer Aporien Sozialer Arbeit

„Die moderne Sozialarbeit entsteht“ – so definiert es Brumlik – „(...) als Wille zur pädagogischen Aufhebung einer die sozialen Bindungen durch Industrialismus und Kapitalismus zerstörenden Moderne im Zusammenspiel von Versicherungsstaat, reaktiver Barmherzigkeit und beruflicher Tätigkeit" (Brumlik 2000, S. 191). Böhnisch spricht von einer pädagogischen Transformation einer Dauerkrise, die gesellschaftlich nicht aufhebbar sei, und ihre Folgen daher am Einzelnen behandelt werden müssen. Die Strukturierung Sozialer Arbeit füllt nun den entstehenden „risikogesellschaftlichen Raum" (Böhnisch 2001b, S. 24f.) und folgt gewissermaßen spiegelbildlich mit ihrer Spezialisierung, Standardisierung und Verrechtlichung der industriellen Gesellschaft auf dem Weg in die Moderne (Erler 2000, S. 43), wobei der im vergangenen Jahrhundert vollzogene Prozess ihrer Verberuflichung, Ausdifferenzierung, quantitativen und qualitativen Expansion auch unter dem Slogan vom „Sozialpädagogischen Jahrhundert" in die Fachdebatten eingeflossen ist.

Warum gerät nun aber die Soziale Arbeit in der Fortsetzung des oben skizzierten Funktionszusammenhanges mit einer heute als post-, zweiter oder als spätmodern bezeichneten (Dienstleistungs-)gesellschaft selbst in Verlegenheit und was bedeutet dies für ihre interkulturelle Orientierung?

Fabian Kessl führt dazu aus: „Einrichtungen und Fachkräfte Sozialer Arbeit finden sich aktuell in einer paradoxalen Situation wieder: Neo-soziale Programme versprechen im Rahmen des neuen aktivierungspädagogischen Staatsmodells eine ungekannte *öffentliche Anerkennung* – allerdings nur dann, wenn Soziale Arbeit die aktivierungspädagogischen Vorgehensweisen mit dynamisiert. Beruft sie sich (...) dagegen auf eine (...) Verteidigung kollektiver Risikokalkulationsprogramme, droht ihr eine weitgehende *Marginalisierung*" (Kessl 2005, S. 39). „Neo-soziale Aktivierungstrategien" lösen demnach wohlfahrtsstaatliche Integrationsprogramme ab, die Realisierung von Integrationsleistungen werde in die subjektive Verantwortung von Individuen, Familien oder lokalen Netzwerken verwiesen (ebd., S. 33).

Soziale Arbeit war je schon durch Handlungsparadoxien und Konflikte gekennzeichnet: So ergaben sich Wertekonflikte im Spannungsverhältnis von „Professionalisierung" und „Menschlichkeit". Nach Brumlik ergibt sich eine Verlegenheit, weil Sozialpädagogik ein letztlich nicht modernisierbares Berufsethos der „sozialen Mütterlichkeit" innerhalb der Moderne kultivieren müsse (vgl. Brumlik 2000, S. 193). Zielkonflikte können entstehen, wenn Soziale Arbeit einerseits als legitimatiorische Grundlegung ihres Handelns „Klientelisierung" betreibt, die sie jedoch gleichzeitig zu überwinden hat. Mandatskonflikte sind angelegt, wenn Soziale Arbeit einerseits an der Seite ihrer Klienten deren Eigensinn zu respektieren hat, ihr gesellschaftliches Mandat hingegen Motiven der Konsensbeschaffung oder letztlich ordnungspolitischen Interessen geschuldet ist. Schließlich will und soll die klassische moderne Soziale Arbeit auf ihre Klientel Einfluss nehmen, ohne zu beeinflussen (Arbeitsprinzipien, die weitgehend auf Instruktion, Erziehung oder Therapie verzichten) und gerät dabei in einen Strukturkonflikt.

Diese Aporien galt es bisher – da nicht aufhebbar – in der Praxis auszubalancieren, was der Sozialen Arbeit ermöglichte, einerseits als Gesellschaftskritikerin aufzutreten, zum anderen mit und gegenüber ihrer Klientel dafür zu Sorgen, dass die Anbindung an eben diese Gesellschaft gelingt.

Im Kontext des oben angesprochenen Paradigmenwechsels und gleichzeitiger sozialstaatlicher Veränderungen entstehen für die Soziale Arbeit nun nach dem vorigen sozialpädagogischen Jahrhundert neue modische Verlegenheiten, die zur Kenntnis genommen werden müssen, um aktuelle Neujustierungen im Feld der interkulturellen Arbeit angemessen zu verstehen:

Der klassische Strukturkonflikt Sozialer Arbeit zwischen „Einflussnahme" ohne „Beeinflussung" scheint sich aufzulösen, wenn Beeinflussung – selbst um den Preis einer Wiedereinführung strafpädagogischer Praxen – ihrer Klientel mehr oder weniger offen von ihr erwartet werden. Arbeitsprinzipien und Formen ergebnisoffener Beratung werden ersetzt durch zunehmend instruierende Praxen. Soziale Arbeit soll nunmehr beeinflussen, allerdings ohne weitergehende Verantwortungsübernahme garantieren zu können, ob das, wohin sie ihre Klientel drängt, auch tatsächlich zum gewünschten Erfolg führt.

Mandatskonflikte im doppelten Mandat scheinen sich in dem Maß zu erübrigen, als eine Verschiebung zugunsten ordnungspolitischer Funktionen Priorität erhält. „Eigensinn" wird als Potential bestenfalls in die vorab gesetzten Zielvorgaben integriert, sofern er sich gegen entsprechende Zielvereinbarungen sperrt, bleibt er unbeachtet oder mit Sanktionen belegt.

Zielkonflikte zwischen „Klientelisierung" und „Selbst-überflüssig-Machen" erübrigen sich unter permanentem Zeitdruck von Fristsetzungen, denen nicht nur die Klienten, sondern auch die Akteure Sozialer Arbeit unterliegen. Fristen, befristete Projekte und befristete Chancen lösen den Zielkonflikt in beschleunigten Verfahren vermeintlich auf.

Schließlich mutiert auch der Wertekonflikt zwischen Professionalität als engagierter Rollendistanz (vgl. Nagel 1997) und traditionaler auf Nähe angelegter „Menschlichkeit" im Sinne „sozialer Mütterlichkeit", wenn Moderations-, Steuerungs- und Managementtechniken klassische sozialarbeiterische Interventionspraxen ersetzen: „Menschlichkeit" findet in professioneller Distanz weniger mit Menschen, denn in geronnener Form in Planungsprozessen und Leitbildformulierungen statt.

Abbildung 7 stellt klassische und „neue" Verlegenheiten Sozialer und Sozialpädagogischer Arbeit in einer Übersicht stichwortartig gegenüber und macht in einer dritten Spalte Ableitungen in Hinblick auf interkulturelle Fragestellungen deutlich.

Schlüsselbegriffe Sozialer Arbeit haben längst – und dies macht eine weitere „Verlegenheit" gegenwärtiger Sozialer Arbeit aus – ihren Status als professionsinterne Fachtermini preisgegeben und gehören in Politik und bei anderen Berufsgruppen wie der Polizei, in Ämtern und Behörden zum Ausweis zeitgemäßer Orientierung: „Flexibilität" oder „Aktivierung", eine Dialektik von „Fördern und Fordern" oder „Eigenaktivität" im Sinne einer „Hilfe zur Selbsthilfe" werden ihrer ursprünglich beabsichtigten kritisch-emanzipatorischen Perspektive enthoben und drohen, zu einer staatlich verordneten Ideologie zu mutieren.

So zielt beispielsweise die Parole des Beraters der ehemaligen Bundesregierung unter Kanzler Schröder für die Agenda 2010, Peter Hartz: „Eigenaktivitäten auslösen – Sicherheiten einlösen", oder der Slogan vom „Fordern und Fördern" (vormals „Fördern und Fordern") auf eine Flexibilisierung von Individuen, paradoxerweise durch die Privatisierung von Risiken, die eigentlich durch garantierten Bedarfsausgleich im Falle existentieller Not oder Krankheit abgesichert sein sollten.

Die Konzentration aller Hilfen auf den Faktor „Arbeit" wird prekär, wenn das Arbeitsvolumen einerseits strukturell sinkt, auf der anderen Seite den Betroffenen Leistungs-, Motivations- oder Flexibilitätsmangel vorgeworfen wird.

Der Kontext sozialstaatlicher Veränderungen umfasst Veränderungen des Verhältnisses von Staat, Gesellschaft und Bürger, der Staat wird zum Moderator des eigeninitiativen Bürgers und Sozialpolitik nur mehr ein weicher Standortfaktor. Die Neuprogrammierung des Sozialen umfasst eine Reduktion und Neugestaltung der Leistungen und Sicherungssysteme, den Umbau der Verwaltungen, eine Verschiebung bei Leistungsträgern und die Vermarktwirtschaftlichung des Sozialen. Als Legitimationen gelten finanzielle Überforderung, marktwirtschaftliche Globalisierungsentwicklungen und schwindende Legitimität sozialstaatlicher Arrangements: Wer Hilfe erwartet, soll dafür etwas leisten. Nicht die Bedarfslage, sondern z.B. ‚Erwerbsfähigkeit' wird zum neuen Kriterium. So wird zur Alternative polarisiert, was ehedem zusammengehörte: Selbsthilfe statt Unterstützung, Eigenverantwortung anstatt Solidarität und Bürgergesellschaft statt Wohlfahrtsstaat (Kessl, Otto 2003, S. 57).

Im Kontext der damit skizzierten sozialstaatlichen Veränderungen geht es nicht allein um die Streichung oder Kürzung von sogenannten freiwilligen Leistungen als Zuschussform öffentlicher Geldgeber vor allem in einzelnen Bundesländern, aber auch finanzschwachen Kommunen. Diese haben gewiss in einzelnen Regionen in den letzten Jahren zur Gefährdung ganzer Arbeitsfelder wie z.B. Schuldnerberatung, Arbeit der Frauenhäuser, Erziehungs- oder Migrationsberatung geführt und sind Ausdruck einer Politik, die unter dem Diktat einer Ideologie des „schlanken Staates" Risiken seiner an den Rand gedrängten Bürger und Bürgerinnen privatisiert, Subsidiarität durch Verstaatlichung oder Vermarktlichung ersetzt und mit dem Argument des knappen Geldes weite Teile einer über Jahre gewachsenen Infrastruktur preisgibt.

Darüber hinaus bewirken nationale und europäische Einflussfaktoren einen Paradigmenwechsel, der nicht allein nur durch Einschnitte bei der Leistungsbemessung erfasst werden kann. Der sogenannte aktivierende Sozialstaat – ein durchaus theoretisch unterfüttertes Konzept –, so Achim Trube in einer Analyse veränderter Rahmenbedingungen Sozialer Arbeit, ziele mit der auf Antony Giddens zurückgehenden Schröder-Blair-Strategie auf eine Umwandlung des Sozialstaates in einen Konditionalstaat (Trube 2005, S. 91). Zur Illustration kann die Aussage des ehemaligen Bundeskanzlers Gerhard Schröder herangezogen werden: „Niemandem aber wird künftig gestattet sein, sich zulasten der Gemeinschaft zurückzulehnen. Wer zumutbare Arbeit ablehnt – wir werden die Zumutbarkeitskriterien verändern –, der wird mit Sanktionen zu rechnen haben." [2]

Hier wird die Frage, wie die gesellschaftlichen Rechte und Pflichten jedes Einzelnen auszutarieren seien, zu einem sozialmoralischen Programm erhoben. Die Folge muss eine Aufwertung von Kontrollmechanismen sein, die vorgeblich dem Gemeinwohl dienen, in der sozialen Praxis aber zu Ressentiments und Diskriminierung führen können (vgl. Dahme, Wohlfahrt 2001, S. 10).

Aufgabe des folgenden Abschnitts soll vor diesem Hintergrund sein, Konsequenzen und Entwicklungen für die Interkulturelle Soziale Arbeit nachzuzeichnen, die sich in Verbindung mit ihren institutionellen Einbindungen, den Auswirkungen einer mühsam reformierten Zuwanderungspolitik mit einem neuen Zuwanderungsgesetz und der Neujustierung von Integrationsmaßnahmen und Einwanderungshilfen im Feld der Sozialen Arbeit ergeben.

2 Vgl. Schröder 2003

„Sozialpädagogische Verlegenheit"	**Alt**	**Neu**	**Interkulturell**
Wertekonflikt	Traditionale Elemente werden gegenüber Risiken der Moderne in der Sozialen Arbeit stark gemacht. Gleichzeitig will sich Soziale Arbeit selbst modernisieren. Z.B. Professionalisierung versus „Menschlichkeit" als Konflikt.	Beziehungs- und Prozessqualität wird nachrangig gegenüber Ergebnisqualität; Managerismus; Neue Steuerung ersetzt „Sozialpädagogischen Bezug".	Konträre Wertigkeiten von Prozess und Ergebnis. Beziehungs- und Prozessqualität in sozialen Beratungsprozessen wird von Migranten oft höher bewertet als Ansprüche produktorientierter Effizienz- und Ergebnisfixierung. Verlässlichkeit zählt mehr als modische Projektvielfalt.
Zielkonflikt	„Klientelisierung versus „Selbst-überflüssig-Machen".	Vermeintliche Auflösung des Konfliktes durch zeitliche Befristungen.	„Kulturelle Differenz berücksichtigen" versus „Differenzen überwinden". „Soziale Arbeit mit statt für Migranten"; Interkulturelle Soziale Arbeit statt Migrationssozialarbeit. Migranten nicht als hilfsbedürftig erklären, aber auch Hilfebedarf nicht übersehen.
Mandatskonflikt	Staatliche Ordnungsfunktion (Konsensbeschaffung) versus Eigensinn der Klienten.	Verschiebung des doppelten Mandats zugunsten ordnungspolitischer Anteile.	Ethnische Dominanz der Aufnahmegesellschaft in Strukturen Sozialer Arbeit. Einseitiges Mandat, sofern Migranten keine „Kundensouveränität" besitzen.
Strukturkonflikt	Einflussnahme ohne Beinflussung.	Beeinflussung ohne Verantwortungsübernahme.	Instruktionen zur Assimilation an ein zuweilen unvollendetes Pluralitätskonzept.

Abbildung 7: Alte und neue Aporien Sozialer Arbeit – interkulturelle Bedeutung

7.3 Institutionelle Voraussetzungen und Veränderungen Sozialer Arbeit in interkultureller Orientierung

Was zuvor als Paradigmenwechsel und Neuprogrammierung Sozialer Arbeit beschrieben wurde, findet seine Entsprechung in der Ausrichtung der Institutionen und Träger Sozialer Arbeit. Interkulturelle Soziale Arbeit changiert hier zwischen „Stellvertreterpolitik“ und „Anwaltschaftsrolle“, zwischen Selbstorganisation, Subsidiarität und Markt.

7.3.1 Strukturwandel Sozialer Institutionen und Veränderungen in Arbeitsfeldern Sozialer Arbeit

Die Freien Wohlfahrtsverbände in der Bundesrepublik befinden sich in einem strukturellen, vor allem auf Senkung bisheriger Aufwendungen für Soziale Arbeit zielenden Umwandlungsprozess, der nicht ohne Auswirkungen auf die fachliche und inhaltliche Gestaltung ihrer Arbeit bleibt. „Die sozialwirtschaftliche Transformation der Träger und Einrichtungen der Freien Wohlfahrtspflege in der Bundesrepublik (sei) Ausdruck eines Trends zur Ökonomisierung des Sozialsektors (...)“ (Dahme, Kühnlein u.a. 2005, S. 245), resümieren die Autoren einer explorativen Studie der Hans Böckler Stiftung zum Weg der deutschen Verbändewohlfahrt in die Sozialwirtschaft aus dem Jahr 2005. Die damit verbundene „Monetarisierung“ löst fachlich bzw. politisch verhandelte Standards zugunsten einer Festlegung von „Input und Output, Vergleichbarkeit von Produkten, Betonung der Effizienz der Leistungserbringung (...)“ ab. „Diese Entwicklung (nehme) Einfluss auf die Gestaltung und praktische Ausgestaltung von Subsidiarität als Leitidee eines besonderen Zusammenwirkens von staatlichen Agenturen und frei-gemeinnützigen Trägern“ (ebd., S. 245). Zu verzeichnen ist ein tendentieller Verlust einer bedarfsorientierten Planung, sofern die jeweiligen Bedarfslagen nicht mit Nachfragekategorien im Sozialmarkt identisch sind.

Die Umprogrammierung von Subventionierungen in Leistungsvereinbarungen – so die Studie – sei weitgehend vollzogen. Umstrukturierungsprozesse der Wohlfahrtverbände führen u.a. zur „verbandsinternen Schaffung von Verbundsystemen zwischen verwandten sozialen Diensten“. Sie gehöre in die “Kategorie der betriebswirtschaftlich motivierten Modernisierung“ (ebd., S. 247) und hat in Hinblick auf die Arbeitsfelder, in denen Interkulturelle Soziale Arbeit als eigene Fachrichtung auftritt, nachhaltige, z.Zt. noch nicht abgeschlossene Folgen. Die bislang vor allem aus fachlichen Gründen bedeutsame Kontoverse um Interkulturalität Sozialer Arbeit als eigener Fachrichtung mit eigens ausgewiesenen z.T. hochspezialisierten Arbeitsfeldern respektive in Form einer Querschnittsaufgabe für alle relevanten Arbeitsfelder Sozialer Arbeit wird hier unter betriebswirtschaftlichem Druck entschieden zugunsten eines flexibilisierten Typus des generalisierten Allround-Sozialmanagers, der zwischen Kostendruck und gewachsenen Qualitätsansprüchen handlungsfähig bleiben muss. Dennoch konstatiert die Studie zum institutionellen Selbstverständnis der Verbände: „Nach wie vor sind Wohlfahrtsverbände in ihrem Selbstverständnis Nonprofit-Organisationen, die sich vor allem durch Multifunktionalität auszeichnen. Würden (sie) den Empfehlungen der Wirtschaftswissenschaftler folgen, müssten sie zwangsläufig diese multiple Identität preisgeben und sich einigen ihrer Aufgaben und Aktionsfelder entledigen" (ebd., S. 247). Der hier angesprochene „Spagat" zwischen Verbands- und Betriebsinteressen, zwischen „Idealverein" und ökonomisch kalkulierendem sozialwirtschaftlichen Unternehmer zwingt zu einer permanenten internen Klärung zum Verhältnis zwischen sozialanwaltschaftlicher Rolle und Akteur als marktwirtschaftlich operierender Dienstleister. Die klassische aufsuchende und nach konzeptionellen Vorgaben des Empowermentansatzes operierende Soziale Arbeit bezog ihr Wissen und jeweiliges Problembewusstsein nicht zuletzt aus eben dieser Praxis, die wiederum nur ernsthaft durchzuhalten schien, wenn sie durch sozialpolitische und sozialanwaltliche Interventionen in den gesellschaftlichen, politischen und rechtlichen Raum hinein flankiert wurde. Im Bereich der interkulturellen Arbeit sind hierfür Beispiele von zahlreichen Initiativen zu nennen: Von Stellungnahmen zur Einführung eines kommunalen Wahlrechtes bis zur Unterstützung von Bleiberechtskampagnen für langjährig in Deutschland lebende Migranten mit einem Duldungsstatus, von Einflussnahmen auf humanitäre Aspekte des Ausländer- bzw. Zuwanderungsgesetzes, z.B. die Aufenthaltsrechte geschiedener oder verwitweter Ehepartner betreffend, Monitoring bei Abschiebungen oder Berücksichtigung geschlechtsspezifischer Verfolgung usw. Hier konnte Soziale Arbeit immer wieder auch eine Rolle als „Kritikerin der Gesellschaft" (s.o.), in der sie handelnd eingebunden war, spielen. Nun, so die These, zerfällt dieser Zusammenhang in einen allein dienstleistungsgemäß zugeschnittenen Teil im praktischen Vollzug mit als „Kunden" apostrophierten Abnehmern dieser Leistungen und auf einer anderen „Bühne" Versuche ethischer und sozialanwaltschaftlicher Profilierung, die freilich unter den neuen Vorzeichen weitgehend abgekoppelt von den Subjekten geschieht, denen die jeweiligen Stellungnahmen dienen sollen. Die bisherigen Auseinandersetzungen um Selbstorganisationen als Träger Sozialer Arbeit, um Stellvertreterpolitik der großen Wohlfahrtsverbände als klassische Träger von Migrationsdiensten, Flüchtlingsberatungsstellen etc. basierten noch auf der Grundlage einer Finanzierung durch Zuschüsse der öffentlichen Hand und Eigenmitteln der Träger, um deren Verteilung es letztlich ging.

Anwaltschaftliches Engagement der Träger steht heute unter den sich entwickelnden Marktgesichtspunkten unter einem dilemmatischen kontingenten Vorzeichen, sofern es immer auch dem Träger nutzen oder aber auch schaden kann: Verzichten die Träger auf der Suche nach einer *„postkorporativen Identität"* (ebd., S. 251) auf ihre bisher immer wieder eingenommene Rolle, sich als Anwalt der Betroffenen glaubwürdig zu positionieren, werden sie ununterscheidbar gegenüber anderen privaten Anbietern auf dem Markt und verlieren ihre Legitimität und ihr sozialpolitisches Mandat gegenüber Interessensorganisationen der Betroffenen, gleichzeitig werden sie ihr anwaltschaftliches Handeln in Hinblick auf Abhängigkeiten im nun marktförmig strukturierten Verteilungskampf um öffentliche und sonstige Zuschüsse und Finanzierungen ihrer Dienste austarieren müssen. Eine rein altruistische Advocacy-Praxis war freilich schon zu Zeiten einer korporatistischen Förderungs- und Zuwendungspraxis selten, denn durch die damit gegebenen Abhängigkeiten konnte das Maß kritischer Einflussnahmen stets gezügelt werden.

Welche Entwicklungen sind nun in diesen Kontexten in Arbeitsfeldern Sozialer Arbeit zu erwarten bzw. bereits erkennbar und wie bilden sich diese Entwicklungen mit Blick auf interkulturelle Aufgaben ab?

Arbeitsfelder „als sozialpädagogisches Praxissystem Sozialer Arbeit" (Thole 2002, S. 19) sind keine unbeweglichen festgelegten Orte, in denen sich angehende Sozialarbeiter/-innen irgendwann einrichten, sondern sie sind historisch kontingent, unterliegen also Wandlungen und Veränderungen. Diese können sich z.B. durch die Änderung von Aufgaben und Problemsichten ergeben, auf die sich Soziale Arbeit bezieht, sie können Ausdruck veränderter gesellschaftlicher Funktionsbestimmungen, Strukturen und Kontexte sein oder auch im Kontext disziplinärer Diskurse, also gewissermaßen von innen heraus, etwa durch die Entwicklung konzeptioneller und fachlicher Maßstäbe, bedingt sein.[3]

Der Anspruch Sozialer Arbeit auf eine Zuständigkeit zur „Gestaltung des Sozialen" ist historisch ebenfalls kontingent, denn nach einer Bestimmung von Otto/Kessl wird Soziale Arbeit stets auch immer von dem umfasst, was sie zu ihrer Aufgabe macht: „(…) die Gestalt des Sozialen umschließt Soziale Arbeit und dessen Gestaltung ist ihre Aufgabe" (Kessl, Otto 2004, S. 448). Kompetente Soziale Arbeit in der Migrationsgesellschaft muss demnach mitvollziehen, welche Wirkungen sozialstaatliche Veränderungen mit sich bringen. Arbeitsfelder sind so stets in einen kritisch-reflektierenden Zusammenhang zu stellen mit ihren konzeptionellen, institutionellen und gesellschaftlich vermittelten Funktionsbestimmungen.

Nur so kann es gelingen, Wandlungsprozesse von und in Arbeitsfeldern nicht nur affirmativ, also zustimmend oder gar bewusstlos ohnmächtig mit zu vollziehen, sondern den Anspruch aller Sozialen Arbeit auf eine Zuständigkeit zur „Gestaltung des Sozialen" auch für die eigene Zunft und ihre Arbeitsfelder einzulösen.

In einer zusammenfassenden generalisierenden Darstellung zeichnen sich folgende Tendenzen zur Veränderung von Arbeitsfeldern Sozialer Arbeit ab:

Tendenzen in Arbeitsfeldern Sozialer Arbeit

1. Tendenzen zur quantitativen Begrenzung Sozialer Arbeit

- Soziale Berufe und Arbeitsfelder als Teil einer sich nach marktförmigen Regeln selbstregulierenden Service- und Dienstleistungslandschaft (z.B. Gutscheinmodelle im Bildungsbereich).
- Auflösung verbindlicher Strukturen zugunsten befristeter Maßnahmen – „Projekthopping".
- Beschleunigung von Hilfeprozessen, Kriterium der „schnellen Wirkung" (z..B. Modell der Ambulanten Intensiven Begleitung „AIB" in der Jugendhilfe).
- Bürgerschaftliches Engagement oder Ehrenamt als Ersatz für berufliche Soziale Arbeit.

3 Die Frage nach den Gesetzmäßigkeiten solcher Veränderungen wäre ein eigenes Thema; die Antwort müsste uns Auskunft geben, wer im Verhältnis von sozialstaatlichem Kontext und disziplinärem Professionsverständnis Sozialer Arbeit eigentlich die Konzepte für berufliches Handeln schreibt.

2. Tendenzen zur qualitativen Einebnung Sozialer Arbeit

- Fachliche Ausdifferenzierung und Spezifizierung Sozialer Arbeit wird durch Rationalisierungsstrategien („Clustering") – häufig unter Missbrauch des Synergiegedankens – zurückgefahren (vgl. Dahme et al. 2005b, S. 247).
- Zentrale Kategorien und Konzepte Sozialer Arbeit werden selektiv von anderen Berufsgruppen, z.B. Verwaltungsbeamten der Arbeitsämter oder Ausländerbehörden oder der Polizei übernommen. (Z.B. Einzelaspekte des Case-management, Quartiersmanagement oder Empowerment in Kombination mit Sanktionen) (vgl. Eick 2005).
- Ausgrenzungen vom Zugang zu Beratungsleistungen durch die Priorisierung von Arbeitsvermittlung. Zuschreibung von „Nicht-Integrierbarkeit" durch die Bundesagentur für Arbeit (Fallmanager sollen mit möglichst geringem Mittelaufwand möglichst hohe Vermittlungsquote erzielen und werden Beratungs- und Betreuungsleistungen nur dann bewilligen, wenn anschließend reale Vermittlungschancen bestehen).

3. Tendenzen zur Tilgung der im letzten halben Jahrhundert errungenen „Normalisierung" Sozialer Arbeit[4]

- Einengungen auf den Faktor „Arbeit" als Integrationsziel. Eigentliche *Resultate* Sozialer Arbeit wie „Motivation", „Eigeninitiative" oder „Einlassen auf Hilfe" werden zur Voraussetzung ihres Tätigwerdens erhoben. „Erwerbsfähig" versus „Nicht-erwerbsfähig" als Kriterium in Screening-Verfahren (vgl. Trube 2003, S. 19).
- Workfare-Politik als „Politik der Lebensführung": Infantilisierung von Hilfeempfängern, die Lenkung, Führung, Aufzeigen von Grenzen usw. benötigen, auch wenn sie es nicht einsehen (vgl. Kessl, Otto 2003, S. 15).
- Null-Toleranz-Strategien mit Folgen für Soziale Arbeit: Das „Feld" wird zur vernachlässigbaren Größe und in der Fallarbeit werden Ursachensuche, hermeneutisches Fallverstehen und Lebensweltorientierung unwichtig, weil lediglich die in jeweiligen Programmen vorgegebenen Verhaltensstandards durchgesetzt werden sollen (Dahme u.a. 2003, S. 95).
- Verschiebungen von „Helfen, Ordnen und Strafen". Pädagogisierung von Hilfen und Zugehörigkeitsrechten (Hilfegewährung wird an Leistungen des Hilfeempfängers gebunden). Begriff der „fordernden Beratung" im Rahmen „aktivierenden Sozialmanagements". Motiv: Wie kann beraten werden, damit der Bürger die Sozialleistungen erst gar nicht oder nur kurz in Anspruch nehmen muss? (vgl. Walther 2003, S. 288).
- Unterschlagung der unterschiedlichen Logiken von Ökonomie und Sozialer Arbeit (vgl. Galuske 2002, S. 329).
- Zwänge durch die wachsende Armutsproblematik, Sozialarbeit verstärkt auf reaktive Konzepte umzustellen (vgl. z.B. Ansen 2006 oder Otto 2006).

---

4 Soziale Arbeit als Angebot, das potentiell von allen, nicht allein von als problembehaftet klassifizierten Teilgruppen der Gesellschaft in Anspruch genommen wird. Vgl. u.a. Lüders, Winkler 1992. Zusammenfassend: Thole 2002, S. 47. Auch „positive Begründung der sozialen Arbeit": Schilling 2005, S. 182

Als Zwischen-Resumee halten wir fest: Entwicklungen und Erfahrungen in der Organisation, Funktionsbestimmung, Finanzierung und inhaltlich-normativen Ausrichtung Sozialer Arbeit verdeutlichen, dass sich sozialpädagogisches Handeln in prekären Abhängigkeiten vollzieht, und im Moment eine Theorie, die etwa das Zusammenwirken von Helfen, Bilden, Ordnen und Strafen angemessen beschreiben und handlungsinspirierend ausrichten könnte, offenbar nicht zur Verfügung steht. Soziale Arbeit allein im Steuerungsmedium „Markt" läuft Gefahr, Hilfestrukturen gegenüber basalen Erfordernissen der Betroffenen aufzukündigen, und bildet daher keine wirkliche Alternative gegenüber paternalistischen Praxen herkömmlicher Wohlfahrtspflege. Diese Erkenntnis ist auf Praxen, Konzepte und Strukturen Sozialer Arbeit in einer interkulturellen Orientierung hin zu beziehen und kritisch zu werten.

7.3.2 Aktuelle Entwicklungen in der Interkulturellen Sozialen Arbeit

Das Problem der Legitimation von Unterscheidungen entlang kultureller Differenzlinien hat sich als „roter Faden" durch die bisherigen Kapitel verfolgen lassen: Wie werden wir uns im Angesicht „kultureller Andersartigkeit" gerecht? Wie und unter welchen Umständen lässt sich ein Reden vom „Wir" überhaupt legitimieren und wie gelingt es ohne einen Zwang zur „Nostrifizierung"? Wie lässt sich vermeiden, entlang kultureller Unterscheidungen Differenzen zu zementieren, die Exklusionen und strukturelle Diskriminierungen rechtfertigen? Vor dem Hintergrund der oben skizzierten aktuellen Verschiebungen und Veränderungen ergeben sich für die Interkulturelle Soziale Arbeit folgende Fragen:

1. Wie wirken Unterscheidungskriterien im Kontext der Ökonomisierung Sozialer Arbeit?
2. Welche Unterscheidungsmuster/Differenzlinien zeichnen sich nach der Reform des Ausländergesetzes ab?

Marktstrategien und Kundenorientierungen in der Sozialen Arbeit setzen Strukturmomente von Abhängigkeiten und Exklusionen im Feld der auf Migration und Einwanderung zielenden Maßnahmen nicht außer Kraft. Hier kommt der Frage nach Freiwilligkeit bzw. Unfreiwilligkeit in den Interaktionen zwischen Akteuren der Sozialen Arbeit als mandatierte und entsprechend qualifizierte Berufsrolleninhaber und ihren Klienten auf der anderen Seite eine entscheidende Bedeutung zu.

Ressourcenorientierte Verständnisse pädagogischer Beratungstätigkeit folgen einer Entwicklung sozialpädagogischer Beschäftigung mit den sozialen Fragen der Migration, die im Konflikt mit der eigenen berufspolitischen Neigung, Problemgruppen zu definieren, denen dann mittels sozialpädagogischer Strategien beizukommen sei, dazu übergegangen ist, Migranten nicht weiter als Randgruppe oder devianzgefährdete gesellschaftliche Größe zu betrachten. Das Grundproblem Sozialer Arbeit, ihr Doppelcharakter von Hilfe und Kontrolle soll in der als interkulturell kompetent verstandenen Sozialen Arbeit im Konzept der „interkulturellen Öffnung" durch ein auch marktorientiertes Verständnis adäquat ‚kundenfreundlicher' Institutionen umgangen werden. Nun ist für die Klärung professionellen Selbstverständnisses der sozialpädagogischen Praxis entscheidend, ob es sich je um freiwillige Angebote, also auch in

Folge um eine je frei gewählte und erwünschte Beziehung zwischen Beratendem und Beratenem handelt, oder ob diese mehr oder weniger verpflichtend oder erzwungen ist. Im zweiten Fall, etwa wenn Migranten angehalten sind, sich mit Jugendämtern, Gesundheitseinrichtungen, Sozial- oder Ausländerbehörden ins Benehmen zu setzen, muss von einer semiprofessionellen Praxis ausgegangen werden. Sozialpädagogische oder sozialarbeiterische Praxis enthöbe sich letztlich ihrer eigenen Legitimation, auch wenn sie sich allein an einem normativ wertfreien Dienstleistungsverständnis orientierte und auf egalitäre Integration zielte, wollte sie im Feld der ‚interkulturellen Arbeit' von ordnungspolitischen Funktionen, bestehenden Asymmetrien und damit ihrem notwendig dominanten Charakter abstrahieren.

Tendenz	**Indizien**	**Interkulturelle Arbeit**
Quantitative Begrenzungen	• Marktregulierung • Befristungen • Beschleunigung • Verschiebungen zwischen Haupt- und Ehrenamtlichkeit	• Zeitliche Befristung von Integrationsmaßnahmen • Streichung und Kürzung staatlicher Zuschüsse und komplementärer Eigenmittel der Trägerverbände für Migrationsdienste
Qualitative Begrenzungen	• Clustering • Selektive Übernahme durch andere Berufsgruppen • Ausgrenzungen zum Zugang zu Leistungen	• Strukturelle Subsumtionen spezifizierter Angebote bei der Organisation Sozialer Dienste • Trennungen nach „Zuständigkeiten": „Neuzuwanderer", „Bestandsausländer" usw. (Bund, Länder, Ministerien) • Assessment und „Diagnostik" z.B. von Sprachkompetenz durch Angestellte der Job-Center oder durch Beamte der Ausländerbehörden • Priorisierung von Arbeitsvermittlung bzw. Erwerb deutscher Sprache führt zu Problemen für interkulturelle Bildungsträger. Komplexe Problemlagen fallen aus der Angebotspalette heraus.
Abkehr von Normalisierung	• Priorisierung von Arbeit als Integrationsziel • „Workfare" Politik • Disziplinierende Praxen • Verschiebungen von „Helfen, Ordnen, Strafen" • Verschärfte Armutslagen	• Wiedervorlage ausländerpädagogischer, kompensatorischer Konzepte • Keine Integrationsmaßnahmen bei befristetem Aufenthalt • Optionen zur Disziplinierung über Aufenthaltsrechte

Abbildung 8: Entwicklungen von Handlungsfeldern Sozialer Arbeit – Beispiele im Feld Interkultureller Sozialarbeit

Dabei ist unübersehbar, dass sich in den jeweiligen Hilfekonstellationen nicht nur „Kunden" mit Migrationshintergrund entsprechend vorhandener Angebote „bedienen", sondern jeweils auch Erwartungen der Anbieter und im weitesten Sinne der

Aufnahmegesellschaft einfließen: Das Hilfesystem *soll* auch in Anspruch genommen werden, Kenntnisse in deutscher Sprache *sollen* erlangt werden, Mädchen sollen an Klassenfahrten teilnehmen, Jugendliche *sollen* in Ausbildung kommen und bleiben, Eltern *sollen* sich in Kita und Schule auf Elternabenden zeigen usw.

Endlich werfen die aktuellen Entwicklungen einmal auf der Seite der Sozial- und Ausländerpolitik, zum anderen in Feldern und Strukturierungen der Sozialen Arbeit Fragen danach auf, inwieweit Integrations- und Desintegrationsprozesse im Kontext von Migrationen in der Bundesrepublik überhaupt einen legitimen Bezugsrahmen für Interventionen und Angebote der Sozialen Arbeit bilden: Hier changieren Praxen und Projekte zwischen der Funktion eines begründbaren notwendigen Angebots etwa im Sinne erforderlicher Einwanderungshilfen, lebenslagenunterstützender oder migrationsspezifisch beratender Angebote einerseits und einem nun unter dem neuen Label „interkulturell" auftretenden Assimilationsinstrument andererseits. Erstere geraten zunehmend nicht nur unter ökonomischen Druck, denn es entspricht auch politischem Willen, wenn sich im Marktgeschehen Selektionen unter Migranten und Asylsuchenden fortsetzen: Von Interesse bleiben vorrangig diejenigen, die dem Aufnahmeland von Nutzen erscheinen; Integrationsmaßnahmen werden hier mit der ausländerbehördlichen Formel vom „auf Dauer angelegten Aufenthalt" legitimiert, alle anderen bleiben von entsprechenden Angeboten auch im Sinne von „Marktteilnehmern" ausgeschlossen. Dies führt zur paradoxen Situation, dass entsprechende Alltagsdiskurse immer wieder von Klagen gekennzeichnet sind, z.B. jugendliche Spätaussiedler wollten sich nicht hinreichend integrieren, anderen aber, die sich durchaus „integrieren wollen", wird dies mit dem Verdacht auf Absichten späterer Aufenthaltserschleichung verwehrt.

Aktuelle Auslegungen des zum 01.01.2005 in Kraft getretenen Zuwanderungsgesetzes lassen befürchten, dass die bekannte Logik, wonach nur diejenigen ins Land dürfen sollen, die nützlich erscheinen, mit sozialpädagogischen Disziplinierungsmaßnahmen auch für jene einhergeht, die schon lange da sind: Unter dem Begriff einer „nachholenden Integration" verstehen die Trägerverbände Sozialer Arbeit *noch* das gerechte Eintreten für die Erwartungen an Anschlussmöglichkeiten derjenigen Migrant/-innen, die in der Vergangenheit Desintegrationsprozesse bewältigen mussten und denen nun etwa verbleibende Beratungsmöglichkeiten nicht entzogen werden sollten; schon jedoch gibt es Anzeichen in Bereichen der Politik, der Administration und Verwaltung und den Medien, dass sich unter diesem Begriff die Wiederkehr einer strafenden Pädagogik ankündigt, wenn etwa der erfolglose Spracherwerb an Aufenthaltsrechte oder den Bezug von Sozialleistungen geknüpft wird.

Eine Reduktion des Integrationsprozesses auf einen weitgehend individualisierten Lernprozess von Zuwanderern verkennt die strukturellen Defizite beim Zugang zu den zentralen gesellschaftlichen Bereichen im Feld der Bildung, Politik und der Rechte. Eine ‚Pädagogisierung' des Integrationsprozesses ist daher kritisch zu bewerten, wenn sie nicht mit politischen Partizipationsperspektiven einhergeht.

Die Debatte um eine Reform des Ausländergesetzes (Süssmuth-Kommission) und die Ergebnisse der Pisa-Studie hatten Initiativen und Signale ausgelöst, die auf eine Anerkennung von Einwanderungsrealitäten hoffen ließen und die mangelhafte Bildungsintegration von Migranten/-innen offenbarte. Deren starkes und offenbar wachsendes Interesse an einem gut ausgebauten und diskriminierungsfreien Bildungssystem und Angeboten zum Erlernen der deutschen Sprache sind seither belegt. Hier hat eine sich sozial verstehende Pädagogik ihren Platz. Wer den Erwerb der deutschen

Sprache allerdings ohne Ansehen von Motiven und Voraussetzungen des Einzelfalls an die Entscheidung über eine Gewährung bzw. Versagung grundlegender basaler Lebensvoraussetzungen in Deutschland knüpfen will (Bedarfsausgleich im Falle von Arbeitslosigkeit oder Sozialhilfebedürftigkeit und Aufenthaltssicherheit), fördert nicht die Autonomie kompetenter sprachbegabter Bürger und Bürgerinnen, sondern unterwirft das Sprachvermögen einem ordnungspolitischen Kalkül. Neben dem Novum, dass Rechtsansprüche aus den sozialen Sicherungssystemen oder der Schutz von Ehe und Familie (Familiennachzug) an die kognitiven Voraussetzungen der Anspruchsberechtigten geknüpft werden sollen, erscheint dies schon deshalb zweck- und sittenwidrig, weil es alle Bürger diskreditiert, die ihrer Sprache – aus welchen Gründen auch immer – nicht hinreichend mächtig sind oder sein können. Sprache kann als Medium zu Ausdrucksfähigkeit und Verständigung in der Einwanderungsgesellschaft führen, wenn sie nicht in einer Feststellungsdiagnostik endet, sondern in eine Diagnostik des Verstehens mündet. Stattdessen wird die deutsche Sprache mit der Drohung negativer Sanktionen bei mangelnden Sprachkenntnissen weniger als unverzichtbare Offerte denn als Hürde funktionalisiert, um über Inklusion oder Exklusion auf sozialer und gesellschaftlicher Ebene zu entscheiden.

Die „neuen" Differenzlinien „marktfähig/nicht-marktfähig", „integrationsberechtigt/nicht-berechtigt", „migrantisch/nicht-migrantisch", „erwünscht/unerwünscht" überschneiden sich mit Differenzlinien, die sich mit dem neuen Zuwanderungsgesetz allerdings nur vermeintlich verschoben haben: Die früheren vier Arten der Aufenthaltsgenehmigung waren die Aufenthaltserlaubnis, Aufenthaltsbewilligung, Aufenthaltsbefugnis und Aufenthaltsberechtigung und wurden nun auf zwei Aufenthaltstitel reduziert: Eine befristete Aufenthaltserlaubnis und eine unbefristete Niederlassungserlaubnis. Mit der gleichzeitig einhergehenden Neuausrichtung von entsprechenden Maßnahmen werden bisherige Unterscheidungen zwischen Spätaussiedlern und anderen Aufenthaltsberechtigten zum Teil aufgehoben, die neuen Differenzlinien unterscheiden u.a. „Neuzuwanderer" und „Bestandsausländer", „reguläre" und „irreguläre" Aufenthalte, „vorübergehende Aufenthalte" und „auf Dauer angelegte Aufenthalte", „Jugendliche" und „Alte Migranten", und „erlaubte, unerlaubte, eingeschränkt erlaubte Erwerbstätigkeit". Daneben haben Unterscheidungen von „religiös/säkular", „fundamentalistisch/gemäßigt" u.Ä. an Bedeutung gewonnen.

Auf der Ebene der ministeriellen Zuständigkeiten konzentrieren sich entsprechende Maßnahmen beim Innenministerium. Das ehemalige Bundesamt für die Anerkennung ausländischer Flüchtlinge (BAFL) steuert im nun erweiterten und mit weiteren Zuständigkeiten und Aufgaben versehenen „BAMF" (Bundesamt für Migration und Flüchtlinge, vgl. Kap. 9) die Organisation der für Neuzuwanderer zum Teil verpflichtend gewordenen „Integrationskurse". Dies sind „Basis- und Aufbaukurse, die neben der Vermittlung der deutschen Sprache auch Orientierungshilfen über die gesellschaftlichen und kulturellen Verhältnisse in der Bundesrepublik Deutschland vermitteln" (Ordnungsamt Frankfurt/M. 1/2005) sollen. Vom Bundesministerium für Arbeit (BMA) wurden Haushaltstitel für Migrationsberatung übernommen, so dass künftig eine Bündelung und Steuerung bislang differenzierter Maßnahmen in enger Verknüpfung mit Steuerungsfunktionen zur Zuwanderung bzw. Aufenthaltsbeendigung erfolgen kann.

In jüngerer Zeit ist eine Wiederkehr einer speziell auf Migranten/innen zielenden Welle sozialpädagogischer Maßnahmen zu beobachten: Die totgeglaubte Ausländerpädagogik erlebt ihre Renaissance als ‚Zuwanderungspädagogik' in Form von diversen Pilotprojekten für „Integrationskurse", „Integrationslotsenprogramme", „Eingliederungsverträgen" oder Fördermaßnahmen zum Erwerb der deutschen Sprache. Was ehedem als schlichte „Hausaufgabenhilfe" daherkam, erfährt seine vermeintliche Neuerfindung als Bildungsprojekt für „effektive Hilfe" usw. (vgl. z.B. Ott 2005, S. 22). Die Vorzeichen und Sprachformen haben sich allerdings den im ersten Teil dieses Kapitels angesprochenen Moden assimiliert: „Fordern und Fördern", „interkulturelles Assessment", „Leistungsvereinbarungen", „interkulturelles Quartiersmanagement" usw. versprechen überprüfbare Wirksamkeiten (vgl. Müller-Neumann 2005, S. 159). Doch sind nicht alle gegenwärtigen Maßnahmen[5] nur als Repliken mit neuem Etikett zu verstehen: Die aus den früheren allein für jugendliche Spätaussiedler eingerichteten sogenannten „Jugendgemeinschaftswerke" sollen nunmehr unter dem Namen „Jugendmigrationsdienste" alle eingewanderten migrantischen Jugendlichen erreichen. Dies ist eine sinnvolle Weiterung, da nunmehr die Migrationstatsache und nicht länger der Status bzw. kulturelle Zuordnungen relevant werden. Allerdings ist die gleichzeitige Festschreibung eines Präventionsbedarfs bzw. Begleitungserfordernisses im Integrationsprozess umso problematischer, denn das an Hilfeplanverfahren der Jugendhilfe orientierte Konzept operiert eng im Modus von „Fördern und Fordern", von „Hilfe und Kontrolle": „(...) Unter ‚begleiten' verstehen wir dabei nicht nur einseitiges Fördern, sondern wir fordern gleichzeitig auch von den jungen Menschen die aktive Mitarbeit an ihrer Integration ein (...)" (von Heinz 2003), so der Tenor aus dem zuständigen Ministerium des Bundes (BMFSJ).

Die Struktur von unterschiedlichen „Zuständigkeiten" (Erstberatung/Bund-Land/Kommune/Jugend/Erwachsene usw.), aber auch die gewachsene Landschaft von Projekten, regionalen Initiativen und interkulturellen Qualifizierungsprozessen bei den sogenannten Regeldiensten erfordern erheblichen Vernetzungs- und Koordinationsbedarf, der nicht immer allein der Klärung sachhaltiger Probleme bzw. einer effektiveren Arbeit, sondern den Konkurrenzen der sich als Marktteilnehmer verstehenden Akteure in der Sozialen Arbeit geschuldet ist.

7.4 Perspektiven und Herausforderungen

Eine Soziale Arbeit, die dem Anspruch gerecht bleiben will, neben den Bereichen der Politik und des Rechtswesens einen maßgeblichen Anteil an der Gestaltung des Sozialen zu haben, wird sich mit Blick auf die sozialen Fragen der Migration, Einwanderung, Integrations- und Desintegrationsprozesse in der Gesellschaft, innerhalb derer sie wirksam sein will, daran messen lassen, wie es ihr gelingt, auf den unterschiedlichen Ebenen der lebensweltergänzenden, lebensweltunterstützenden oder lebensweltersetzenden Maßnahmen (vgl. Thole 2002, S. 20), der Ebene eines eher auf Bedarfsausgleich zielenden Hilfehandelns oder eher auf Prävention zielenden sozialpädagogischen Maßnahmen eine Praxis zu entfalten, die einerseits die spezifischen sozialen Belange im Kontext

5 Durch den raschen Wandel, Entwicklung, Entstehen, Verschwinden und Umbildungen von Maßnahmen vor allem auch in regionaler Unterschiedlichkeit ist es hier nicht sinnvoll, entsprechende Projekte im Einzelnen aufzuführen.

mit Migrationen nicht einfach übersieht, die Subjekte der Migrationsbewegungen zum anderen aber auch nicht zu Objekten einer in Anfängen sichtbaren Wiederkehr disziplinierender sozialarbeiterischer Strategien werden lässt.

Soziale Arbeit in interkultureller Perspektive sollte Rückfälle in eine überwunden geglaubte ‚Strafpädagogik' kritisch verfolgen, anstatt sie blind und affirmativ mitzuvollziehen. Es wäre nicht das erste Mal in der Geschichte der Sozialen Arbeit, dass sie ihre Bestimmung allein aus den Disziplinierungsinteressen ihrer Zeit schöpft. Bei aller deutlich gewordenen Kritik an aktuellen Tendenzen der Neuausrichtung Sozialer Arbeit soll jedoch nicht aus dem Blick geraten, dass herkömmliche Strukturen und Konzepte ebenso wenig widerspruchsfrei waren.

Andreas Walther hat zu Recht darauf hingewiesen, „die kritische Perspektive auf workfare und Prekarisierung (dürfe) der Auseinandersetzung mit dem bröckelnden Integrationspotential des alten, fordistisch inspirierten Gesellschaftsvertrages nicht im Wege stehen" (Walther 2003, S. 288). Dieser Gesellschaftsvertrag galt für die migrantische Klientel der klassischen „Ausländersozialarbeit" ohnehin nur eingeschränkt und selektiv, man könnte daher gar von einem Erfahrungsvorsprung in einem Sektor Sozialer Arbeit sprechen.

„Aktivierung" könne auch bedeuten – so Walther –, dass Institutionen, die die Adressaten Sozialer Arbeit bislang als passive Fälle bearbeitet haben, sie zunehmend als Akteurinnen ernst nehmen müssten. Dies stelle Anforderungen an die „Reflexivität von Institutionen, indem sie beispielsweise Reaktionen der AdressatInnen als Indikatoren für die Angemessenheit einer Eingliederungsstrategie interpretieren und nicht als Gradmesser für Zusammenarbeit oder Mitwirkungspflichten, der im Zweifel Sanktionen legitimiert." Gerade Sozialarbeit (verfüge) über das „Wissen um Karrieren des Scheiterns" (ebd., S. 303). Dieses Wissen könne sie einbringen in ein „Konzept von Aktivierung, das (...) Subjekten Fairness zutraut, wenn sie fair behandelt werden" (ebd., S. 304). Diese Sicht der Dinge wäre als Maßstab an institutionelles Handeln des neu dimensionierten BAMF und der künftigen Einwanderungsbehörden – etwa bei der Ermittlung von Integrationsfortschritten – anzulegen.

Wer nicht regressiv bedauert, dass „früher alles besser gewesen sei", und nach Perspektiven für berufliche Handlungskonzepte in interkultureller Orientierung fragt, hat hierfür drei Zugangsmöglichkeiten:

Auf der Suche nach Perspektiven für berufliche Handlungskonzepte:

- Deskriptiv-analytische Zugänge: Was passiert mit und in Arbeitsfeldern Sozialer Arbeit? Welche Handlungskonzepte setzen sich zur Zeit gegenüber anderen durch? Wie verändert sich die Träger- und Institutionenlandschaft? Wie wird die interkulturelle Perspektive empirisch aufgenommen?
- Normative Zugänge fragen nach den darin einzulösenden „Sollensvorschriften": (Z.B.) Ethische Grundlagen, Verständnis vom Hilfeprozess als Co-Produktion, Ergebnisoffenheit, Freiwilligkeit und Vertraulichkeit in der Beratung, Geschlechtergerechtigkeit, Parteilichkeit, Thematisierung von Alltagsrassismus usw.
- Zugänge über den wissenschaftlichen Diskurs: Welche Antworten werden von Fachvertreter/-innen der Disziplin vorgeschlagen? Welche wissenschaftstheoretischen und methodologischen Prämissen sind leitend? Historisch vergleichende Sozialarbeitsforschung. International vergleichende Forschung. Bildungsforschung.

Einmal wäre – deskriptiv – fortlaufend zu beschreiben, zu evaluieren und empirisch abzusichern, welche beobachtbaren Veränderungen sich zur Zeit vollziehen und wie sich institutionelle Strukturen verändern.

Es kann damit ermittelt werden, welche Handlungskonzepte in unterschiedlichen Arbeitsfeldern sich gegenwärtig gegenüber anderen durchsetzen, welche Arbeitsfelder verschwinden, sich verändern oder auch neue im Entstehen begriffen sind (z. B. das in Aussicht stehende anerkannte Berufsbild des „Fallmanagers“ im Dienst der „Job-Center“: Wird hier, wie Kritiker befürchten, ein Handlungskonzept durchgesetzt, das Grundprinzipien einer ergebnisoffenen Beratung verlässt und im Konfliktfall den vorgegebenen Eingliederungsplan als einseitigen Verwaltungsakt durchsetzt?).

Zweitens ergeben sich die Perspektiven aus normativer Sicht, also auch im Sinne einer Berufsethik, was denn sein solle, welche Wege auch normativ tragfähig und praktisch folgenreich aus der „modischen Verlegenheit der Sozialen Arbeit“ herausführen könnten. Es schließt sich die Frage nach geeigneten Theorien an, die standhalten gegenüber Ökonomisierung und Paternalisierung und schließlich – drittens – die Notwendigkeit, die Pluralität der Blickrichtungen von Vertreter/-innen der Disziplin selbst auf ihre zugrundeliegenden Haltungen und Vorschläge hin wahrzunehmen und zu beurteilen.

Soweit wir sehen, lassen sich dabei wiederum drei Formen kategorial unterscheiden, die die Frage nach Handlungsperspektiven je unterschiedlich beantworten:

1. Affirmative, pragmatisch-taktierende Handlungskonzepte
Hierunter verstehen wir Haltungen und Handlungen, die mehr oder weniger zustimmend die oben kritisch betrachteten Entwicklungen mitvollziehen, sie zuweilen selbst aktiv in Gang setzen oder in Gang halten bzw. die eigenen Einflussmöglichkeiten sehr gering einschätzen: „Wir richten uns ein und beanspruchen Qualität“.

2. Fatalistische Positionen. Abwartende Handlungskonzepte
Hier finden sich Positionen in einer Art „Bunkermentalität“: Wenn uns die Probleme der Ausgegrenzten hinterrücks wieder einholen, wird ein neuer Ruf nach orginärer Sozialer Arbeit ertönen, aber dann muss alles neu aufgebaut werden.[6]

3. Kritisch-reflexive Handlungskonzepte, die wohl am ehesten zielführend sein dürften: Sie gehen davon aus, dass der Funktionswandel beruflicher Sozialer Arbeit zu Ungleichgewichten im doppelten Mandat führt mit höheren ordnungspolitischen Anteilen, fordern jedoch keine schlichte Abwehrstrategie, sondern eine offensive Bezeichnung und Begründung der Handlungsmuster einer reflexiven Sozialen Arbeit, (…) die

6 Vgl. z.B. Polutta 2003, S. 146: „Die aktivierende Arbeitsförderung transportiert tendenziell eine ‚repressive Pädagogik‘, ein Kontroll- und Disziplinierungsmuster und eine top-down Implementierung arbeitsmarktpolitischer Instrumentalisierung (…)“. Ihr müssten jugendhilfespezifische lebensweltbezogene Angebote entgegengesetzt werden. „Weil Jugendliche zur Entwicklung (…), zur Teilnahme an Gesellschaft und zur Überwindung sozialer sowie individueller Benachteiligungen weitergehende Angebote benötigen, als ihnen eine ‚Quasi-Sozialarbeit‘ bietet, werden früher oder später die Verpflichtungen auf die Jugendhilfe wieder zurückfallen.“ (…) der Aufbau entsprechender Angebote (könne) wieder erforderlich werden, „wenn die heute bestehende Trägerlandschaft (…) erst einmal zerfallen ist.“ Was hier für den Bereich der Jugendhilfe gesagt wird, kann tendentiell auch für Bereiche der Interkulturellen Sozialen Arbeit gelten.

„gesellschaftskritisch beobachtet und gesellschaftspolitisch mitgestaltet (...)". Eine solche gelte es immer wieder zu verteidigen, neu zu konstituieren und kritisch zu überprüfen (Otto, Kessl 2003, S. 71).

Ob Konzepte Sozialer Arbeit[7], entsprechende Interventionen und Maßnahmen sinnvoll sind, ist auch immer von jenen mitzubewerten, denen sie nutzen sollen; Sozialarbeiter/-innen werden also immer erst im Nachhinein erfahren, ob das, wovon sie glauben, dass es gut und notwendig sei, den Menschen und ihrem Zusammenleben auch gerecht wurde. Diese Erkenntnis gilt allgemein und erfordert einen Begriff Interkultureller Orientierung, der stets einen Anfang markiert und meint, einen Ausgangspunkt, von dem aus kritisch reflektiert und hoffnungsvoll prospektiert werden kann und soll, gewissermaßen als verbindliche Festlegungen unter Vorbehalt. Eine so verstandene Interkulturelle Soziale Arbeit versteht sich eher als Katalysator zur Eröffnung von Möglichkeitsräumen in einem reversiblen Milieu, in dem Missverständnisse und Fehlentwicklungen von vorneherein eingeräumt werden.

Damit ist freilich allen prägenden und auf Beeinflussung zielenden Interventionsabsichten eine Einschränkung bzw. Absage erteilt. Alle Sehnsüchte nach Effizienz und Erfolgsindikatoren Interkultureller Sozialer Arbeit werden auf den ehernen Grundsatz einer im Prinzip ergebnisoffenen Koproduktion von Klient und Sozialarbeiter im doppelten Mandat verwiesen. Unterbleibt eine Mandatierung durch die Adressaten Interkultureller Sozialer Arbeit, bleibt diese wirkungslos.

Michael Galuskes Versuch, Elemente einer flexiblen Sozialpädagogik zu identifizieren, endet mit der bangen Vermutung, dass nach dem „Sozialpädagogischen Jahrhundert" die „Soziale Arbeit evtl. sogar im Umfang weiter wachsen, aber eine andere sein könnte als bislang: mit höheren ordnungspolitischen Anteilen, unter permanentem, institutionellen Effizienzdruck und einem...reduzierten Professionsverständnis" (Galuske 2002, S. 355 u. 356). Diese Diagnose klingt wenig inspirierend und wir wollen dem Begriff der „Verlegenheit" einer künftigen Sozialen Arbeit nur ungern das letzte Wort lassen, zumal diese in ihrer interkulturellen Ausrichtung Lern- und Wachstumsprozesse an sich selbst beanspruchen darf, solange die interkulturelle Perspektive für neue Erfahrungen und Entwicklungen offen bleibt:

Soziale Arbeit kann sich gegenüber einer einseitigen Funktionsbestimmung seitens staatlicher Steuerungen oder eines reinen Marktgeschehens immunisieren, indem sie eine theoretisch fundierte kritische Selbstreflexivität ihrer Praxis als Maßstab anstrebt. Neben dem Eigensinn ihrer Adressaten sollte Soziale Arbeit gleichsam ihren ihr eigenen Eigensinn ausweisen und im positiven Sinne ihre Identität zu erzeugen in der Lage sein. Hierzu gehört die theoretische Aufgabe zu klären, welche Tätigkeitsfelder legitimerweise beansprucht werden und unter welchen normativen Voraussetzungen Ziele verfolgt und spezifische Handlungsansätze und Methoden in der Praxis angelegt werden. Für Erfordernisse im Kontext von Migrationstatsachen und Integrationsprozessen haben wir im vorliegenden Band einen Beitrag zu leisten versucht. Erfahrungen Sozialer Arbeit in interkultureller Perspektive bieten eine gute Voraussetzung dafür, einer quasi-sozialarbeiterisch erweiterten Verwaltungstätigkeit entgegenzusteuern,

7 Vgl. die Unterscheidung von „Konzepten", Methoden und Techniken bei Galuske 1998, S. 21–33

ging es doch hier darum, einem oft starren Verwaltungshandeln „biegsame" und „dehnbare" lebendige Handlungsmuster entgegenzusetzen.

Soziale Arbeit darf und kann dabei ihre Kontextabhängigkeit nicht übersehen, darf und braucht sich aber andererseits nicht ausschließlich über ihre Struktur- und Funktionsbedingungen zu definieren. Immer wieder laufen Vertreter der Zunft Gefahr, Kontexte und deren Tragweite in fast dominanter Intensität in den Mittelpunkt ihrer eigenen Professionalität zu stellen, ohne deren gegenwärtige Komplexität tatsächlich erfassen zu können. Der aus der kritischen Theorie bekannte Satz, der theoretische Pessimist schließe den praktischen Optimisten nicht aus, muss möglicherweise unter den sich abzeichnenden Bedingungen und Entwicklungen reziprok gelesen werden: Es bedarf kritischer Praktiker und Praktikerinnen, die, auch wenn sie die Lage pessimistisch einschätzen mögen, den in zahlreichen pädagogischen und sozialarbeiterischen Entwürfen und Theorien abgelagerten Optimismus nicht aus den Augen verlieren. Dieser Optimismus hat sich normativ an der wachsenden Zahl der vermeintlich Überflüssigen zu orientieren und auf ihre Lebenschancen zu beziehen – nur dann kann eine berufliche Praxis Sozialer Arbeit glaubwürdig bleiben. Er folgt – interkulturell – der theoretischen Einsicht, dass interkulturelles Zusammenleben möglich und ein „Kampf der Kulturen" nicht zwingend ist, und weiß um die „Gleichursprünglichkeit von Vielfalt"[8] und von der Möglichkeit, Integration und gesellschaftliche Pluralität zu verbinden.

Die Geschichte der sozialpädagogischen Theorieentwicklung hält Beispiele parat:

So etwa die „Positive Sozialpädagogik" bei Klaus Mollenhauer (Mollenhauer 1987, S. 130), „Offensive Sozialpädagogik" bei demselben und Herrmann Giesecke (1973), Soziale Arbeit als „Menschenrechtsprofession" bei Staub-Bernasconi, der kritische Lebensweltansatz (Thiersch u.a.) oder der klassische Empowermentansatz (Herriger, Stark).

Beim Nachdenken über die Verwerfungen, die mit dem Wandel zur sog. „flexiblen Arbeitsgesellschaft" auch für die Soziale Arbeit einhergehen, kann schnell in Vergessenheit geraten, dass Soziale Arbeit und Sozialpädagogik eingedenk ihrer Entstehungsgeschichte je schon darauf verwiesen sind, heranwachsende Generationen und Menschen in prekären Lebenslagen, meist in Übergangssituationen, bei der Produktion von etwas Neuem zu unterstützen, also Flexibilität nicht als allzeit und allerorts erforderliche Haltung der bereitwilligen Unterwerfung unter die Zwänge einer sich selbst überfordernden Moderne einzuüben, sondern angemessen so zu intervenieren, dass Lern- und Entwicklungsprozesse im Maßstab der Autonomie gelingender Lebensführung möglich bleiben. Dies gilt zumal für eine Soziale Arbeit, die sich in interkultureller Perspektive auf den Weg gemacht hat, interkulturelle Kompetenz und „migrationssensibles Handeln" (Teuber 2005, S. 13) als zentralen Modus ihres „Eigensinns" zu kultivieren.

8 Vgl. Eppenstein 2003, in Bezug auf Cassirer, Kap.2.3.3. S. 85–101 und 6.1, S. 277–281.

8 Soziale Arbeit interkulturell: Voraussetzungen und Grenzen

8.1 Zum Spannungsverhältnis von individueller Identität und kulturellen Lebenszusammenhängen

Für moderne demokratisch verfasste Gesellschaften gilt generell, dass sie von all ihren Mitgliedern den Respekt vor der Würde aller Menschen und die Anerkennung der Menschenrechte erwarten und dass diese Erwartung folglich auch jede sozialpädagogische Konzeption und alles sozialpädagogische Handeln grundsätzlich normieren. Bei genauerem Hinsehen jedoch tritt deutlicher hervor, dass wir uns mit „Anerkennung" auf zwei unterschiedliche Dimensionen der Person beziehen: wir beziehen uns zum einen – unter dem Vorzeichen der fundamentalen Gleichheit aller Menschen und in universalistischer Perspektive – auf die Person als Weltbürgerin und als Trägerin unveräußerlicher Menschenrechte; wir beziehen uns aber immer auch zugleich – differenzsensibel und in kontextualistischer Perspektive – auf die Person als unvertretbarem Subjekt seiner Lebenswelt, das an einem Gelingen seines Lebens ein legitimes Interesse hat (vgl. Kiesel u. Volz 2002).

Die ethische Dimension soll berücksichtigt werden, weil gerade Erfahrungen in der Praxis Interkultureller Sozialer Arbeit immer wieder zeigen, dass eine ausschließliche Orientierung an der Moral (sensu Habermas) den Helfer hilflos macht, wenn der Klient etwa kategorischen Respekt vor *seinen* (partikularen) Selbstverständlichkeiten und kulturellen Praktiken verlangt. Die Orientierung an Menschenwürde und Menschenrechten kann dazu führen, dass die intervenierende Person bestimmte Verhaltensmuster und mit ihnen verbundene Gelingensbilder missbilligen muss. Zugleich soll sie diese doch achten und „vorbehaltlos akzeptieren".

Interkulturelle Kompetenz zeigte sich gerade darin, ob und wie die helfende Person mit solcher Art Dilemmata umzugehen fähig ist. Dazu wäre aber die Fähigkeit vonnöten, die ethische Dimension solcher Handlungssituationen wahrnehmen und reflektieren zu können. Nötig ist also insgesamt ein „stereoskopischer" Blick mit den beiden Brennpunkten: der moralischen *und* der ethischen Anerkennung.

Das Erscheinen des Buches von Axel Honneth „Kampf um Anerkennung" (vgl. Honneth 1992) hat eine breite moraltheoretische Debatte ausgelöst, die auch innerhalb der Interkulturellen Sozialpädagogik rezipiert worden ist.

Am pointiertesten hat Jürgen Habermas diese allgemeinen sozialphilosophischen Argumente auf die Probleme der Interkulturalität zugespitzt (vgl. Habermas 1993). Er erinnert an die Notwendigkeit einer ethisch neutralen Rechtsordnung und begründet dies mit der politischen Verfassung des demokratischen Rechtsstaates, die das subjektive Recht und die individuelle Rechtsperson als den Träger von Rechten voraussetzt. Schutz wird in der auf vernunftrechtlichen Ideen beruhenden modernen Verfassung ausschließlich der individuellen Rechtsperson zugesprochen. Habermas nimmt hierbei

Bezug auf Überlegungen von Amy Gutman (vgl. Gutman 1993). Nach ihrer Auffassung umfasst öffentliche Anerkennung zwei Formen von Achtung. Zum einen die Achtung vor der unverwechselbaren Identität jedes Individuums, unabhängig von Geschlecht, Rasse oder ethnischer Zugehörigkeit. Zum anderen die Achtung vor jenen Handlungsformen, Praktiken, Spielarten von Weltauffassung, die bei Angehörigen sozial-kultureller Milieus hohes Ansehen genießen und für sie identitätsstiftende Bedeutung haben (Gutman 1993b, S. 125).

Die politischen Ziele von ethnischen und kulturellen Minderheiten werden – auch wenn ihre Deprivationserfahrungen vorrangig in der sozialen Ungleichheit begründet sind – kulturell gedeutet und rechtlich begründet.

Das Zusammenwirken von Rechtsstaat und Demokratie erfordert vom Rechtssystem eine Differenzierungsfähigkeit und Aufmerksamkeit sowohl gegenüber den unterschiedlichen sozialen Lebensbedingungen der Individuen als auch gegenüber deren kulturellen Lebensformen, sofern den Trägern subjektiver Rechte eine intersubjektiv begriffene Identität zugeschrieben wird. Die Voraussetzung dafür, dass die Rechtssubjekte ihre berechtigten Interessen erkennen und vertreten, um ihre staatsbürgerliche Autonomie ausüben zu können, ist ihre Individuierung. Doch diese setzt wiederum deren Vergesellschaftung voraus, in deren Verlauf sie erfahren, dass sie als Adressaten des Rechts nur in dem Maße Autonomie erwerben können, wie sie sich als Verfasser der Gesetze begreifen und sich über ihre jeweiligen Belange und Maßstäbe verständigen können. So lässt sich mit Habermas behaupten, dass „eine richtig verstandene Theorie der Rechte genau die Politik der Anerkennung [verlangt], die die Integrität des einzelnen auch in seinen identitätsbildenden Lebenszusammenhängen schützt" (Habermas 1993, S. 154). Er betont dabei, dass die Integrität einer jeden Rechtsperson erst durch den Schutz jener intersubjektiv geteilten Erfahrungs- und Lebenszusammenhänge, die zu ihrer Sozialisation und Identitätsbildung maßgeblich beigetragen haben, gewährleistet werden kann. „Die Identität des einzelnen ist mit kollektiven Identitäten verwoben und kann nur in einem kulturellen Netzwerk stabilisiert werden" (ebd., S. 172).

In Habermas' Ausführungen werden die Gemeinschaftsbeziehungen als Sozialisationsbedingungen hervorgehoben, die zur Voraussetzung für die individuelle Besonderung werden. Es ist hierbei jedoch nicht gemeint, dass der Einzelne sich den Zwängen und Erwartungen der Gemeinschaft unterzuordnen habe.

Da die formale Gleichstellung von Zuwanderern nicht notwendigerweise auch den Spielraum für deren autonome Lebensgestaltung erweitert, ihre faktische Benachteiligung sich aber besonders deutlich im Wettbewerb um Bildungschancen, Arbeitsplätze und den sozialen Status erkennen lässt, gilt es einer Rechtsauffassung zum Durchbruch zu verhelfen, nach der „der demokratische Prozess gleichzeitig private und öffentliche Autonomie sichern muss" (ebd., S. 157). Dieser Erwägung liegt die begründete Einsicht zugrunde, dass die autonome Lebensgestaltung der Migrant/-innen sich erst dann entfalten kann, wenn sie am öffentlichen Diskurs über den Umgang mit Minderheiten partizipieren und ihre eigenen Erfahrungen einbringen und austauschen können.

Eine multikulturelle Gesellschaft wird von Individuen gebildet, für die sich ihre jeweiligen kulturellen Lebensformen in der Herkunftsgesellschaft als identitätsstiftend erwiesen haben. Die Einheimischen und Zuwanderer stellen sich dar als „Knotenpunkte in einem askriptiven Netzwerk von Kulturen und Überlieferungen von intersubjektiv geteilten Erfahrungs- und Lebenszusammenhängen" (ebd., S. 169).

Dass die Gleichursprünglichkeit von privater und öffentlicher Autonomie sich als konstitutiv für den demokratischen Rechtsstaat erweist, wird folglich daran erkennbar, dass den Individuen die Realisierung der gleichen subjektiven Rechte und den unterschiedlichen ethnischen Gruppen die gleichberechtigte Koexistenz ihrer jeweiligen kulturellen Lebensformen zugesichert wird.

Als notwendige Voraussetzung für die Ausgestaltung der Beziehungen zwischen den unterschiedlichen Lebensformen und Identitäten gilt es demnach, eine Moral zu bestimmen, die sowohl die Autonomie des Individuums als auch den Austausch und das Zusammenwirken von Mitgliedern von Gemeinschaften, „die um jeweils andere Konzeptionen des Guten integriert sind" (ebd., S. 177), sichert.

Honneth rekonstruierte „Grundmotive einer Moral der Anerkennung" (vgl. Honneth 1992 und 1990), nach denen sich drei Formen der Verletzung menschlicher Integrität unterscheiden lassen: neben der Verletzung der körperlichen Integrität die moralische Kränkung und die kulturelle Missachtung. Wird nun die körperliche Integrität des Individuums beeinträchtigt oder seine Lebensform abgewertet, dann entspricht dies einer Missachtung der Selbstschätzung des Individuums, wodurch dessen subjektive Voraussetzungen für sein intersubjektives Handeln gefährdet werden.

Die Ziele kompetenten interkulturellen Handelns, die sich auf eine Theorie der moralischen Urteilsbildung und eine Theorie der sozialen Perspektivenübernahme stützen und die sich die Grundmotive der genannten Moral der Anerkennung zu Eigen machen, wären dann erreicht, wenn „die Individuen körperliche Integrität als hohes Gut achten, einander unverbrüchlich als moralische Personen unter allen Umständen ernst nehmen und ihren jeweiligen Lebensformen ein im Prinzip anerkennendes Interesse entgegenbringen" (Brumlik 1992, S. 299).

Für Interkulturelle Kompetenz bildet die moralische Anerkennung des anderen als Mitglied einer Gruppe, die eine andere kulturelle Lebensform vertritt, den zentralen Aspekt, da sie Interaktionen zwischen sprach- und handlungsfähigen Angehörigen ethnisch-kultureller Gemeinschaften zu regeln vermag. Im Blick auf mögliche Fremdheitserfahrungen befähigt die Moral der Anerkennung das Individuum zu toleranten Einstellungen und Reaktionsmustern, da die Anerkennung konkreter Pluralität an die Stelle der Abwehr fremder Lebensformen tritt. So erweist sich die Kompetenz des Einzelnen, sich unter den Bedingungen einer reflexiv gewordenen Kultur mit anderen kulturellen Lebensformen auseinander zu setzen, selbst noch einmal als identitätsbildend. Für den interkulturellen Verständigungsprozess ist es darüber hinaus notwendig, eine moralische Identität aufzubauen, die in der Lage ist, Verstehensgrenzen zu überschreiten. Das Problem der hier geforderten Moral ist die Ausbildung von pluralen Lebensformen und einer Vielfalt von Identitäten, die wiederum in Koexistenz mit anderen Identitäten treten. Es geht also um eine Moral, „die sich im Unverständnis für das Fremde beweist und auch dort schützt und hilft, wo sie nicht versteht" (Schwemmer 1992, S. 20).

Schwemmer nun stellt darüber hinausgehend die Anerkennung der konkreten Pluralität in einen Zusammenhang mit einer allgemeinen Verbindlichkeit, „die auch den tätigen Eingriff, die Intervention, mit einschließt" (ebd.). Eine Intervention ist moralisch dann gefordert, wenn es darum geht, dem konkreten Individuum jene Orientierung und Hilfestellung, jene Befähigung zu vermitteln, sein Leben – in den moralisch gesicherten Räumen – in der selbstbestimmten Perspektive des Gelingens selbst zu führen.

Interkulturelle Kompetenz hätte sich dann an der Aufgabe zu bewähren, einen Zusammenhang zu stiften zwischen der Ausbildung einer *Moral* der Anerkennung unter Gruppen und Subkulturen mit je eigener kollektiver Identität und einer *Ethik* der Anerkennung der Person als Träger eines je eigenen Lebensentwurfs (vgl. Kap. 6.1.3).

8.2 Ethische Orientierungen im interkulturellen Feld

Ethische Fragen werden nie kontextlos gestellt, sondern immer in Lebens- und Handlungszusammenhängen. Dieser jeweilige Kontext oder die Situation können aber selbst durchaus undeutlich und mehrdeutig sein und bedürfen ihrerseits noch der Klärung und Deutung. Meist sind es die Deutungsbedürftigkeit und die Uneindeutigkeit eines Handlungskontextes, die genau die ethischen Fragen hervorrufen. Antworten darauf enthalten also immer auch Situationsdeutungen oder bestehen sogar hauptsächlich aus ihnen. Entgegen einer gängigen Vorstellung hat es die Ethik – im Unterschied zur Moral – nicht nur, nicht einmal vor allem, mit streng präskriptiven Sätzen von der Art von Geboten, Verboten oder Imperativen zu tun. In der Ethik geht es vielmehr um Orientierungsprobleme des menschlichen Handelns in der Perspektive der Handelnden selbst. Wer sich in seinem eigenen Handeln orientieren will, wer andere in ihrem Handeln beraten will, wer das Handeln anderer kommentieren oder kritisieren will, billigen oder missbilligen will, wird nun aber stets feststellen, dass menschliches Handeln immer schon „orientiert ist". Gesellschaften, Milieus, Gruppen – auch Professionen – halten längst schon konkurrierende Antworten auf ethische Fragen bereit. Die kulturellen und subkulturellen „Vorräte" all dieser Antworten werden hier Ethos genannt.

Ethik nimmt vor allen Dingen sich die impliziten Voraussetzungen von normativen Geltungen vor und fragt nach dahinterliegenden Verständnissen von Mensch, Welt, Handeln, Vernunft etc. Sie ist weniger an der einzelnen Handlung und deren Beurteilung als am Handelnden selbst, an seinen Einstellungen und Haltungen sowie an seinen Tugenden orientiert.

Sie ergänzt die klassischen *moralischen* Fragen „was soll ich tun, was darf ich keinesfalls tun und was schulde ich allen anderen kategorisch?" um die nicht weniger klassischen *ethischen* Fragen „was für ein Mensch will ich denn sein, was für ein Leben will ich führen, was bedeutet für mich gelingendes Leben?" Als moderne Ethik geht es ihr um Freiheit, um Selbstständigkeit, um Selbstbestimmung. Dabei geht es nicht nur um die Bestimmung durch das Selbst als Gegensatz zur Fremdbestimmung, sondern es geht auch um die Bestimmung des Selbst durch das Selbst – zur Unterstreichung der Tatsache, dass Ethik dort einsetzt, wo der Mensch sich selbst als Aufgabe versteht (vgl. Kiesel u. Volz 2002).

Im Alltag Interkultureller Sozialer Arbeit wird in besonderem Maße deutlich und folgenreich, dass dort, wo sich Menschen handelnd begegnen, sich auch immer soziokulturelle Orientierungsmuster und Selbstverständnisse begegnen. Interkulturelle Kompetenz besteht im Sinne einer interkulturellen Sensibilität – wie wir gesehen haben (vgl. Kap. 6) – ganz wesentlich darin, dass der Professionelle dies beim Klienten und bei sich selbst wahrnimmt und rekonstruiert und dabei zugleich mit dem ethischen Urteilen behutsam und kontrolliert verfährt. Ethisches Wahrnehmen und Werten ist unvermeidbar und gerade deshalb muss vom Professionellen erwartet werden, dass er dem durchgängig Rechnung trägt, indem er insbesondere die eigenen Voreingenommenheiten und Befangenheiten mitreflektiert. Dies ist deswegen so bedeutsam, weil jedes menschliche Handeln von ethnisch-kulturellen Orientierungsmustern abhängig ist und ohne Berücksichtigung dieses fundamentalen Sachverhaltes weder angemessen erklärt noch verstanden werden kann. Jede sozialpädagogische Intervention, die auf verändertes Handeln seitens des Klienten zielt, kann dies nur auf dem „Umweg" erreichen, dass sie diesen befähigt, aus Einsicht Veränderungen in seinem Selbstbild und generell in seinem Vorrat orientierender Bilder vorzunehmen. Dies behaupten wir nicht nur aus normativen, sondern auch aus methodologischen Gründen.

Ein interkulturell kompetentes Handeln bewährt sich insbesondere im Konfliktfall: Vor allem dann, wenn gegensätzliche ethische Überzeugungen, möglicherweise durch religiöse und andere traditionelle Motive verstärkt, zunächst unversöhnlich aufeinander treffen.

Hier gilt es den beiden Versuchungen zu widerstehen, die darin zum Ausdruck kommen, dass Professionelle unter Ausnutzung ihrer Macht ihre Normalitätsvorstellungen durchsetzen oder mit Verweis auf das „Recht des Klienten auf kulturelle Selbstbehauptung" die eigenen professionellen Standards unberücksichtigt lassen. Erforderlich ist hier vielmehr die Mobilisierung professioneller und methodischer Kompetenz, damit *Beratung* als gemeinsamer interkultureller Lernprozess unter Einschluss aller Betroffenen überhaupt erst ihren Anfang nehmen kann.

Ethik fragt deshalb umfassend nach den Voraussetzungen gelingenden Lebens. Sie zielt, mit P. Ricœur, integrativ „auf das gute gelingende individuelle Leben, gemeinsam mit und für andere, in gerechten Institutionen" (vgl. Ricœur 1996). Sie fragt darüber hinaus nach den Bedingungen, nach den Ressourcen, aber auch nach den dafür erforderlichen individuellen Kompetenzen. Sie fragt nach den „Gelingensbildern": nach denjenigen Entwürfen, die Kulturen, Gruppen, Professionen, Milieus und Einzelne vom Gelingen ihres jeweiligen Lebens, vom Gelingen ihrer Handlungen und auch vom Gelingen ihrer professionellen Handlungen haben.

Häufig ist die interkulturelle Intervention erforderlich, wenn die Lebensbedingungen eines Menschen erschwert sind und folglich Beratung, Begleitung und Hilfe erforderlich machen. Sozialpädagogisches Handeln kann in einer so definierten Situation nicht darin bestehen, dass der Professionelle – genauso wenig wie irgendein anderer – an der Stelle des Klienten dessen Probleme löst und stellvertretend dessen Leben führt.

Gerade auch für interkulturelle Soziale Arbeit gewinnt das professionstheoretische Modell der „stellvertretenden Deutung" (vgl. Dewe u.a. 2001) eine besonders zentrale Bedeutung.

Dies impliziert zunächst, dass die interkulturellen Wahrnehmungs- und Verstehenskompetenzen der Professionellen gestärkt werden und folglich einen größeren Stellenwert in der Ausbildung erhalten müssen. Pädagog(inn)en müssen fähig sein, von der lebensgeschichtlichen Lage und vom Selbstverständnis des Klienten das leisten zu können, was C. Geertz eine „dichte Beschreibung" genannt hat (vgl. Geertz 1983, S. 7–43, vgl. auch S. 134–138). Sie müssen Zugang finden zur Bilderwelt des Klienten, durch die hindurch die Welt allererst „zur Welt für" diesen wird und zu den Selbstbildern, die mit darüber entscheiden, wie der Klient handelnd Situationen deutet und bewältigt.

Die Interkulturelle Kompetenz muss demzufolge ein Verständnis von dem einschließen, was es heißt, die Frage nach dem Gelingen des Lebens aus der Perspektive einer Person zu stellen, die ihr Leben „von innen“ führt und die lebensgeschichtlich eine Fülle von Deutungs- und Handlungsmustern erworben hat, deren Geltung und Tauglichkeit durch die Migrationserfahrung immer wieder erschüttert werden.

Einen anderen Menschen in der Perspektive der „ethischen Anerkennung“ zu respektieren und ernst zu nehmen bedeutet, in Interaktionsprozessen mit ihm gemeinsam herauszufinden, wie er sich selbst und seine Lage sieht; wie er selbst meint, da hineingeraten zu sein; welches die inneren Ressourcen und Kompetenzen sind, auf die er zur Bewältigung der Situation zurückgreifen könnte; welches die kontextuellen Irritationen, institutionellen Barrieren und personellen Unzulänglichkeiten sind, die die als unerwünscht und als veränderungsbedürftig erlebte Situation ausmachen; schließlich, was für ein Selbstkonzept er hat und was für ein Leben er führen möchte, welchem Entwurf es folgen solle.

Solche Interaktionen gehören nicht zu den Voraussetzungen der Interventionen, sondern sind vielmehr bereits ein integraler Teil derselben. Sie haben insofern schon selbst Beratungscharakter, als in ihrem Vollzug der Klient selbst in die Lage versetzt wird, lebensgeschichtlich bedeutsame Fragen und die bis vor Eintritt in die Migrationssituation vorwiegend selbstverständlich gegebenen und implizit geltenden Antworten zu explizieren. Dies ist eine notwendige Voraussetzung dafür, dass er diese Antworten im Lichte neuer Erfahrungen und veränderter Kontexte zu revidieren mag.

Solche interkulturellen Interventionen können nur dann über die Phase der Rekonstruktion und der Artikulation hinausgeführt werden und gelingen, wenn von den Professionellen eine Bereitschaft und Fähigkeit erwartet werden kann, die in ihr professionelles Wissen eingehenden *Hintergrundsannahmen* zu thematisieren. In der interkulturellen Praxis gehen viele Sozialpädagogen davon aus, dass ein Wissen „über“ fremde Kulturen ihnen den Zugang zu ihrem Klientel erleichtert. Sie unterschätzen dabei leicht die Möglichkeit, dass mitgebrachtes vorschnelles Expertenwissen leicht an die Stelle desjenigen Wissens tritt, von dem – wie oben ausgeführt – gerade gilt, dass es nur gemeinsam mit dem Klienten „erzeugt“ werden kann. Ein „Immer-schon-Bescheid-Wissen-über“ tritt dann an die Stelle des methodisch kontrollierten Einzelfallverstehens.

In einer multikulturellen Gesellschaft kommt das Individuum nicht umhin, sich mit divergierenden Weltdeutungen auseinander zu setzen. Als kompetent erweist sich professionelle interkulturelle Beratung dann, wenn es ihr gelingt, die Rat suchenden Gesprächspartner in ihrem häufig schmerzhaften Prozess der Einsicht in die Relativität ihrer oft kulturell begründeten ethischen Überzeugungen zu begleiten. Die Erkenntnis, dass Menschen, die in einer multikulturellen Gesellschaft leben, ihr Leben und ihren Alltag auch anders führen können, und dass eine Vielfalt von Lebensformen in ihrer Pluralität zugleich ihre Ausschließlichkeitsansprüche aufgeben müssen, unterfüttert die interkulturelle Perspektive.

Vor dem Hintergrund dieser Überlegungen besteht das Ziel eines interkulturell kompetenten Handelns und Beratens darin, den Prozess der Ausbildung der Individualität und der Autonomie der am interkulturellen Verständigungsprozess Beteiligten zu unterstützen. Hierzu sollten mit den Betroffenen Lern- und Bewältigungsmuster entwickelt werden, wie die in der Komplexität der multikulturellen Gesellschaft begründeten antizipierbaren und nicht antizipierbaren Konflikte ertragen und wenn möglich gelöst werden können.

Wenn wir also interkulturelle Kompetenz im Kern als eine lebensweltlich begründete Kompetenz verstehen wollen, dann nötigt uns dies dazu, die entsprechenden Fähigkeiten, Kenntnisse und Wissensbestände zu erwerben, die dazu erforderlich sind, mit Angehörigen unterschiedlicher ethnischer, kultureller und religiöser Traditionen so umzugehen, dass wir ihre Sichtweisen und Erklärungsmuster zu rekonstruieren vermögen und behutsame Vorschläge entwickeln können, wie im Falle konkurrierender Deutungen zu verfahren sei. Zugleich sollte den Adressaten und Adressatinnen einer interkulturell orientierten Sozialen Arbeit nicht vorenthalten werden, dass die normativen Ansprüche der modernen universalistischen Moral und des ihr entsprechenden Rechtsbewusstseins handlungsleitend sind.

8.3 Chauvinismus und Romantizismus, Eigensinn und Intersubjektivität: Zu einigen Voraussetzungen des Gelingens und des Misslingens interkulturellen Verstehens

Interkulturelle Soziale Arbeit erweist sich damit als eine sehr voraussetzungsvolle und daher sehr anspruchsvolle Aufgabe. Genau deswegen ist das Risiko von selbst aufgestellten Lern- und Bildungshindernissen groß. Um konkreter die Frage beantworten zu können, welche Gesichtspunkte und Kriterien bei der Entwicklung von Konzepten und Didaktiken Interkultureller Sozialer Arbeit zu berücksichtigen sind und mit welchen Fallen dabei zu rechnen ist, sollen im Folgenden im Anschluss an Martha Nussbaum einige Quellen möglichen Misslingens interkultureller Verstehens- und Verständigungsprozesse benannt werden.

In ihrer Programmschrift zur Reform der Allgemeinbildung an den Universitäten der Vereinigten Staaten ‚Cultivating Humanity' geht Martha Nussbaum auch ausführlich auf die Rezeption ‚nicht-westlicher' Kulturen ein (Nussbaum, 1927, S. 113ff.).

Sie stellt dort in kritischer Absicht einige systematische Defizite dar, denen man immer wieder begegnen kann, wenn fremde Kulturen in ‚westlicher Perspektive' dargestellt werden.

Sie unterscheidet deskriptive und normative Defizite.

Die erste systematische Verzerrung deskriptiver Art nennt sie ‚deskriptiven Chauvinismus' (Ebd., S. 118f.). Er besteht darin, dass im Anderen doch immer nur das Eigene erkannt wird. Das Fremde wird im Grunde seiner Fremdheit dadurch beraubt, dass es lediglich als eine andere Gestalt des Eigenen wahrgenommen wird. Das Fremde wird somit letztlich assimiliert.

Häufig gehen solche Verfahrensweisen mit Vorstellungen einher, in der die eigenen zentralen kulturellen Tatbestände für unveränderlich, ja für natürlich gehalten werden und insofern auch gar nicht als spezifisch eigene in den Blick geraten.

Diesem ‚Chauvinismus' in Beschreibung und Erklärung entspricht ein ‚Chauvinismus der Bewertung', den Nussbaum ‚normative Chauvinism' nennt (ebd., S. 13f.).

Hier geht die bewertende Person davon aus, dass ihre Kultur die beste ist und dass insofern eine andere Kultur der eigenen unähnlich ist, jene auch geringer zu schätzen ist.

Naheliegenderweise gibt es komplexe Beziehungen zwischen normativem und deskriptivem Chauvinismus und häufig genug gehen sie miteinander einher.

Zugleich kann normativer Chauvinismus auch mit einer analytisch vorurteilsfreien Beschreibung fremder Kulturen einhergehen und gleichwohl die Auffassung vertreten, dass die eigene Kultur die allein angemessene Antwort auf alle Fragen und Probleme menschlicher Lebensweise ist.

Dem Chauvinismus in seinen beiden Gestalten entsprechen in Nussbaums Sicht eine deskriptive und normative Variante des Romantizismus.

Deskriptiver Romantizismus ist der Ausdruck eines romantischen Bedürfnisses nach exotischen Erfahrungen, die das Alltagsleben zu versagen scheint. Mit ihm geht ein Bedürfnis nach Alternativen zu vertrauten Lebens- und Denkweisen, nach dem Geheimnisvollen und auch oft abenteuerlichen Fremden einher.

Aus der Wahrnehmung des Fremden wird dann all das ausgeblendet, was zu dieser Erwartung nicht passt, und all das, was die fremde Kultur mit der eigenen gemein hat und verbindet.

Auf der normativen Ebene entspricht dieser Haltung ein normativer Romantizismus, den Nussbaum ‚normative Arcadianism' (ebd., S. 134ff.) nennt.

Nach dem Motto ‚die Wilden sind doch die besseren Menschen' wird hier die fremde Kultur als ein positives Gegenbild zur eigenen Kultur entworfen. Auch dem liegen Sehnsüchte zugrunde, nun aber solche nach Harmonie und nach Idyllen, die gerade dadurch gekennzeichnet sind, dass ihnen all das fehlt, was an der westlichen Kultur als negativ erlebt und abgelehnt wird. Diese verzerrende Sichtweise ist häufig bei Menschen anzutreffen, die gerade fremden Kulturen besonders wohlwollend und aufgeschlossen gegenübertreten; und es ist folglich nicht immer einfach, diese Bewertungen von empirisch gut begründeten Wertschätzungen anderer Kulturen zu unterscheiden.

Als ein drittes normatives Defizit diagnostiziert sie den ‚normativen Skeptizismus'. Sie unterscheidet diesen Verzicht auf jedwedes normative Urteil von richtig verstandener Toleranz. Die tolerante Person hat normalerweise sehr wohl klare Kriterien für das, was angemessen oder unangemessen, richtig oder falsch ist; folglich toleriert sie nicht alles: wenn Menschen Unrecht zugefügt wird, dann erfordert das Interesse am Schutz der Freiheit, Grenzen zu ziehen.

Motive und Absichten des Skeptikers sind durchaus ernst zu nehmen angesichts der weitverbreiteten Bereitschaft zum normativen Chauvinismus, von dem er sich gerade unterscheiden will. Nussbaum hält den normativen Skeptizismus für eine kaum vermeidbare Übergangsphase im Prozess interkultureller Bildung. Denn zunächst erscheint dieser Skeptizismus als ein denkbarer Weg, andere Menschen und andere Kulturen zu achten. Tatsächlich aber ist er eine subtile Form der Nicht-Achtung, insofern eine Kultur für so fremd und eigentümlich gehalten wird, dass man meint, sie könne mit gar keinem gemeinsamen Set von Kriterien beurteilt werden. Der beste Weg, die scheinbare Alternative von Chauvinismus und Skeptizismus zu vermeiden, ist nach Nussbaum in Kategorien gemeinsamer menschlicher Lebensbedingungen und der daraus sich ergebenden Aufgaben für die Bewältigung alltäglicher Problemlagen zu denken.

Alle Menschen müssen sich ihrer Endlichkeit und Sterblichkeit stellen und ihre Angst vor dem Tod bewältigen; alle müssen mit ihren körperlichen Bedürfnissen umzugehen lernen und begründete Entscheidungen treffen im Blick auf ihre Ernährung und ihre sexuellen Beziehungen; alle müssen sich ein Urteil bilden über Fragen der

Gerechtigkeit in Bezug auf den Gebrauch des Eigentums und die Verteilung knapper Ressourcen; alle müssen einen eigenen Lebensentwurf entwickeln.

Ausgehend von diesen gemeinsamen Problemlagen führen interkulturelle Vergleiche dazu, dass man beides anerkennen kann: sowohl die Teilhabe an derselben condicio humana als auch die beträchtlichen Differenzen in der spezifischen Art und Weise, in der verschiedene Kulturen und Individuen diese Probleme angehen.

Im Anschluss an Martha Nussbaum haben wir einige Bedingungen und Folgen nicht-reflektierter und folglich nicht-transzendierter Partikularitäten als Gründe für misslingende interkulturelle Verständigung aufgezeigt.

Unhintergehbare Voraussetzungen gelingender interkultureller Verständigungsprozesse basieren auf identitäts- und bildungstheoretischen Erkenntnissen, wie sie im Umkreis des symbolischen Interaktionismus, exemplarisch etwa von Lothar Krappmann formuliert worden und bereits seit längerem in die erziehungswissenschaftlichen Debatten eingegangen sind (vgl. Kap. 4.2).

Es liegt besonders nahe, so zu verfahren, wenn man nach ‚Universalien' interkultureller Bildung fragt. Man entfernt sich damit nur scheinbar von den konkreten Themen und Aufgaben interkultureller Praxis, denn gerade interkulturelle Bildung kann nicht als ‚problembereichsspezifische' Bildung, sondern nur als Allgemeinbildung gelingen.

Als Grundqualifikationen sinnhaften sozialen Handelns und Konstituenten von Subjektivität wurden auch für interkulturelle Lernprozesse ‚Empathie', ‚Rollendistanz', ‚Ambiguitätstoleranz' und ‚kommunikative Kompetenz' benannt (Krappmann 1971, S. 132ff.) (vgl. Kap. 5).

Interkulturelle Verständigung bedarf, wie wir gesehen haben, vor allem einer kommunikativen Kompetenz, mittels derer der Einzelne sowohl kognitive Erkenntnisprozesse als auch affektive Erfahrungen miteinander in Beziehung zu setzen vermag. In interkulturellen Bildungs- und Handlungszusammenhängen befähigt diese kommunikative Reflexivität dazu, sich metakommunikativ äußern zu können, damit gerade solche Interaktionsprobleme, die in unterschiedlichen Sozialisationserfahrungen begründet liegen, einander vermittelt werden können.

Die hier umrissenen vier Grundqualifikationen, die ineinander übergehen und sich wechselseitig bestimmen, bilden gemeinsam die kommunikative Infrastruktur und die Basiskompetenz eines jeden – und folglich auch eines jeden interkulturellen Lernens. In interkulturellen Bildungsprozessen befähigen sie die Beteiligten dazu, sich der vielfältigen Voraussetzungen ihrer Kooperation und Kommunikation bewusst zu werden, den soziokulturellen Hintergrund aller Beteiligten zu verstehen und die unterschiedlichen Identitätsmuster als Grundlage interkultureller Verständigung anzuerkennen.

Gerade vor dem Hintergrund der theoretischen Ausführungen ist nun zum Schluss an eine „Universalie" anzuknüpfen, von der wir ausgegangen sind, nämlich von dem Interesse, das alle Menschen daran haben, dass ihr Leben gelingt. Menschen leben nicht, um sich zu bilden, sondern sie bilden sich, um gut zu leben. Bildung ist Einübung in die Lebenskunst. Gelebt und gelernt wird mit allen Sinnen. Neugier gilt in vielen Bildungstraditionen als das wesentliche Motiv für menschliches Lernen, für das Verlassen der vertrauten Welten und für den Aufbruch zu Neuem. Ein wichtiges Element der Attraktivität interkultureller Bildung ist es ja gerade, das „Fremde" in seiner Mehrdeutigkeit erfahrbar zu machen, wobei zunächst offen bleiben muss, was sich für welches Individuum als reizvoll respektive als bedrohlich erweist; zumal sich im Prozess der Annäherung die subjektiven Wahrnehmungen und Bewertungen verändern.

Das entscheidende Bildungsziel interkultureller Lernprozesse ist damit die Anerkennung des Primats des Bildungsprozesses der Subjekte vor dem Katalog bildungspolitisch vorgegebener Bildungsziele. Mit dieser Ausrichtung erhält eine interkulturell orientierte Soziale Arbeit eine Funktion, die ihr Hilfehandeln als gleichzeitig bildendes Handeln begreift und damit über die Organisation und Umsetzung von Formen der Hilfegewährung als Zuteilungspraxis hinauswächst.

8.4 Grenzen interkultureller Verständigung

Die hier abschließend angestellten Überlegungen beabsichtigen, Grenzen interkultureller Interaktionen aufzuzeigen: wenn interkulturelle Kommunikation abbricht und jedes Bemühen, die vermeintliche kulturelle Differenz zu überwinden, an angeblichen kulturellen Differenzen scheitert.

Heiner Bielefeldt hebt in seiner Veröffentlichung zu Menschenrechten in der Einwanderungsgesellschaft hervor, dass sich Menschenrechte explizit gegen einen Kulturbegriff wenden, der sich als Selbstzweck versteht. Menschenrechte beanspruchen vielmehr aus emanzipatorischer Absicht ein kulturkritisches Potential zu fördern, das es den Individuen ermöglicht, „kulturelle Plausibilitäten zu verändern und sich von kulturellen Bindungen, so sie dies möchten, auch zu lösen" (Bielefeldt 2007, S. 67). Die Einbeziehung von Minderheiten und ihrer Angehörigen in den Menschenrechtsdiskurs bedeutet demnach, sie notwendigerweise mit Fragen von Emanzipation, Freiheit und Anerkennung freier Selbstbestimmung zu konfrontieren. Kultur kann aus der Perspektive Kymlickas (vgl. Kymlicka 1999) bestenfalls ein Instrument zum Erreichen dieser Ziele sein, aber keineswegs das Ziel selbst. Mit Bielefeldt lässt sich die oft konfliktreiche Grenzziehung zwischen Menschenrechten und kultureller Selbstbestimmung wie folgt beschreiben: „Der universale Anspruch der Menschenrechte macht nicht an tatsächlichen oder vermeintlichen kulturellen Grenzen halt, und es wäre nicht legitim, unter Hinweis auf kulturelle Selbstverständnisse oder Traditionen Abstriche an der Geltung menschenrechtlicher Normen zu rechtfertigen" (Bielefeldt, 2007, S. 68). Für Bielefeldt gilt der durch die Menschenrechte angestoßene kulturelle Pluralismus nicht vorbehaltlos. So können Eingriffe in das Menschenrecht körperlicher und seelischer Unversehrtheit mit Verweis auf kulturelle Lebensformen und Überlieferungen niemals legitimiert werden. Die Übereinstimmung der Inhalte in den an Angehörige der Minderheiten gerichteten Bildungsveranstaltungen (z.B. Religionsunterricht) mit dem Kernbereich der im Grundgesetz verankerten Grundrechte ist unabdingbar. Daher sieht Christine Langfeld die Grenze dessen, was im Rahmen einer bekenntnishaften religiösen Unterweisung stattfinden kann, „dort, wo dem Einzelnen grundlegende Freiheiten bestritten werden, dort also wo Freiheit und Menschenwürde berührt sind" (Langenfeld, 2007, S. 12).

Die soziologische Deutung, dass fundamentalistische Positionen als eine Reaktion auf und zugleich Ausdruck von Modernisierung zu verstehen ist, teilt Micha Brumlik (Brumlik, 2007, S. 24f.), wenn er auf das Brüchigwerden traditionaler, religiöser und moralischer Vorstellungen durch die Aufklärung, durch wissenschaftliche Erkenntnis und durch wachsenden Pluralismus verweist. Er beschreibt in diesem Zusammenhang eine autoritären, ‚fundamentalistischen Charakter', der unfähig sei, Widersprüche oder Ambivalenzen in seinem Umfeld oder bei sich selbst zu ertragen, und eindeutige Vorstellungen davon hat, wie er und andere zu leben hätten. Auch wenn „Religionen" im Sinne Cassirers (vgl. Kap. 4.1.3) die Eigenschaft zugeschrieben wird, die „konservativsten Kräfte im menschlichen Leben zu sein" (Schwemmer 1997, S. 340), kann bestritten werden, dass die Integrations- und Assimilationsverläufe von Migrantinnen und Migranten unabhängig von ihrer Religionszugehörigkeit erfolgreich oder erfolglos sind, sondern „von Geschlecht, sozialer Herkunft, den familiären und individuellen Bildungsaspirationen, den ökonomischen Ressourcen, dem Leistungsprofil, der erfahrenen Unterstützung oder Diskriminierung durch Bildungsinstitutionen – dem ökonomischen, kulturellen und sozialen Kapital, über das eine Person im Kontext ihrer Herkunftsfamilie verfügt" (Treibel 2005). Die Sozialwissenschaftlerin und Migrationsforscherin Anette Treibel wendet sich gegen die Annahme, dass ‚der Islam' zwangsläufig Selbstausgrenzung bzw. Ausgrenzung nach sich zieht. Selbst fundamentalistische Einstellungen sind ihrer Ansicht nach nicht zwangsläufig integrationsverhindernd. Sie können sogar umgekehrt der Antrieb zu einer „Undercover"-Existenz sein, die alle Erwartungen nach kognitiver, sprachlicher und struktureller Assimilation erfüllt. Ein Kommentar aus der NZZ zu Selbstmordattentaten stützt diese Überlegung: „Verstörend aber ist es, zu sehen, dass das Böse mittlerweile unerkennbar im Inneren des westlichen Sozialkörpers haust, wenn selbst junge muslimische Immigranten oder in zweiter Generation geborene Jugendliche der islamistischen Propaganda und moralischen Enthemmung zum Opfer fallen und zu Selbstmordattentätern werden. Dem netten und wohlintegrierten Mohammed Atta in Hamburg, dem Traum eines jeden Sozialarbeiters, wären mit seinem Ingenieurstudium alle Möglichkeiten der Selbstverwirklichung offengestanden – stattdessen wählte er Vernichtung und Selbstvernichtung. Auch den vier jungen Männern ... in London ... stand keine triste Zukunft bevor" (Breitenstein 2005).

Die Selbstmordattentäter und gewaltbereiten Islamisten kämpfen gegen den Westen aus Hass und entschiedener Überzeugung. Unter integrationspolitischen Aspekten ist für Treibel die Grauzone zwischen Islamismus und Alltagsislam relevant: „Hier sind der zentrale Antrieb nicht Hass, Sendungsbewusstsein und Zerstörungswillen, sondern Angst, Frustration, soziale Anpassungsprozesse und rational-ökonomische Kalkulation" (Treibel 2005).

Die Provokation des „Schläfers" ist eine doppelte: Die Integration der Täter entpuppt sich mit ihrem „Weckruf" nachträglich als Täuschung, als „Enttäuschung" im Wortsinn, denn Integration gerät zu einer Art Tarnung auf Zeit, als nur äußerlich angenommene Lebenspraxis, was in Hinblick der Wahrnehmung von Nicht-Schläfern und Nicht-Tätern fatale Folgen haben kann: Einmal werden bestehende Ressentiments der Bedrohung reaktiviert, zum anderen werden Namen, Herkünfte oder äußeres Erscheinungsbild zum empirischen Anhaltspunkt für nicht auszuschließende Täterschaft nicht nur bei den Sicherheitsorganen, sondern in der Alltagspraxis zwischen denjenigen, die solche Merkmale tragen, und allen anderen, und damit zum belastenden Moment interkultureller Verständigung, die ja stets auf mindestens zwei Prämissen aufbaut: Erstens, sich überhaupt verständigen zu wollen, und zweitens, dies in einem reversiblen Milieu unter Bedingungen eines vorgeschossenen Vertrauens zu versuchen, dass der Verständigungsprozess nicht einseitig ausgenutzt werde, Missverständnisse und damit Kränkungen zwar möglich, ja wahrscheinlich sind, der Dialog gleichwohl als einzige vertretbare Option von allen Beteiligten anerkannt wird.

Soziale Arbeit steht hier in einem Dilemma: Einerseits verbieten sich Generalverdächtigungen, zumal anhand ethnischer oder äußerer Merkmale, wie sie etwa in Instrumenten polizeilicher Rasterfahndung üblich sind, zum anderen hat sie – sozialpädagogisch als tertiäre Bildungsinstitution – die Aufgabe, von ihr erkannte fundamentalistische Orientierungen, sollten sie unter ihren Adressaten auffallen oder in den internen Konzepten eigener Trägerschaften Sozialer Arbeit aufscheinen, angemessen zu bearbeiten.

Ein normatives Vielfaltspostulat interkultureller Konzepte pädagogischer wie Sozialer Arbeit hält vor dem Hintergrund des bisher vorhandenen Wissens um soziale, biographische und motivationale Verfassung von Selbstmordattentätern, ihrer Lehrer und Auftraggeber und ihrer offenen oder geheimen Anhänger nicht stand, vielmehr bedarf es der kritischen Einschränkung im Modus der Verhandelbarkeit von Geltungsansprüchen.

Mit Badawia (Badawia 2002) sei an dieser Stelle hervorgehoben: Auch wenn es keinen immer schon antizipierbaren Zusammenhang zwischen den Leitideen und Prämissen des islamischen Glaubens und der Integrationsfähigkeit bzw. dem Segregationswunsch traditionell denkender Muslime gibt, sollten Probleme bei der Anerkennung der Menschenrechte und der bürgerlichen Freiheiten keineswegs ignoriert oder übergangen werden. Aufgabe eines menschenrechtsorientierten interkulturellen Ansatzes wäre es, junge Migranten mit jenen Spannungen zu konfrontieren, die zwischen einem „traditionsgebundenen Religionsverständnis und dem Grundgesetz bestehen" (Langenfeld, 2007, S. 12). Das bedeutet in letzter Konsequenz, dass die im interkulturellen Feld tätigen und intervenierenden Sozialabeiter darauf bestehen müssen, dass die Rechtsordnung der Bundesrepublik nicht in Frage gestellt wird und etwa Verstöße gegen die Religionsfreiheit des Einzelnen ebenso geahndet werden wie Formen der Unterordnung der Frau unter den Mann im Ehe- und Familienrecht. Der Verfassungsstaat ist in Hinblick auf die Menschenrechte – auch wenn religiös motivierte Verhaltensanforderungen in Konflikt mit der deutschen Rechtsordnung geraten – auf die Geltung des allgemeinen Gesetzes angewiesen. Interkulturalität in dem hier verstandenen Sinne könnte junge Muslime motivieren, ihre Traditionen kennen zu lernen, indem sie Möglichkeit erhalten, sie belastende Spannungen zwischen islamischen Traditionen, dem Elternhaus und ihren eigenen Identitätsentwürfen zu thematisieren, so dass sie sich als Muslime – sofern sie dies wollen – in der Aufnahmegesellschaft behaupten können. Hierdurch könnten sie befähigt werden, „den Andersgläubigen zu verstehen, mit ihm in gegenseitiger Achtung zusammenzuleben und Vertrauen in Prinzipien von Rechtsstaaten zu gewinnen. Die Förderung der religiösen Selbstbestimmung des Individuums steht im pluralen Gemeinwesen eines Rechtsstaats keineswegs im Widerspruch zur Stärkung der individuellen Autonomie des Individuums. Dieser Prämisse liegt die Überzeugung zugrunde, dass die Integration der muslimischen Bevölkerung sich nur erfolgreich gestalten wird, wenn sie auch die religiösen Dimensionen des Lebens und der Lebenswelt berücksichtigt, einbezieht und achtet. Dies setzt seitens der nicht-muslimischen Bevölkerung diskriminierungsfreie Haltungen und auf Seiten staatlicher Organe Neutralität voraus.

Der hiermit angesprochene Problemkomplex führt in ein weiteres Dilemma, soll die interkulturelle Perspektive gleichermaßen integrativen Zielen folgen:

Partizipation und Integration sind nicht notwendig an einen ‚kulturellen Assimilationismus' gebunden, gleichwohl ist für die Akzeptanz partikularer kultureller Lebensformen Voraussetzung, dass deren Vertreter die Bereitschaft aufbringen, auch jene Partikularismen zu tolerieren, die nicht den eigenen Vorstellungen eines gelingenden Lebens entsprechen. Sofern Soziale Arbeit hier im Bereich von Bildung und Erziehung neben Schule und Familie ein Mandat innehat, gerät sie in Konflikte zwischen erwarteter Nähe zu ihrer Klientel einerseits und dem Erfordernis von Kontrolle oder Instruktion andererseits.

Die skizzierten Dilemmata sollen und können nicht aufgelöst werden, sie sollen jedoch gerade deswegen auch nicht unter den Tisch fallen.

Damit wird die Auseinandersetzung mit den aufgeworfenen Dilemmata freilich nicht beliebig. Vielmehr begründet sie eine Forschungsprogrammatik, die bestehende Konzepte und interkulturelle Programmatiken empirisch nicht allein nach Maßstäben ihrer Effizienz, sondern auch hinsichtlich ihrer normativen Implikationen überprüft.

8.5 Zum Geltungsbereich einer interkulturell orientierten Sozialen Arbeit

Interkulturelle Soziale Arbeit muss sich als allgemeinverbindliches Konzept ausweisen lassen, wenn sie als adäquate Reflexion veränderter gesellschaftlicher Rahmenbedingungen begriffen werden soll. Allgemeinverbindlichkeit hat das „Allgemeine" dabei so zu thematisieren, dass das jeweils „Besondere" nicht ausgegrenzt bleibt und bestehende Machtasymmetrien nicht unterschlagen werden. Die Migrationssituation hat gravierende Folgen für die demographische Landschaft der Bundesrepublik nach sich gezogen, und Prozesse der Pluralisierung um Elemente kulturell- und ethnisch-codierter Differenzmarkierungen erweitert. In den Konzeptionen Interkultureller Sozialer Arbeit wird daher gefordert, Integrationsprozesse so zu unterstützen, dass die sozialpädagogischen Interventionen der veränderten Situation Rechnung tragen. Dass die sogenannte „interkulturelle" Perspektive dabei durchaus unterschiedliche, ja zuweilen kontroverse Konzeptionen bezüglich ihrer Grundannahmen und Praktiken birgt, wurde in den vorangegangenen Kapiteln unter verschiedenen Gesichtspunkten deutlich. Haben wir es in der Sozialen Arbeit prinzipiell mit Spannungsfeldern etwa zwischen „Hilfe" und „Kontrolle", zwischen „Nähe" und „Distanz", zwischen „Altruismus" und „moderner Berufsarbeit" oder zwischen Effekten des „Abhängig-Machens" und dem „Versagen von Unterstützung" zu tun, so wird mit dem Attribut des „Interkulturellen" ein Dilemma der Differenz unter den Vorzeichen differierender Kulturverständnisse aufgeworfen. Wir haben gezeigt, dass eine kritische und reflexive interkulturelle Orientierung nicht ohne Reflexionen über die theoretischen Zusammenhänge von Kulturrelativismus und aufgeklärtem Universalismus auskommt, welche Fallen in kulturalistischen wie strukturalistischen Reduktionen liegen, und dass Fragen der Anerkennung jeweils unter der Perspektive universeller Moral und gleichzeitig partikularer Ethiken in den jeweiligen Handlungsvollzügen Sozialer Arbeit praktisch gelöst werden müssen. So erscheint eine Interkulturelle Soziale Arbeit als derjenige Ort, an dem das Dilemma der Anerkennung praktisch zur Geltung kommt.

Es lassen sich zwei sich ergänzende Aufgabenfelder unterscheiden, die auf die kulturelle Pluralität der Gesellschaft reagieren, diese reflektieren und eine allgemeine Geltung für sich beanspruchen. In einem ersten Schritt geht es um die Wahrnehmung und Anerkennung unterschiedlichen Kulturen in einem multikulturellen Zusammenhang. Die konfliktorientierte Soziale Arbeit strebt darüber hinaus die Überwindung struktureller Barrieren des Zusammenlebens von unterschiedlichen ethnischen Gruppen an. Darunter lassen sich sowohl rassistische, diskriminierende oder ethnozentrische Einstellungen als auch gesetzliche Regelungen anführen, die bestimmte Mitglieder der Gesellschaft an der Wahrnehmung ihrer Chancen hindern.

Als Adressaten Interkultureller Sozialer Arbeit gelten prinzipiell alle Angehörigen der in multiethnisch gekennzeichneten Gesellschaften lebenden Gruppen oder Gemeinschaften. Eine Interkulturelle Sozialpädagogik, die ihren Anspruch realisieren und ihren Adressaten als Orientierung dienen will, ist auf die Durchsetzung von Chancengleichheit angewiesen. Hier ist zwischen Formen migrationsbezogener Sozialer Arbeit als Hilfe, Empowerment, Beratung, interkultureller Öffnung usw. und sozialpädagogischen Angeboten und Interventionen, die eher dem Bereich der interkulturellen Bildung zuzurechnen sind, zu unterscheiden. Im Bereich der Bildung ist es notwendig, Angebote zu entwickeln, die in einer kulturell pluralen Gesellschaft Adressatengerechtigkeit unter den Kriterien von Vielseitigkeit gewährleisten. Für die interkulturellen Konzeptionen impliziert dieses Postulat die selbstverständliche Einbeziehung der Erfahrungen der Einheimischen und der Migranten in der Migrationsgesellschaft, so dass kulturelle Selbstverständnisse aller beteiligten Gruppen in angemessener Weise vertreten sind. „Auf der Basis der Prinzipien der gleichen Verfassung muss allen Bürgerinnen und Bürgern zugebilligt werden (...), sich adäquat repräsentiert zu sehen" (Brumlik 1996, S. 11).

Die Diskussion um das Verhältnis von Interkultureller Sozialer Arbeit und Sozialer Gerechtigkeit lässt sich durch Überlegungen zu Bildungsprozessen individueller Subjektivität ergänzen. Während „Bildung" in erster Linie als Folge einer Eigenleistung des Individuums gilt und „Erziehung" demgegenüber die Leistungen der Pädagogen beschreibt, die Zu-Erziehenden auf die Anforderungen des sozialen Systems und die Erwartungen der Lebenswelt vorzubereiten und die Herausbildung ihrer Ich-Identitäten zu unterstützen. Erziehungs- und Bildungsprozesse sind zugleich maßgeblich für die jeweilige Persönlichkeitsbildung, die zur Herausbildung eines subjektiven Bewusstseins der eigenen Individualität beiträgt.

So verstanden kann Interkulturelle Sozialpädagogik die Klärung sozialer Rollen für die Angehörigen von Majorität und Minoritäten in einer multikulturellen Gesellschaft begünstigen. Interkulturelle Soziale Arbeit regt die Herausbildung einer diesen Rollen entsprechenden Subjektivität an und fördert sie (ebd.).

Die am eigenen kulturellen Kontext emotional und kognitiv orientierte Identität der Individuen differenziert sich in eine Ich-Identität und eine Wir-Identität, die auf die Einbindung des Individuums in eine identifizierbare Gruppe verweist. Die Ausprägung von Wir-Identitäten in der Gesellschaft dient der Abgrenzung von anderen Gruppen und ist konstitutiv für ein Zusammengehörigkeitsbewusstsein. Soll dem Konzept einer interkulturell orientierten Sozialpädagogik ein allgemeiner Geltungsanspruch zuerkannt werden, dann müsste sie nicht nur das Ziel verfolgen, die Ich-Identität zu verändern, sondern auch auf die Entfaltung selbstreflexiver und flexibler Wir-Identitäten hinzuarbeiten, da die Wir-Identitäten trotz oder gerade wegen der von den Sozialwissenschaften beobachteten und beschriebenen Individualisierungsprozesse auch bei einem stark ausgeprägten Individualismus weiter bestehen oder neue Konturen annehmen. Da die Bildung von Gruppen und die Bindung an Gruppen sich als Folge der Orientierungsbedürfnisse der Individuen in ihrem lebensweltlichen Bereich, ihren kulturellen Zusammenhängen und ihrem gesellschaftlichen Umfeld einstellen, sollte die Interkulturelle Soziale Arbeit diese Gegebenheiten anerkennen und die Modifikation und Durchlässigkeit der Grenzen der vorhandenen Wir-Identitäten anstreben. Nieke hält es daher für geboten, die Grenzen der Wir-Identität auf alle Mitglieder der Gesellschaft auszudehnen. Dazu sei es nicht notwendig, die bestehenden Wir-Identitäten aufzugeben, sondern diese vielmehr in eine übergreifende Wir-Identität unter dem Aspekt der universalen Verantwortung für alle Gesellschaftsmitglieder einzubetten. „Damit wird der bisherige Endgültigkeitscharakter der anderen Wir-Identitäten relativiert: die Verantwortung endet nicht an der Wir-Gruppen-Grenze der Familie, der sozialen Klasse, der Nation, der Staatsbürger oder der Europäer einer Marktgemeinschaft, die ihren Wohlstand gegen den Rest der Welt abzuschirmen und zu verteidigen sucht“ (Nieke, 1994, S. 44). Ein Reden von „Wir“ und „Sie“ in der von Migrationen gekennzeichneten Gesellschaft würde sich mit dieser Perspektive irgendwann einmal erübrigen. Eine Interkulturelle Soziapädagogik, die sich im Medium des Allgemeinen vollzieht, hätte vor dem Hintergrund der Überlegungen Niekes die selbstverständlichen Wir-Identitäten, ihre Mechanismen und die Bedeutungen der Ausgrenzung zu verdeutlichen, die Interessen an der Aufrechterhaltung bestehender Grenzziehungen zu thematisieren und die Veränderbarkeit von Wir-Identitäten als Folge der Begegnung und Auseinandersetzung mit vielfältigen kulturellen Lebensformen zu beschreiben. Das herausragende Bildungsziel kann in der Freiheit gesehen werden, sich von den durch die Sozialisation vorgegebenen Wir-Identitäten zu lösen und in eigener Bestimmung eine neue Wir-Identität zu gestalten mit der Bindung an sinnvolle, frei und gegebenenfalls neu gewählte Wir-Gruppen“ (ebd., S. 45).

In einer multikulturellen Gesellschaft kommt das Individuum nicht umhin, sich mit divergierenden Weltdeutungen auseinanderzusetzen. Eine Aufgabe der Interkulturellen Sozialen Arbeit ist hierbei, Individuen bei der Bewältigung von Prozessen zu begleiten, bei denen sie aus ihren kulturellen Konventionen heraustreten und ihnen die Relativität ihrer Einstellungen und Deutungen bewusst werden. In einer multikulturellen Gesellschaft wird auf allen Gebieten des Alltags deutlich, dass die Menschen ihr Leben auch anders führen können. In dem Ausmaß, in dem multikulturelle Gesellschaften eine Vielfalt von Lebensformen zulassen, die in ihrer Pluralität zugleich den Anspruch auf Konservierung kultureller Überlieferungen aufgeben, verlieren Herkunft und Tradition ihre bindende Kraft. Die Abnahme der kohäsiven Kräfte der der ethnischen Herkunft verpflichteten Lebensformen führt dazu, dass die Verbindlichkeit der „normativen Ansprüche der modernen universalistischen Moral und des ihr entsprechenden Rechtsbewusstseins“ (ebd.) zunimmt. Vor dem Hintergrund dieser Überlegungen kann es die interkulturelle Sozialpädagogik als eines ihrer herausragenden Ziele betrachten, den Prozess der Ausbildung der Individualität und der Autonomie der am interkulturellen Verständigungsprozess Beteiligten zu unterstützen, indem sie Letztere dazu ermuntert, die in der Komplexität der multikulturellen Gesellschaft begründeten antizipierbaren und nicht antizipierbaren Konflikte zu ertragen und wenn möglich zu lösen.

Wird die Interkulturelle Soziale Arbeit zum Ort der Reflexion und einer Bearbeitung des Verhältnisses von Ich-Identität und Wir-Identität mit dem Ziel, die bestehenden Gruppenkonzepte zu überwinden, dann erfüllt sie eine notwendige Bedingung, um ein geschichtlich vermitteltes Bewusstsein von zentralen Problemen der gemeinsamen Gegenwart und der voraussehbaren Zukunft zu reflektieren. Ziel ist die Einsicht in die Mitverantwortlichkeit und Bereitschaft aller, angesichts brennender gesellschaftlicher Probleme sich diesen zu stellen und am Bemühen um ihre Bewältigung zu partizipieren. Freilich wird in praktischen Vollzügen nicht davon zu abstrahieren sein, wer jeweils zu wem spricht und wie die jeweiligen Sprecher und Sprecherinnen vom Gegenüber eingeordnet werden: Weder macht es Sinn, wenn Angehörige der Dominanzkultur anderen deren Gruppenkonzepte einfach „ausreden" wollen, noch lässt sich ein Gruppenkonzept gegenüber einem anderen „einreden". Daher kann sich interkulturelle Praxis nicht allein auf moderierende Tätigkeiten beschränken, sondern hätte in Prozessen wechselseitiger Rechthaberei auch auf der Basis legitimierbarer Stellungnahmen in der Sache die Auseinandersetzung zu suchen. Die Suche nach gemeinsam geteilten Bedeutungen und Maßstäben, die alle akzeptieren können und dann auch akzeptieren müssen, erfolgt im interkulturellen Dialog, der – als Streitkultur angelegt – immer auch gefährdet ist und der durchaus scheitern kann.

Ein Geltungsanspruch Sozialer Arbeit in interkultureller Perspektive will praktisch eingelöst sein und die in diesem Band versammelten theoretischen Ansätze und Bezüge bedürfen der empirischen Bewährung. Dabei steht „der pädagogisch-praktische Umgang mit der Idee des Interkulturellen (…) in der Gefahr, das zu befrieden, was aufzubrechen wäre", schreibt Astrid Messerschmidt in einem Beitrag zur postkolonialen Irritation interkultureller Bildung. (Messerschmidt 2003, S. 110). Wenn mit der Konzentration auf „Kultur" Konfliktlagen entpolitisiert würden, könne interkulturelle Theorie und Praxis herrschaftsleugnend und beschwichtigend sein. Soziale Arbeit in interkultureller Orientierung hätte demnach praktisch wie theoretisch einerseits ihre Bindungen und Befangenheiten in historischen und aktuellen Machtverhältnissen zu erkennen, andererseits indes die Grenzen ihrer Macht im Bereich der Politik angemessen einzuschätzen.

Die Interkulturelle Soziale Arbeit erweist sich anschlussfähig an grundlegende Dimensionen der migrationspolitischen Debatten bzw. als deren unerlässlicher Bestandteil, wenn sie Soziale Arbeit in den Grunddimensionen menschlicher Interessen und Fähigkeiten (kognitiv, manuell, sozial, ästhetisch, ethisch und politisch) im Sinne eines demokratischen Grundrechts versteht.

Die durch die Migrationstatsache ausgelösten Prozesse der kulturellen Pluralisierung sind so tiefgreifend, dass neue Formen der Verständigung über die Regeln gesellschaftlichen Miteinanders notwendig geworden sind. Eine besondere Leistung Interkultureller Sozialer Arbeit kann darin liegen, die Komplexität und Bedeutung der Zusammenhänge von Einwanderung, kulturellen Entwürfen und den in ihnen erforderlichen sozialpädagogischen Orientierungsangeboten herauszustellen und zu reflektieren. Vor dem Hintergrund entsprechender Erfahrungen vermag sie auch die Voraussetzungen für die gesellschaftlich notwendigen Verständigungsprozesse zu schaffen, indem sie Denk-, Kommunikations- und Handlungsmöglichkeiten eröffnet, die einen zivilgesellschaftlichen Umgang mit der Vielfalt kultureller Orientierungen zu ermöglichen vermag.

9 Serviceteil

Hilfreiche Links, Adressen, Zeitschriften

Die folgende Zusammenstellung von Adressen, Periodika, Internet-Rundschreiben, Dokumentationszentren, Trägerverbänden, staatlichen Stellen und anderen Quellen ist als Einstieg für Studierende und Praktiker Sozialer Arbeit zur jeweils aktuellen und vertiefenden Aneignung interkulturell relevanter Entwicklungen und Informationen gedacht. Das darüber zugängliche empirische Material, aktuelle Forschungen, graue Literatur, Selbstzeugnisse von Initiativen, Migrantenorganisationen oder Trägerverbänden, politische, rechtliche oder administrative Vorgaben und Texte, ist oft sowohl als Studierhilfe wie für berufspraktische Orientierungen unverzichtbar, weil erst darüber „die Landschaft" interkultureller Praxis im Detail sichtbar wird.

Inzwischen haben sich sowohl auf dem Gebiet der Lehre, der Forschung wie bei den diversen Weiterbildungsmärkten interkulturelle Themen und Fragestellungen vervielfacht. Fachhochschulen und Universitäten berücksichtigen die interkulturelle Perspektive dabei in sehr unterschiedlicher Weise, so dass es ratsam ist, bereits vor Aufnahme eines Studiums jeweils Erkundigungen am gewählten Studienort einzuholen, ob und in welcher Weise Qualifizierungen im Kompetenzfeld interkultureller und international vergleichender Sozialer Arbeit an der jeweiligen Hochschule möglich sind. Eine umfangreiche Auflistung und Kommentierung im Rahmen dieses Serviceteils ist nicht sinnvoll, da Strukturen und curriculare Ausrichtung entsprechender Studienangebote während anhaltender Reformprozesse im ständigen Wandel begriffen sind und der Prozess der Implementierung interkulturell orientierter Module in den einschlägigen Studiengängen noch nicht als abgeschlossen gelten darf. Jeweils aktuelle Kontakte und Ansprechpartner/-innen deutscher Hochschulen mit interkulturellen Schwerpunkten können über die „Arbeitsgemeinschaft Interkulturelle Soziale Arbeit" (AG IKSA) beim Fachbereichsrat Soziale Arbeit ermittelt werden (siehe unten unter AG IKSA).

Die hier aufgeführten Adressen und Hinweise können keinen Anspruch auf Vollständigkeit erheben, sondern sind als Beispiele zu verstehen. Dies gilt vor allem für Bereiche, die nicht immer eindeutig mit Sozialer Arbeit, sondern auch mit angrenzenden Disziplinen zu tun haben (so zum Beispiel Angaben zum Bereich Sprachdidaktiken). Ferner bilden die angegebenen Links im Internet lediglich eine kleine Auswahl. Vor allem regionale Kontakte, Initiativen oder Träger konnten keine oder kaum Berücksichtigung finden. Vollständigkeit wäre dem Charakter des Mediums auch nicht zuzubilligen, immerhin ergab die Suchmeldung „Interkulturelle Soziale Arbeit" im September 2007 insgesamt ca. 753.000 Einträge.

Ferner ist zu berücksichtigen, dass Namen, Bezeichnungen oder auch Adressen wechseln können.

Wir verzichten ebenso auf Kommentierungen und beschränken uns auf einzelne Hinweise bzw. Selbstauskünfte, sofern diese zum Verständnis sinnvoll erscheinen.

1 Hochschulnetzwerke und Forschung

Arbeitsgemeinschaft Interkulturelle Soziale Arbeit (AG IKSA)
beim Fachbereichstag Soziale Arbeit
Informationen über AG-IKSA home oder über
Sprecher der AG-IKSA:

Prof. Dr. Stefan Gaitanides
Fachhochschule Frankfurt am Main
Fachbereich 4: Soziale Arbeit und Gesundheit
Nibelungenplatz 1 – Gebäude 2
60318 Frankfurt am Main

Tel: 069/1533 2873
E-Mail: gaita@fb4.fh-frankfurt.de
http://www.ag-iksa.de

Deutscher Bildungsserver
Forschungseinrichtungen – interkulturelle Bildung
http://www.bildungsserver.de

Deutsches Jugendinstitut e.V
Z.B. Projekt: Interkulturelles Netzwerk der Jugendsozialarbeit im Sozialraum
Prof. Dr. Thomas Rauschenbach
DJI München
Deutsches Jugendinstitut e.V.
Nockherstr. 2
81541 München

Tel: 089/62306-0
Fax: 089/62306-162
E-Mail: info@dji.de
http://www.dji.de/cgi-bin/projekte/output.php?projekt=58

Europäisches Forum für Migrationsstudien (efms)
Institut an der Otto-Friedrich-Universität Bamberg
Leitung: Prof. Dr. Friedrich Heckmann
Katharinenstr. 1
96052 Bamberg

Tel: 0951/932020-0
Fax: 0951/932020-20
E-Mail: efms@sowi.uni-bamberg.de
http://www.uni-bamberg.de/efms
http://www.efms.de
URL: European Research Center on Migration and Ethnic Relations – Ercomer.
http://www.ercomer.org

(Das Europäische Forum für Migrationsfragen (efms) versteht sich als Infrastruktureinrichtung der Migrationsforschung und möchte einen Beitrag zu einem informierten Diskurs über Migration und Integration in Europa leisten. Besondere Informationsangebote sind der WWW-Zugang zu Datenbanken und der online erhältliche Migration Report. Umfangreiche Statistiken sind ebenfalls unter dieser Internetadresse zu finden.)

Expertendatenbank Migration der Bundeszentrale für politische Bildung
http://www.bpb.de/wissen/ZWKGUJ,0,Experten_Migration.html

Forschungsgesellschaft Flucht und Migration e.V.
Im Mehring-Hof
Gneisenaustr. 2a
10961 Berlin

Fax: 030/69 58 29 73
E-Mail: ffm.berlin@freenet.de (Büro Berlin)
E-Mail: ffm@ipn.de (Büro Helmut Dietrich)
http://www.ffm-berlin.de/

Forschungsstelle für interkulturelle Studien (FIST)
Universität zu Köln
Humanwissenschaftlichen Fakultät
– Forschungsstelle für interkulturelle Studien –
Raum 529
Gronewaldstr. 2
50931 Köln

Tel: 0221/470-6331
Fax: 0221/470-7394
E-Mail: kontakt@fist-koeln.de
http://www.fist.uni-koeln.de/

Forschungszentrum für internationales und europäisches Ausländer- und Asylrecht
Prof. Dr. Kay Hailbronner
Universität Konstanz
Fachbereich Rechtswissenschaften
Fach D116
Universitätsstraße 10
78457 Konstanz

Tel: 07531/88-2307
Fax: 07531/88-3146
E-Mail: migration@uni-konstanz.de
http://www.migration.uni-konstanz.de/

FÖRMIG Zentrum für Interkulturelle Studien (ZIS) Johannes Gutenberg Universität Mainz
E-mail: zis@uni-mainz.de
http://blk-foermig.uni-hamburg.de

Institut für interkulturelle Bildung und Entwicklung (Interkult)
Fachhochschule Köln
Prof. Dr. Rainer Leenen

Tel: 0221/8275-3359
E-Mail: bu029@dvz.fh-koeln.de
http://www.f01.fh-koeln.de/fakultaet/institute/interkult/

Institut für Interkulturelle Didaktik Göttingen IIKD
Dr. Dr. h. c. Karl-Heinz Flechsig
Institut für Ethnologie – Interkulturelle Didaktik
Theaterplatz 15
37073 Göttingen

Tel: 0551/39 78 92
http://www.gwdg.de/~kflechs

Institut für Interkulturelle und Internationale Studien (InIIS)
Universität Bremen
Institut für Interkulturelle und Internationale Studien
Linzer Str. 4
28359 Bremen

Tel: 0421/218-3749, -9060, -4298
Fax: 0421/218-7248
E-Mail: tmenge@iniis.uni-bremen.de
E-Mail: vickimay@iniis.uni-bremen.de
http://www.iniis.uni-bremen.de/

Institut für Migrationsforschung und interkulturelle Studien IMIS Uni Osnabrück
http://www.imis-osnabrueck.de

Interkulturelle Forschungs- und Arbeitsstelle Technische Universität Berlin
E-Mail: Interkulturelle@tn-berlin.de

Sektion 3 „International und Interkulturell Vergleichende Erziehungswissenschaft" (SIIVE) der Deutschen Gesellschaft für Erziehungswissenschaft (DGfE)
Informationen über DGfE-homepage oder über die
Sprecherin des Sektionsvorstandes:
Prof. Dr. Barbara Asbrand
Pädagogisches Seminar
Sozialwissenschaftliche Fakultät der
Georg-August-Universität Göttingen
Waldweg 26
37073 Göttingen

Tel: 0551/39-10388; Sekr. -9440
Fax: 0551/39–946
http://www.tu-dresden.de/siive
http://www.dgfe.pleurone.de/ueber/sektionen/folder.2004-09-09.64

2 Träger interkultureller Sozialer Arbeit. Dach- und Fachverbände auf Bundesebene

Arbeiterwohlfahrt, Bereich Migration
Wolfgang Barth
Wolfgang.Barth@awo.org
AWO Arbeiterwohlfahrt Bundesverband e.V.
Marie-Juchacz-Haus
Oppelner Straße 130
53119 Bonn (Hausanschrift)
Postfach 41 01 63
53023 Bonn (Postanschrift)

Tel: 0228/6685-0
Fax: 0228/6685-32225
E-Mail: info@awo.org
http://www.awo.org
http://www.awo.org/pub/pub/mig_int/migration/start/index.html?openmenu=10

Bundesfachverband Unbegleitete Minderjährige Flüchtlinge e. V.
http://www.b-umf.de/
Caritasverband, Bereich Migration und Integration
Migrationsdienst der Caritas
Referat Migration und Integration
Karlstraße 40
79104 Freiburg

Tel.: 0761/200-0
Fax: 0761/200-755
E-Mail: Migration.Integration@caritas.de
http://www.caritas.de/13291.html

Der Paritätische Wohlfahrtsverband
Fachberatung Migration
Fachberatung Flüchtlingsarbeit, Aussiedlerarbeit
Hans Heidbrink
Der Paritätische Lippe
Schorenstraße 12
32756 Detmold

Tel: 05231/99 15 22
Fax: 05231/99 15 15

Fachberatung Immigration
Ercüment Toker
Der Paritätische
c/o IFAK e.V.
Engelsburger Str. 168
44793 Bochum

Tel: 0234/3 25 92 76
Fax: 0234/3 25 92 77

Fachberatung MigrantInnenselbsthilfe
Filiz Arslan
Der Paritätische
Bochum
Kortumstraße 145
44787 Bochum

Tel: 0234/95 54 88-19
Fax: 0234/68 50 89
http://www.paritaet-nrw.org/e5803/e5833/e6306/index_ger.html

Deutsches Rotes Kreuz (DRK) – Migration und Integration
Heinz Knoche
KnocheK@drk.de

DRK-Generalsekretariat
Team 44 – Migration und Integration
Carstennstraße 58
12205 Berlin

Tel: 030/85404129 (Team 44)
Fax:030/85404-451 (Team 44)
http://www.drk.de/migrationsarbeit

DGB, Referat Migration
Volker Roßocha
E-Mail: volker.rossocha@dgb.de
Deutscher Gewerkschaftsbund
Bundesvorstand
Henriette-Herz-Platz 2
10178 Berlin

Tel.: 030/24060-0
Fax: 030/24060-324
E-Mail: info.bvv@dgb.de
http://www.dgb.de/themen/migration/index_html
http://www.migration-online.de

Diakonisches Werk der EKD
DWEKD – Zentrum FIBA (Familie, Integration, Bildung, Armut)
Reichensteiner Weg 24
14195 Berlin-Dahlem
Tel. Zentrale: 030/83001 0

Johannes Branstädter
Arbeitsfeld Migrationspolitische Grundsatzfragen

Tel: 030/8 30 01-346
Fax: 030/8 30 01-259
E-Mail:brandstaeter@diakonie.de
http://www.diakonie.de

Integrationsberatung und – begleitung: soll-paschen@diakonie.de
Flüchtlings- und Asylpolitik: gutekunst@diakonie.de
Migrationsspezifische Rechtsfragen und Internationale Migration:
wegner@diakonie.de

Fachverband Jugendmigrationsdienst (JMD)
Bundesarbeitsgemeinschaft Ev. Jugendsozialarbeit e.V.
Büro Bonn
Kennedyallee 105–107
53175 Bonn

Tel: 0228/95968-0
Fax: 0228/95968-30
E-Mail: info@jmd-portal.de
http://www.bagejsa.de
http://www.jugendmigrationsdienste.de
http://www.jmd-portal.de

Zentralwohlfahrtsstelle der Juden in Deutschland (ZWST)
Hebelstraße 6
60318 Frankfurt am Main
www.ZWST.org.de

Verband für Interkulturelle Arbeit (VIA)
Hochemmericher Str. 71
47226 Duisburg

Tel: 02065/53346
Fax: 02065/53561
E-Mail: via@via-bund.de
http://www.via-bundesverband.de

Verdi, Bereich Migration
Erster Sprecher: Ibrahim Isik, Landesbezirk NRW
Gleichberechtigter Zweite Sprecher: Erdogan Kaya, Landesbezirk Berlin, und
Orhan Kurtulan, Landesbezirk Bayern

E- Mail: migration@verdi.de
http://www.verdi.de/migration

ver.di – Vereinte Dienstleistungsgewerkschaft
Bundesvorstand
Paula-Thiede-Ufer 10
10179 Berlin

Tel 0 30/6956-0
Fax 0 30/69 5631 41
E-Mail info@verdi.de
http://www.verdi.de

3 Periodika, Datenbanken, Internetadressen

AiD – Ausländer in Deutschland
Informationsdienst zu aktuellen Fragen der Ausländerarbeit.
Hrsg: Institut für Entwicklungsforschung, Wirtschafts- und Sozialplanung GmbH (Isoplan). Saarbrücken.
4 Ausgaben jährlich (seit 1984), ISSN 0177-1566.
http://www.isoplan.de/aid

Glossar zu Fachbegriffen zu Migration und Integration
http://www.integrationsbeauftragte.de/prt/lexikon/14.php

Informationsverbund Asyl
Greifswalder Straße 4
10405 Berlin

Fax: 030/467933 29
E-Mail: kontakt@asyl.net
http://www.asyl.net

(Der Informationsverbund Asyl ist ein mit dem UNHCR kooperierender Zusammenschluss von Amnesty International, Arbeiterwohlfahrt, Deutscher Caritasverband, Deutscher Paritätischer Wohlfahrtsverband, Deutsches Rotes Kreuz, Diakonisches Werk der EKD, Pro Asyl und der Zentralwohlfahrtsstelle der Juden in Deutschland.)

„Integration"
Nomos Verlagsgesellschaft
Waldseestr. 3–5
76530 Baden-Baden

Tel: 07221/2104-0
Fax: 07221/2104-27
http://www.nomos.de

(Die Vierteljahreszeitschrift Integration richtet sich an alle, die sich in Wissenschaft, Bildung, Politik, Administration und in den Medien mit europäischen Fragen beschäftigen. Sie ist ein theoriegeleitetes und politikbezogenes interdisziplinäres Forum zu Grundsatzfragen der europäischen Integration. Aktuelle Probleme der Europapolitik werden aus politischer und akademischer Perspektive diskutiert.)

Journal für Konflikt- und Gewaltforschung – JKG.
(Vormals: Newsletter Forschungsnetzwerk ethnisch-kulturelle Konfliktforschung. Rechtsextremismus und Gewalt)
Hrsg.: Institut für Interdisziplinäre Konflikt- und Gewaltforschung der Universität Bielefeld.
2 Ausgaben jährlich (ISSN 1438-9444)
http//www.uni-bielefeld.de/ikg/publikationen_periodika.htm

„Migration und Soziale Arbeit"
(Vormals: Informationsdienst zur Ausländerarbeit iza)
Herausgeber: Institut für Sozialarbeit und Sozialpädagogik (ISS)
Frankfurt am Main.
3 Ausgaben jährlich

Juventa Verlag
Ehretstraße 3
69469 Weinheim

Tel.: 06201/90200
Fax: 06201/902013
Email: juventa@juventa.de.
http://www.iss-ffm.de/zmsa.html

(ISS ist Herausgeber der Zeitschrift „Migration und Soziale Arbeit". Diese Publikation erscheint dreimal jährlich und informiert über die spezifische Lebenssituation von Migrant/-Innen in der Bundesrepublik und ihren besonderen Bedarf an sozialen Dienstleistungen sensibilisiert für ein kulturelles Miteinander auf gleichberechtigter Basis, fördert den interkulturellen Dialog und regt gegenseitige Lernprozesse an, dokumentiert interkulturelle Praxisprojekte im Bildungs-, Jugend- und Sozialbereich und trägt zur interkulturellen Öffnung im Sozialbereich bei, engagiert sich fachlich für die Belange der MigrantInnen und ermöglicht den kritischen Dialog zwischen Fachkräften verschiedener Herkunft und Profession.)

„Soziale Arbeit"
DZI
Bernadottestr. 94
14195 Berlin

Tel. 030/83 90 01 – 23
Fax 030/8 31 47 50
E-Mail: sozialinfo@dzi.de

Überblick. Zeitschrift der Informations- und Dokumentationsstelle für Antirassismusarbeit in Nordrhein-Westfalen
Hrsg: IDA NRW , Düsseldorf, ISSN 1611-9703
4 Ausgaben jährlich.
http://www.IDA-NRW.de

VIA-Magazin. Eine Fachzeitschrift für Praktiker.
www.via-bund.de

4 Staatliche Stellen, Ministerien ...

BAMF – Bundesamt für Migration und Flüchtlinge
Frankenstraße 210
90461 Nürnberg

Tel: 0911/943-0
Fax: 0911/943-1000
E-Mail: info@bamf.de
http://www.bamf.de

(Mit dem Inkrafttreten des neuen Zuwanderungsgesetzes nimmt das Bundesamt für Migration und Flüchtlinge neben der Durchführung von Asylverfahren auch Aufgaben in den Bereichen der Integrationsförderung, der Migrationsforschung, des Flüchtlingsschutzes und der freiwilligen Rückkehrförderung wahr.)

Bundesinnenministerium (Bereich Zuwanderung)
Zuständigkeiten auf Landesebene bei unterschiedlichen Ministerien.
http://www.zuwanderung.de/

Integrationsbeauftragte der Bundesregierung
Maria Böhmer
11044 Berlin

Tel: 0180/272-0000 (Bürgerfragen)
Fax: 01888/272-2555
E-Mail: internetpost@integrationsbeauftragte.de
http://www.integrationsbeauftragte.de
Integrations- und Ausländerbeauftragte der Bundesländer

Baden-Württemberg
Justizminister und Integrationsbeauftragter der Landesregierung
Prof. Dr. Ulrich Goll
Schillerplatz 4
70173 Stuttgart

Telefon: 0711/126-2990/-2991
Fax: 0711/126-2992
E-Mail: storr@integrationsbeauftragter.de
http://www.integrationsbeauftragter.de

Bayern
Abteilungsleiter Europapolitik, Integration, Vertriebene und Zuwanderer
Medardus Huemer
Bayerisches Staatsministeirum für Arbeit und Sozialordnung, Familie und Frauen
Winzererstr. 9
80792 München

Tel: 089/1261-1232
Fax: 089/1261-1644
E-Mail: medardus.huemer@stmas.bayern.de
http://www.stmas.bayern.de/migration

Berlin
Beauftragter für Migration und Integration des Senats Berlin
Günter Piening
Potsdamer Straße 65
10785 Berlin

Tel: 030/9017-2351/-2363/-2364
Fax: 030/262-5407
E-Mail: integrationsbeauftragter@auslb.verwalt-berlin.de
http://www.integrationsbeauftragter-berlin.de

Brandenburg
Integrationsbeauftragte des Landes Brandenburg
Prof. Dr. Karin Weiss
Heinrich-Mann-Allee 103
14473 Potsdam

Tel: 0331/866-5902/-5901/-5900
Fax: 0331/866-5909
E-Mail: integrationsbeauftragte@masgf.brandenburg.de
http://www.brandenburg.de

Bremen
Referatsleiter – Grundsatzangelegenheiten der Zuwanderungs- und Integrationspolitik
Erhard Heintze
Der Senator für Arbeit, Frauen, Gesundheit, Jugend und Soziales – Referat 51
Bahnhofsplatz 29
28195 Bremen

Tel: 0421/361-6883
Fax: 0421/496-6883
E-Mail: erhard.heintze@soziales.bremen.de
http://www2.bremen.de/info/auslaenderbeauftragte/frameset.html

Hessen
Hessisches Sozialministerium
Hans-Achim Michna
Dostojewskistraße 4
65187 Wiesbaden

Tel: 0611/817-3624
Fax: 0611/890 84-302
E-Mail: hans-achim.michna@hsm.hessen.de

Mecklenburg-Vorpommern
Sozialministerium Mecklenburg-Vorpommern
Referat Zuwanderung und Integration/450
Christel Lüth
Referatsleiterin
Postfach
19048 Schwerin

Tel: 0385/588-9490
E-Mail: Christel.Lueth@sm.mv-regierung.de

Niedersachsen
Integrationsbeauftragte des Landes Niedersachsen
Honey Deihimi
Niedersächsisches Ministerium für Inneres und Sport
Lavesallee 6
30169 Hannover

Tel: 0511/120-4863
Fax: 0511/120-99-4862
E-Mail: honey.deihimi@mi.niedersachsen.de

Nordrhein-Westfalen
Integrationsbeauftragter des Landes Nordrhein-Westfalen
Thomas Kufen
Ministerium für Generationen, Familie, Frauen und Integration
Horionplatz 1
40213 Düsseldorf

Tel: 0211/8618–3336
E-Mail: Thomas.Kufen@mgffi.nrw.de
http://www.integrationsbeauftragter.nrw.de
http://www.mgffi.nrw.de

Rheinland-Pfalz
Beauftragte der Landesregierung für Migration und Integration
Ministerium für Arbeit, Soziales, Familie und Gesundheit
Maria Weber
Bauhofstraße 9
55116 Mainz

Tel: 06131/16-2467/-2468
Fax: 06131/16-4090
E-Mail: BLMI@masgff.rlp.de
http://www.auslaender.rlp.de

Saarland
Landesintegrationsbeauftragte
Staatssekretärin Gaby Schäfer
Ministerium für Inneres, Familie, Frauen und Sport
Franz-Josef-Röder-Straße 21
66119 Saarbrücken

Tel: 0681/501-2107/-2108
Fax: 0681/501-2120
E-Mail: g.schaefer@innen.saarland.de
http://www.saarland.de

Sachsen
Sächsische Ausländerbeauftragte
Friederike de Haas
Bernhard-von-Lindenau-Platz 1 -Landtag-
01067 Dresden

Tel: 0351/4935-170/171
Fax: 0351/4935-474
E-Mail: saechsab@slt.sachsen.de
http://www.fremdenfreundlichkeit-sachsen.de

Sachsen-Anhalt
Integrationsbeauftragte der Landesregierung Sachsen-Anhalt
Susi Möbbeck
Turmschanzenstr. 25
39114 Magdeburg

Tel: 0391/567-4682
E-Mail: integrationsbeauftragte@ms.sachsen-anhalt.de
http://www.sachsen-anhalt.de/LPSA/index.php?id=5592

Schleswig-Holstein
Beauftragter für Flüchtlings-, Asyl- und Zuwanderungsfragen
beim Präsidenten des Schleswig-Holsteinischen Landtages
Wulf Jöhnk
Karolinenweg 1
24105 Kiel

Tel: 0431/988-1290/-1291/-1292
Fax: 0431/988 -1293
E-Mail: fb@landtag.ltsh.de

Thüringen
Ausländerbeauftragter beim Thüringer Ministerium für Soziales, Familie und Gesundheit
Eckehard Peters
Werner-Seelenbinder-Straße 6
99096 Erfurt
oder
Postfach 10 12 52
99012 Erfurt

Tel: 0361/3798-751
Fax: 0361/3798-825
E-Mail: Eckehard.Peters@tmsfg.thueringen.de
http://www.thueringen.de/de/ab/index.html

5 Sonstige Adressen und Links auf Bundesebene

BAG Asyl in der Kirche
http://www.kirchenasyl.de

Bundesausländerbeirat
Arbeitsgemeinschaft der Ausländerbeiräte
Ansprechpartner: Herr Miguel Vicente
Rheinland-Pfalz
Frauenlobstr. 15
55118 Mainz

Tel.: 06131/63 84 35
Fax: 06131/67 94 37
E-Mail: info@bundesauslaenderbeirat.de
http://www.bundesauslaenderbeirat.de

(Der Bundesausländerbeirat ist der Zusammenschluss der Landesarbeitsgemeinschaften der kommunalen Ausländerbeiräte und Ausländervertretungen. Über ihn werden über 400 demokratisch gewählte Ausländerbeiräte in 13 Bundesländern und somit bislang etwa 4 Millionen Ausländer/-innen in Deutschland repräsentiert.)

Bundesfachverband Unbegleitete Minderjährige Flüchtlinge
http://www.b-umfde

Deutscher Kinderschutzbund Bundesverband
http://www.dksb.de

Deutsches Institut für Menschenrechte
http://www.institut-fuer-menschenrechte.de

Dokumentations- und Informations-Netzwerk Flucht & Migration e.V. (DIM-Net)
Nonnenstrombergstr. 55
53757 Sankt Augustin

Tel. 02241/931621,
Fax. 02241/931622
E-Mail: dimnet@dim-net.de,
http://www.dim-net.de

Informations- und Dokumentationszentrum für Antirassismusarbeit e.V.(IDA e.V.)
Vollmerswerther Straße 20
40221 Düsseldorf

Tel: 0211/15 92 55-5
E-Mail: Info@IDAeV.de
http://www.IDAeV.de

Interkultureller Rat
http://www.interkultureller-rat.de

Katholisches Forum Leben in der Illegalität:
http://www.forum-illegalitaet.de

Dokumentationszentrum und Museum über die Migration in Deutschland e.V. (DO-MiD)
Bonner Straße 211
50968 Köln

Tel.: 0221/800 28 30
Fax: 0221/800 28 31
E-Mail: info@domid.org
http://www.migrationsmuseum.de

Ökumenischer Vorbereitungsausschuss zur Interkulturellen Woche
http://www.interkulturellewoche.de

Pro Asyl
http://www.proasyl.de

Terre de femmes
http://www.terre-des-femmes.de

Verband binationaler Partnerschaften/iaf
http://www.verband-binationaler.de

Zentrum für Türkeistudien
Ständig aktualisierte Informationen zu **Migrantenselbstorganisationen (MSO)** sind über die Homepage zu ermitteln.

Stiftung Zentrum für Türkeistudien
Altendorfer Straße 3
45127 Essen

Tel: 02 01/31 98-0
Fax: 02 01/31 98-333
E-Mail: info@zft-online.de
http://www.zft-online.de/

6 Europa/Internationale Kontakte

Churches Commission for Migrants in Europe (CCME)
Doris Peschke
General Secretary174
Rue Joseph IIB
1000 Brussels

Tel: 0032/02-2346800
Fax: 0032/02-2311413
E-Mail: doris.peschke@ccme.be
http://www.ccme.be/

Europäische Stelle zur Beobachtung von Rassismus und Fremdenfeindlichkeit
http://www.eumc.at

European Council on Refugees an Exiles (ECRE)
http://www.ecre.org

Europäisches Migrationszentrum (Berlin)
Schliemannstraße 23
10437 Berlin

Tel.: 0049 30/44 65 10 65
Fax: 0049 30/444 10 85
Email: info@emz-berlin.de
http://www.emz-berlin.de

International Organisation of Migration (IOM)
Charlottenstraße 17
10117 Berlin

Tel: 030/27 87 78-0
Fax: 030/27 87 78-99
E-mail:iom-germany@iom.int
http://www.iom.int/germany

Literaturverzeichnis

Albert, M.-T.: Ethnozentrismus und interkulturelles Lernen. In: Zeitschrift für Kulturaustausch 2/1989.

Andresen, S.: Spannungsfelder der Geschlechterdifferenz und ihre Bedeutung für das Verhältnis von Pädagogik und Ethik. In: Horster, D./Oelkers, J. (Hrsg.): Pädagogik und Ethik. Wiesbaden 2005, S. 109–131.

Ansen, H.: Soziale Beratung bei Armut. München 2006.

Auernheimer, G.: Der sogenannte Kulturkonflikt. Orientierungsprobleme ausländischer Jugendlicher. Frankfurt/M, New York 1988.

Auernheimer, G.: Einführung in die interkulturelle Erziehung. Darmstadt 1990.

Auernheimer, G.: Grundmotive und Arbeitsfelder interkultureller Bildung und Erziehung. In: Bundeszentrale für politische Bildung: Interkulturelles Lernen. Bonn 1998.

Auernheimer, G.: Interkulturelle Kompetenz und pädagogische Professionalität. Opladen 2002

Auernheimer, G.: Interkulturelle Kompetenz – ein neues Element pädagogischer Professionalität. In: Ders. (Hrsg.): Interkulturelle Kompetenz. Opladen 2002, S. 183-205.

Auernheimer, G.: Einführung in die interkulturelle Pädagogik. 3., neu bearbeitete und erweiterte Auflage. Darmstadt 2003.

Auernheimer, G.: Das Ende der „Normalität" und die soziale Arbeit in der Einwanderungsgesellschaft. In: Otto H.-U., Schröter, M. (Hrsg.): np: Soziale Arbeit in der Migrationsgesellschaft. Sonderheft 8. Lahnstein 2006, S. 192-200

Autrata, O. et al. (Hrsg.): Theorien über den Rassismus. Hamburg 1989.

Autunes, G./Charles, M.G.: Ethnicity and Participation: A Study of Mexican Americans, Black and Whites. In: American Journal of Sociology 27/1974–75.

Apitzsch, U.: Lernbiographien zwischen den Kulturen. In: Gieseke, W./Meueler, E./Nuissl, E. (Hrsg.): Ethische Prinzipien der Erwachsenenbildung. Verantwortlich für was und vor wem? Kassel 1991.

Apitzsch, U.: Migration und Ethnizität. In: Modernisierung ohne Alternative. In: Peripherie 50/1993.

Apitzsch, U.: Migration und Traditionsbildung. Westdeutscher Verlag 1997.

Badawia,T.: „Der dritte Stuhl" – Eine Groundes-Theory-Studie zum kreativen Umgang bildungserfolgreicher Immigrantenjugendlicher mit kultureller Differenz. Frankfurt/M. 2002.

Bade, K.-J. (Hrsg.): Migration-Ethnizität-Konflikt. Osnabrück 1997.

Balibar, E.: Gibt es einen „Neo-Rassismus"? In: Balibar, E./Wallerstein, I.: Rasse, Klasse, Nation – Ambivalente Identitäten. Hamburg, Berlin 1990.

Balibar, E./Wallerstein, I.: Rasse, Klasse, Nation – Ambivalente Identitäten. Hamburg, Berlin 1990.

Banks, J.: Multiethnic Education. Boston 1981.

Barber, B.: Starke Demokratie. Über die Teilhabe am Politischen. Hamburg 1994.

Baruch, R. A. et al.: The promise of mediation. San Francisco 1994.

Barwig, K., Hinz-Rommel, W. (Hrsg.): Interkulturelle Öffnung sozialer Dienste. Freiburg i.Br. 1995.

Bauer, R.: Intermediäre Dienste in Europa. Kulturen und Traditionen des Helfens. Vortrag schriftl. Fassung Mainz 22.01.1997.

Baum, H.: Anthropologie für soziale Berufe. Opladen 2000.

Baumann, Z.: Moderne und Ambivalenz. Hamburg 1992.

BAMF Projektatlas (url: home) 2005. www.bamf.de.

Behrmann, M./Abate, C.: Germanesi. Frankfurt/M. 1984.

Bendit, R.: Modelle der Migrantenintegration. DJI 47, 1999.

Benhabib, S.: Selbst im Kontext. Kommunikative Ethik im Spannungsfeld von Feminismus, Kommunitarismus und Postmoderne. Frankfurt am Main 1995.

Benhabib, S.: Hannah Arendt. Die melancholische Denkerin der Moderne. Hamburg 1998.

Benner, D., Oelkers, J.: Historisches Wörterbuch der Erziehung. Weinheim, Basel 2004.

Bergemann, N., Sourisseaux, A. L. J. (Hrsg.): Interkulturelles Management. Heidelberg 1992.

Besamusca–Janssen et al. (Hrsg.): Interkulturelles Management in Beruf und Betrieb. Frankfurt/M. 1999.

Besemer, C.: Mediation – Vermittlung in Konflikten. Darmstadt 1993.

Bhaba, Homi K.: Postkoloniale Kritik. Vom Überleben der Kultur. In: Das Argument, 38. Jg., Nr. 215, H. 3/1996. S. 345–359.

Bielefeldt, H.: Menschenrechte in der Einwanderungsgesellschaft. Plädoyer für einen aufgeklärten Multikulturalismus. Bielefeld 2007

BMFSFJ-Bundesministerium für Familie, Senioren, Frauen und Jugend (Hrsg.): Lebenslagen in Deutschland. 2. Armuts- und Reichtumsbericht der Bundesregierung. 2005.

Böhnisch, L., Schröer, W.: Pädagogik und Arbeitsgesellschaft. Historische Grundlagen und theoretische Ansätze für eine sozialpolitisch reflexive Pädagogik. Weinheim, München 2001.

Böhnisch, L.: Sozialpädagogik der Lebensalter. 3. überarb. Auflage. Weinheim, München 2001.

Böhnisch, L.: Lebensbewältigung. Ein sozialpolitisch inspiriertes Paradigma für die Soziale Arbeit. In: Thole, Werner (Hrsg.): Grundriss Soziale Arbeit, Opladen 2002.

Boesch, E.E.: Kultur und Handlung. Einführung in die Kulturpsychologie. Bern 1980.

Bogner, A.: Zivilisation und Rationalisierung. Opladen 1989.

Bokelmann, H.: Erziehungsnormen. In: Wulf, C. (Hrsg.): Wörterbuch der Erziehung. 7. Aufl. München 1989.

Bommes, M., Scherr, A.: Die soziale Konstruktion des Fremden. Kulturelle und politische Bedingungen von Ausländerfeindlichkeit in der Bundesrepublik. In: Vorgänge – Zeitschrift für Bürgerrechte und Gesellschaftspolitik 103/1990.

Bommes, M., Scherr, A.: Der Gebrauchswert von Selbst- und Fremdethnisierung in Strukturen sozialer Ungleichheit. In: Prokla 83/1991.

Borrelli, M.: Politischer Unterricht mit ausländischen Schülern. Didaktische Voraussetzungen und Unterrichtsplanung. In: Essinger, H., Uçar, A. (Hrsg.): Erziehung in der multikulturellen Gesellschaft. Versuche und Modelle zur Theorie und Praxis einer Interkulturellen Erziehung. Interkulturelle Erziehung in Theorie und Praxis, Bd. 1. Baltmannsweiler 1984.

Borrelli, M. (Hrsg.): Interkulturelle Pädagogik. Positionen – Kontroversen – Perspektiven. Interkulturelle Erziehung in Praxis und Theorie, Bd. 4. Baltmannsweiler 1986.

Borrelli, M.: Interkulturelle Pädagogik als Pädagogische Theoriebildung: Hypothesen zu einem (neuen) Bildungsbegriff. In: Borrelli, M. (Hrsg.): Interkulturelle Pädagogik. Positionen – Kontroversen – Perspektiven. Interkulturelle Erziehung in Praxis und Theorie, Bd. 4. Baltmannsweiler 1986.

Borrelli, M.: Gegen den affirmativen Charakter von Kultur und Bildung. Interkulturelle Pädagogik: Theorie und Praxis. In: Borrelli, M., Hoff, G. (Hrsg.): Interkulturelle Pädagogik im internationalen Vergleich. Interkulturelle Erziehung in Praxis und Theorie, Bd. 6. Baltmannsweiler 1988.

Borrelli, M.: Interkulturelle Pädagogik als Wissenschaft der Erziehung. In: Borrelli, M., Hoff, G. (Hrsg.): Interkulturelle Pädagogik im internationalen Vergleich. Interkulturelle Erziehung in Praxis und Theorie, Bd. 6. Baltmannsweiler 1988.

Borrelli, M./Hoff, G. (Hrsg.): Interkulturelle Pädagogik im internationalen Vergleich. Interkulturelle Erziehung in Praxis und Theorie, Bd. 6. Baltmannsweiler 1988.

Bosse, H.: Zur Kolonialisierung der inneren Natur. In: Schülein, J.A. et al.: Politische Psychologie. Frankfurt/M. 1981.

Bosse, H.: Zur Ethno-Hermeneutik von Modernisierungskrisen und selbstbestimmten Bildungsprozessen. In: Schöfthaler, T., Goldschmidt, D. (Hrsg.): Soziale Struktur und Vernunft. Jean Piagets Modell entwickelten Denkens in der Diskussion kulturvergleichender Forschung. Frankfurt/M. 1984.

Bothfeld, S., Gronbach, S., Riedmüller, B.: Gender Mainstreaming – eine Innovation in der Gleichstellungspolitik. Frankfurt/M. 2002.

Butterwegge, C., Hentges, G. (Hrsg.): „Massenmedien, Migration und Integration. Wiesbaden 2006.

Breitenstein, A.: Der Terror in den Köpfen. In: Neue Züricher Zeitung (NZZ) v. 23.07.2005 Nr. 170, S. 41.

Broden, A.: Interkulturelle Öffnung der Jugendverbandsarbeit. Überblick IDA NRW. Zeitschrift des Informations- und Dokumentationszentrums für Antirassismusarbeit in NRW 12. Jg. Nr. 3. Düsseldorf Sept. 2006.

Broden, A., Mecheril, P.: Migrationsgesellschaftliche Re-Präsentationen. Eine Einführung. In: Broden, A., Mecheril, P. (Hrsg.): Re-Präsentationen. Dynamiken der Migrationsgesellschaft. IDA Düsseldorf 2007.

Broden, A., Mecheril, P. (Hrsg.): Re-Präsentationen. Dynamiken der Migrationsgesellschaft. IDA Düsseldorf 2007b.

Brumlik, M.: Der symbolische Interaktionismus und seine pädagogische Bedeutung. Frankfurt/M. 1973.

Brumlik, M.: Ratlos vor dem Fremden? Zum Ethnozentrismus und Kulturrelativismus. In: Giesecke, W., Meueler, E., Nuissl, E. (Hrsg.): Ethische Prinzipien der Erwachsenenbildung. Verantwortlich für was und vor wem? Kassel 1991.

Brumlik, M.: Symbolischer Interaktionismus. In: Lenzen, D. (Hrsg.): Pädagogische Grundbegriffe, Bd. 1. Reinbek 1989.

Brumlik, M.: Advokatorische Ethik. Zur Legitimation pädagogischer Eingriffe. Bielefeld 1992.

Brumlik, M.: Modernisierungsprozesse und Interkulturelle Erziehung. In: Öffnung von Schule und Interkulturelle Erziehung in Frankfurt am Main. Dortmund 1993.

Brumlik, M.: Prinzipien staatsbürgerlicher Bildung in einer Migrationsgesellschaft. In: Karpf, E./ Kiesel, D. (Hrsg.): Politische Kultur und politische Bildung Jugendlicher ausländischer Herkunft. Frankfurt/M. 1996.

Brumlik, M.: Soziale Arbeit. Funktionale Erfordernisse, ideologische Selbstmißverständnisse und vergessene Traditionen. In: Zeitschrift für Erziehungswissenschaft 2000. S. 189

Borelli, M. (Hrsg.): Interkulturelle Pädagogik. Positionen – Kontroversen – Perspektiven. Bd.4. Baltmannsweiler 1986.

Bukow, W.D.: Soziogenese ethnischer Minoritäten. In: Das Argument 181/1990.

Bukow, W.D.: „Ethnizität“ als Zugangsbarriere zu Funktionssystemen oder als Ressource der Sicherung der Funktionsroutinen von Organisationen. Unveröffentlichtes Manuskript, vorgetragen auf der Faber-Tagung 1993 in Bielefeld.

Bukow, W.D.: Leben in der multikulturellen Gesellschaft. Die Entstehung kleiner Unternehmer und der Umgang mit ethnischen Minderheiten. Opladen 1993.

Bukow, W.D./Llaryora, R.: Mitbürger aus der Fremde. Soziogenese ethnischer Minoritäten. Opladen 1988.

BMI Berlin 2004: Referat M9: Neukonzeption der Migrationserstberatung. *http://www.bamf.de/cin_043/SharedDocs/Anlagen/DE/Integration/Downloads/Migrationserstberatung/041201-migrationsberatung-konzept,templateld=raw,prperty=publicationFile.pdf/041201-migrationsberatung-konzept.pdf* 18.05.2006

Bundesamt für Migration und Flüchtlinge/Abtlg. 3 Integration/Ref. Informations- u. Bürgerservice/Informationsmaterial (Hrsg.): Projektatlas. Nürnberg 2005.

Bundesdrucksache 6. Familienbericht des Bundestages: Familien ausländischer Herkunft in Deutschland. Leistungen – Belastungen – Herausforderungen, Drucksache 14/4357 vom 20.10.2000.

Bundesministerium für Frauen und Jugend (Hrsg.): Achter Jugendbericht. Bonn 1990.

Calließ, J. (Hrsg.): Agenda für den Frieden. Interkulturelle Mediation. Loccum 1999.

Caritas: Integration fördern – Zuwanderung gestalten. In: neue Caritas spezial, Politik, Praxis, Forschung. 10/1999.

Cassirer, E.: Philosophie der symbolischen Formen. III. Teil: Phänomenologie der Erkenntnis. Darmstadt 1982 (Erstauflage 1929).

Cassirer, E.: Philosophie der symbolischen Formen. Teil 1: Die Sprache. 8. Aufl. Darmstadt 1985.

Cassirer, E.: Versuch über den Menschen. Einführung in eine Philosophie der Kultur. Frankfurt/Main 1990.

Chomsky, N.: Reflexionen über die Sprache. Frankfurt/M. 1977.

Chomsky, N.: Sprache und Geist. Frankfurt/M. 6. Aufl. 1996.

Clarke, J. et al.: Subkulturen, Kulturen, Klasse. In: Clarke, J. et al.: Jugendkultur als Widerstand. Milieus, Rituale, Provokationen. Frankfurt/M. 1981.

Czock, H.: Der Fall Ausländerpädagogik. Frankfurt/M. 1993.

Dadder, R.: Interkulturelle Orientierung. Saarbrücken-Fort Lauderdale 1987.

Dahme, H. J., Wohlfahrt, N.: Aktivierender Staat: Neues Leitbild für die Sozial- und Gesellschaftspolitik. In: Theorie und Praxis der Sozialen Arbeit 1/2001. S. 10–14.

Dahme, H. J., Otto, H.-U., Trube, A., Wohlfahrt, N. (Hrsg.): Soziale Arbeit für den aktivierenden Staat. Opladen 2003.

Dahme, H.-J., Wohlfahrt, N. (Hrsg.): „Aktivierende Soziale Arbeit“. Baltmannsweiler 2005.

Dahme, H.-J., Kühnlein, G., Wohlfahrt, N. et al.: Zwischen Wettbewerb und Subsidiarität. Wohlfahrtsverbände unterwegs in die Sozialwirtschaft. Berlin 2005b.

Dewe, B., Ferchhoff, W.: Abschied von den Professionen oder die Entzauberung der Experten? In: Archiv für Wissenschaft und Praxis der Sozialen Arbeit, 1987, 23. Jg. Heft 3, S. 147–182.

Dewe, B., Ferchhoff, W., Scherr, A.: Professionelles soziales Handeln. Soziale Arbeit im Spannungsfeld zwischen Theorie und Praxis. Weinheim/München 2001.

De Winter, L.: Vor den Trümmern des großen Traums. In: Die Zeit. 18.November 2004.

Diakonisches Werk der EKD: Miteinander leben, Rahmenkonzeption für die Arbeit der Diakonie mit Migrantinnen und Migranten. Diakonie Korrespondenz Stuttgart 9/1997.

Diakonisches Werk der Evangelischen Kirche in Württemberg (Hrsg.): Interkultureller Selbsttest – Checkliste für die berufliche und ehrenamtliche Praxis sozialer Arbeit. Juni 1994. (Eine Neufassung ist in einer Methodensammlung 2002 beim selben Herausgeber erschienen.)

Diakonisches Werk der EKD: Familienstudie von Caritas und Diakonie Stuttgart. Berlin 2000.

Dibie, P., Wulf, C.: Vom Verstehen des Nichtverstehens. Ethnosoziologie interkultureller Begegnungen. Frankfurt/M., New York 1999.

Dickopp, K.-H.: Erziehung ausländischer Kinder als pädagogische Herausforderung. Das Krefelder Modell. Düsseldorf 1982.

Dickopp, K.-H.: Begründung und Ziele einer Interkulturellen Erziehung. Zur Konzeption einer transkulturellen Pädagogik. In: Borrelli, M. (Hrsg.): Interkulturelle Pädagogik. Positionen – Kontroversen – Perspektiven. Interkulturelle Erziehung in Praxis und Theorie, Bd. 4. Baltmannsweiler 1986.

Die Beauftragte der Bundesregierung für Migration, Flüchtlinge und Integration: 7. Bericht ... über die Lage der Ausländerinnen und Ausländer in Deutschland. Dezember 2007.

Diehm, I., Radtke, F.-O.: Erziehung und Migration. Eine Einführung. Stuttgart, Berlin, Köln 1999.

Diehm, I.: Pädagogische Ent-Fremdung. Die Verdichtung von Differenz in der Figur „fremder" Frauen und Mädchen. In: Rendtdorff, B., Moser, V. (Hrsg.): Geschlecht und Geschlechterverhältnisse in der Erziehungswissenschaft. Opladen 1999b.

Diehm, I.: Erziehung und Toleranz. Handlungstheoretische Implikationen Interkultureller Pädagogik. In: Z.f.Päd. 46. Jg. 2000. Nr. 2, S. 251–274.

Dilthey, W.: Der Aufbau der geschichtlichen Welt i. d. Geisteswissenschaften, Gesammelte Schriften Bd. 7. 4. Aufl. Stuttgart/Göttingen 1965.

Dittrich, E.J., Radtke, F.-O.: Ethnizität, Wissenschaft und Minderheiten. Opladen 1990.

Duccio, D.: Hypothesen für eine Theorie der sozialpädagogischen Bedürfnisse für Einwanderer. In: Borelli, M. (Hrsg.): Interkulturelle Pädagogik. Positionen – Kontroversen – Perspektiven. Bd. 4. Baltmannsweiler 1986, S. 37–52

Ebert, J./Hester, J./Thomas, H.: Überlegungen zur interkulturellen Bildung und Erziehung. Schlußfolgerungen aus einem Berliner Schulversuch zur Integration türkischer Schüler. In: Bildung und Erziehung 3/1987.

Eick, V.: „Ordnung wird sein ..." Quartiersmanagement und lokale Sicherheitspolitik. In: Dahme, H.-J., Wohlfahrt, N. (Hrsg.): Aktivierende Soziale Arbeit. Baltmannsweiler 2005. S. 110–122

Eppenstein, T., Kiesel, D., Mecheril, P.: Interkulturelle Gestalt(ung) des Sozialen in der Migrationsgesellschaft. In: Thole, W., Cloos, P., Ortmann, F., Strutwolf, V. (Hrsg.): Soziale Arbeit im öffentlichen Raum. Wiesbaden 2005.

Eppenstein, T.: Brücken entstehen beim Gehen. Diakonisches Werk in Hessen und Nassau (Hrsg.): Themen der Diakonie. Nr. 25. Frankfurt/M. 1995.

Eppenstein, T.: Einfalt der Vielfalt? Interkulturelle pädagogische Kompetenz in der Migrationsgesellschaft. Frankfurt/M. 2003.

Eppenstein, T.: Interkulturelle Soziale Arbeit. In: Lexikon Sozialer Arbeit in russischer Sprache. Wologda 2005. S. 159–162.

Erfurth, M., Scheib, H.: Situation und Versorgung von Arbeitsmigranten im psychologischen Bereich. Ergebnisse einer Untersuchung in der Stadt Mainz. In: IZA Informationsdienst zur Ausländerarbeit 1986/1. S. 85–90.

Erler, M.: Soziale Arbeit. 4. Aufl. München 2000.

Esser, H.: Die Mobilisierung ethnischer Konflikte. In: Bade, K. J. (Hrsg.): Migration –Ethnizität – Konflikt. Osnabrück 1997.

Essinger, H., Graf, J.: Interkulturelle Erziehung als Friedenserziehung. In: Essinger, H., Uçar, A. (Hrsg.): Erziehung in der multikulturellen Gesellschaft. Versuche und Modelle zur Theorie und Praxis einer Interkulturellen Erziehung. Interkulturelle Erziehung in Praxis und Theorie, Bd. 1. Baltmannsweiler 1984

Evers, A., Nowotny, H.: Über den Umgang mit Unsicherheit. Frankfurt/M. 1987.

Faller, K.: Mediation in der pädagogischen Arbeit. Mühlheim a.d.Ruhr 1998.

Ferchhoff, W.: Soziale Arbeit zwischen De- und Reprofessionalisierungstendenzen Vortrag u. Skript. Bochum 20.10.2005.

Flechsig, K.-H.: Pädagogische Praxis und erziehungswissenschaftliche Theorie zwischen Lokalität und Globalität. In: Festschrift für Volker Lenhart zum 60. Geburtstag. Herausgegeben von Hamburger, F./Kolbe, F.-U./Tippelt, R. Frankfurt/M. 1999.

Flechsig, K.-H.: Kulturelles, interkulturelles und transkulturelles Lernen als Aneignung kultureller Skripte. Homepage Flechsig: http//www.gwdg.de/-kflechs 1999b.

Flechsig, K.-H.: Methoden interkulturellen Trainings. Ein neues Verständnis von „Kultur" und „interkulturell". In: Gemende, M., Schroer, W., King, S.: Zwischen den Kulturen. Pädagogische und sozialpädagogische Zugänge zur Interkulturalität. München 1999.

Flechsig, K.-H.: Die Entwicklung interkultureller Kommunikationskompetenz aus der Sicht der interkulturellen Didaktik. Vortrag für die „Siebte Göttinger Fachtagung Fremdsprachenausbildung an der Universität". Göttingen 2000.

Filtzinger, O., Johann, E.: Interkulturelle Pädagogik im Elementarbereich. Schriften des European Centre for Community Education. Koblenz 1992.

Fischer, A. et al.: Jugend 2000. 13. Shell Jugendstudie. Bd. 1. Opladen 2000.

Fischer, V., Springer M., Zacharaki, I. (Hrsg.): Interkulturelle Kompetenz. Fortbildung – Transfer – Organisationsentwicklung. Schwalbach/Ts. 2005.

Freise, J.: Interkulturelle Soziale Arbeit. Theoretische Grundlagen – Handlungsansätze – Übungen zum Erwerb interkultureller Kompetenz.Schwalbach Ts. 2005.

Fuchs-Heinritz: Zukunftsorientierungen und Verhältnis zu den Eltern. In: Fischer, A. et al.: Jugend 2000. 13. Shell-Jugendstudie. Bd. 1. Opladen 2000.

Galuske, M.: Methoden der Sozialen Arbeit. Weinheim, München 1998.

Galuske, M.: Flexible Sozialpädagogik. Weinheim, München 2002.

Galuske, M.: Methoden der Sozialen Arbeit, eine Einführung. 4.Auflage. Weinheim, München 2002 b.

Gaitanides, S.: Psychosoziale Versorgung von Flüchtlingen und Migranten in Frankfurt am Main. In: IZA Heft 3/4 1992. S. 127–145

Gaitanides, S.: Interkulturelle Kompetenz, Hand-out zum 4. Bundeskongress Soziale Arbeit. Mainz 20.-22.09.2001.

Gaitanides, S.: Interkulturelle Kompetenz als Anforderungsprofil in der Jugend- und Sozialarbeit. In: Zeitschrift für Migration und Soziale Arbeit 1/2003. S. 44–50

Gaitanides, S.: Interkulturelle Öffnung der sozialen Dienste. In: Otto, H.-U., Schrödter, M. (Hrsg.): neue praxis: Soziale Arbeit in der Migrationsgesellschaft Sonderheft 8. Lahnstein 2006, S. 222–233

Geertz, C.: Dichte Beschreibung. Beiträge zum Verstehen kultureller Systeme. Frankfurt/M. 1983.

Gellner, E.: General Introduction: Relativism and Universals. In: Lloyd, B./Gay, J. (Hrsg.): Universals of Human Thought. Cambridge 1981.

Gemende, M., Schröer, W., King, S.: Zwischen den Kulturen, Pädagogische und sozialpädagogische Zugänge zur Interkulturalität. München 1999.

Giesecke, H.: Offensive Sozialpädagogik. Göttingen 1973.

Giesecke, W., Meueler, E., Nuissl, E. (Hrsg.): Ethische Prinzipien der Erwachsenenbildung. Verantwortlich für was und vor wem? Kassel 1991.

Gilligan, C.: In a different voice. Psychological Theory and Woman's Development. Cambridge (Mass.) 1982.
Glaser, E., Klika, D., Prengel, A. (Hrsg.): Handbuch Gender in der Erziehungswissenschaft. Münster, Amsterdam 2004, S. 436–448.
Glasl, F.: Konfliktmanagement. 5. erw. Aufl. Bern, Stuttgart 1997.
Gogolin, I., Nauck, B. (Hrsg.): Migration, gesellschaftliche Differenzierung und Bildung. Opladen 2000.
Greverus, I.-M.: Kultur und Alltagswelt. Eine Einführung in kulturanthropologische Fragestellungen. München 1978.
Griese, H. M. (Hrsg.): Der gläserne Fremde. Opladen 1984.
Groddeck, N., Schumann, M. (Hrg.): Modernisierung Sozialer Arbeit durch Methodenentwicklung und -reflexion, Freiburg i.Br. 1994.
Gronbach, S., Riedmüller, B.: Gender Mainstreaming – eine Innovation in der Gleichstellungspolitik. Frankfurt/M. 2002.
Grubauer, F. et al.: Subjektivität – Bildung – Reproduktion. Perspektiven einer kritischen Bildungstheorie. Weinheim 1992.
Gümen, S.: Die soziale Konstruktion kultureller Differenzen in der bundesdeutschen Frauen- und Migrationsforschung. In: Beiträge zur erziehungswissenschaftlichen Migrations- und Minderheitenforschung. Johann Wolfgang Goethe-Universität, Frankfurt/M. 1995. S. 10–14.
Gutmann, A.: Kommentar. In: Gutmann, A. (Hrsg.): Multikulturalismus und die Politik der Anerkennung. Frankfurt/M. 1993.
Habermas, J.: Thesen zur Theorie der Sozialisation. Frankfurt/M. 1968.
Habermas, J.: Vorbereitende Bemerkungen zu einer Theorie der kommunikativen Kompetenz. In: Habermas, J./Luhmann, N.: Theorie der Gesellschaft oder Sozialtechnologie. Frankfurt/M. 1971.
Habermas, J.: Stichworte zur Theorie der Sozialisation. In: Habermas, J.: Kultur und Kritik. Frankfurt/M. 1973.
Habermas, J.: Können komplexe Gesellschaften eine vernünftige Identität ausbilden? In: Habermas, J./Henrich, D.: Zwei Reden. Frankfurt/M. 1974.
Habermas, J.: Zur Rekonstruktion des Historischen Materialismus. Frankfurt/M. 1976.
Habermas, J.: Theorie des kommunikativen Handelns, 2 Bde. Frankfurt/M. (1981) 1982.
Habermas, J.: Zur Rekonstruktion des Historischen Materialismus. Frankfurt/M. 1982.
Habermas, J.: Der philosophische Diskurs der Moderne. Frankfurt/M. 1985.
Habermas, J.: Eine Art Schadensabwicklung. Frankfurt/M. 1987.
Habermas, J.: Erläuterungen zur Diskursethik. Frankfurt/M. 1991a
Habermas, J.: Vom pragmatischen, ethischen, und moralischen Gebrauch der praktischen Vernunft. In: Habermas, J.: Erläuterungen zur Diskursethik. Frankfurt/M. 1991b.
Habermas, J.: Faktizität und Geltung. Beiträge zur Diskurstheorie des Rechts und des demokratischen Rechtsstaats. Frankfurt/M. 1992.
Habermas, J.: Anerkennungskämpfe im demokratischen Rechtsstaat. In: Gutmann, A. (Hrsg.): Multikulturalismus und die Politik der Anerkennung. Frankfurt/M. 1993.
Haumersen, P., Liebe, F.: Multikulti: Konflikte konstruktiv bearbeiten. Verlag an der Ruhr 1999.
Hall, St.: Die zwei Paradigmen der Cultural Studies. In: Hörnig, K., Winter, R.: Widerspenstige Kulturen: „Cultural Studies“ als Herausforderung. Frankfurt/M. 1999
Hamburger, F.: Der Kulturkonflikt und seine pädagogische Kompensation. Mainz 1988.
Hamburger, F.: Der Kulturkonflikt und seine pädagogische Kompensation. In: Dittrich, E.J., Radtke, F.-O.: Ethnizität, Wissenschaft und Minderheiten. Opladen 1990.

Hamburger, F.: Pädagogik der Einwanderungsgesellschaft. Frankfurt/M. 1994.
Hamburger, F.: Interkulturelles Lernen als Aufgabe und Problem in Schule, Ausbildung und Beruf. In: Kersten, R., Kiesel, D., Sargut, S. (Hrsg.): Ausbilden statt Ausgrenzen. Jugendliche ausländischer Herkunft in Schule, Ausbildung und Beruf. Frankfurt/M. 1996.
Hamburger, F.: Konzept oder Konfusion? Anmerkungen zur Kulturalisierung der Sozialpädagogik. In: Otto, H.-U., Schröter, M. (Hrsg.): Soziale Arbeit in der Migrationsgesellschaft. neue praxis. Sonderheft 8. Lahnstein 2006. S. 178–191.
Hamburger, F.: Einführung in die Sozialpädagogik. 2. Auflage. Stuttgart 2008.
Hebenstreit, S.: Frauenräume und weibliche Identität. Ein Beitrag zu einem ökologisch orientierten Perspektivenwechsel in der sozialen Arbeit mit Migrantinnen. Berlin 1986.
Heitmeyer, W., Ahnut, R. (Hrsg.): Bedrohte Stadtgesellschaft – Soziale Desintegrationsprozesse und ethnisch-kulturelle Konfliktkonstellationen. Weinheim, München 2000.
Hendriksen, J.: Intervision. 2. Auflage. Weinheim, Basel 2002.
Hentig, H. v.: Bildung. Weinheim, Basel. 2004.
Herriger, N.: Empowerment in der Sozialen Arbeit. Eine Einführung. Stuttgart, Berlin, Köln 1997.
Hinz-Rommel, W.: Interkulturelle Kompetenz – Ein neues Anforderungsprofil für die soziale Arbeit. Münster, New York 1994.
Hirsi A., Ayyaan: Ich klage an. Plädoyer für die Befreiung der muslimischen Frauen. 7. Auflage. München 2007.
Hofstede, G.: Interkulturelle Zusammenarbeit. Wiesbaden 1993.
Hofstede, G.: Lokales Denken, globales Handeln. München 2001.
Hohmann, M.: Interkulturelle Erziehung – Versuch einer Bestandsaufnahme. In: Ausländerkinder in Schule und Kindergarten 4/1983.
Honneth, A.: Grundmotive einer Moral der Anerkennung. In: Merkur 12/1990.
Honneth, A.: Kampf um Anerkennnung. Zur moralischen Grammatik sozialer Konflikte. Frankfurt/M. 1992.
Hoopes, D. S.: Intercultural communication concepts and the psychology of intercultural experience. In: Push M.D. (Hrsg.): Multicultural Education. A Cross-Cultural Training Approach. Chicago 1981.
Hormel, U., Scherr, A.: Bildung für die Einwanderungsgesellschaft. Wiebaden 2004
Horstmann, A.: Interkulturelle Hermeneutik. In: DTPhil, Berlin 47, 1999, 3, S. 427–448.
Hurrelmann, K.: Einführung in die Sozialisationstheorie. 7. Auflage. Weinheim, Basel 2001.
Inkeles, A.: Was heißt „individuelle Modernität“? In: Schöfthaler, T., Goldschmidt, D. (Hrsg.): Soziale Struktur und Vernunft. Jean Piagets Modell entwickelten Denkens in der Diskussion kulturvergleichender Forschung. Frankfurt/M. 1984.
Inkeles, A., Smith, D.H.: Becoming Modern. Individual Change in Six Developing Countries. Cambridge/Mass. 1974.
Jäger, S., Link, J. (Hrsg.): Die vierte Gewalt. Rassismus und die Medien. Duisburg 1993.
Jagusch, B.: Anerkennung von Selbstrepräsentation als Baustein der interkulturellen Öffnung. In: Broden, A.: Interkulturelle Öffnung der Jugendverbandsarbeit. Überblick IDA NRW. Zeitschrift des Informations- und Dokumentationszentrums für Antirassismusarbeit in NRW 12. Jg., Nr. 3. Düsseldorf Sept. 2006, S. 6–11
Jakubeit, G.: Interkulturelle Öffnung von Organisationen oder Wie lassen sich Ansätze aus der Organisationsentwicklung und des Managements von Veränderungen für interkulturelle Kompetenz von Organisationen nutzen? In: Fischer, V., Springer M., Zacharaki, I. (Hrsg.): Interkulturelle Kompetenz. Fortbildung – Transfer – Organisationsentwicklung. Schwalbach/Ts. 2005.

Jouhy, E.: Bleiche Herrschaft – dunkle Kulturen. Frankfurt/M. 1985.

Kalpaka, A., Räthzel, N. (Hrsg.): Die Schwierigkeit nicht rassistisch zu sein. Berlin 1986.

Kalpaka, A., Räthzel, N.: Die Schwierigkeit nicht rassistisch zu sein. In: Autrata, O. et al. (Hrsg.): Theorien über den Rassismus. Hamburg 1989.

Kalpaka, A., Räthzel, N.: Für kulturelle und politische Autonomie der Einwanderer. In: Informationsdienst zur Ausländerarbeit Nr. 1/85, ISS, Frankfurt/M.

Kant, I.: Über Pädagogik. In: Ders.: Werke in 10 Bd. Hrsg. V. Willhelm Weischedel. Bd. 10. 5. Aufl. Darmstadt 1996, S. 693–761

Karpf, E., Kiesel, D., Visarius, K. (Hrsg.): Filmmythos Volk. Zur Produktion kollektiver Identitäten im Film. Frankfurt/M. 1992.

Karpf, E., Kiesel, D., Visarius, K. (Hrsg.): »Getürkte Bilder«. Zur Inzenierung von Fremden im Film. Frankfurt/M. 1995.

Karpf, E., Kiesel, D. (Hrsg.): Politische Kultur und politische Bildung Jugendlicher ausländischer Herkunft. Frankfurt/M. 1996.

Karsten, M.E.: Sozialarbeit mit Ausländern. München 1984.

Kaschuba, W.: Kulturalismus. Vom Verschwinden des Sozialen im gesellschaftlichen Diskurs. In: Ders. (Hrsg.): Kulturen – Identitäten – Diskurse. Perspektiven europäischer Ethnologie. Zeithorizonte, Bd. I. Berlin 1995

Kelek, N.: Die fremde Braut. Ein Bericht aus dem Inneren des türkischen Lebens in Deutschland. München 2006.

Kellner, D.: Popular culture and the construction of postmodern identities. In: S. Lash & J. Friedman (Hrsg.), Modernity and identity (S. 141–177). Oxford UK. Blackwell 1992.

Kersten, R., Kiesel, D., Sargut, S. (Hrsg.): Ausbilden statt Ausgrenzen. Jugendliche ausländischer Herkunft in Schule, Ausbildung und Beruf. Frankfurt/M. 1996.

Kessl, F., Otto, H.-U.: Aktivierende Soziale Arbeit. Anmerkungen zur neosozialen Programmierung Sozialer Arbeit. In: Dahme, H.-J., Otto, H.-U., Trube, A., Wohlfahrt, N. (Hrsg.): Soziale Arbeit für den Aktivierenden Staat, Opladen 2003, S. 57.

Kessl, F., Otto, H.-U.: Soziale Arbeit. In: Krüger, H.-H., Grunert, C.: Wörterbuch der Erziehungswissenschaft. Wiesbaden 2004. S. 448.

Kessl, F.: Soziale Arbeit als aktivierungspädagogischer Transmissionsriemen. In: Dahme, H.-J., Wohlfahrt, N.: Aktivierende Soziale Arbeit. Theorie – Handlungsfelder -Praxis. Baltmannsweiler 2005.

Keupp, H. et al.: Identitätskonstruktionen. Das Patchwork der Identitäten in der Spätmoderne. 3. Aufl. Reinbeck bei Hamburg 2006.

Kiesel, D., Sargut, S., Wolf-Almanasreh, R. (Hrsg.): Fremdheit und Angst. Beiträge zum Verhältnis von Christentum und Islam. Frankfurt/M. 1988.

Kiesel, D., Wolf-Almanasreh, R. (Hrsg.): Die multikulturelle Versuchung. Ethnische Minderheiten in der deutschen Gesellschaft. Frankfurt/M. 1991.

Kiesel, D., Kriechhammer-Yagmur, S., von Lüpke, H. (Hrsg.): Kränkung und Krankheit. Psychische und psychosomatische Folgen der Migration. Frankfurt/M. 1994.

Kiesel, D., Kriechhammer-Yagmur, S., von Lüpke, H. (Hrsg.): Bittersüße Herkunft. Zur Bedeutung ethnisch-kultureller Aspekte bei Erkrankungen von Migrantinnen und Migranten. Frankfurt/M. 1995.

Kiesel, D.: Das Dilemma der Differenz. Frankfurt a.M. 1996.

Kiesel, D., Kriechhammer-Yagmur, S., von Lüpke, H. (Hrsg.): Gestörte Übertragung? Ethnokulturelle Dimensionen im psychotherapeutischen Prozeß. Frankfurt/M. 1996.

Kiesel, D., Messerschmidt, A., Scherr, A.: Die Erfindung der Fremdheit. Frankfurt a.M. 1999.

Kiesel, D., Volz, F.-R.: Eigensinn und Allgemeinbildung. Zum Zusammenhang von Lebensführung, Bildung und Interkulturalität. In: Künzel, K.: Internationales Jahrbuch der Erwachsenenbildung 2002. Köln 2002b.

Kiesel, D., Volz, F.-R.: Anerkennung und Intervention. In: Auernheimer, G.: Interkulturelle Kompetenz und pädagogische Professionalität. Opladen 2002

Kippenberg, H.G., Luchesi, B.: Magie. Frankfurt/M. 1978.

Kluckhohn, F., Strodbeck, F.: Variations in Value Orientation. Envanston 1961.

Kohlberg, L.: Zur kognitiven Entwicklung des Kindes. Frankfurt/M. 1974.

Kohlberg, L., Turiel, E.: Moralische Entwicklung und Moralerziehung. In: Portele, H. (Hrsg.): Neue Ansätze zur moralischen Entwicklung und Erziehung. Weinheim 1978.

Kohlberg, L.: Der „Just Community"-Ansatz der Moralerziehung in Theorie und Praxis. In: Oser, F., Fatke, R., Höffe, O. (Hrsg.): Transformation und Entwicklung. Frankfurt/M. 1986.

Kolbe, F.-U.: Fortbildung als Optimierung handlungssteuernden Wissens oder als Reflexivitätssteigerung, ein Vergleich zweier Konzepte. In: Professionalisierung durch Fortbildung in der Jugendarbeit. Frankfurt/M. 1997.

Koller, H.-C.: Grundbegriffe, Theorien und Methoden der Erziehungswissenschaft. Stuttgart 2004.

Kortendiek, B., Cottmann, A.: Das undiszipinierte Geschlecht. Frauen und Geschlechterforschung. Opladen 2000.

Kothen, A.: Es sagt ja keiner, dass wir keine Ausländer annehmen ... Zugangsbarrieren für Flüchtlinge und MigrantInnen im System der sozialen Regeldienste. Frankfurt/M. 2000.

Krappmann, L.: Soziologische Dimensionen der Identität. Strukturelle Bedingungen für die Teilnahme an Interaktionsprozessen. Stuttgart (1971) 1973.

Kristeva, J.: Fremde sind wir uns selbst. Frankfurt a.M. 1990.

Krüger-Potratz, M., Lutz, H.: Gender in der Interkulturellen Pädagogik. In: Glaser, E., Klika, D., Prengel, A. (Hrsg.): Handbuch Gender in der Erziehungswissenschaft. Münster, Amsterdam 2004, S. 436–448

Krüger-Potratz, M., Lutz, H.: Sitting on a crossroad – rekonstruktive und systematische Überlegungen zum wissenschaftlichen Umgang mit Differenz. In: Tertium Comparationis. Journal für international und interkulturell vergleichende Erziehungswissenschaft 8, H.2 2001, S. 81–92.

Krüger-Potratz, M.: Interkulturelle Bildung, Lernen für Europa, Band 10. Münster 2005.

Kulbach, R.: Kommunen und Migrantenselbstorganisationen zwischen Förderung und Verweigerung. In: Navend – Zentrum für kurdische Studien (Hrsg.) Bonn 2003. S. 49–66.

Kulbach, R.: Migration-Anforderungen an die Jugendhilfe. In: Soziale Arbeit. Heft 1-2/2003b. S. 2–7.

Krieger, W., Ludwig, M., Schupp, P., Will, A.: Lebenslage „illegal" Menschen ohne Aufenthaltsstatus in Frankfurt am Main. Notlagen und Lebensbewältigung-Wege der Unterstützung. Karlsruhe 2006.

Krummacher, M.: Kommunale Integrationspolitik und interkulturelles Quartiersmanagement in multiethnischen Stadtteilen. In: Treichler, A., Cyrus, N. (Hrsg.): Handbuch Soziale Arbeit in der Einwanderungsgesellschaft. Frankfurt M. 2004, S. 269-291.

Krummacher, M.: Migrations und Integrationspolitik. Befunde und Herausforderungen. In: Zacharaki, I., Eppenstein, T., Krummacher, M. (Hrsg.): Praxishandbuch Interkulturelle Kompetenz vermitteln, vertiefen, umsetzen. Schwalbach/Ts. 2007. S. 57–76

Kymlicka, W.: Multikulturalismus und Demokratie. Über Minderheiten und Staaten und Nationen. Berlin 1999

Landwehr, A., Stockhorst, S.: Einführung in die Europäische Kulturgeschichte. Paderborn 2004.

Langenfeld, C.: Formale Treue zur Verfassung reicht nicht. In: FAZ, 15. 11. 2007

Leenen, W. R., Groß, A., Grosch, H.: Interkulturelle Kompetenz in der Sozialen Arbeit. In: Auernheimer, Georg (Hrsg.): Interkulturelle Kompetenz und pädagogische Professionalität. Opladen 2002.

Leggewie, C.: Multi Kulti. Spielregeln für die Vielvölkerrepublik. Nördlingen 1993.

Lenhart, V.: Die Evolution erzieherischen Handelns. Frankfurt/M. 1987.

Lepsius, R.: Immobilismus. Das System der sozialen Stagnation in Süditalien. In: Jahrbücher für Nationalökonomie und Statistik, Bd. 177. Stuttgart 1965.

Losche, H.: Interkulturelle Kommunikation, Ausburg 2000

Lüders, C., Winkler, M.: Sozialpädagogik – auf dem Weg zu ihrer Normalität. In: Zeitschrift für Pädagogik. Heft 3, 38.Jg.1992. S. 359–370

Luhmann, N.: Die Weltgesellschaft. In: Luhmann, N.: Soziologische Aufklärung II. Aufsätze zur Theorie der Gesellschaft. Opladen 1972.

Lutz, H.: Ist Kultur Schicksal? Über die gesellschaftliche Konstruktion von Kultur und Migration. In: Leiprecht, R. (Hrsg.): Unter Anderen. Rassismus und Jugendarbeit. Duisburg 1992.

Lutz, H., Wenning, N. (Hrsg.): Unterschiedlich Verschieden. Differenz in der Erziehungswissenschaft. Opladen 2001.

Maaser, W.: Religion und Toleranz – Dimensionen eines interkulturellen Problemfeldes. In: Zacharaki, I., Eppenstein, T., Krummacher, M. (Hrsg.): Praxishandbuch Interkulturelle Kompetenz vermitteln, vertiefen, umsetzen. Schwalbach/Ts. 2007.

Maihofer, A.: Geschlecht als Existenzweise. Frankfurt am Main 1995.

Marshall, T.S.: Bürgerrechte und soziale Klassen. Zur Soziologie des Wohlfahrtsstaates. Frankfurt/M. 1992.

May, M.: Unternehmer seiner selbst: Die neoliberale Variante von Selbstbildung, Eigenverantwortung und Autonomie. In: Ders.: Selbsttechnolgien – Technologien des Selbst. Bielefeld 2003.

Mayer, C.-H., Boness, C.-M.: Interkulturelle Mediation und Konfliktbearbeitung. Bausteine deutsch-afrikanischer Wirklichkeiten. Münster 2004.

Mead, G.H.: Geist, Identität und Gesellschaft. Frankfurt/M. 1968.

Mecheril, P., Thomas, T. (Hrsg.): Andere Deutsche. Zur Lebenssituation von Menschen multiethnischer und multikultureller Herkunft. Berlin 1994.

Mecheril, P.: Einführung in die Migrationspädagogik. Weinheim, Basel 2004.

Mecklenburg, R.: Fortsetzung folgt ...Ein Zwischenbericht zum Stand der interkulturellen Öffnung der Jugendverbandsarbeit in Nordrhein-Westfalen. In: Broden, A.: Interkulturelle Öffnung der Jugendverbandsarbeit. Überblick IDA NRW. Zeitschrift des Informations- und Dokumentationszentrums für Antirassismusarbeit in NRW 12. Jg. Nr. 3. Düsseldorf Sept. 2006, S. 3–6.

Mertens, G., Akpinar, Ü.: Türkische Migrantenfamilien. Materialien zum Projektbereich „Ausländische Arbeiter“. Sonderheft 2, Bonn 1977.

Messerschmidt, A.: Zur postkolonialen Irritation interkultureller Bildung. In: Fröhlich, M., Messerschmidt, A., Walther, J. (Hrsg.): Migration als biografische und expressive Ressource. Frankfurt/M. 2003

Messerschmidt, A.: Differenz im Interkulturellen Lernen – Anmerkungen zu einem widersprüchlichen Verhältnis. In: Vierteljahresjahresschrift für wissenschaftliche Pädagogik. Paderborn. Heft 2/2005.

Mogge-Grotjahn, H.: Gender, Sex und Gender Studies. Eine Einführung. Freiburg i.B. 2004.

Mollenhauer, K.: Einführung in die Sozialpädagogik. 10 Auflage. Weinheim, Basel 1993.

Mollenhauer, K.: Die Ursprünge der Sozialpädagogik in der industriellen Gesellschaft. Weinheim 1987.

Montau, R.: Das Handlungsfeld interkultureller Arbeit. In: Forum Jugendhilfe. AGJ-Mitteilungen 3, 1997.

Motte, J., Ohlinger, R., v. Oswald, A.: 50 Jahre Bundesrepublik – 50 Jahre Einwanderung. In: Dies. (Hg.): 50 Jahre Bundesrepublik (...) Nachkriegsgesschichte als Migrationsgeschichte. Frankfurt/.M. 1999.

Mühlmann, W.E., Llaryora, R.J.: Strummula Siciliana – Ehre, Rang und soziale Schichtung einer sizilianischen Agro-Stadt. Meisenheim a. Glan 1973.

Mühlum, A.: Sozialpädagogik und Sozialarbeit. Deutscher Verein für Sozialpädagogik und private Fürsorge (Hrsg.). Frankfurt 1981.

Müller, B.: Sozialer Friede und Multikultur. Thesen zur Geschichte und zum Selbstverständnis Sozialer Arbeit. In: Müller, S., Otto, H.-U., Otto U. (Hrsg.): Fremde und Andere in Deutschland. Nachdenken über das Einverleiben, Einebnen, Ausgrenzen. Opladen 1995.

Müller, B.: Soziale Arbeit und interkulturelle Arbeit – ein schwer zu lösender Knoten In: Otto, H.-U., Schrödter, M. (Hrsg.) neue praxis: Soziale Arbeit in der Migrationsgesellschaft Sonderheft 8. Lahnstein 2006, S. 256–264.

Müller, B.: Sozialpädagogisches Können. Ein Lehrbuch zur multiperspektivischen Fallarbeit. Freiburg i.B. 2006b.

Müller, S., Otto, H.-U., Otto U. (Hrsg.): Fremde und Andere in Deutschland. Nachdenken über das Einverleiben, Einebnen, Ausgrenzen. Opladen 1995.

Müller-Neumann, C.: Assessment-Center interkulturell. In: Fischer, V., Springer, M., Zacharaki, I. (Hrsg.): Interkulturelle Kompetenz. Fortbildung – Transfer – Organisationsentwicklung. Schwalbacht/Ts. 2005. S. 159.

Nagel, U.: Engagierte Rollensdistanz. Professionalität in biografischer Perspektive. Leverkusen-Opladen 1997.

Negt, O.: Bindungen. In: Frankfurter Rundaschau 25.02.2005, S. 23.

Nestvogel, R.: Interkulturelles Lernen ist mehr als Ausländerpädagogik. Ansätze einer Theorie und Praxis interkulturellen Lernens. In: Informationsdienst zur Ausländerarbeit 2/1987.

Nestvogel, R.: Kann die Aufrechterhaltung einer unreflektierten Mehrheitskultur eine Aufgabe öffentlicher Erziehung sein? In: Zeitschrift für Pädagogik, Beiheft 23/1988.

Nieke, W.: Interkulturelle Bildung als unerlässlicher Bestandteil von Allgemeinbildung. In: Luchtenberg, S., Nieke, W.: Interkulturelle Pädagogik und europäische Dimension. Münster, New York 1994.

Nieke, W.: Interkulturelle Erziehung und Bildung. 2. überarb. Aufl. Opladen 2000.

Nigsch, O.: Was ist Sozialkompetenz? Österreichische Zeitung für Soziologie (ÖSZ), Heft 99/1. (Ebenso *http://soz.ganymed.org/texte/kompetenz.shtml*) 1999.

Nussbaum, M.C.: Cultivating Humanity. A classical defense of reform in liberal education. Cambridge/Mass. 1997.

Oberndörfer, D.: Carl Schmitt ins Grundgesetz? In: Frankfurter Rundschau 10.3.1994.

Oser, F.: Moralisches Urteil in Gruppen – Soziales Handeln, Verteilende Gerechtigkeit. Stufen der interaktiven Entwicklung und ihre erzieherische Situation. Frankfurt/M. 1981.

Ott, U.: Effektive Hilfe. In: 1stein. Das Magazin des Bundesministeriums für Bildung und Forschung, Mai 2005.

Otten, H.: Zur politischen Didaktik interkulturellen Lernens. Opladen 1985.

Otto, H.-U., Thiersch, H. (Hrsg.): Handbuch Sozialarbeit Sozialpädagogik. 2. überarb. Aufl. Neuwied, Kriftel. 2001.

Otto, H.-U., Kessl, F.: Gouvernementalität und Soziale Arbeit, Kontrolle und Selbstführung von Akteuren und Einrichtungen. In: Sozial Extra 8/9 2003. S. 15.

Otto, H.-U., Schrödter, M. (Hrsg.) neue praxis: Soziale Arbeit in der Migrationsgesellschaft Sonderheft 8. Lahnstein 2006.

Otto, U.: Sozialpädagogisierte Armutspolitik – auf Armut verengte Soziale Arbeit? In: neue praxis 1/2006, S. 3–8.

Papilloud, C.: Bourdieu lesen. Eine Einführung in eine Soziologie des Unterschieds. Bielefeld 2003.

Parekh, B.: The Concept of Multicultural Education. In: Modgil, S. et al. (Hrsg.): Multicultural Education. London, Philadelphia 1986.

Parsons, T.: Das System moderner Gesellschaften. München 1972.

Peters, B.: Die Integration moderner Gesellschaften. Frankfurt/M. 1993.

Polutta, A.: Umbau der Arbeitsverwaltung – Abbau der Jugendhilfe? In: neue praxis 2/2003. S. 141–146.

Porcher, L.: Glanz und Elend des Interkulturellen? In: Reich, H.H., Wittek, F. (Hrsg.): Migration – Bildungspolitik – Pädagogik. Publikation ALFA. Berichte und Materialien, Bd. 16. Essen, Landau 1984.

Portele, H. (Hrsg.): Neue Ansätze zur moralischen Entwicklung und Erziehung. Weinheim 1978.

Portera, A.: Die kulturelle Identität italienischer Jugendlicher in Deutschland. In: Ausländerkinder. Forum für Schule und Sozialpädagogik 21/1985.

Prengel, A.: Pädagogik der Vielfalt. Opladen 1995.

Pries, L.: Transnationalismus, Migration und Inkorporation. Herausforderungen an Raum- und Sozialwissenschaften. In: Geografische Revue, 5.Jg. Heft 2, 2003.

Pries, L.: Verschiedene Formen der Migration – verschiedene Wege der Integration. In: Otto, H.-U., Schrödter, M. (Hrsg.): neue praxis: Soziale Arbeit in der Migrationsgesellschaft Sonderheft 8. Lahnstein 2006. S. 19-27.

Puskeppeleit, J., Thränhard, D.: Vom betreuten Ausländer zum gleichberechtigten Bürger. Freiburg i.B. 1993.

Rauschenbach, T.: Grenzen der Lebensweltorientierung – Sozialpädagogik auf dem Weg zu ‚systemischer Effizienz'. Überlegungen zu den Folgen der Ökonomisierung Sozialer Arbeit, in: ZfPäd, Beiheft 39, Weinheim/Basel 1999.

Rehbein, J.: Einführung in die interkulturelle Kommunikation. In: Rehbein, J. (Hrsg.): Interkulturelle Kommunikation. Tübingen 1985.

Rehbein, J. (Hrsg.): Interkulturelle Kommunikation. Tübingen 1985.

Reich, H.H., Wittek, F. (Hrsg.): Migration – Bildungspolitik – Pädagogik. Publikation ALFA. Berichte und Materialien, Bd. 16. Essen, Landau 1984.

Reimann, H.: Die Vitalität autochthoner Kulturmuster. Zum Verhältnis von Traditionalität und Moderne. In: Kultur und Gesellschaft. Sonderheft 27 der Kölner Zeitschrift für Soziologie und Sozialpsychologie. Opladen 1986.

Rey von Allmen, M.: Interkulturalismus – Holzwege und Herausforderungen. In: Reich, H.H./ Wittek, F. (Hrsg.): Migration – Bildungspolitik – Pädagogik. Publikation ALFA. Berichte und Materialien, Bd. 16. Essen, Landau 1984.

Ricoeur, P.: Das Selbst als ein Anderer. München 1996.

Rössler, B. (Hrsg.): Quotierung und Gerechtigkeit. Eine moralphilosophische Kontroverse. Frankfurt/M., New York 1993.

Ropers, N.: Friedliche Einmischung: Berghof Forschungszentrum für konstruktive Konfliktbearbeitung. Berlin 1995.

Ropers, N.: Interkulturelle Mediation – Versprechen oder Möglichkeit? In: Calließ, J. (Hrsg.): Agenda für den Frieden. Interkulturelle Mediation. Loccum 1999.

Roth, H.-J.: Kultur und Kommunikation. Systematische und theoriegeschichtliche Umrisse Interkultureller Pädagogik. Opladen 2002.

Roy, O.: Der islamische Weg nach Westen – Globalisierung, Entwurzelung und Radikalisierung. München 2006.

Ruben, B.: The Study of Cross-Cultural Competence: Traditions and Contemporary Issues. In: International Journal of Intercultural Relations. Vol. 13, 1989. S. 229-240

Ruhloff, J. (Hrsg.): Aufwachsen im fremden Land. Probleme und Perspektiven in der „Ausländerpädagogik". Frankfurt/M., Bern 1982.

Ruhloff, J.: Bildung und nationalkulturelle Orientierung: In: Ders. (Hrsg.): Aufwachsen im fremden Land. Probleme und Perspektiven der Ausländerpädagogik. Frankfurt/M. 1982.

Ruhloff, J.: Ausländersozialisation oder kulturüberschreitende Bildung? In: Borrelli, M. (Hrsg.): Interkulturelle Pädagogik. Positionen – Kontroversen – Perspektiven. Baltmannsweiler 1986.

Sachße, C.: Geschichte der Sozialen Arbeit. In: Otto, H.-U., Thiersch, H. (Hrsg.): Handbuch Sozialarbeit Sozialpädagogik. 2. überarb. Aufl. Neuwied, Kriftel 2001.

Schank, R., Abelson, R.: Scripts, Plans, Goals and Understanding: An Inquiry into Human Knowledge Structures. Hillsdale 1977. In: Flechsig, K.-H.: Kulturelles, interkulturelles und transkulturelles Lernen als Aneignung kultureller Skripte. Homepage Flechsig 1999.

Scherr, A.: Bildung zum Subjekt in der multikulturellen Gesellschaft? In: Grubauer, F. et al.: Subjektivität – Bildung – Reproduktion. Perspektiven einer kritischen Bildungstheorie. Weinheim 1992.

Scherr, A.: Die Konstruktion von Fremdheit in sozialen Prozessen. In: Kiesel, D. et al.: Die Erfindung der Fremdheit. Frankfurt/M. 1999.

Schilling, J.: Soziale Arbeit. Geschichte – Theorie – Profession. 2. Aufl. München 2005.

Schöfthaler, T.: Über die Mehrdeutigkeit von Ethnozentrik in der Weltgesellschaft. In: Grohs, G., Schwerdtfeger, J., Strohm, T. (Hrsg.): Kulturelle Identität im Wandel. Beiträge zum Verhältnis von Bildung, Entwicklung und Religion. Stuttgart 1980.

Schöfthaler, T.: Kultur in der Zwickmühle. Zur Aktualität des Streits zwischen kulturrelativistischer und universalistischer Sozialwissenschaft. In: Das Argument 139/1983.

Schöfthaler, T., Goldschmidt, D. (Hrsg.): Soziale Struktur und Vernunft. Jean Piagets Modell entwickelten Denkens in der Diskussion kulturvergleichender Forschung. Frankfurt/M. 1984.

Schütze, F.: Ethnographie und sozialwissenschaftliche Methoden der Feldforschung. Eine mögliche methodische Orientierung in der Ausbildung und Praxis der Sozialen Arbeit? In: Groddeck, N., Schumann, M. (Hrsg.): Modernisierung Sozialer Arbeit durch Methodenentwicklung und -reflexion, Freiburg i.B. 1994.

Schmalz-Jacobsen, C.: Mitteilungen der Beauftragten der Bundesregierung für die Belange der Ausländer. Nr. 5. In der Diskussion: Empfehlungen zur interkulturellen Öffnung sozialer Dienste. Bonn 1994.

Schrader, A., Nikles, B.W., Griese, H.M.: Die Zweite Generation. Sozialisation und Akkulturation ausländischer Kinder in der Bundesrepublik. Kronberg 1976.

Schröder, G.: Regierungserklärung vom 13.03.2003.

Schrödter, M.: Wer heiratet wen? – Zur Sozialpathologie moderner multiethnischer Gesellschaften. In: Otto, H.-U., Schrödter M. (Hrsg.): neue praxis: Soziale Arbeit in der Migrationsgesellschaft. Sonderheft 8. Lahnstein 2006, S. 48–60.

Schrödter, M.: Soziale Arbeit als Gerechtigkeitsprofession. Zur Gewährleistung von Verwirklichungschancen. In: Neue Praxis, Nr. 1, S. 3–28.

Schütz, A.: Der Fremde. In: Schütz, A.: Gesammelte Aufsätze, Bd. 2. Studien zur soziologischen Theorie. Den Haag 1972, S. 53–69.

Schwemmer, O.: Kulturelle Identität und moralische Verpflichtung. In: Information Philosophie 3/1992.

Schwemmer, O: Ernst Cassirer. Ein Philosoph der europäischen Moderne. Berlin 1997

Seifried, P. (Hrsg.): Kultur und Alltag der Arbeits-Emigranten in ihren Heimatländern. Zum Verständnis ihrer Lebensgewohnheiten. Hannover 1981.

Selman, R.L.: Sozial-kognitives Verständnis: Ein Weg zu pädagogischer und klinischer Praxis. In: Geulen, D. (Hrsg.): Perspektivübernahme und soziales Handeln. Frankfurt/M. 1982.

Selman, R.L.: Die Entwicklung des sozialen Lernens. Frankfurt/M. 1984.

Sen, A.: Die Identitätsfalle. 3. Auflage. München 2007

Sennet, R.: Der flexible Mensch. Die Kultur des neuen Kapitalismus. Berlin 1998.

Smolicz, J.J.: Verinnerlichte Werte und kulturelle Identität. In: Nitschke, A. (Hrsg.): Multikulturelle Gesellschaft – multikulturelle Erziehung? Stuttgart 1982.

Spranger, E.: Lebensformen. Tübingen 1966.

Staiano, V.: Ethnicity as Process. In: Ethnicity 1/1980.

Statistisches Bundesamt: Bevölkerung und Erwerbstätigkeit. Ausländische Bevölkerung. Ergebnisse des Ausländerzentralregisters 2007, Fachserie 1, Reihe 2. Wiesbaden 2008.

Staub-Bernasconi, S.: Soziale Arbeit als Handlungswissenschaft. Bern 2007.

Sternecker, P.: Kulturelle Identität und interkulturelles Lernen. Opladen 1992.

Stiegler, B.: Wie Gender in den Mainstream kommt. Konzepte, Argumente und Praxisbeispiele zur EU-Strategie des Gender Mainstreaming. In: Bothfeld, S., Gronbach, S., Riedmüller, B.: Gender Mainstreaming – eine Innovation in der Gleichstellungspolitik. Frankfurt/M. 2002.

Straßburger, G.: Heiratsverhalten und Partnerwahl im Einwanderungskontext. Eheschließungen der zweiten Migrantengeneration türkischer Herkunft. Würzburg 2005.

Stüwe, G.: Ausländersozialarbeit in der Krise. In: Informationsdienst zur Ausländerarbeit 3, 1985, S. 47–48

Taft, R.: The Shared Frame of Reference Concept applied to the Assimilation of Immigrants. In: Human Relations, 6, 1953, 45–55.

Taylor, C.: Die Politik der Anerkennung. In: Gutmann, A. (Hrsg.): Multikulturalismus und die Politik der Anerkennung. Frankfurt/M. 1993.

Terkessides, M., Karakasoglu, Y.: Gerechtigkeit für die Muslime. Die deutsche Integrationspolitik stützt sich auf Vorurteile. So hat sie keine Zukunft. Petition von 60 Migrationsforschern. Hamburg 2006.

Teuber, K.: Interkulturelle Kompetenz – ein migrationsspezifisches Konzept für die Soziale Arbeit? In: Forum Erziehungshilfen. 11. Jg., H.1 2/2005.

Thiersch, H., Grunewald, K., Köngeter, S.: Lebensweltorientierte Soziale Arbeit. In: Thole, W.: Grundriss Soziale Arbeit. Opladen 2002.

Thimmel, A.: Pädagogik der internationalen Jugendarbeit. Schwalbach/Ts. 2001.

Thole, W., Cloos, P.: Soziale Arbeit als professionelle Dienstleistung. Zur „Transformation des beruflichen Handelns“ zwischen Ökonomie und eigenständiger Fachkultur. In: Müller, S. et al. (Hrsg.): Soziale Arbeit, Gesellschaftliche Bedingungen und professionelle Perspektiven. Neuwied. 2000.

Thole, W.: Grundriss Soziale Arbeit. Opladen 2002.

Thole, W., Cloos, P., Ortmann, F., Strutwolf, V. (Hrsg.): Soziale Arbeit im öffentlichen Raum. Wiesbaden 2005.

Thomas, A.: Untersuchungen zur Entwicklung eines interkulturellen Handlungstrainings in der Managerausbildung. Psychologische Beiträge, 30, 1988.

Thomas, A.: Aspekte interkulturellen Führungsverhaltens. In: Bergemann, N., Sourisseaux, A. L.J. (Hrsg.): Interkulturelles Management. Heidelberg 1992.
Thomas, A.: Psychologie interkulturellen Handelns. Göttingen 1996
Thomas, A.: Psychologische Aspekte interkulturellen Handelns. Regensburg 2000
Thompson, M., Ellis, R., Wildavsky, A.: Cultural Theory. San Francisco, Oxford 1990
Tiedt, F.: Sozialberatung für Ausländer. Perspektiven für die Praxis. Weinheim 1985.
Todd, E.: Das Schicksal der Immigranten. Deutschland, USA, Frankreich, Großbritannien. Hildesheim 1994.
Tomae-Venske, H.: Islam und Integration. Hamburg 1981.
Treibel, A.: Migration in modernen Gesellschaften. Soziale Folgen von Einwanderung und Gastarbeit. Weinheim, München 1990.
Treibel, A.: Transformationen des Wir-Gefühls. Nationale und ethnische Zugehörigkeit in Deutschland. In: Blomert, R., Kuzmics, H., Treibel, A. (Hrsg.): Transformationen des Wir-Gefühls. Frankfurt/M. 1993.
Treibel, A.: Islam und Integration – ein Gegensatz? Ein soziologisches Plädoyer für eine neue Aufmerksamkeit. Sozialmagazin, 12/2005.
Treichler, A., Cyrus, N. (Hrsg.): Handbuch Soziale Arbeit in der Einwanderungsgesellschaft. Frankfurt/M. 2004.
Treuheit, W.: Politische Didaktik und Kritische Theorie: Entscheidungsspiel. Frankfurt/M., New York 1981.
Treuheit, W., Otten, H.: Akkulturation junger Ausländer in der Bundesrepublik. Opladen 1985.
Trube, A., Wohlfahrt, N.: Das Hartz-Konzept – Konsequenzen für personenbezogene Dienstleistungen. In: Theorie und Praxis der Sozialen Arbeit Nr. 3/2003. S. 19ff.
Trube, A., Wohlfahrt, N.: Prämissen und Folgen des Hartz-Konzepts. In: WSI-Mitteilungen Nr. 2, 2003, S. 118–123
Trube, A.: Casemanagement als Changemanagement? Zur ambivalenten Professionalisierung Sozialer Arbeit im aktivierenden Sozialstaat. In: Dame, H.-J., Wohlfahrt, N. (Hrsg.): Aktivierende Soziale Arbeit. Baltmannsweiler 2005.
Tsiakalos, G.: Bildung und Überprüfung von Hypothesen in der Migrationsforschung. In: Röhrich, W. (Hrsg.): Vom Gastarbeiter zum Bürger. Ausländer in der Bundesrepublik Deutschland. Berlin 1982.
Vahsen, F.: Migration und soziale Arbeit. Neuwied, Kriftel 2000.
Vester, H.-G.: Kollektive Identitäten und Mentalitäten. Beiträge zur sozialwissenschaftlichen Analyse interkultureller Beziehungen. Frankfurt/M. 1996.
Von Heinz, A.: Jugendmigrationsdienste – ein bewährtes Konzept für die Zukunft. In: Jugend, Beruf, Gesellschaft. BAG JAW Heft 1/2003. S. 3–6
Walther, A.: Aktivierung: Varianten zwischen Erpressung und Empowerment. In: neue Praxis 3/4/2003, S. 288–305.
Weber, M.: Wirtschaft und Gesellschaft. Grundriss der verstehenden Soziologie. Tübingen 1972.
Wendt, W. R.: Geschichte der Sozialen Arbeit. Stuttgart 1990.
Weinstein, E.: The Development of Interpersonal Competence. In: Coslin (Hrsg.): Handbook of Socialisation Theory and Research. Chicago 1971.
White, R.W.: Motivation reconsidered. The concept of competence. In: Psycholog. Review 66, 1959, S. 297–333.
Willert, S.: Kritik funktionalistischer Entwicklungstheorie. Unveröffentl. Magisterarbeit, Darmstadt 1987.

Wimmer, A.: Kultur. Zur Reformulierung eines sozialanthropologischen Grundbegriffs. In: Kölner Zeitschrift für Soziologie. Jg. 48, Heft 3, 1996

Winch, P.: Was heißt „eine primitive Gesellschaft verstehen"? In: Kippenberg, H.G., Luchesi, B. (Hrsg.): Magie. Frankfurt/M. 1978.

Winkler, M.: Sozialpädagogik. In: Benner, D., Oelkers, J.: Historisches Wörterbuch der Erziehung. Weinheim, Basel 2004, S. 903–928.

Winkler, M.: Eine Theorie der Sozialpädagogik. Stuttgart 1988.

Wissenschaftlerinnen in der Europäischen Ethnologie WIDEE (Hrsg.): Nahe Fremde – Fremde Nähe. Frauen forschen zu Ethnos, Kultur, Geschlecht. Reihe Frauenforschung, Bd. 24. Wien 1993.

Wulf, T., Schöfthaler, T. (Hrsg.): Im Schatten des Fortschritts. Saarbrücken 1985.

Yinger, J.M.: Contraculture and Subculture. In: American Sociological Review 25/1960.

Young, I.M.: Das politische Gemeinwesen und die Gruppendifferenz. Eine Kritik am Ideal des universalen Staatsbürgerstatus. In: Nagl-Docekal, H., Pauer-Studer, H. (Hrsg.): Jenseits der Geschlechtermoral. Beiträge zur feministischen Ethik. Frankfurt/M. 1993.

Zacharaki, I., Eppenstein, T., Krummacher, M. (Hrsg.): Praxishandbuch Interkulturelle Kompetenz vermitteln, vertiefen, umsetzen. Schwalbach/Ts. 2007.

Zapf, W. (Hrsg.): Theorien des sozialen Wandels. Köln, Berlin 1971.

Zimmer, J.: Situationsansatz und interkulturelle Erziehung. Bericht über zwei Modellversuche in Berliner Kindergärten und Grundschulen. In: Die Deutsche Schule 5/1982.